KB102063

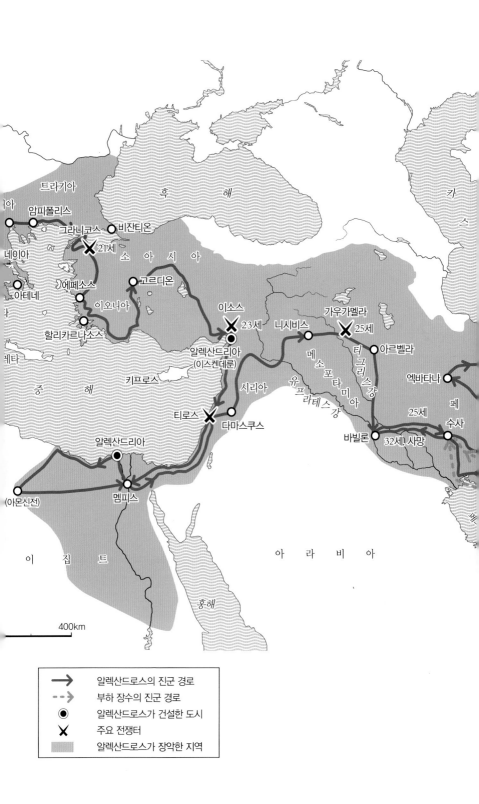

트라키아
암피폴리스
그라니코스
비잔티온
네이아
21세
소 아 시 아
에페소스
고르디온
아테네
이오니아
이소스
니시비스
가우가멜라
25세
할리카르나소스
23세
아르벨라
알렉산드리아
(이스켄데룬)
엑바타나
시리아
메
소
포
타
미
아
페
중   해
키프로스
티
그
리
스
강
유
프
라
테
스
강
25세
수사
티로스
다마스쿠스
알렉산드리아
바빌론
32세. 사망
(아몬신전)
멤피스
이   집   트
아 라 비 아
홍해

400km

→ 알렉산드로스의 진군 경로
--→ 부하 장수의 진군 경로
◉ 알렉산드로스가 건설한 도시
✕ 주요 전쟁터
▨ 알렉산드로스가 장악한 지역

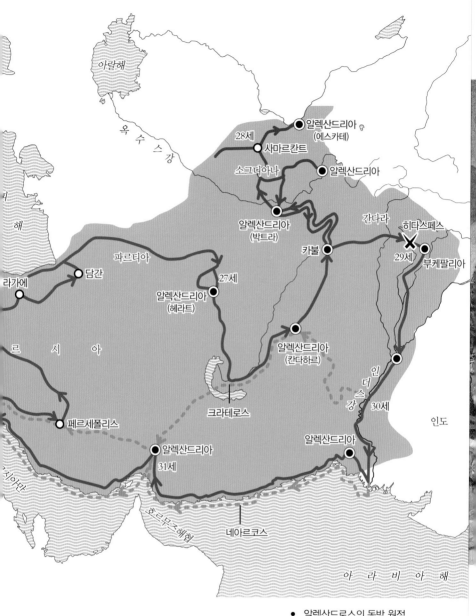

아랄해

옥 수 스 강

알렉산드리아
(에스카테)

28세　사마르칸트

소그디아나

알렉산드리아

지
중
해

알렉산드리아
(박트라)

간다라

히다스페스

카불

29세　부케팔리아

파르티아

라가에

담간

27세

알렉산드리아
(헤라트)

인
더
스
강

페
르
시
아

알렉산드리아
(칸다하르)

30세

크라테로스

인도

페르세폴리스

알렉산드리아

31세

알렉산드리아

페
르
시
아
만

호
르
무
즈
해
협

네아르코스

아 라 비 아 해

● 알렉산드로스의 동방 원정

그리스인
이야기 III

ギリシア人の物語Ⅲ 新しき力
GIRISHIAJIN NO MONOGATARI Ⅲ ATARASHIKI CHIKARA
Copyright ⓒ Nanami Shiono 2017
All rights reserved.
Korean translation rights arranged with SHINCHOSHA Publishing Co., Ltd. Tokyo
through Japan UNI Agency, Inc., Tokyo and Korea Copyright Center, Inc., Seoul

이 책은 (주)한국저작권센터(KCC)를 통한
저작권자와의 독점계약으로 (주)살림출판사에서 출간되었습니다.
저작권법에 의해 한국 내에서 보호를 받는 저작물이므로 무단전재와 복제를 금합니다.

동서융합의 세계제국을 향한 웅비雄飛

그리스인 이야기 III

시오노 나나미

이경덕 옮김

살림

제5장 아들, 알렉산드로스

제6장 헬레니즘 세계

제1부

도시국가
그리스의 종언

1

패배한 패권 국가를 대신해 곧바로 다른 국가가 패권을 쥘 수 있다면 인간세계에 미칠 폐해를 상당 부분 피할 수 있다. 문제는 그런 일이 일어나지 않았을 경우이다. 다양화와 같은 말을 하면서 이런 상태야말로 이상적인 형태라고 말하는 사람도 있지만 실제로는 혼란 말고는 아무것도 아니다. 게다가 이런 혼란은 당사자뿐만 아니라 다른 많은 국가에도 파급되므로 일시적인 혼란으로 그치지 않고 '혼돈'이라 할 만한 장기적인 현상이 되고 만다. 30여 년 동안 지속된 펠로폰네소스전쟁의 결말은 도시국가 아테네의 쇠락이었다. 그리고 그 뒤 42년 동안 '도시국가 그리스의 종언'을 향해 내리막길을 걸어야 했다.

'패권'이라는 말의 어원은 고대 그리스어인 'hegemonia(영어로는 헤게모니)'이다. 이 말은 정치, 군사, 경제, 문화 등 모든 면에서 한 나라가 다른 여러 나라에 강력한 영향력을 발휘하는 상태를 뜻한다. 이런 의미에서 고대 그리스에서 패권 국가라고 부를 수 있는 나라는 아테네밖에 없었다. 스파르타가 육군에서 그리스 최강을 자랑했지만, 라케다이몬 전사의 나라 스파르타는 군사력 외에 가진 것이 없었다.

기원전 404년 이후 펠로폰네소스전쟁에서 패배한 아테네는 패권국가의 자리에서 밀려났다. 연구자들은 이 해부터 마케도니아가 대두하기까지 반세기 동안 처음에는 스파르타가, 그 뒤를 이어 테베가 패권을 쥐었다고 본다. 이렇게 그리스 세계의 패권이 아테네에서 스파르타로, 다시 테베로 이어졌다고 보면 패권의 이행에 따른 폐해가 없지는 않았겠지만 상당 부분 막을 수는 있었을 것이다.

그리스 세계가 결국 도달한 자리는 '도시국가 시대의 종언'이었다. 아테네와 스파르타, 테베의 정치제도를 살펴보면 각각 민주정치, 과두정치, 그리고 두 정치체제의 혼합으로 색깔은 제각기 달랐지만 도시국가라는 점은 동일했다. 이와 달리 마케도니아는 왕정 국가였다. 학자들이 연구한 자료를 읽으면서 문자로 기록되지 않은 뒷면, 다르게 표현하면 본모습까지 읽어주면 좋겠다는 느낌이 들었다. '패권 시대'라고 기록되어 있지만 이것은 어디까지나 괄호를 친 패권 시대로 읽어야 한다.

이 책의 제1부에서는 괄호를 친 42년 동안의 패권 시대를 다루려고 한다. 이 시대는 괄호를 치지 않은 패권 국가 아테네가 80년 동안 지배한 뒤에 등장했다. 그 까닭은 기원전 404년에 패배한 나라는 아테네였지만 반세기 후에 패배한 나라는 그리스의 모든 도시국가였기 때문이다.

자신감의 상실

아테네가 펠로폰네소스전쟁에서 패배한 직후 민주정치(데모크라티아)를 버리고 과두정치(올리가르키아)로 이행한 것은 승자인 스파르타의 강요 때문이 아니었다. 30년 가까이 이어진 전투가 굴욕적인 패배로 끝나면서 아테네 시민 스스로 100년에 걸쳐 유지해 온 민주정치에 대한 자신감을 잃었기 때문이다.

기원전 404년, 아테네는 80여 년 동안 쥐고 있던 모든 '힘'을 잃어버렸다. 주요 전력인 해군은 200척에서 12척으로 크게 감소했다. 이 정도면 근해의 경비를 담당하는 데에도 벅찬 수준이었다. 수도 아테네와 외항 피레우스 사이에 있던 7.5킬로미터에 이르는 '긴 벽'도 곳곳이 파괴되면서, 그 벽이 있었기에 가능한 국가의 방위와 국민을 위한 안전한 식량 보급도 함께 무너졌다.

70년 이상 지속된 '델로스동맹'도 해체되었다. 본국 정부의 의향보다는 스폰서인 페르시아의 의중을 파악하는 데 열심인 스파르타의 장군 리산드로스Lysandros에 의해, 동맹에 가맹하고 있던 에게해 주변의 도시나 섬 모두 아테네로부터 독립한다는 미명 아래 떨어져나갔다. 스파르타를 맹주로 삼고 있으면서 군사동맹의 성격만 지니고 있는 '펠로폰네소스동맹'과 달리 아테네가 주도한 '델로스동맹'은 군사동맹인 동시에 경제동맹이기도 했다. 델로스동맹은 그리스 민족 가운데서도

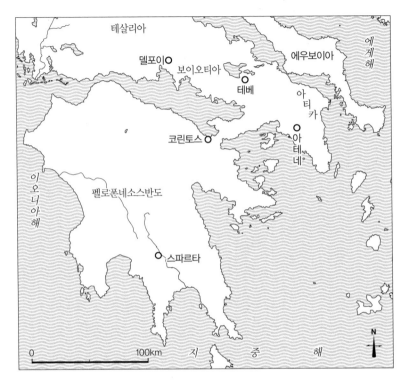

- 아테네와 그 주변

가장 경제 감각이 뛰어난 아테네인의 '작품'이었다. 이들은 당시 그 누구도 생각하지 못한 광역 경제권을 만들어냈다.

동맹에 가맹하고 있는 도시와 섬에는 지사와 지점이 있었고, 그곳에는 많은 아테네인이 살고 있었다. 그러나 이들은 리산드로스에 의해 강제 퇴거 명령을 받고 본국인 아테네로 돌아가야 했다. 에게해를 중심으로 한 광역 경제권은 삽시간에 붕괴되고 말았다. 아테네는 펠로폰네소스전쟁에서 패배한 뒤 경제 대국의 지위도 잃었다. 사실 델로스동맹에 참여한 도시국가들은 무슨 일이 생기면 도움을 받을 수 있다고 생각했기에 동맹에 가입했다. 그런데 200척이라면 도움을 줄 수 있겠지만 12척이라면 불가능하다. 해군력이 약화된 아테네는 더 이상 동맹의 주도자가 될 수 없었다.

그렇다고 오랜 세월 향유해온 패권을 빼앗기고 다른 도시국가의 수준으로 지위가 추락한 상황에 절망해 아테네인이 스스로 민주정치를 버리고 과두정치를 선택한 것은 아니다. 시민 대다수는 모든 것이 단숨에 변해버린 상황에 망연자실했다. 이때 아테네에서도 과두 정권을 수립해야 한다고 확신하는 소수의 사람들이 귀국했다. 펠로폰네소스전쟁의 승자인 스파르타가 패자인 아테네에 제시한 강화 조건 가운데 타국에서 도망친 반反민주파 인사들의 귀국을 수용한다는 조항이 들어 있었다. 패배자 아테네는 이의를 제기할 수 없었다.

해외 기지에서 돌아온 수많은 사람들로 북적거리는 아테네에 '30인 정권'이라는 과두 정권이 들어섰다. 많은 시민은 과두 정권 수

립에 반대할 이유도 없었고 반대할 기력도 없었다. '30인' 가운데 스파르타와의 강화를 정리하느라 분주한 테라메네스^{Theramenes}를 제외하면, 대부분은 스파르타의 장군 리산드로스가 거느린 이른바 점령군과 함께 아테네로 돌아온 남자들이었다. 리더 역할을 했던 크리티아스^{Kritias}는 당시 나이가 56세였다. 그는 이 무렵 24세밖에 되지 않은 철학자 플라톤의 큰외삼촌이었다. 아테네의 명문 집안에서 태어났기 때문에 솔론이 자산에 따라 정한 계급으로 따지면 확실하게 제1계급에 포함되는 부자였다.

크리티아스는 대단한 미남이었다고 한다. 10년 연상으로 동시대 사람이라 해도 좋을 알키비아데스가 밝은 미남이라면, 크리티아스는 어두운 미남이었다. 무엇을 하든 원망과 분노를 보이지 않았던 알키비아데스와 달리 크리티아스의 마음속에는 늘 강렬한 분노가 불타오르고 있었다. 크리티아스는 재능도 뛰어났다. 후세에는 단편밖에 남아 있지 않지만 시, 희극과 비극, 엘레지 형식으로 쓴 정치 논문 등을 보면 예리한 지성과 섬세한 감정을 지닌 사람이라는 것을 알 수 있다. 다만 다방면에 재능을 발휘하는 사람에게 흔히 나타나듯이, 결정타라고 할 만한 작품을 남기지는 못했다.

철학에도 관심이 있었던 듯하다. 그가 소크라테스의 제자였다는 사실은 잘 알려져 있다. 과두 정권이 수립된 지 5년 후인 기원전 399년, 사형이 선고된 소크라테스는 독배를 마셔야 했다. 소크라테스를 법정에 세운 사람들이 지적한 죄목 가운데 하나는 아테네의 청년들에게 악영향을 주었다는 것이다. 소크라테스에게 영향을 받고 아테네에 해를 입힌 대표적인 사람이 알키비아데스와 크리티아스였다. 당시 아테네에서는 사람의 이름을 쓰거나 부를 때 누구의 아들 누구라고 하는 것이 일반적이었다. 그런데 3세에 아버지를 여읜 알키비아데스와 달리 크리티아스의 아버지는 아들이 50세가 되었을 때에도 여전히 건강했고, 그 때문에 크리티아스는 뒤늦게 집안의 가장이 되었다.

기원전 411년, 시라쿠사에 원정을 보낸 군대의 참담한 최후를 전해 듣고 망연자실해진 아테네에서 과두 정권이 수립되었다. 정권의 중심인물이 된 늙은 칼레스크로스Callaeschros의 곁에는 아들 크리티아스가 있었다. '400인 정권'이라 불리는 이 과두체제는 아테네의 반민주파가 총집결해 세운 정권이었다. 그러나 이 정권은 4개월 만에 무너졌다. 그 뒤로 유권자의 숫자를 늘렸으나 여전히 과두체제인 '5000인 정권'도 단명했다. 2년도 채 되지 않아 아테네에서는 민주정치가 되살아났다. 1년을 조금 넘긴 과두체제는 피를 흘리지는 않았지만 관계자 대부분이 외국으로 달아났다. 그사이에 아버지를 잃은 것으로 보이는 크리티아스 역시 아테네를 떠났다. 망명 생활 기간은 6년 정도였다.

기원전 404년, 크리티아스는 펠로폰네소스전쟁에서 패배하여 심한 타격을 입은 아테네로 동지들을 거느리고 귀국했다. 이번에는 승자인 스파르타의 군대와 동행했다. 56세가 된 크리티아스는 망명 중에 반反민주정치와 친親스파르타에 대한 확신을 굳힌 모양이었다. 6년 만에 귀국한 크리티아스의 목적은 과두 정권을 부활시키는 것이었다. 물론 단명으로 끝난 과거의 경험을 되풀이하지 않겠다는 결심도 서 있었다. '30인 정권'은 성립되고 얼마 지나지 않아 '30인의 폭군들'이라고

● 소크라테스　　　　　　　● 알키비아데스

불리게 되었다. 반대파, 즉 민주파라고 생각하는 사람들을 살해하기로 결정하고 실행에 옮겼기 때문이다. 즉 무혈에서 유혈로 방침을 전환한 것이다.

'탄압'이라는 것은 의식을 하든 그렇지 않든 자연스럽게 대상이 확대되는 성질이 있다. 민주파를 지지하지 않더라도 적극적으로 과두파에 찬동하지 않았다는 이유로 유력한 시민이 차례로 고발되어 사형에 처해지는 일이 많았다. 이른바 공포정치가 아테네를 뒤덮기 시작했다. 시민이 아니더라도 유력자라는 이유로 재외 외국인까지도 고발의 대상이 되었다. 해외에서 돌아온 사람들의 일자리를 빼앗는다는 것이 이유였다. 하지만 외국인을 탄압할수록 펠로폰네소스전쟁으로 땅에 떨어진 아테네의 경제력에 더욱 심한 타격을 입히는 결과를 낳았다.

델로스동맹이라는 광역 경제권이 소멸되면서 아테네의 경제 상황은 더욱 심각해졌다. 재외 외국인이 단절된 해외와 경제 관계를 유지하는 '실'의 역할을 맡고 있었는데, 그 실마저 끊어지고 만 것이다. 공포정치는 점점 폭주하기 시작했다. 숙청을 당한 희생자가 1,500명에 이르렀다. 이렇게 되자 30인 정권 내에서도 강하게 반발하는 사람들이 나타났다. 30인 가운데서도 유력 인물인 테라메네스가 크리티아스의 이름을 입에 올리며 비난했다.

나이를 보면 크리티아스와 같은 세대인 테라메네스는 패전 이후 아테네를 대표해 스파르타와의 강화를 매듭지은 인물로 알려져 있다. 테라메네스는 심정적으로 과두파이기는 하지만 완고한 과두파는 아니었다. 그는 400인 정권 시대에 과두정치에 동의하지 않았다. 그러고는 계속 민주파를 지지하던 사모스섬에 파견되어 아테네 해군기지를 과두파로 끌어들이는 임무를 맡았다. 그러나 테라메네스는 사모스섬에 갔다가 알키비아데스에게 설득당해, 오히려 그의 부하 장수가 되어 해전에 참전했다. 테라메네스는 원래 과두파였다. 하지만 그는 에게해의 동쪽이 전쟁터가 된 펠로폰네소스전쟁 말기, 아테네가 연전연승을 시작한 스파르타와의 해전에서 민주파인 알키비아데스에게 계속 협력했다.

당시 본국 아테네의 '400인 정권'에서 테라메네스와 함께 사모스로 파견한 과두파가 한 명 더 있었다. 이름은 트라시불로스^{Thrasybulos}였다.

이 사람도 사모스섬에 주둔하던 아테네 해군에 참여해 알키비아데스의 지휘를 받았다. 테라메네스가 우익을 맡으면 트라시불로스는 좌익을 맡으며 조국에 승리를 안겨주었다. 다만 테라메네스는 펠로폰네소스전쟁에서 패배한 이후 기원전 404년에 세워진 '30인 정권'에 이름을 올렸지만 트라시불로스는 참여하지 않았다. '30인 정권'이 '30인의 폭군들'로 변모할 징후가 나타나자 곧바로 아테네를 떠나 테베로 달아났다. 민주정치에 대한 신뢰를 회복하지는 못했지만 아테네의 과두정치에서도 희망을 찾아내지 못한 듯하다.

펠로폰네소스전쟁의 패배로 큰 타격을 입은 아테네의 지식인과 사회 엘리트 가운데는 트라시불로스와 같은 사람들이 많았다. 따라서 '30인 정권'은 민주정치를 신뢰하지 못하는 사람들에게 희망을 보여주면서 성공할 가능성이 있었다. 그렇기에 트라시불로스보다 과두정치에 대해 깊이 생각한 테라메네스는 그 내부에서 제동을 걸어보고자 '30인 정권'에 참여했다. 그러나 시도는 실패로 끝났다. 투키디데스를 계승해 그리스인의 역사를 쓴 크세노폰^{Xenophon}의 기록에 따르면, 두 사람은 논쟁조차 하지 않았다. 합리적으로 설득하려 한 테라메네스와 달리 비난의 화살을 받은 크리티아스는 분노를 폭발시키는 것 외에 별다른 대응을 하지 않았기 때문이다.

현대의 연구자들에 따르면 크리티아스는 제1계급에 속하는 지식인이었다. 나는 이 사람이 '400인 정권'과 마찬가지로 '30인 정권'도 실패하지 않을까 하는 불안에 시달렸을 것으로 생각한다. 불안을 타자에게 전가시킨 결과인 분노는 인간을 맹목적으로 만든다. 냉정한 판단력을 잃게 한다. 크리티아스가 보기에 테라메네스는 동지 가운데서도 능력 있는 사람이었다. 그렇기에 더욱 증오의 대상이 되었다. 죽일 수밖에 없다고 생각할 정도로 말이다.

고발을 해서 재판장으로 끌고 갈 이유는 얼마든지 만들어낼 수 있었다. 국가 반역죄를 뒤집어쓴 테라메네스는 아테네에서 사형의 방법으로 정착한 것으로 보이는 독잔을 마시고 죽었다. 그는 마지막 순간 이렇게 외쳤다. "미남인 크리티아스를 위해 몇 방울을 남겨둔다."

이 사건은 테베로 도망친 트라시불로스와 그의 동지들에게 봉기의 계기를 만들어주었다. 테베를 뒤로하고 아테네를 향해 남하를 시작했을 때 트라시불로스를 따르는 아테네인은 70명에 불과했다. 하지만 수도인 아테네에 가까워지면서 숫자가 늘어났고 마지막에는 수천 명이 되었다. 과두정치에 실망했다기보다 공포정치에 절망한 시민이 그만큼 많았던 것이다.

믿을 수 있는 동지가 트라시불로스를 따르는 사람의 절반도 되지 않았던 크리티아스는 과두정치의 동지라고 생각했는지 스파르타에 구원을 요청했다. 스파르타는 요청에 응했다. 두 왕 가운데 하나인 파우사니아스가 정규군을 거느리고 출동하기로 했다. 이렇게 스파르타가 정면에서 치고 나왔다면 트라시불로스가 거느린 아테네의 민주파는 그대로 와해되고 말았을 것이다. 그런데 파우사니아스는 일단 스파르타 군대의 힘을 보여준 다음 곧바로 퇴각해 본국으로 돌아갔다. 스파르타는 아테네의 내부 다툼에는 관여하고 싶지 않다는 의지를 드러낸 것이다.

왜 그런 일이 일어났는지 내밀한 사정은 뒤에서 다루기로 하자. 스파르타가 손을 떼자 아테네의 과두파와 민주파가 충돌하는 내란이 일어났다. 규모만 따지면 대규모의 시위대와 경찰의 충돌 정도였지만 쌍방 모두 무기를 지니고 있었고 서로를 죽이려는 마음도 가득했다. 피레우스 항구 근교에서 발생한 사건은 전투라고 부를 수 있는 성질의 것이었다. 전투에서 패배한 쪽은 과두파였다. 격전 가운데 크리티아스가 전사했다. 이 밖에도 중심인물 두 사람이 전사했다.

이렇게 '30인 정권'은 수립된 지 반년밖에 지나지 않아 아무 일도 없었다는 듯이 붕괴했다. 승리한 민주파를 이끈 트라시불로스는 곧바로 사면을 발표했다. 크리티아스를 따라 싸웠던 아테네인에게도 죄를 묻지 않겠다고 공표했다. 이는 '30인의 폭군들'의 공포정치에 알레르기가 얼마나 심각했는지 여실히 보여준다.

민주정치체제가 회복되었다 해도 그 기능은 아직 회복되지 않았다. 도시국가 아테네의 민주정치는 다음 사항과 밀접하게 연결될 때 비로소 제대로 기능하기 때문이다. 에게해뿐만 아니라 지중해 전역에서도 최강을 자랑한 아테네 해군. 수도 아테네와 외항 피레우스의 일체화를 통해 이루어낸, 그리스 세계 최고를 자랑하는 경제력. 델로스동맹으로 한층 활발해진 모든 지식과 물자의 교류. 비록 민주정치로 다시 돌아왔다고는 하지만 펠로폰네소스전쟁에서 패배하고 2년도 지나지 않은 아테네에 이런 것들이 있을 리 만무했다.

여기에 그리스의 도시국가 중에서 아테네를 유일한 국제도시로 만

들어주었던 재외 외국인의 숫자도 감소했다. 재외 외국인이라 해도 다른 그리스의 도시국가에서 아테네로 들어와 사는 사람들이기에 그리스인이었으며 그리스어를 사용했다. 아테네는 과거부터 이 사람들에게 완전히 문호를 개방했지만 아테네에 아무리 오래 살아도 아테네 시민권은 부여하지 않았다. 다시 말해, 국정 참여를 인정하지 않았고 부동산의 소유도 인정하지 않았다. 게다가 전쟁터에서는 보조 역할밖에 하지 못했지만 방위군에 참여해야 했다. 그럼에도 이들이 아테네를 선택한 것은 당시 아테네가 비즈니스의 기회가 넘치는 곳이었기 때문이다.

이런 매력이 펠로폰네소스전쟁의 패배와 함께 사라지고 말았다. 설상가상으로, 그 직후에 찾아온 공포정치로 생명과 자산을 빼앗길 처지에 직면했다. 아테네에 계속 살아야 할 이유가 계속 줄어들었다. 아테네는 해결책으로 재외 외국인에게도 시민권을 주겠다고 방침을 바꾸었지만 재외 외국인의 숫자가 줄어드는 것을 막지 못했다. 이런 현상은 아테네 시민의 중간층을 직격했다.

그동안 재외 외국인은 부동산을 취득할 수 없었다. 그래서 아테네에 정착하거나 일시적으로 찾아오는 외국인을 위한 임대주택이 많았다. 아테네를 찾는 외국인의 유입이 활발해진 시기는 기원전 480년 제2차 페르시아전쟁에서 그리스가 대승한 이후였다. 그때부터 70년 이상 많은 아테네 시민이 재외 외국인이 지불하는 집세 수입에 의지했고, 이것이 가계에 적지 않은 비중을 차지하는 상태에 익숙해져 있었다. 그런데 패전이 예고 없이 찾아온 것처럼 집세 수입도 예상할 수 없었다.

　여기에 기름을 부은 것이 민주정치로 전환한 정부가 부과한 부동산세였다. 아테네 시민은 집세 수입이 없어져도 집을 갖고 있었기에 이 새로운 세금을 내야 했다. 다만 새로운 세금이 일시적인 것이었는지, 세율이 어느 정도였는지에 대해서는 전혀 알려져 있지 않다. 국고가 비었다는 이유로 경제력이 향상되지 않았는데, 그 구멍을 세금으로 메우려 했기 때문에 시민들의 평판이 좋을 수 없었다. 평판이 나쁜 정책을 지속적으로 펼치면 정치에 대한 신뢰도 떨어지고 만다.

인재의 유출

　　　　　더욱 악질적인 현상은 사람의 흐름에 변화가 생겼다는 점이다. 이전에는 외국에서 아테네로 사람들이 유입되었다. 펠로폰네소스전쟁에서 패배한 이후에는 아테네에서 해외로 사람들이 빠져나가기 시작했다. 이동한 사람의 부류는 크게 둘로 나눌 수 있다. 지적인 엘리트와 일반 서민이다. 그리스 3대 비극작가 가운데 하나인 에우리피데스는 마케도니아 왕의 초대를 받고 아테네를 등졌다. 촉망받은 젊은 비극작가이자 소크라테스의 제자 아가톤도 이미 오래전에 마케도니아로 떠났다. 그러나 두 사람 모두 외국으로 떠난 뒤에는 걸작을 쓰지 못했다.

　즉 아테네에는 걸작을 쓸 수 있는 무엇인가가 있었다는 말이다. 여전히 아테네에 남아 있는 유명인은 소크라테스와 아리스토파네스뿐이었다. 소크라테스는 평소대로 지냈지만 아리스토파네스는 이 시기에 작품을 거의 발표하지 않았다. 신랄한 비판 정신에 박수를 치고 그것을 웃어넘기는 일조차 힘들어졌다. 희대의 풍자희극작가와 그것을 웃으며 보아줄 아테네인 모두 침울한 상태에 빠져 있었던 것이다.

유출된 일반인은 주로 용병이었다. 대부분은 외국에 가서 용병이 되었다. 이들을 고용한 고용주는 그리스의 다른 도시국가가 아니었다. 이미 80년 전의 일이지만 고용주는 완벽할 정도로 그리스에 패배한 페르시아였다. 대제국인 페르시아이므로 용병에게 높은 급료를 지불했을 것이라 생각하기 쉽다. 하지만 그러지 못했기 때문에 마음이 애처롭다. 페르시아가 지불한 급료는 과거 페리클레스 시대에 보조 전력으로 활용했던 삼단 갤리선의 노 젓는 선원에게 지급했던 금액의 1.5배밖에 되지 않았다. 이들은 높은 급료 때문에 외국으로 나간 것이 아니다. 아테네에서는 먹고살 수 없기 때문에 돈을 벌려고 외국으로 나간 것이다.

이보다 더 애처로운 일은 외국으로 간 예술가가 걸작을 남기지 못한 것처럼 용병도 역사를 장식할 전투의 일원이 되지 못했다는 사실이다. 그들은 페르시아제국 내의 세력 다툼에 활용되었을 뿐이다. 아테네에서 할 수 없는 일을 외국에서는 할 수 있어야 하는데 이상하게도 그렇지 않았다. 아테네에서 안 되면 어딜 가도 안 된다는 것이 당시 엘리트와 일반 서민의 공통점이었다. 이른바 '스파르타 패권 시대'가 왔지만 펠로폰네소스전쟁의 승자인 스파르타에는 파르테논에 필적할 만한 장엄하고 화려한 신전을 세우려고 하는 사람이 없었다. "아

테네가 있기에 그리스가 있다"라는 말은 과장도 아니고 과대평가도
아니었다.

조국을 등지고 외국으로 떠난 아테네 시민 가운데 아직 20대인 크
세노폰도 포함되어 있었다. 솔론의 개혁에 따른 자산별 계층 가운데
기사계급이라고 불리는 제2계층에서 태어났기 때문에 아테네에 남아
있어도 생활하는 데 문제가 없었을 것이다. 크세노폰은 소크라테스의
제자이기도 했다. 두 사람의 만남도 소크라테스다웠다.

하루는 크세노폰이 좁은 길을 걷고 있을 때 맞은편에서 소크라테스
가 걸어왔다. 길이 좁았기 때문에 서로 딱 마주쳤다. 먼저 물음을 던
진 이는 소크라테스였다.

"신선한 생선은 어디에 가야 얻을 수 있지?"

젊은 크세노폰은 이름 정도 알고 있던 철학자에게 이렇게 대답했다.

"어시장에 가면 얻을 수 있습니다."

그러자 소크라테스가 다시 물었다.

"지성은 어디에 가야 얻을 수 있지?"

아무런 대답도 하지 못하고 입을 다물고 있는 23세의 청년에게
66세의 노인이 말했다.

"나를 따라오게."

이렇게 해서 크세노폰은 소크라테스의 제자가 되었다. 그는 소크라
테스의 제자 가운데 동년배인 플라톤과 달랐다. 두 사람 모두 심정적
으로는 과두파였다. 과두파의 리더인 크리티아스의 조카로 현실 정치
에 거리를 두고 있던 플라톤과 달리 크세노폰은 적극적으로 정치에

관여했다. 트라시불로스가 거느린 민주파와 크리티아스가 거느린 과두파가 충돌한 내전에서도 과두파 쪽에 서서 싸웠다. 다행히 목숨을 잃지 않았고 사면을 받아 아테네에 거주할 수 있었지만 민주파가 복귀한 아테네에서 장래에 대한 희망을 찾지 못했던 모양이다.

이 무렵 크세노폰은 친구로부터 페르시아 황제의 동생인 키로스의 요청을 받고 스파르타가 페르시아로 갈 군대를 모집한다는 소식을 들었다. 페르시아로 가는 군대는 왕이 거느린 스파르타의 정규군이 아니었다. 스파르타의 장군이 지휘하기는 하지만 외국에 고용되어 외국의 이익을 위해 싸우는 용병 군대였다. 용병은 돈을 받고 고용되어 싸우므로 조국을 위해 싸우는 시민 병사보다 사회적 지위가 낮았다. 크세노폰은 혈기왕성한 젊은이였지만 페르시아의 용병이 되는 것은 쉽게 결정할 문제가 아니었다. 그래서 소크라테스에게 상담했다.

소크라테스는 질문을 받으면 바로 대답하지 않았다. 그때도 델포이에 가서 아폴론 신전에 물어보라고 대답했을 뿐이다. 소크라테스의 대답은 스스로 생각해서 스스로 결정하라는 말이었다. 그 대답에는 숨겨진 뜻이 하나 더 있었다. 인간에게는 스스로 생각하고 스스로 결정을 내렸을 때 신들이 오케이 하면 안심하고 앞으로 나아가는 습관이 있다. 그 점을 헤아려 충고한 것이다.

크세노폰은 델포이로 간 듯 보인다. 결국 자기가 생각하고 자기가 결정해 페르시아의 용병이 되었다. 하지만 이 시기에 조국을 떠난 많은 아테네인처럼 크세노폰도 일시적으로 출국한 것이 아니었다. 26세에 조국을 떠나 72세의 나이로 세상을 떠날 때까지 한 번도 조국의 땅을 밟지 못했다. 그가 남긴 많은 저작물 가운데 아테네에서 쓴 것은 한 권도 없다. 크세노폰은 모든 작품이 현대에 남아 있는, 그래서 고대 작가 가운데 매우 드문 행운을 누린 사람이었다. 그의 대표작을 꼽으라면 『헬레니카』(그리스 역사)와 『아나바시스』(페르시아 원정기)가 될 것이다.

『헬레니카』는 펠로폰네소스전쟁 말기부터 도시국가 시대의 종언이 찾아오는 기원전 362년까지에 대해 쓴 책이다. 이 책은 투키디데스의 작품과 비교하면 관찰력과 통찰력, 문장 표현력 등 모두 상당한 격차가 있다. 그래서 크세노폰의 작품은 사료로서 가치가 있지만, 크세노폰이라는 인물은 사료를 활용해서 서술하는 역사가로서 투키디데스에 필적한다고 말하기는 어렵다. 한편 크세노폰이 자기의 체험을 쓴 『아나바시스』는 세계 최초의 논픽션 작품에 어울리는 완성도를 갖추고 있다.

참고로 '아나바시스Anabasis'는 그리스어로 '오르다'라는 뜻을 지니고 있다. 아마 고대 그리스인들도 오늘날의 우리처럼 페르시아 수도로 향하는 것을 '올라가다', 수도에서 지방으로 가는 것을 '내려가다'라고 생각했던 모양이다. 그런데 크세노폰의 작품인 『아나바시스』의 주요 부분은 소아시아에서 메소포타미아 지방으로 '올라가는' 내용이 아니다. 그보다는 거기에서 벌어진 전투는 이겼지만 황제의 동생 키로스가 전사하는 바람에 적에게 잡힌 그리스인 용병들이 조국으로 탈출하는 6,000킬로미터의 장정, 즉 '내려가는' 내용이다. 당시 28세였던 크세노폰은 그리스 용병을 이끄는 지휘관 가운데 한 명이었다. 그

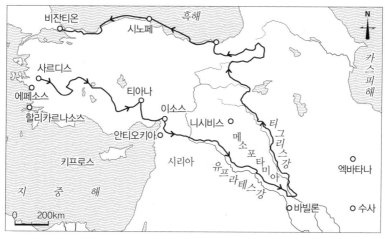

● 크세노폰의 돌파 경로

는 1만 명에 이르는 용병을 이끌고 페르시아 황제가 보낸 파도처럼 밀려오는 추격을 뿌리쳤다.

　이쯤 되면 싫어도 할 수 없이 14년 전에 일어난 일이 떠오른다. 그 해에 시칠리아로 원정을 떠났던 아테네 군대는 시칠리아의 강국 가운데 하나인 시라쿠사를 공략하지 못했을 뿐만 아니라 그곳으로부터 탈출하지도 못해 결국 전멸하고 말았다. 그때 아테네 군대는 시라쿠사에서 60킬로미터 북쪽에 있는 카타니아^{Catania} 까지 탈출을 시도했다. 크세노폰이 지휘해 성공한 탈출 경로의 100분의 1밖에 되지 않는 거리였다. 그렇지만 시라쿠사를 원정한 아테네 군대는 전멸했고 14년 후에 동일한 아테네인이 거느린 그리스인 용병 군대는 적의 파상적인 공격에 맞서 싸우면서 2년 뒤 대부분의 병사들이 무사히 조국 땅을 밟을 수 있었다.

크세노폰은 소크라테스의 제자였지만 철학자가 되지 않았고 역사가로서도 투키디데스에게 미치지 못했다. 하지만 1만 명의 병사를 거느리고 적지를 돌파하는 엄청난 고난을 이겨낸, 그래서 지도자로서는 상당히 뛰어난 능력을 지닌 사람인 듯하다.

그로부터 5년 뒤에 아테네는 크세노폰을 국외로 추방했다. 스파르타의 용병이 된 크세노폰은 이유는 차치하고 결과적으로 스파르타 쪽에 붙어서 아테네를 향해 칼을 들이댄 셈이었기 때문이다. 그로부터 32년이 지난 뒤에야 아테네는 크세노폰을 더 이상 위험인물로 보지 않고 추방을 해제했다. 추방당한 기간이 33세부터 65세까지에 해당된다는 점에서 인생의 대부분이었다고 해도 좋다.

정치체제와 상관없이 주민 공동체인 국가가 제대로 기능하는지의 여부는 갖고 있는 힘을 얼마나 효율적으로 활용할 수 있는가에 달려 있다. 천연자원이 풍부하지 않은 아테네에서는 '인간'이 자원이었다.

기원전 404년 펠로폰네소스전쟁의 패배를 기점으로 낭떠러지에서 굴러떨어지는 것과 비슷한 속도로 아테네의 힘이 줄어드는 모습은 개탄스러운 마음 없이는 말할 수 없을 정도였다. 도시국가 아테네는 모든 면에서 주도권을 상실했고 그것을 다시 회복하지는 못했다. 채 1년도 안 되는 기간 동안 아테네를 뒤흔든 30인 정권은 민주파의 복귀로 과거의 일이 되고 말았지만 아테네는 힘을 되찾지 못했다.

게다가 민주파가 부활할 수 있었던 것도 30인 정권으로부터 구원 요청을 받고 마지막에 군대를 철수한 스파르타의 왕 파우사니아스 덕분이었다. 이는 아테네인이 스스로의 운명을 결정할 수 있는 힘을 지니고 있지 않다는 현실을 입증한 것에 불과했다. 트라시불로스에게는 70인으로 궐기할 수 있는 용기가 있었지만, 다시 손에 넣은 민주정치체제를 제대로 기능하게 만드는 데 필요한 교활함이라고 해도 좋을 지적인 능력은 없었다.

아테네인이 '데모크라티아'라고 불렀던 정치체제는 무엇보다 그것이 기능하도록 만드는 역량 있는 지도자가 필요했다. 그러나 아테네인은 지도자가 없어서는 안 된다는 인식을 무의식적으로 거부해왔다. 페리클레스는 교묘하게도 실제로는 '홀로' 지배했지만 최종 결정을 내리는 것은 너희 모두라고 생각하게 만들었다. 이 때문에 아테네 민중은 '홀로'의 필요성을 인식하지 못했다. 페리클레스 뒤에 나타난 지도자들이 모두 힘을 발휘하지 못하고 자리에서 밀려난 사실이 그 증거이다. 아테네의 민중은 지도자를 키울 생각을 하지 않았기 때문에 누군가 두각을 드러내면 그 순간 망가뜨리고 말았다.

'데모크라시'는 보다 많은 사람의 두뇌를 결집하면 보다 좋은 정치를 할 수 있다는 생각에서 나온 그런 단순한 것이 아니다. 무엇보다 많은 사람의 두뇌를 유도할 수 있는 사람이 존재하지 않고 유도하는 사람의 존재 이유도 인정하지 않은 지 오래된 아테네인에게 민주정치를 기능하게 만드는 것 자체가 무거운 짐이었을지도 모르겠다.

그럼에도 아테네는 4년에 한 번 올림픽 휴전을 필요로 하는 그리스인의 나라였다. 펠로폰네소스전쟁에서 패배하고 10년 정도는 잠잠했지만, 아니 잠잠할 수밖에 없었지만 전쟁이라는 악마와 인연을 끊지는 못했다. 게다가 일관된 정치 전략도 없었기 때문에 반反스파르타를 외치는 도시국가 연합에 가담해서 스파르타를 적으로 삼았다가, 스파르타와 손을 잡고 다른 도시국가와 전쟁을 치르기도 했다.

무엇을 위해 전쟁터로 사람을 보내는지도 모르는 상황에서 사람들은 계속해서 죽어갔고, 국고는 그때마다 비었기에 그것을 메우기 위해 새로운 세금을 남발했다. 당연한 말이지만 그 결과 경제가 악화되었다. 풍자희극작가인 아리스토파네스가 10년의 침묵을 깨고 쓴 풍자희극 〈여자들의 민회民會〉가 이 시기에 상연되었다. 남자들에게 맡겨놓아서는 참혹한 상황에서 결코 탈출할 수 없다고 본 아테네의 여자들이 민회를 탈취하는 과격 행동을 벌인다는 것이 이 작품의 골자이다.

여자이기에 국정을 담당할 자격도 없다고 단정하는 남자들 가운데는 민주정치 부활의 공로자인 트라시불로스도 있었다. 아테네인 사회에서 여자는 한 사람의 존재로도 간주되지 않았고 따라서 시민권도 부여되지 않았다. 그런 여자들이 남자들에게 정나미가 떨어졌다는 사실은 '풍자희극'이라기보다 '비극'이었다. 이제 스스로 자신의 운명을 결정할 힘이 없다는 냉혹한 현실은 그것이 가능하다고 생각했던 시대를 경험한 아테네인에게는 참기 힘들고 분통 터지는 일이었을 것이다. 이런 분위기에서 소크라테스 문제가 발생했다.

소크라테스의 재판

제자인 크세노폰이 멀리 떨어진 페르시아에서 적의 추격을 따돌리고 6,000킬로미터를 돌파하는 마지막 여정에 돌입한 기원전 399년 봄, 그리스의 아테네에서는 70세가 된 소크라테스가 재판장에 끌려나왔다. 고발한 사람은 멜레토스로 소크라테스를 고소했다는 이유만으로 역사에 이름을 남긴 이른바 졸때기였다. 문학으로 이름을 날리려고 했지만 마음대로 되지 않던 이 젊은이를 뒤에서 조종한 자는 아니토스라는 민주 정부의 거물이었다.

소크라테스를 죽음에 몰아넣은 것은 소수가 지배하는 정치를 가리키는 '과두정치'가 아니라 시민 전원이 결정하는 것을 기본으로 하는 '민주정치'였다. 고소의 이유는 두 가지였다. 그리스 전통 신들에 대한 신앙심이 부족하다는 것과 아테네의 젊은이들에게 철학을 가르쳐 악영향을 미쳤다는 것이다.

법률 지식이 전혀 없는 내게도 소박한 의문이 생긴다. 첫째, 신앙처럼 객관적 기준이 존재하지 않는 일을 증거의 유무를 가장 중요한 조건으로 여기는 법률로 판단할 수 있는가 하는 의문이다. 아테네의 젊은이에게 악영향을 미쳤다는 두 번째 이유를 들은 아테네인은 곧바로 알키비아데스와 크리티아스를 떠올렸을 것이다. 두 사람은 모두 소크라테스의 제자였고 유명한 인물이었다. 당시 아테네인들은 두 사람이 도시국가 아테네에 해를 끼쳤다고 생각했다.

알키비아데스는 재판소의 출두 명령을 무시하고 스파르타로 도망쳐 스파르타 쪽에 붙어서 조국 아테네에 해를 끼칠 전략을 제공했다고 간주되었다. 크리티아스는 30인 정권이라는 과두 정권을 수립해 아테네에 공포정치를 초래했기에 민주정치의 적으로 여겨졌다. 다만 두 사람 모두 이미 이 세상 사람이 아니었다. 알키비아데스는 5년 전에 암살당했고, 크리티아스도 4년 전에 전사했다.

그런데 왜 지금에 와서 그것이 문제가 된 걸까? 현대의 연구자 가운데는 소크라테스 재판 당시의 아테네 민주 정부가 민주정치의 존속에 자신이 없었기 때문이라고 주장하는 사람이 있다. 억지로라도 두 사람에게 죄가 있다고 해보자. 요직에 오를 수 있는 자격 연령이 30세로 결정되어 있는 아테네에서 알키비아데스가 스파르타로 망명한 것은 35세 때의 일이다. 크리티아스가 공포정치를 펼칠 때 나이는 56세였다. 성인이 된 옛 제자의 행위까지 청소년 시대의 '스승'이었던 사람이 책임을 져야 한다는 것일까?

소크라테스는 생각하는 것이 중요하다고 가르쳤다. 생각의 결과로 생겨난 것이 민주파이든 과두파이든 그것은 철학의 문제가 아니라 정치의 문제라고 생각했다. 소크라테스는 징병되면 스스로 전쟁터로 나갔고 추천으로 선출되면 국가 공무원으로도 근무했는데, 민주정치를 시행하고 있는 아테네라서가 아니라 조국 아테네의 시민으로서 책무를 다하겠다는 지극히 자연스러운 애국심에서 그렇게 한 것이었다.

제자 중에는 민주파도 있고 과두파를 지지하는 사람도 있었지만 소크라테스에게는 아무런 문제가 되지 않았다. 또한 제자 가운데 사회적으로 상류층에 속한 사람도 있었고 하류층에 속한 사람도 있었지만 이를 문제 삼지 않았다. 소크라테스는 아테네의 시민이 될 수 없는 노

• 소크라테스

예도 지혜를 사랑하는 마음만 있다면 기꺼이 제자로 받아주었다. 물론 상대가 누구든 돈도 받지 않았다. 이런 인물을 최대 다수의 사람들이 생각해서 만든 법률로 재판할 수 있단 말인가.

　소크라테스의 재판은 민주정치를 시행하는 아테네의 관례에 따라 제비뽑기로 선출된 500명의 시민에게 맡겼다. 500명 앞에서 고발자인 멜레토스는 검사 역할을 맡았다. 피고 소크라테스의 죄목을 거론했고 사형만이 타당한 형벌이라고 주장했다. 검사의 변론 뒤에 첫 번째 투표, 즉 재결裁決이 행해졌다. 유죄 250표, 무죄 220표, 기권 30표였다. 500명의 '재판관' 가운데 소크라테스가 고소를 당한 이유에 의문을 가진 사람들이 적지 않은 듯하다. 당시 아테네에서는 유죄와 무죄의 차이가 크지 않은 경우에는 적은 금액을 벌금으로 지불하거나 스스로 외국으로 망명하면 그것으로 재판이 종료되는 경우가 많았다.

하지만 소크라테스는 어느 쪽 타협안도 받아들일 마음이 없었다. 더군다나 뒤에 이어지는 변론도 스스로 행했다. 변호 역할을 직업으로 삼고 있는 사람에게 의뢰하거나 그런 종류의 사람이 작성한 문서를 법정에서 읽는 것이 당시 아테네에서 보편적으로 행해지는 방법이었는데 이를 거부한 것이다. 그때까지 아테네 법정에서 일반적으로 써먹었던 울부짖는 아내나 아이들을 데리고 와서 재판관들의 동정심을 유발하는 전술도 사용하지 않았다. 정상참작 등을 단호하게 거부하고 정공법으로 '변명辨明'을 전개했다.

일본의 그리스 연구는 예부터 편파적이라고 할 정도로 철학에 집중되어 있다. 그중에서도 특히 플라톤에 집중한다. 즉 플라톤의 대화편을 통해 소크라테스에 집중했다는 말이다. 그래서 플라톤의 번역서는 시대와 사람을 달리하며 대량으로 쏟아져 나왔고 선택하기 곤란할 정도로 많은 출판사에서 다수의 번역본을 출판했다. 그 가운데서도 소크라테스 재판에 관계된 작품을 고른다면 다음 세 종류가 될 것이다.

『소크라테스의 변명』: 무대는 재판장. 원고의 고발과 피고의 변론, 여기에 500인의 재판관이 어떻게 반응했는지 등 재판의 경과 전체가 서술되어 있다.

『크리톤』: 형이 결정된 뒤 감옥 내의 독방이 무대. 마음만 있다면 거기서 도망쳐 목숨을 부지할 수 있다고 권유하는 제자 크리톤에게 이제까지 오랜 세월 구축해온 자기의 생각과 반하기 때문에 그럴 수 없다고 논리를 세워 부드럽게 설명하는 소크라테스.

『파이돈』: 무대는 역시 감옥 내 독방. 독이 든 잔을 마실 시각이 다가오고 있는 독방 안에는 안절부절못하는 제자들로 가득하다. 어떤 제자는 머리를 부여잡고 있고 또 어떤 제자는 너무 절망한 나머지 머리를 쥐어뜯고 있다. 오히려 소크라테스가 제자들을 달래야 했고 그래서 소크라테스의 마지막에 어울리는 장면이 연출된다. 아무튼 위로하는 역할도 소크라테스가 맡으면 남들과 달랐다.

스승의 마지막을 보기 위해 모여든 제자들은 죽음을 앞둔 스승의 입을 통해 소크라테스 철학의 진수를 듣게 된다. 과거 알키비아데스가 "눈물이 멈추지 않았다"라고 말한 그 진수 말이다.

『소크라테스의 변명』과 『크리톤』, 『파이돈』은 3막으로 이루어진 드라마와 비슷하다. 이 세 작품은 아직 젊은 28세의 플라톤이 스승을 향한 존경심을 가득 담은, 그래서 최고의 기록자를 만났다고 생각될 정도로 뛰어난 글솜씨로 써내려간 훌륭한 걸작이다.

이 작품들을 읽으면 객석 가장 앞자리에 앉아 무대 위 공연을 숨죽이고 바라보는 기분을 느끼게 된다. 나는 서양철학이 그리스에서 시작되어 그리스에서 끝난다고 생각한다. 그 세계에서 최고의 스타는 소크라테스였다. 참고로 로마인은 철학적인 성과를 그다지 남기지 못했다. 다만 로마인이 그리스의 원작 조각 가운데 가장 많이 모작한 모델은 소크라테스였다. 그것도 광장처럼 잘 보이는 곳에 두려는 것이 아니라 공공 도서관이나 자택의 서재에 두기 위해 만들었다. 등신대의 흉상이라는 친밀한 형태로 말이다.

500명 재판관 판결은 유죄 250표, 무죄 230표였기에 벌금만 내면 모든 게 끝날 수 있었다. 하지만 소크라테스가 펼친 정공법의 변명을 들은 뒤에 이루어진 최종 판결에서 유죄 360표, 무죄 140표로 큰 차이가 났기 때문에 사형이 결정되었다. 왜 이런 일이 벌어졌는지는 『소크라테스의 변명』을 읽으면 알 수 있는데, 한마디로 말하면 적당한 수준에서 정리하려고 생각했던 재판관들을 소크라테스가 분노하게 만든 것이다.

소크라테스는 자신에게 씌워진 죄를 인정하지는 않지만, 이제까지 징병되어 두 번이나 전쟁터에 나갔고 한 번은 공무원에 근무한 적도 있을 정도로 도시국가 아테네의 시민으로 책무를 다했으며, 그에 따라 자기를 재판하는 법이 아테네의 법이니 거기에 따르겠다고 말했다. 이 말이 재판관들을 분노하게 만들었다. 아테네 시민이라면 갖추어야 할 책무에 따르지 않았다는 이유로 소크라테스 자신을 재판하는 아테네 재판관 전원을 향한 통렬한 도전이었다. 이런 말을 듣고도 무죄에 투표한 재판관 140명은 소크라테스의 진술에 동감을 느꼈을 것이다. 반면 3배 가까운 360명은 생각이 달랐다.

360명은 왜 분노했을까? 나는 이 시기 아테네 사람들이 자기 나라의 운명을 스스로 결정할 수 없는 상황에서 초조해하고 있었기 때문이라고 생각한다. 이런 순간에 소크라테스가 나타나 벌금형이나 망명하는 것을 받아들이지 않고 스스로 자기의 운명을 결정하겠노라고 선언한 것이다. 바로 그 소크라테스에게 시민들은 반발했다. 초조해하는 자신들과 달리 평온한 소크라테스에게 분노를 쏟아부었다. 그 결과가 큰 차이의 투표수로 결정된 사형 판결이었다. 이런 상상 말고는 처음에 유죄를 선언한 사람이 250명이었다가 이튿날 360명으로 증가한 이유를 찾을 수 없다. 그러나 소크라테스의 입장에서 도발적인 전술은 성공했다.

재판이 있던 그해 소크라테스의 나이는 인생의 막바지라 해도 좋을 70세였다. 페리클레스가 세상을 떠났을 때 소크라테스는 41세였기에 아테네의 황금시대를 만끽한 세대에 속한다. 페리클레스가 죽은 뒤 아테네에 막대한 피해를 초래한 시칠리아 원정군이 전멸한 해에는, 그것을 '믿지 못하는' 아테네 사람들 사이에서 57세의 철학자가 삶을 보내고 있었다.

펠로폰네소스전쟁에서 패배한 직후, 소크라테스는 아테네를 덮친 혼란과 비참함 속에서 66세를 맞이했다. 다시 말해, 소크라테스는 75년의 생애를 통해 민주정치 아테네의 영광과 굴욕을 모두 경험한 사람이었다. 그에게 가족보다 소중한 존재였을 제자들은 암살당하거나 전쟁터에서 죽었고, 죽지 않은 젊은 제자들도 아가톤이나 크세노폰처럼 아테네를 버리고 외국으로 떠났다. 소크라테스와 제자들의 조국 아테네는 민주정치는 부활시켰지만 자신감까지 회복하지는 못했고, 그 때문에 일관된 정치 전략을 찾아내지 못한 채 초조해하면서 그 책임을 타자에게 전가하고 있을 뿐이었다.

소크라테스는 한 줄의 글도 남기지 않았다. 글로 쓴 작품이 없으면 그 사람의 인생 자체가 작품이 된다. 그렇다면 '어떻게 인생을 마치는가'는 '어떻게 작품을 끝내는가'와 같은 말이다. 소크라테스도 자신의 생애를 어떻게 마칠지 생각하지 않았을까. 아테네인이 창조한 사색과 언동과 표현의 자유라는 이념을 관철하면서 어떻게 막을 내릴지 생각했을 것이다. 그리고 스승이 죽는 모습을 처음부터 끝까지 보여주는 것은 제자에게 줄 수 있는 최고의 가르침이었다.

이런 소크라테스에게 심취해 있던 젊은 플라톤도 스승의 생각을 정확하게 이해했던 것일까. 『소크라테스의 변명』 『크리톤』 『파이돈』이라는 3부작 '드라마'를 읽고 이것이야말로 소크라테스 철학의 집대성이라는 생각이 들었다.

『파이돈』에 묘사되어 있는 것처럼, 독이 든 음료를 가득 채운 잔을 다 마신 뒤에 소크라테스가 고통스러워하는 모습을 보이지 않은 것도 여러 생각을 하게 만든다. 먼저 사지의 끝이 마비되고 차가워진다. 이 증상은 조금씩 심장을 향해 다가오는데 그사이에도 두뇌의 활동은 조금도 위축되지 않는다. 그런 다음 점점 나른해지고 독이 몸의 중심까지 스며든다. 소크라테스는 그사이에도 계속 고통을 느끼지 못하는 것처럼 고통스러운 모습을 보여주지 않는다. 소크라테스의 마지막 말은 "크리톤, 아스클레피오스 신에게 닭 한 마리를 빚졌다네. 자네가 대신 갚아주게"였다. 이 모습은 안락사의 방법으로 이상적이라는 생각까지 하게 만든다. 스스로 독이 든 잔을 마시기 때문에 동일한 사형이라 해도 교수형 등과 달리 인간의 존엄성을 배려한 방법이라는 생각이 든다. 소크라테스는 꼴사나운 모습을 전혀 보여주지 않고 자신의 인생을 스스로 마감했다.

소크라테스는 죄를 뒤집어쓰고 죽어야 하는 상황을 역으로 이용해 자기의 철학을 완성시켰다. 한편 아테네는 마지막까지 남아 있던 이 애국자를 사형에 처하면서 지금의 혼란에서 탈출할 수 있는 힘조차 없다는 사실을 스스로 증명하고 말았다. 소크라테스 재판은 철학의 주제에 머무르지 않고 역사의 주제가 되었다. 나는 소크라테스가 그리스의 다른 도시국가라면 절대로 태어날 수 없는 테미스토클레스나 페리클레스와 같은 성질의 '진정한 아테네인'이라고 생각한다. 이들은 공통적으로 상대를 뒤흔들면서도 자신은 전혀 흔들리지 않고 동요로 불안해진 사람을 끌어들이는 재능이 뛰어났다. 그렇기 때문에 일시적으로는 패배하더라도 영원한 승자가 될 수 있었다.

2

벗어날 수 없는 스파르타

야생동물의 세계에서는 변화하는 환경에 적응한 동물만이 살아남는다고 한다. 그렇다면 인간세계는 어떠할까?

승자의 내실

30년 가까이 지속된 펠로폰네소스전쟁에서 패배한 나라는 아테네였고 승리한 나라는 스파르타였다. 대제국 페르시아가 침공해왔을 때 두 도시국가가 협력해 승리한 제2차 페르시아전쟁을 기점으로 헤아려보면 4분의 3세기에 걸쳐 아테네와 스파르타가 그리스의 패권을 양분했다. 두 도시국가 사이에서 벌어진 펠로폰네소스전쟁이 끝난 기원전 404년, 패배한 아테네는 패권 국가의 지위에서 밀려났고 두 번 다시 지위를 회복하지 못했다. 당시 스파르타만이 유일한 패권 국가였다. 무조건 항복할 수밖에 없었던 아테네에게 스파르타가 제시한 강화 조건 가운데 중요한 사항 두 가지가 전부터 오랫동안 스파르타가 아테네에 요구해온 것이었다는 점이 이를 증명해준다.

첫째, 아테네인이 '긴 벽'이라고 불렀던 수도 아테네와 외항 피레우스 사이의 7.5킬로미터에 이르는 통로를 파괴할 것. '긴 벽'은 양쪽에 6미터 높이의 견고한 성벽이 쌓여 있고 안쪽은 폭이 180미터인, 그래서 통로라고 부르기 어색한 전대미문의 구조물이다. '아테네·피레우스 일체화'라는 말에서 알 수 있듯이, 테미스토클레스에 의해 만들어진 이후 74년의 세월 동안 아테네의 안전보장을 위한 중요한 담보물이었다. 수도인 아테네가 적에게 포위당해도 외항인 피레우스를 통해 해외에서 식량과 필수품을 완벽하게 수급받을 수 있었다는 점에서 그렇다. 아테네가 보기에 육지에서 공격해올 가능성이 있는 나라는 페르시아를 격파한 이후 스파르타밖에 남아 있지 않았다. 스파르타도 이 사실을 알고 있었던 것 같다. '긴 벽'을 건설할 때부터 맹렬하게 반대했고 기정사실이 된 이후에도 '긴 벽'은 아테네가 스파르타를 가상 적국으로 여기는 상징이라고 지적하며 불쾌감을 감추지 않았다.

승자 스파르타가 패자 아테네에 제시한 두 번째 조건은 '델로스동맹'의 해체였다. 더불어 당시 200척의 삼단 갤리선을 보유하고 있던 아테네의 해군력을 약화시키고자 10분의 1도 안 되는 12척만 남길 것을 요구했다. 12척으로는 근해를 경비하기에도 벅찼다. 아테네는 최강의 해군력을 갖추고 있었기 때문에 그리스에서 델로스동맹을 주도할 수 있었다. 따라서 해군력의 축소는 아테네를 패권 국가의 지위에서 밀어내려고 한 스파르타의 당연한 조치였다.

여기서 독자 여러분이 생각해볼 것이 하나 있다. 스파르타가 '긴 벽'의 파괴와 아테네 해군의 비군사화를 동반한 '델로스동맹'의 해체를 요구한 의도가 단순히 군사적이었다는 사실이다. 사실상 긴 벽을 통한 '아테네·피레우스 일체화'나 '델로스동맹'은 경제적인 측면도 있었다. 아테네는 '아테네·피레우스 일체화'를 통해 에게해뿐만 아니라 동지중해에서 세계 제일의 통상 센터가 되었고, '델로스동맹'은 아테네에 광역 경제권을 제공해주었다.

기원전 404년의 패배는 아테네를 해군을 주요 전력으로 삼은 군사 대국의 지위에서 밀어냈을 뿐만 아니라 경제 대국의 지위에서도 밀어냈다. 스파르타는 이런 점을 이해하지 못했다. 실질적이고 강건함을 모토로 삼고 있었기에 국내에서는 외국의 통화를 인정하지 않고 쇠로 만든 통화(通貨)만 사용했다. 그런 이유로 외국의 상인들은 스파르타를 기피했고 스파르타인은 외국의 물자 없이 살아야 했다. 이렇게 오랫동안 지내왔으니 경제 감각이 없는 게 당연했다. 이런 나라가 유일한 패권 국가가 된 그리스의 미래는 어떻게 되었을까?

자기 홀로 이익을 내려고 생각하면 지속적으로 이익을 내기 힘들어진다. 반대로 타인에게 이익을 주겠다는 마음으로 비즈니스를 하면 본인이나 타인 모두 장기적으로 이익을 낼 수 있다. 나는 경제에 무지하지만 그 정도는 알고 있다. '아테네·피레우스 일체화'나 '델로스동맹'은 군사 정책인 동시에 경제 정책이기도 하다. 그리스의 다른 도시

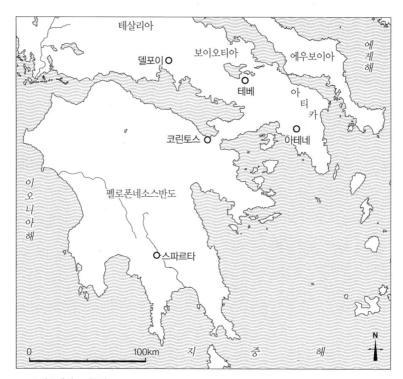

● 스파르타와 그 주변

국가보다 아테네가 이런 감각이 뛰어났다. 민주정치를 고안하고 다른 도시국가보다 오랜 세월 민주정치를 유지해왔기 때문이다. 그리스의 민주정치는 사회 계층 사이의 교류를 통해 최대한 많은 사람이 이익을 보게 만들고 이를 통해 국가 전체의 이익도 비약적으로 향상시키겠다는 정치사상이기도 하다.

한편 스파르타는 격차가 고정된 과두정치를 고집해온 나라였다. 물론 펠로폰네소스전쟁 이후 스파르타가 그리스 유일의 패권 국가가 된 것은 사실이다. 그러나 스파르타에도 문제가 있었다. 단순한 문제가 아니라 건국 이후 가장 중대한 문제에 직면했다. 오늘날 방식으로 말하면 '정체성의 위기Identity crisis'라고 부를 수 있는 상황에 직면했다.

30년 정도 지속된 '펠로폰네소스전쟁'을 자세히 추적해보면 전쟁을 좌우할 정도의 전과를 올린 쪽은 언제나 스파르타 사회에서 아웃사이더에 속한 사람들이었다. 전쟁을 끝낸 공로자 리산드로스 역시 아웃사이더에 속해 있었다. 그렇다면 2명의 왕 가운데 1명이 인솔하고 그 왕의 참모 역할을 맡는 '에포로스' 2명이 반드시 동행하는, 스파르타의 정규군에 속한 사람들은 30년 동안 무엇을 했을까?

매년 여름이 되면 스파르타의 정규군은 아테네의 영토인 아티카 지방을 침공해 그곳의 경작지를 망쳐놓고 가을이 되면 스파르타로 귀환하는 일을 되풀이하고 있었다. 매년 수확물을 빼앗긴 아테네 농민의 피해는 컸을 것이다. 그러나 아테네는 '아테네·피레우스 일체화'와 강력한 해군력을 통해 해외로부터의 보급 시스템을 갖추고 있었다. 경작지를 망치는 것만으로는 아테네의 식량 보급에 큰 타격을 입힐 수 없었다.

그 모습은 마치 매회 주자를 내보내지만 득점에는 성공하지 못하는 야구 경기와 유사하다. 그것도 매회 주전 선수를 내보낸 결과였다. 그런데 후보 선수를 내보냈는데 득점하게 되면 팀 전체 분위기는 어떻게 될까? 당시 스파르타는 실력이 뛰어나도 후보 선수는 주전 선수가 될 수 없는 시스템이었다. 스파르타는 후보가 주전이 되면 국가 자체가 성립할 수 없는 사회구조를 군건하게 지키며 살아온 나라였다.

고정화된 격차

여기서 스파르타와 에도 시대의 일본을 비교해 보려고 한다. 다만 2,000년의 시간 차이도 있고 서양과 동양이라는 지역적인 차이도 있어서 공통점은 하나밖에 없다. 사회의 계층을 고정화시켜서 300년의 평화를 향유했다는 점이다. 물론 환경은 동일하지 않다. 스파르타의 사무라이는 외국을 상대로 전쟁을 치러야 했지만 일본의 사무라이는 전쟁을 하지 않고 평화를 향유했다는 점이 다르다.

일본이라는 나라가 아직 세워지지 않은 기원전 8세기 말, 리쿠르고스가 정한 '헌법'을 오랫동안 엄격하게 지켜온 스파르타는 펠로폰네소스전쟁이 끝난 기원전 5세기 말에도 계층에 따른 사회 격차를 엄격하게 지키고 있었다. 그 결과 그리스의 다른 도시국가에서는 다반사로 발생했던 내부의 당파 전쟁이 일어나지 않았고, 이에 따른 열매가

300년 동안의 평화였다.

1만 명 전후의 스파르타 전사만이 시민권을 가졌고 시민집회에서 투표를 통해 국정에 참여할 수 있었다. 이들에게는 무기를 손에 쥐고 조국 방위를 위해 싸워야 하는 의무가 부과되었다. 숫자만 보면 16배에 이르는 '헤일로타이'는 태어나서 죽을 때까지 농업에 종사하며 스파르타 사무라이의 생활을 떠받치는 농노로 일생을 보내야 했다.

숫자로 보면 스파르타 시민의 7배인 '페리오이코이'도 수공업이나 소규모 상업에 종사했지만, 스파르타 사회의 구성원으로 인정받지 못했다는 점에서는 헤일로타이와 다를 바 없었다. 북쪽에서 내려온 스파르타인이 그때까지 라코니아 지방에 살고 있던 헤일로타이와 페리오이코이를 정복하고 지배자가 되었기 때문에 이처럼 사회계층을 고정시킨 것이다. 라코니아 주민이 헤일로타이와 페리오이코이로 갈린 것은 페리오이코이가 빠르게 항복했지만 헤일로타이는 버티다가 나중에 항복했기 때문이다.

스파르타에는 이와 같은 사회 격차가 엄연히 존재했고 오랫동안 지속되어왔다. 그러나 이 격차는 사회적인 면에 국한된 것이었고 경제적인 면에서는 그렇지 않았다. 헤일로타이는 수확한 농산물의 절반을 공출했고 나머지는 자기 몫이었다. 페리오이코이도 국가에 내야 하는 '세금'이 매우 가벼웠다. 지배계급에 속한 스파르타 시민은 실질적이고 강건함을 모토로 삼아 많은 돈을 필요로 하지 않았고 스파르타의 경제력 자체도 낮은 수준이었기에 피지배자를 착취하지 않았다. 이처럼 경제적인 격차가 크지 않았다는 사실이 300년 동안 평화를 유지할 수 있는 요인 가운데 하나이다.

스파르타가 오랜 기간 평화를 향유할 수 있는 가장 큰 요인은 1만 명쯤 되는 스파르타 전사들이 쌓아올린 '그리스 최강의 육군'이라는 명성이었다. 스파르타의 중무장 보병이라는 말만 들어도 울던 아이가 울음을 그칠 정도였다. 이런 명성은 국내의 헤일로타이와 페리오이코이를 억누르는 데 도움이 되었을 뿐만 아니라 그리스의 다른 도시국가에도 무언의 압력으로 작용했다. 그런데 펠로폰네소스전쟁이 끝난 뒤에는 매회 주자를 내보내고도 득점을 하지 못해 초라한 성적표를 받아들었다. 더군다나 전쟁을 끝낸 사람은 후보 수준에서 내보낸 헤일로타이 출신 리산드로스였다. 상황이 이러하니 승리는 했지만 스파르타 사회의 엘리트 사이에서 '정체성의 위기'가 찾아올 수밖에 없었다.

스파르타 사람들은 기록을 전혀 남기지 않았다. 따라서 이들의 생각을 읽어내려면 아테네를 비롯한 다른 도시국가가 남긴 역사적 사실을 통해 추측할 수밖에 없다. 추측이지만, 당시 스파르타 상층부에는 상당히 날카로운 의견 대립이 있었던 것 같다. 그 단서는 먼저 패배한 아테네에 대한 조치를 둘러싼 대립에서 찾을 수 있다. 스파르타의 상층부는 리산드로스가 비록 농노 출신이지만 펠로폰네소스전쟁을 끝낸 공로자라는 사실을 인정했다.

스파르타 사회에서 아웃사이더들의 자랑거리라 해도 좋을 이 장군은 싸우는 방식도 더러웠지만, 승리한 이후에도 이 더러움을 덮겠다는 듯 패자에게 잔인무도한 행동을 하는 데 한 치의 망설임도 보이지 않았다. 『그리스인 이야기』제2권의 마지막 부분에서 소개한 것처럼, 리산드로스는 스스로 칼을 휘둘러 포로로 잡힌 아테네 군대의 스트라테고스(지휘관) 4명의 목을 베었고, 포로 가운데 아테네 사람만 골라 3,000명을 창으로 찔러 죽이라고 명령했다. 또 델로스동맹에 가입한 모든 도시국가에 내린 퇴거 명령에 따르지 않으면 죽이겠다고 위협해 해외로 이주한 3,000명의 아테네 사람 전원을 본국으로 강제 송환시켰다. 오랜 전쟁을 통해 얻은 결과가 아니라 강제 소환 하나로 '델로스동맹'의 해체를 실현했다는 점에서 리산드로스는 분명히 유능한 사람이었다.

리산드로스의 조국 스파르타는 아직 무사의 혼이 살아 있는 나라였다. 리산드로스는 패배한 아테네를 피고석에 앉힌 강화회의에 출석조차 할 수 없었다. 만약 그 자리에 리산드로스가 참석했다면 이 기회에 아테네에 복수하겠다는 일념을 가진 코린토스의 강경한 의견에 동조했을지도 모른다. 코린토스와 테베는 펠로폰네소스동맹의 일원으로 스파르타의 지휘를 받으며 30년 동안 아테네와 싸웠기 때문에 강화회의에서 승자 쪽의 자리에 앉았다. 이들은 아테네의 성년 남자 전원을 살해하고 여자는 노예로 팔고 아테네 시가지는 폐허로 만들자고 강경하게 주장한 도시국가였다.

그러나 리산드로스는 참석이 허용되지 않았을 뿐만 아니라 아테네에서도 멀리 떨어져야 했다. 그는 '델로스동맹' 해체 이후에도 유일하게 아테네 쪽에 남아 있던 사모스섬을 제압하라는 명령을 받았다. 따라서 스파르타를 대표해 회의에 참석한 사람은 두 왕 가운데 하나인 파우사니아스였다. 이 젊은 왕은 패배한 아테네를 말살해야 한다고 주장하는 코린토스와 테베의 대표를 향해 격렬한 어조로 말했다.

"당신들은 잊었는가? 당신들의 나라가 자유로운 도시국가로서 오늘날까지 존속하고 당신들이 자유로운 시민으로 발언할 수 있는 것은 75년 전에 아테네가 선두에 서서 페르시아를 격퇴한 덕분이라는 사실을 잊었는가?"

아테네의 남자들은 죽지 않고 살아남았다. 여자와 아이도 노예로 팔려가지 않았다. 시가지도 폐허가 되지 않았고 파르테논 신전을 중심으로 하는 아크로폴리스도 페리클레스가 세운 모습 그대로였다. 젊은 왕이 꾸짖었다고 해서 여러 도시국가의 대표들이 이성을 되찾은 건 아니다. 스파르타가 살아남은 유일한 패권국가라는 사실 앞에서 모두 침묵할 수밖에 없었다. 하지만 그해 가을 다시 파우사니아스와 리산드로스의 대립이 시작되었다. 이번에도 아테네를 어떻게 처리할 것인지를 놓고 벌인 대립이었다.

패전 직후 아테네에서는 '30인 정권'이라는 과두정부가 정권을 장악했지만 공포정치를 펼쳤기 때문에 아테네 시민의 지지를 상실했고 국외로 도주한 민주파의 귀국을 허용하고 말았다. 위기감을 느낀 크리티아스는 리산드로스에게 구조를 요청했다. 리산드로스가 민주파를 싫어했다는 사실은 유명하다. 리산드로스는 아무런 조건 없이 크리티아스의 요청을 받아들였다.

이때 스파르타 본국에서 별도의 지령이 내려왔다. 아테네에 수립된 과두 정권을 돕겠지만 원조를 위해 보내는 스파르타 군대는 왕이 거느린 정규군이고 리산드로스는 좌익을 담당하라는 내용이었다. 스파르타에서는 왕이 군대의 우익을 지휘하는 게 일반적이었다. 따라서 전투의 행방을 좌우하는 것은 우익이었다. 즉 주요 전력을 지휘하는 파우사니아스 아래에 좌익을 지휘하는 리산드로스도 포함된 것이다.

피레우스 항구 근교에서 벌어진 아테네 민주파와 과두파의 내전은 스파르타 군대의 참전 여부가 승패의 결과를 가를 핵심 요소였다. 만약 스파르타의 군대가 참전하면 민주파는 아테네에서 영원히 추방되었을지도 모른다. 그런데 스파르타 군대의 최고 지휘관인 파우사니아스는 가볍게 타격을 입히는 정도로 전과를 올린 다음 군대 전체를 거느리고 귀국하고 말았다. 리산드로스도 왕의 뒤를 따를 수밖에 없었다. 그 결과 30인 정권의 지도자 크리티아스가 전사했고 지도자를 잃은 아테네의 과두정부는 패퇴했다. 아테네에는 다시 민주 정권이 부활했다.

스파르타의 왕 파우사니아스가 민주 정부에 동정심을 가졌기 때문에 이런 행동을 한 것은 아니다. 유일한 패권 국가인 스파르타가 그 패권 아래에 있는 도시국가에 스파르타와 같은 과두정부를 강제할 이유가 없다고 생각했기 때문이다. 무언의 압력을 발휘하려면 적당함이 필요했다. 그리스에는 많은 도시국가가 있었다. 비록 '무언의 압력'이 발휘된다 해도 모든 도시국가에 '압력'을 행사하기에는 1만 명 남짓한 스파르타의 중무장 보병으로 충분하지 않다고 판단한 것이다.

한편 온갖 고초를 겪으며 성공했지만 깊이 생각하는 능력이 없던 리산드로스는 그리스 전체의 도시국가에 과두정부가 들어서면 스파르타가 흔들림 없는 패권 국가로 남을 거라 생각했다. 아무튼 기성세력의 상징적 존재인 왕과 밑바닥부터 올라온 아웃사이더의 대립은 펠로폰네소스전쟁으로 아테네를 무너뜨린 해부터 2년 정도는 파우사니아스의 우세로 진행되었다. 5명으로 이루어진 '에포로스'가 이 시기에 파우사니아스의 편을 들었기 때문이다.

오로지 호헌

스파르타에 대해 이야기할 때마다 '5명의 에포로스'를 언급할 수밖에 없다. 이 독특한 제도가 스파르타라는 도시국가 전체를 좌우했다. 단적으로 말하면 스파르타는 '에포로스'가 관리하는 사회였다. 두 왕은 스파르타의 주요 전력인 중무장 보병 부대를 거느리고 전쟁터로 가서 전투를 지휘하는 일만 했다.

스파르타의 자부심이기도 했던 중무장 보병은 '전쟁터에서 적에게 등을 보이지 마라. 전쟁에서는 이기든지 죽든지 할 뿐이다'라고 생각했다. 1만 명 정도 되는 중무장 보병이 유권자로 참여하는 스파르타의 시민집회에서 매년 '에포로스'가 5명씩 선발되었다. 그들은 '리쿠르고스 헌법의 파수꾼'을 자임했다. 그렇기에 자연스럽게 국내외 정치를 도맡아서 처리했다. 스파르타 사회에서 보면 당연한 귀결이기도 하다. 아테네의 '스트라테고스'가 스파르타에 가서 교섭할 때도 상대는 왕이 아니라 '에포로스'였다.

얼핏 보기에 철벽같은 이 '에포로스' 제도에도 두 가지 중대한 결함

● 스파르타의 중무장 보병

이 있었다. 첫째, 임기가 1년밖에 되지 않고 재선이 불가능해 국정이 일관된 지속성을 유지하기 힘들었다. 둘째, 20세부터 60세까지 현역 중무장 보병 가운데 선발되기 때문에 병사의 경험은 풍부해도 사령관의 경험은 전혀 없는 사람이 뽑혔다. 전쟁터에서 병사는 육체로 싸우지만 사령관은 두뇌로 싸운다는 사실을 잊어서는 안 된다. 아테네의 '스트라테고스'는 정치의 책임자인 동시에 군대의 사령관이었다.

아무튼 '에포로스' 제도가 제대로 기능하고 있었기에 스파르타는 그때까지 300년 동안 국내의 안정을 유지할 수 있었다. 문제는 그 이후, 곧 스파르타가 유일한 패권 국가가 된 이후였다.

스파르타가 유일한 패권 국가가 되고 2년 뒤에 '에포로스' 제도가 계속 유효한지 아닌지를 시험할 수 있는 기회가 찾아왔다. 기원전 402년, 페르시아 황제의 동생인 키로스가 페르시아 본토로 군대를 파견해달라고 스파르타에 요청했다. 목적도 밝혔다. 지금 황제인 아르타크세르크세스 2세에게 반기를 들고 자기가 페르시아의 황제가 될 테니 도와달라는 것이었다. 스파르타에 군사원조를 요구하는 이유도 적혀 있었다. 펠로폰네소스전쟁이 스파르타의 승리로 끝난 것은 소아시아 서부의 최고 책임자인 자신이 자금을 원조했기 때문이고, 그러니 이번에는 자신을 도와줄 차례라고.

전쟁 말기에 페르시아의 풍부한 자금이 스파르타 쪽에 투입된 것은 사실이고, 이를 활용해 리산드로스가 30년이나 지속된 전쟁을 끝낸 것도 사실이다. 내가 도와주었으니 이번에는 그쪽에서 나를 도울 차례라는 말은 개인적인 관계라면 이치에 어긋나지 않는다. 하지만 국가간의 관계는 좀 다르다. 원조해준 결과가 마이너스라면 그 영향이 국가 전체에 가해지기 때문이다. 그렇기에 냉철한 정황 판단이 필요하다. 국가간의 관계에서 손실이 예상될 때 요청을 거부하면 국가 통치자에게 그것은 합당한 조치가 된다.

황제의 동생이 밝힌 반기의 이유 또한 설득력이 약했다. 지금의 황제는 동일한 어머니를 둔 키로스의 친형이었다. 키로스는 단지 형이 먼저 태어났다는 이유로 황제가 된 것은 인륜에 반하기 때문에 반역으로 자신이 황제가 되겠다고 주장했다. 그 근거로 형은 아버지가 황제가 되기 전에 태어났고, 본인은 아버지가 황제가 된 다음에 태어났다는 사실을 들었다. 아마 대부분의 그리스인은 그 '이유'에 고개를 가로저었을 것이다.

물론 황제가 폭군이거나 무능해서 왕위에 앉아 있기에 부적절하다면 장남 계승을 전통으로 삼고 있는 페르시아라도 그 '이유'에 수긍했을지 모른다. 하지만 아르타크세르크세스 2세는 온후한 성격을 지니고 정치 감각이 탁월했으며 호전적이지 않은 황제였다. 그런 황제를 몰아내고 동생이 그 자리를 차지하겠다는 게 과연 설득력이 있었을까. 당시 사리분별이 분명했을 50세 전후의 키로스는 오랫동안 키워온 야심을 더 이상 감추지 못하고 어머니가 형보다 자기를 더 사랑한다는 것만 믿고 형에게 반기를 들었다. 그러하기에 스파르타의 국정을 맡고 있는 '에포로스'도 신중하게 대응할 필요가 있었다.

파우사니아스는 이 모험에 반대한 것 같다. 스파르타의 또 다른 왕인 아기스는 노령인데다가 병석에 누워 있었다. 한편 이 해의 '에포로스'는 장기적인 전망을 판단하지 못하는 사람들이라 신뢰하기 힘들었다. 스파르타는 키로스의 요청을 받고 키로스를 돕기 위해 군대를 보내기로 결정했다. 이때에도 이전의 경험을 살렸다. 왕이 거느린 스파르타의 정규군을 파견하지 않았다. 스파르타는 키로스에게 사령관은 스파르타인을 보내겠지만 병사들은 그리스에서 지원자를 뽑아서 보낼 것이고 그들에게 줄 보수는 키로스가 지불해야 한다고 말했다. 키로스는 이 조건에 오케이 했다. 다음 해인 기원전 401년으로 접어들 무렵 그리스인으로 구성된 키로스 원군이 소아시아에 위치한 페르시

● 페르시아의 지배를 받고 있는 소아시아

아의 도시 사르디스에 집결하기로 결정했다.

아테네인 크세노폰이 쓴 『아나바시스』는 적지에서 6,000킬로미터를 돌파하는 과정을 다룬 걸작이지만 단순한 액션 스토리는 아니다. 당시 크세노폰의 나이는 20대 중반이었다. 비록 말석이지만 소크라테스의 제자로 현실 인식이 냉철하고 정확했다. 『아나바시스』를 읽으면 다양한 사실을 이해할 수 있고 여러 생각을 하게 만든다. 편견 없는 현실 인식은 철학하는 사람이 갖추어야 할 기본자세이다.

사르디스에 집결한 군대의 규모는 주요 전력인 중무장 보병만 해도 1만 명을 넘었다. 대부분 그리스인이었다. 그중에서 스파르타에서 온 병사는 지휘관과 중무장 보병을 포함해 1,700명이 넘었다. 여기서 의문이 생긴다. 1만 명 정도밖에 되지 않는 스파르타의 '호랑이 자식' 가운데 1,700명을 국외로 내보내도 괜찮을까? 스파르타는 이제 막 그리스 유일의 패권 국가가 되었고, 따라서 그리스 내의 다른 도시국가에 무언의 압력이든 무엇이든 행사해야 했다. 따라서 대규모의 군대를 파견하는 여유를 부릴 상황이 아니었다. 스파르타의 '에포로스'는 그런 생각을 하지 않았던 걸까?

스파르타 외의 다른 지역에서 참가한 지원병은 북쪽의 테살리아 지방에서 남부 그리스까지 그리스 전역에서 모여들었다. 그 이유에 관해 연구자들은 펠로폰네소스전쟁이 끝나고 실업자가 된 병사가 모두 지원했기 때문이라고 주장한다. 이 역시 유일한 패권 국가가 된 스파르타가 금지하면 실현될 수 없는 일이었다. 그리스의 다른 도시국가에서 온 지원병은 처음에는 자국 지휘관의 지휘를 받았지만 결국 스파르타인의 지휘 아래 편입되었다.

지원병 중에는 이미 스파르타의 우산 아래 들어온 아테네 출신 기병 30명도 포함되어 있었다. 크세노폰도 그 가운데 하나였을 것이다. 스파르타는 키로스의 요청을 받아 35척의 삼단 갤리선으로 이루어진 해군도 파견했다. 다만 전면 항복한 아테네에서 빼앗은 군선이었기에 함장부터 배를 조종하는 조타수, 노 젓는 선원 모두 아테네인으로 구성된 '스파르타 해군'이었다.

이 군대를 지휘한 총사령관은 스파르타의 장군인 클레아르코스 Clearchus 였다. 그는 리산드로스 같은 스파르타 사회의 아웃사이더가 아니었다. 크세노폰에 따르면 공정하고 의협심이 강한, 말 그대로 스파르타 용사와 같은 느낌을 주는 남자인 듯하다. 다만 인간 심리의 심층까지 읽어내는 현명함까지는 갖추지 못했다. 그래서 클레아르코스는 부하 병사들이 적지에서 6,000킬로미터를 돌파하기 전에 페르시아 쪽의 간계에 넘어가 곤욕을 치러야 했다. 스파르타의 다른 장군들도 비슷한 성향이었기에 젊은 아테네인 크세노폰이 적지 돌파를 위한 지휘관으로 부상했다.

아무튼 스파르타는 키로스의 요청에 응했다. 스파르타의 실질적인 관리자인 5명의 '에포로스'는 왕이 지휘하지 않기 때문에 스파르타의 정규군이 아니라고 생각했을 것이다. 그러나 스파르타가 키로스를 전면적으로 원조했다는 건 누가 봐도 자명한 사실이었다. 더군다나 그 결과는…….

메소포타미아 지방까지 원정을 떠난 '스파르타 군대'는 페르시아의 수도 가까이에서 벌어진 황제와의 전투에서 싸움 자체는 승리했다. 그러나 자기 손으로 형을 몰아내려고 의욕에 넘쳐 전선으로 나갔던 키로스가 황제의 부하들로부터 죽임을 당하고 말았다. 동서고금을 막론하고 총대장의 생사가 전투의 결과를 좌우하는 일이 적지 않다. 군사적으로 승리한 '스파르타 군대'였지만 키로스의 죽음을 알고 기세를 올리는 페르시아 군대 앞에서 도망칠 수밖에 없었다. 적지 돌파 6,000킬로미터의 시작이었다. 반란군 괴멸이라는 대의명분을 가진 페르시아제국 정규군의 추격을 뿌리치며 돌파해야 했다. 6,000킬로미터를 돌파해 그리스로 돌아오기까지 2년이나 걸린 것도 어쩌면 당연한 일이다.

스파르타 입장에서 키로스의 요청에 응한 것은 완전한 실책이었다. 게다가 이 엄청난 실책은 오랜 라이벌인 아테네를 밀어낸 해, 즉 펠로폰네소스전쟁에서 이긴 기원전 404년부터 불과 3년밖에 지나지 않은 시점에 발생했다. 이후 페르시아의 황제 아르타크세르크세스 2세와의 관계가 험악해진 것은 충분히 예상할 수 있는 일이다.

스파르타가 대외 정책에서 잘못을 범한 경우는 이번이 처음이 아니다. 하지만 그해의 잘못은 평소와 달랐다. 크세노폰이 적지 돌파에서 살아남은 5,000명을 스파르타의 고관에게 '인도한' 기원전 399년, 스파르타 상층부에서는 실패로 끝난 키로스 원조를 둘러싸고 상당히 격렬한 대립이 발생했다. 대립은 왕인 파우사니아스와 5명의 '에포로스' 사이에서 발생했다. 페르시아 원정의 실패는 자명한 사실이므로 파우사니아스의 '에포로스' 규탄이 힘을 얻었을 것이라 생각하기 쉽지만 실제로는 그렇지 않았다. 리산드로스가 '에포로스' 쪽에 가담했기 때문이다.

리산드로스는 헤일로타이(농노) 출신이라 평소라면 감히 왕과 대화를 나눌 수 없었다. 그러나 펠로폰네소스전쟁을 끝낸 첫 번째 공로자였기에 스파르타인도 그를 인정할 수밖에 없었다. 즉 리산드로스는 스파르타에서 성공 신화를 쌓아올린 유력자가 된 것이다. 그럼에도 중요한 사안을 결정하는 자리에서는 매번 배제되었다. 아테네와의 강화 교섭을 위한 자리에서도, 아테네 과두정부의 요청에 응해 군대를 파견할 때도 리산드로스는 배제되었다. 그를 배제시킨 사람은 언제나 파우사니아스였다.

리산드로스가 '에포로스'의 편을 든 이유도 5명의 '에포로스'가 결정하는 스파르타의 대외 정책을 옹호해서가 아니다. 그가 보기에 '에

포로스' 쪽이 자기편으로 끌어들이기 쉬웠기 때문이다. 여기에 또 한 사람이 '에포로스' 쪽에 가담했다. 1년 전에 왕위에 오른 아게실라오스^Agesilaos 2세였다. 그는 개인적인 이유로 '에포로스'를 지지했다.

스파르타는 예부터 두 왕가에서 한 명씩 왕을 내세웠다. 당시 한 사람은 파우사니아스였고, 다른 한 명은 아기스였는데 노령으로 세상을 곧 떠났다. 아기스에게 아들이 하나 있었지만 아직 미성년이었다. 이런 경우 스파르타 왕가에서는 일반적으로 정통 후계자가 성년이 될 때까지 백부와 같은 근친자가 후견 역할을 맡았다. 그러나 이전 왕의 동생인 44세의 아게실라오스는 조카의 후견인이 아니라 스스로 왕이 되었다. 그는 무술 훈련 도중 상처를 입어 걸음이 부자유스러웠는데, 그 몸으로 방에 처박혀 여생을 보내고 싶지 않았던 모양이다.

스파르타는 아이가 신체장애를 갖고 태어나면 그대로 낭떠러지에 던져 살해하는 나라였다. 불구자에게 거북한 마음을 갖고 있는 스파르타였지만 그가 왕이 되기에는 무리가 없었다. 물론 정통한 후계자가 있는 상황에서 왕위를 탈취하는 것이었으므로 스파르타인이 납득할 논리가 필요했다. 힘이 되어줄 아군도 필요했다. 아게실라오스는 파우사니아스로부터 혹독한 규탄을 받고 있는 5명의 '에포로스'와 파우사니아스에게 원한을 갖고 있던 리산드로스를 아군으로 삼았다.

아게실라오스는 이전 왕의 아들이 아기스의 진짜 아들이 아니라 스파르타에 망명한 알키비아데스와 왕비 사이에서 태어난 사생아라고 주장했다. 이에 리산드로스가 원조 사격을 가했다. 아테네인의 피를 이었다고 의심을 받는 젊은이보다 육체적 결함이 있더라도 이전 왕과 마찬가지로 아르키다모스^{Archidamos}의 확실한 아들을 왕으로 세우는 것이 리쿠르고스의 법에 비추어봐도 옳다고 말했다. 리쿠르고스의 법을 지키는 파수꾼을 자임하는 '에포로스'도 이 스파르타의 헌법 앞에서 이의를 제기하지 않았다. 그리하여 왕의 아들인 15세의 레오티키다스^{Leotychidas}는 왕이 되지 못하고 숙부에게 왕위를 빼앗기고 말았다.

왕위에 오른 아게실라오스는 40년 동안 왕위에 있었다. 매년 5명씩 선출되는 '에포로스'에게 취임 때마다 잊지 않고 선물을 했고, 그들이 시민집회 회의장에 들어서면 왕이었지만 자리에서 일어나 맞이했다고 한다. 한편 또 다른 왕 파우사니아스와 '에포로스' 사이의 대립은 아직 불이 붙지 않은 상태였다. 무엇보다 파우사니아스의 권위가 무너지지 않았고 '에포로스'에 의한 국내외 관리 시스템에 관해 스파르타 내부에서도 의문을 갖는 사람들이 적지 않았기 때문이다. 파우사니아스 쪽도 그사이에 '에포로스' 제도의 개혁을 위한 사전 작업에 전념했다. 즉 헌법 개정을 계획하고 있었던 것이다.

그러다가 4년이 지난 기원전 395년에 불이 붙기 시작했다. 그해 리산드로스는 전쟁에 나갔다가 전사하고 말았다. 유력한 아군을 잃은 '에포로스'는 무슨 수를 쓰지 않으면 '에포로스' 제도가 붕괴할지도 모른다는 강한 위기감을 느꼈다. '에포로스'는 이번에도 대대로 특기로 삼았던 모함을 활용했다. 왕인 파우사니아스를 국가 반역죄로 소환한 것이다.

파우사니아스와 같은 이름을 가진 그의 할아버지 파우사니아스는 기원전 479년에 스파르타 군대를 이끌고 플라타이아이전투에서 페르시아 대군을 완벽할 정도로 격파한 인물이다. 이 전투로 그는 살라미스해전의 승자였던 아테네인 테미스토클레스와 나란히 제2차 페르시아전쟁의 영웅이 되었다. 하지만 '에포로스'에게 모함을 당해 신전으로 도망쳤다가 그 안에서 굶어 죽게 된 사람이기도 했다.

파우사니아스의 아버지이자 왕이었던 플레이스토아낙스Pleistoanax 도 '에포로스' 제도의 희생자였다. 그는 '에포로스'가 결정한 아테네와의 전쟁이 마음에 들지 않았다. 그래서 가을이 다가온다는 이유 같지 않은 이유를 대고 군대를 해산시켜 귀국했다가 '에포로스'의 분노를 사고 말았다. 결국 적국 아테네의 페리클레스에게 매수당했다는 죄를 뒤집어쓰고 퇴위당해야 했다.

파우사니아스 일가는 3대에 걸쳐 '에포로스'와 대립했다. 3대째인 파우사니아스는 '에포로스'의 출두 명령에 응하지 않았다. 이웃나라인 아르카디아로 도망쳐 일개 그리스인으로 평온한 15년을 보냈다. 파우사니아스가 도망치자 '에포로스'는 더 이상 추적하지 않았고 파우사니아스의 아들을 왕위에 올린 뒤 그 일을 덮었다. 헌법 개정 시도를 좌절시킨 것만으로도 목적을 달성했기 때문이다.

시민 병사가 용병으로

나는 그리스인에게 찾아온 최대의 불행이 소크라테스 재판에서 보여준 아테네인의 자신감 상실이나 스파르타인이 보여준 경직된 상태가 아닌 다른 것이라고 생각한다. 바로 그리스 남자들이 과거에는 모국을 위해 싸웠지만 이제는 외국에 고용되어 외국을 위해 싸우게 되었다는 사실이다. 도시국가 그리스의 시민 병사가 용병이 되었다. 아테네인 크세노폰이 쓴 『아나바시스』는 결정적으로 이런 용병화를 진행하게 만든 사건을 서술한 점에서 역사적 가치가 크다.

펠로폰네소스전쟁 말기, 과거 페리클레스가 '숙달된 기능자 집단'이라고 부른 아테네 해군은 스파르타에 해군을 제공할 목적으로 페르시아의 자금력을 이용해 몰래 빼돌려졌다. 이것이 아테네 패배의 원인 가운데 하나였다. 그 일이 있고 6년도 지나지 않은 기원전 401년, 이번에도 페르시아의 자금력으로 그리스 중무장 보병이 몰래 빼돌려졌다. 게다가 두 번 모두 스파르타가 깊이 관여했다. 따라서 그리스 시민 병사의 용병화를 일으킨 주범은 스파르타라고 해도 과언이 아니다.

'중무장 보병'이라고 번역되는 '호플리테스'는 시민개병으로 이루어진 그리스 도시국가의 주요 군대였다. 시민은 투표를 통해 국정에 참여할 권리를 가졌다. 동시에 병사로서 조국 방위에 참가할 의무를 져야 했다. 부과된 의무는 자기의 나라, 직장, 집, 가족의 방위였다. 그리스 도시국가가 늘 전쟁을 했다고 해도 국가가 건전하게 기능하고 있던 시기에 용병제도는 페르시아의 것이었지 그리스에서는 생각도 하지 못했다.

오늘날 마라톤 경기의 이름을 남긴 기원전 490년의 마라톤전투. 바

● 스파르타의 중무장 보병

다의 살라미스, 육지의 플라타이아이라고 불리며 양쪽에서 페르시아 군대를 대파했던 기원전 480년과 그다음 해. 그리고 아테네와 스파르타가 공존하던 페리클레스 시대를 지나는 동안 그리스어에는 '용병'이라는 말조차 없었다. 그런데 100년도 지나지 않아서 이 지경이 된 것이다. 그리스 시민 병사의 용병화는 도시국가 시대의 그리스를 마감하게 만든 가장 큰 요인이 되었다.

　페르시아인이 지불한 용병료가 고액이었다면 어느 정도 이해는 할 수 있을 것이다. 아테네가 패권 국가의 지위에서 밀려난 이후 패전 국가 아테네뿐만 아니라 그리스 전체의 경제력이 떨어졌다. 오래 지속된 전쟁이 끝나면서 실업자가 된 병사들은 다른 생활 수단을 찾아내기 쉽지 않았을 것이다. 그리스 민족 중에서도 아테네인은 경제적인 면에서 단연 뛰어난 능력을 갖고 있었다. '델로스동맹'의 해체로 아테네인의 경제활동이 크게 저하되면서 그리스 전체의 경제력도 낮아질 수밖에 없었다. 돈을 벌기 위해 외국으로 가야 할 이유가 있었다.

타지로 가서 돈을 벌어야 한다면 모국에서 일하는 것보다 많이 벌어야 이치에 맞다. 키로스가 지불하겠다고 보증한 용병료는 별로 차이가 나지 않았다. 그래서 그리스인의 용병화는 역사적으로 볼 때 더욱 서글픈 현실이 되고 말았다. 고용주가 페르시아인이었기에 급료는 페르시아의 통화인 '다리코스^{daricos}'로 지불했다. 다리코스는 제1차 페르시아전쟁 때 황제였던 다리우스가 주조하기 시작해서 그의 이름을 딴 것이다. 그리스의 통화가 '드라크마'라면 페르시아의 통화는 '다리코스'였다. 두 통화의 교환 비율은 1다리코스에 20드라크마 정도였던 것 같다.

키로스는 그리스의 용병들에게 매월 1다리코스를 지불하겠다고 계약했다. 환전하면 20드라크마가 된다. 아테네의 프롤레타리아, 즉 노동자 계급이 한 달에 벌어들이는 수입이 15드라크마 전후였다고 한다. 키로스가 보증한 이 금액은 싸움을 해야 하는 상대가 페르시아 황제라는 사실이 아직 알려지지 않았을 때 그리스 병사의 동의를 얻어 정한 것이었다. 처음부터 그 사실을 알고 있었던 사람은 스파르타에서 파견된 총사령관 클레아르코스 한 명뿐이었다.

싸울 상대가 페르시아 황제라는 사실이 알려지자 사르디스에 집결한 그리스인 가운데 일부가 이탈했다. 병사보다 지휘관 쪽에서 빠져나갔기 때문에 클레아르코스가 지휘해야 할 병사들이 갑자기 많아졌다. 남기로 결정한 병사들은 키로스에게 용병료를 올려달라고 요구했다. 키로스도 요구를 수용했다. 20드라크마에서 30드라크마로 인상했다. 금액만 보면 고향에서 버는 것보다 2배나 많다. 그러나 전투가 끝나기 전에 고용주인 키로스가 전사했기 때문에 용병료는 지불되지 않을 가능성이 높았다. 크세노폰의 글만 보면 적지를 돌파한 그리스인들에게 경제적인 여유가 있었다고 보기 힘들다.

어쨌든 펠로폰네소스전쟁 말기에 발생한 아테네 해군 관계자들의 대대적인 스카우트 사례를 생각해보면, 일반적으로 페르시아가 그리스인에게 지불한 용병료는 월 1다리코스, 즉 20드라크마 정도였을 것이다. 그리스에 남아서 일하는 것보다 수입이 많았다. 그것이 이유인지 아닌지 명확하지는 않지만, 그리스인들은 처음에는 돈을 벌기 위해 외국으로 떠났으나 차츰 고국으로 돌아오지 않게 되었다. 페르시아 땅에 눌러앉아 용병을 '생업'으로 삼으며 살아갔다.

같은 시기에 재정적으로 힘들었던 아테네는 페리클레스 시대에 실시한 노 젓는 선원에게 줄 급료의 재원이 없었다. 그래서인지 선박 건조 기술은 여전히 그리스에서 최고 수준이었지만 해군의 부흥은 이루어내지 못했다. 스파르타 또한 자국의 자랑이자 주요 전력인 중무장 보병이 끊이지 않는 출혈로 전성기의 10분의 1 수준으로 줄어들었다. 50년 뒤, 마케도니아의 젊은 왕 알렉산드로스가 페르시아로 진격했을 때 처음 마주친 것은 그리스인 용병이 주력인 '페르시아 군대'였다. 자기 나라의 국익을 지켜야 할 사람들이 타국의 국익을 지키게 되었고, 그 결과 도시국가 시대의 그리스가 몰락하게 된 것은 어쩌면 당연한 일이었다.

그럼에도 소박한 의문 하나가 생긴다. 왜 대제국인 페르시아가 계속해서 그리스의 용병을 고용했던 것일까? 왜 국산을 쓰지 않고 계속 수입을 했을까? 특히 농민이라도 모이기만 하면 어느 정도 전력이 되는 경무장 보병이 아니라 중무장 보병을 고용했던 것일까?

스파르타 브랜드

그때까지 페르시아는 육군 국가로 오리엔트 전역을 군림했다. 그러나 제1차 페르시아전쟁에서 아테네의 중무장 보병에게, 10년 뒤 제2차 페르시아전쟁에서는 스파르타의 중무장 보병에게 변명의 여지없는 엄청난 패배를 맛보았다. 두 차례의 전쟁은 중무장 보병으로 대표되는 그리스 육군 전력의 압도적인 우위를 증명했다. 그렇다면 페르시아 황제는 왜 자기 나라에서 그리스와 같은 중무장 보병을 육성하지 않았던 것일까? 자금력은 충분했다. 대국이었기에 사람도 충분했다. '불사신의 남자들'이라는 1만 명의 상비군이 있었지만 황제의 근위대였고 전투의 행방을 좌우할 능력을 갖추고 있지는 않았다. 자금력과 인력에서 그리스의 도시국가를 능가하는 페르시아제국이 왜 그리스인 용병에 의지했던 것일까?

제1차 페르시아전쟁과 제2차 페르시아전쟁에서 승리한 그리스의 중무장 보병은 패배한 페르시아에게 '브랜드'가 되었던 것이 아닐까? 브랜드 상품이라면 어설프게 흉내 내기보다 사는 것이 이익이다. 게 다가 판매자인 그리스는 분열되어 통일된 교섭을 할 수 없기에 구매 자가 가격을 정하는 데 유리했다. 그런데 페르시아는 왜 '국산'을 만 들지 못했을까?

최하층 시민에게도 시민권을 부여한 아테네와 1만 명 정도만 시민 으로 여겼던 스파르타는 차이는 있지만 기본적으로 그리스의 중무장 보병은 도시국가의 중견 시민이며 자기 나라를 지키기 위해 싸우는 사람이었다. 이러한 점은 아테네나 스파르타, 코린토스, 테베 모두 다 르지 않았다. 한편 페르시아에서는 '불사신의 남자들'조차 페르시아 황제의 신하에 불과했다. 그들에게 페르시아는 자기의 나라가 아니었 다. 페르시아는 페르시아 황제의 나라였다.

이 차이가 그리스 도시국가의 중무장 보병을 강력하게 만든 요인이 었을 것이다. 시민사회가 발달하지 않은 페르시아는 그리스처럼 중무 장 보병을 키워낼 수 없었다. 그런 이유로 펠로폰네소스전쟁이 끝난 뒤에 그리스의 중무장 보병이 급속도로 페르시아로 유출된 것이다. 키로스에게 지나치게 협조하면서 발생한 대외 정책의 실책으로 빚어 진 부채를 스파르타는 1년도 지나지 않아 모두 갚아야 했다.

온후한 페르시아 황제였지만 이번에는 분노했다. 물론 황제의 분노 가 향한 곳은 스파르타였다. 키로스를 지원하려고 보낸 그리스 병사 는 그리스 전역에서 모집했지만 스파르타가 주도한 군대라는 점은 누 가 보아도 명확했다. 왕이 거느리지 않았기에 스파르타 정규군이 아

● 페르시아의 '황제의 길'

니라는 '에포로스'의 논리는 통하지 않았다.

페르시아 황제는 그때까지 동생 키로스에게 맡겨두었던 소아시아 서쪽 일대를 페르시아제국에 병합하고 본격적으로 통치에 나섰다. 이를 위한 전진기지는 예전처럼 사르디스에 두었다. 메소포타미아 지방에 있는 수도 수사에서 소아시아 서부의 도시 사르디스까지 군대의 이동이나 필요한 물자의 운반에 적합한 페르시아제국 유일의 본격적인 포장도로, 즉 '황제의 길'이 놓여 있었다. 스파르타를 상대할 전쟁의 책임자로는 그때까지 오랫동안 이 지방의 장관을 역임한 티사페르네스Tissaphernes가 선출되었다. 펠로폰네소스전쟁 말기, 스파르타에게 페르시아의 자금을 조달해주는 역할을 맡았던 그가 이번에는 스파르타와 싸우는 처지가 되었다.

이렇게 되자 스파르타도 두 손을 놓고 있을 수만은 없었다. 펠로폰네소스전쟁에서 이기면서 그리스 일대의 패권을 아테네로부터 빼앗은 스파르타는 패권 아래에 있는 도시국가와 인접한 섬, 그러니까 그리스인으로 구성된 주민이 사는 곳이 페르시아의 영토에 편입되는 것을 저지할 의무가 있었다. 그러나 스파르타는 과거부터 대외 정책에 대해 장기적인 시각을 갖고 전략을 세우는 것에 취약했다. 이번에도 본격적으로 군사력을 투입하지 않고 어려운 상황에서 벗어나려고 했다. 아테네인 크세노폰이 6,000킬로미터의 적지 돌파를 성공한 다음 살아남은 병사들을 스파르타에 인도했는데, 그들 모두 페르시아 공세에 맞서 싸워야 하는 스파르타 군대에 편입되었다.

페르시아 황제의 분노를 산 스파르타는 전쟁터가 된 소아시아 서부에서 고전을 거듭했다. 이렇게 된 요인은 다음과 같은 세 가지로 압축된다.

첫째, 1년마다 5명 전원을 교체하는 '에포로스'에게는 결단을 내릴 용기가 없었다. 아니 그보다 '에포로스' 제도 자체가 위험을 한 몸에 받으며 결단을 내릴 수 없는 장치였다.

둘째, 이 시기 리산드로스가 스파르타에서 가장 뛰어난 장군이었지만 전쟁터에서 계속 성과를 낼 수 있는 힘이 없었다. 농노 출신으로 온갖 고초를 겪으며 성공했다는 점은 더 이상 장점이 아니었다. 교활하고 약삭빠르게 좋은 기회를 자기 것으로 만드는 능력은 뛰어났지만 부하들로부터 신임을 얻지 못했다. 존경을 느낄 수 없는 상사의 경우, 부하는 그 사람이 명령한 것이 성과를 내는 동안에는 따르지만 성과가 나오지 않으면 떠나고 만다. 결국 리산드로스는 당시 40대 후반으로 한창 활약해야 하는 때였지만 또다시 에게해의 동쪽을 자기 무대로 만들지 못했다.

마지막으로 이 시기에 아직 왕위에 있던 파우사니아스와 '에포로스' 사이의 의견 대립이 스파르타의 대외 정책을 하나로 만드는 데 장애가 되었다. 이렇게 무엇 하나 해결하지 못한 상태로 불필요한 피를 흘리면서 5년이 지나갔다.

기원전 396년, 스파르타가 마침내 결단을 내렸다. 에게해의 동쪽 해안 일대에 살고 있는 그리스인을 지킨다는 대의명분을 세우고 왕이 거느린 스파르타 정규군을 보내기로 결정했다. 군대를 이끌고 가는 왕은 다리가 불편할 뿐만 아니라 나이도 40대 후반에 접어든 아게실라오스였다. 또 한 명의 왕인 파우사니아스는 나이가 젊어도 대임을 맡을 수 없었다. '에포로스'와 의견 대립을 숨기지 않았던 이 사람에게 군대를 맡기는 건 위험하다는 사실쯤은 '에포로스'도 알고 있었다.

그러나 소아시아를 건넌 아게실라오스의 전과는 스파르타의 정규군을 거느리고 있었지만 만족스럽다고 말하기 힘든 상태로 진행되었다. 개인적으로 친한 사이가 된 크세노폰은 아게실라오스에 대해 높은 평가를 남겼다. 아마도 이 스파르타의 왕은 인간적으로 개방적인 성격을 지닌 사람이었을 것이다. 스파르타의 왕이었지만 당시 별로 이름이 유명하지 않았던 젊은 아테네인 크세노폰과 친하게 지낸 것만 보아도 그렇다. 아게실라오스가 40년에 걸쳐 왕의 자리를 지킬 수 있었던 것은 늘 '에포로스'와 좋은 관계를 유지하기 위해 노력했기 때문이다. 그의 전쟁 실적이 말해주듯이 군사적인 재능은 그리 뛰어난 편이 아니었다.

왕이 직접 거느린 스파르타 정규군이 그리스 본토를 벗어난 첫 번째 원정이었다. 스파르타 군대는 페르시아 군대를 사르디스까지 추격해 페르시아의 전진기지가 있는 사르디스 외곽에서 벌어진 전투에서 티사페르네스가 거느린 페르시아 군대에 승리했다. 이 또한 페르시아 황제의 분노를 샀다. 펠로폰네소스전쟁 말기, 자금력을 활용해 그리스를 마음대로 농락하고 키로스 사건 때는 간계를 통해 클레아르코스와 그 부관들을 애먹인 티사페르네스는 50세에 황제의 엄명에 의해 목이 잘리는 것으로 생을 마감했다.

아게실라오스도 2년이 지나지 않아 그리스의 호출을 받게 된다. 스파르타 타도라는 기치를 내건 도시국가 연합이 결성되었기 때문이다. 이는 페르시아 황제가 궁리해낸 '장기적인 계획'에 의한 성과였다. 고국이 위험해지면 귀국할 수밖에 없을 것이라는 페르시아 황제의 생각은 타당한 판단이었다. 그때에도 그리스의 여러 도시국가에 페르시아 황제의 자금이 흘러들었다.

이렇게 해서 펠로폰네소스전쟁에서 아테네를 밀어내고 유일한 패권 국가가 된 스파르타는 10년 뒤에 에게해를 사이에 둔 동쪽과 서쪽에서 양면 작전을 펼쳐야 하는 상황에 놓였다. 게다가 에게해의 제해권조차 페르시아에 탈취당한 상태였기에 패권 국가라는 말이 무색한 상태였다. 아게실라오스가 그리스 본토로 돌아온 그해에 소아시아의 방위를 위해 남겨두었던 스파르타 해군이 페르시아 해군에 패했다.

스파르타 해군이라 해도 선원들은 아테네인이었고, 그들과 싸운 페르시아 해군도 함장 이하 대부분을 아테네인이 차지하고 있었기에, 그리스인은 육군과 해군에서 모두 페르시아의 용병이 되어가고 있었다.

스파르타는 이 패전을 공표하지 않았다. 스파르타 타도를 기치로 내건 도시국가가 그 소식으로 용기를 얻을 수 있다고 걱정했기 때문이다. 자유롭게 오갈 수 없게 된 에게해를 둘러싸고 이 양동작전을 펼치기가 곤란하다는 것은 아게실라오스나 '에포로스' 모두 잘 알고 있었다. 참고로 그해에 파우사니아스는 이미 스파르타의 왕이 아니었다. 앞에서 서술한 것처럼 '에포로스'와의 대립이 격화되어 고발을 당했고 이웃나라로 도망친 상태였다. 그 뒤를 이어 왕이 된 자는 아직 20대인 파우사니아스의 아들이었다. 상황은 달라졌지만 스파르타의 대외 정책을 결정하는 자들은 여전히 5명의 '에포로스'와 이들과 대립하지 않았던 아게실라오스였다.

스파르타는 소아시아에서 페르시아 군대와 전쟁을 치르면서, 동시에 본토 그리스에서 테베나 코린토스, 아테네와 치르는 전쟁을 더 이상 견딜 수 없었다. 8년이나 지속된 진흙탕 속에서 탈출하지 않으면 스파르타 자체의 존속마저 위험한 상황이었다. 기원전 386년, 페르시아와 스파르타 사이에 페르시아 '황제에 의한 평화'라고 불리는 강화가 성립되었다. '페르시아 황제에 의한'이라는 말이 강화 내용의 모든 것을 말해준다.

그리스를 페르시아에 팔아넘기다

　　　　　　　　페르시아 황제는 그리스 본토 내에서 스파르타의 패권을 인정했다. 즉 에게해의 서쪽에 위치한 그리스 본토에는 페르시아가 손을 뻗지 않겠다는 말이었다. 대신에 스파르타는 에게해의 파도가 닿는 소아시아 해안 일대와 인접한 섬들에 관한 영유권이 페르시아 황제에게 있다는 것을 공식적으로 인정했다.

고대에 소아시아 서쪽 해안과 인접한 섬들은 '이오니아 지방'이라고 불렸다. 이 지방은 그리스 문명과 문화의 발상지였다. 아테네로 이주해 전면적으로 꽃을 피우기 이전에 그리스 문화의 모든 것은 이 지역에서 태어났다.

　철학의 아버지 탈레스: 밀레토스
　수학의 아버지 피타고라스: 사모스섬
　의학의 아버지 히포크라테스: 코스섬
　역사의 아버지 헤로도토스: 할리카르나소스

물론 이들 이후에도 계속 그리스인이 거주했다. 그리하여 과거에 이 지방을 손에 넣으려 대군을 파견한 페르시아 황제에 맞서 그리스인 전원이 들고일어난 것이다. 기원전 490년의 '제1차 페르시아전쟁', 기원전 480년과 기원전 479년의 '제2차 페르시아전쟁' 등 두 차례에 걸쳐 치러진 '페르시아전쟁'은 그리스 본토뿐 아니라 에게해를 사이에 둔 이오니아 지방의 그리스인까지 지키기 위한 전쟁이었다. 이런 목적이 있었기에 살라미스해전에서 대승을 거둔 다음 곧바로 해군을 보내 에게해에서 페르시아 군대를 모두 몰아낸 것이다. 본토의 그리스인이 보기에는 에게해 너머도 그리스의 세계였다.

그 지역이 100년도 지나지 않아서, 정확하게 말하면 93년 뒤에 페르시아 황제에게 완전히 넘어가고 말았다. 페르시아 쪽에서 보면 마침내 93년 만에 오랜 숙원을 푼 셈이다. 이후 그리스인의 역사에 위대한 발자국을 남긴 '이오니아 지방'은 50년 뒤에 알렉산드로스가 되찾기까지 페르시아제국에 편입된 채 세월을 보내야 했다.

이때 그리스인은 페르시아와 스파르타 사이에 체결된 '황제에 의한 평화' 소식을 들어도 별다른 감개가 없었을 것이다. 그러나 이 시기를 분기점으로 스파르타에 대한 다른 그리스인의 감정이 확실히 변했다. '저런 스파르타에 고개를 숙이라고? 노, 절대로 노.' 이런 느낌이랄까.

15년 뒤 스파르타의 권위는 완전히 땅에 떨어지고 말았다. 그나마 15년의 세월을 버틴 이유는 스파르타가 다른 도시국가를 압도하는 강한 군대를 갖고 있어서가 아니었다. 그리스의 도시국가 가운데 강국인 코린토스, 테베, 아테네가 취한 스파르타에 대한 행보가 일치하지 않았기 때문이다. 공동전선을 펼치다가도 다음 해에는 이들 가운데 하나가 스파르타와 손을 잡고 다른 도시국가와 전쟁을 치르는 상태가 되풀이되었다.

역사에서는 기원전 404년부터 기원전 371년까지 33년을 '스파르타의 패권 시대'라고 부른다. 하지만 이 용어는 학자들의 야유가 담긴

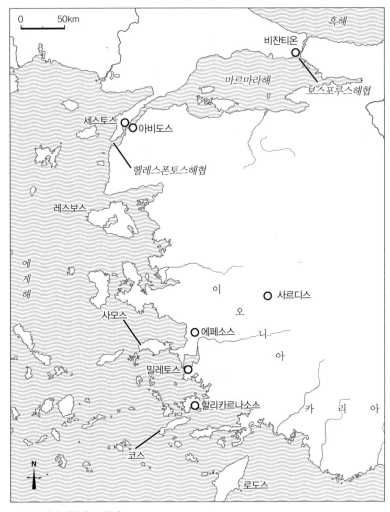

● 이오니아 지방과 그 주변

그리스인 이야기 Ⅲ

반어법으로 받아들이는 것이 진실에 가깝다고 생각한다. '이오니아 지방'을 넘기고 얻은 페르시아 황제의 '보증'이 거짓이라는 사실을 스파르타가 알아차리는 데 그리 오랜 시간이 걸리지 않았다.

아무튼 괄호를 친 스파르타의 패권 시대가 15년 동안 지속된 것은 스파르타를 대신할 도시국가가 달리 없었기 때문이기도 하다. 코린토스는 여전히 스스로 모험을 감당하고 선두에 나설 기개가 없었다. 아테네는 경제적인 측면에서는 상당히 부흥했다. 해운도 이전의 상태에 육박할 정도로 회복했지만 어디까지나 '해운'에 머물렀고 '해군'이 되지 못했다. 해운이라면 범선으로 충분했다. 따라서 선원도 많이 필요하지 않았다. 그러나 해군은 바람에 좌우되지 않는 갤리선, 그것도 삼단 갤리선이어야 했다. 당시 아테네는 정신적으로든 경제적으로든 삼단 갤리선에 필요한 다수의 선원을 확보할 수 있는 힘을 갖고 있지 못했다.

그래도 아테네는 아테네였다. 과거 페리클레스가 말했던 것처럼 아테네는 문화적인 면에서 여전히 '그리스의 학교'였다.

조각가 프락시텔레스Praxiteles는 아테네의 패배로 끝난 펠로폰네소스 전쟁 이후에 태어났다. 그는 정치와 군사 면에서 혼미를 거듭하던 아테네에 살면서 페이디아스Pheidias, 미론Myron을 계승한 고전기 조형예술의 최종 주자가 되어 재능을 화려하게 꽃피웠다. 그리고 이오니아 지방이 스파르타에서 페르시아로 넘어가기 전인 기원전 387년, 아테네에서 플라톤이 '아카데미아academia'를 개교했다. 실내에서 수업하지 않고 아테네 교외에 숲으로 에워싸인 곳을 걸어다니면서 가르쳤기 때문

● 프락시텔레스의 베누스 상

에 '소요학파'라고도 불린다. 이 학교에는 그리스 전체에서 학생들이
모여들었는데 그들 가운데 하나가 마케도니아에서 유학 온 아리스토
텔레스였다.

아리스토텔레스는 '플라톤 아카데미'에서 20년 동안 배웠다고 한
다. 그 후 아리스토텔레스는 아테네 교외에 있는 리케이온^{Lykeion}에 학
교를 개설했다. 리케이온은 과거 소크라테스가 매일 찾았다고 전해지
는 젊은이들을 위한 체육 훈련장이 있던 곳의 지명이다. 아리스토텔
레스가 그곳에 학교를 개설했기에 학교의 이름을 '리케이온'이라 부

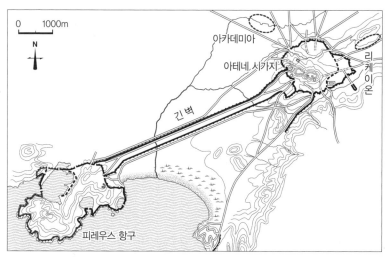

● 아테네 시가지와 그 주변

르게 되었다. '아카데미아'에 입학하기 전에 배워야 하는 내용을 이 학교에서 교육했다. '리케이온'은 현대까지 이어져 프랑스식으로 발음하면 '리세^{lycée}', 이탈리아어로 하면 '리체오^{liceo}'가 되어 그 흔적이 남아 있다. 이들은 대학의 전문 과정에 입학하기 전에 교양과목 전반을 가르치는 5년제 고등학교를 가리킨다.

우리는 철학·수학·의학·역사·건축·조형미술뿐 아니라 민주정치에서 교육제도에 이르기까지 고대 그리스인에게 빚을 지고 있다. 비록 페르시아의 자금력에 농락당했지만, 이것이 본래 그리스인의 모습이었다. 그들이 아직 살아 있던 시기, '황제에 의한 평화'까지 체결하고 자국의 이익을 우선시했던 스파르타의 행보가 다른 도시국가에 어떤 감정을 불러일으켰을지는 충분히 미루어 짐작할 수 있다.

　패권 국가를 유지하려면 패권 아래에 있는 나라에 그 상태를 납득시킬 수 있는 이유가 있어야 한다. 적어도 매력이라도 있어야 한다. 펠로폰네소스전쟁에서 승자가 된 이후, 리산드로스의 강압적이고 치사한 방법까지 더해 막대한 금액의 돈이 스파르타로 흘러들었다. 그 돈으로 아테네에서 예술가나 기능인을 불러 모아 파르테논 신전에 버금가는 화려하고 장엄한 신전을 지었다면 좋겠지만 그런 일은 일어나지 않았다. 리쿠르고스 헌법의 파수꾼임에 자부심을 갖는 '에포로스'는 스파르타의 실질·강건함이라는 모토에 반대된다고 생각하며 허락하지 않았을 것이다.

　그들의 장점을 활용해 스파르타에도 '사관학교'와 같은 상급 군인 양성소를 개설하고 그리스의 젊은이들에게 개방하면 좋았을 텐데 스파르타의 그 누구도 그런 생각을 하지 않았다. 만약 그것이 실현되었다고 해도 다른 도시국가의 젊은이들이 겨울에도 텐트와 같은 기숙사에서 잠을 자고 세계에서 가장 맛없다고 평가받는 고깃덩어리가 둥둥 떠 있는 수프를 먹으며 견딜 수 있었을지도 의문이다. 결국 아테네의 패권 아래 있던 '델로스동맹'의 여러 가맹국에서 거두어들인 막대한 돈은 델포이에 있는 아폴론 신전에 '예금'된 상태로 전혀 활용되지 못했다.

　한마디로 말하면 스파르타는 다른 도시국가 사람들을 끌어들이는 데 필요한 매력이 없었다. 군사력 외에 창조한 것이 아무것도 없었다. 훗날 제국을 세우고 그리스까지 그 속에 포함시킨 로마인은 아테네와 스파르타만은 특별하게 대우했다. 과거의 업적에 대한 경의를 표한 것으로, 전쟁을 할 수 있는 자유 외의 모든 자유를 인정하는 '자유도시'로 대우했다. 그뿐 아니라 경제원조도 제공하며 두 도시의 부흥에 공을 들였다. 하지만 이런 노력이 효과를 발휘한 도시는 아테네뿐이었다. 아무리 부흥시키려 해도 스파르타에는 무엇 하나 남아 있지 않았다.

2,400년 이상 지난 오늘날에도 아테네에 가면 볼 것이 산처럼 쌓여 있다. 그러나 스파르타에는 없다. 말 그대로 아무것도 없다. 페르시아 대군을 상대로 테르모필레에서 옥쇄했던 레오니다스. 플라타이아이 평원에서 페르시아 군대를 완벽할 정도로 격파했던 파우사니아스. 그리고 아테네 쪽의 페리클레스와 협력해 30년 동안 스파르타가 전쟁터에 나가지 않아도 되었던 시대의 주연배우 아르키다모스. 스파르타를 방문해 느끼는 바는 과거 그 남자들이 걸어다녔던 곳이라는 감개 외에는 없다. 『그리스인 이야기』 제1권과 제2권에서는 아테네 쪽 인물의 얼굴을 소개할 수 있었지만 스파르타에는 조각상조차 하나 남아 있지 않아 그곳 인물도 얼굴도 소개할 수 없다. 스파르타가 그리스 문명과 문화의 발생지인 에게해의 동쪽 해안 일대를 페르시아 왕에게 너무 쉽게 양보한 것도 애초부터 그런 것에 관심이 전혀 없었기 때문이 아닐까 하고 생각해본다. 그런데 기원전 371년, 스파르타가 유일하게 자부심을 갖고 있던 군사력까지 위험해졌다.

그리스의 도시국가들이 혼미를 거듭하고 있는 사이 유일하게 두각을 드러낸 나라가 테베였다. 테베는 페르시아 황제도 인정한 그리스 본토에 대한 스파르타의 패권에 정면으로 도전장을 내밀었다.

3

펠로폰네소스전쟁이 시작된 지 60년이 지났다. 아테네에서 북쪽으로 70킬로미터 떨어진 곳에 위치한 테베는 오랫동안 스파르타가 맹주였던 '펠로폰네소스동맹'에 가맹한 도시국가였다. 그 때문에 테베는 스파르타를 향해 칼을 겨누면 안 되었다. 그런 테베가 정면에서 도전해왔다는 점에서 스파르타의 패권은 점점 유명무실해져갔다. 그리고 이 시기 테베에는 두 사람이 있었다.

테베의 두 사람

한 사람은 펠로피다스^{Pelopidas}였다. 그는 테베의 명문가에서 태어나 조상으로부터 물려받은 거대한 농장에서 성장했다. 기원전 420년 출생이니 펠로폰네소스전쟁이 끝났을 때는 16세였다.

이는 전쟁에서 승리하여 유일한 패권 국가가 된 스파르타가 강제한 '과두정치' 아래에서 민감한 청소년 시절을 보냈다는 것을 의미한다.

펠로폰네소스전쟁이 끝난 뒤에 스파르타 내부에서 파우사니아스와 5명의 '에포로스'가 대립한 원인은 다음과 같다. 패권 아래에 들어온 여러 도시국가가 자기들의 정치체제를 선택할 자유를 주자고 주장한 파우사니아스와 스파르타의 패권 아래에 들어온 이상 스파르타와 같은 과두정치체제로 이행해야 한다는 '에포로스'의 의견 차이가 있었다.

그러나 기원전 395년, 파우사니아스가 국가 반역이라는 죄를 뒤집어쓰고 이웃나라로 망명하고 말았다. 그 후 스파르타의 대외 정책은 '에포로스'와 그들에게 동조하는 또 하나의 왕인 아게실라오스의 노선으로 굳어졌다. 솔선해서 과두정치체제를 채용한 도시국가는 사정이 나았다. 하지만 저항하면 스파르타 군대를 주둔시키고 군대의 감시 아래 과두정부의 수립을 강요했다. 테베에도 '주둔군'의 기지가 설치되었다.

펠로피다스는 차지하고 있는 사회적 지위나 자산의 규모를 보면 소수 지도 체제인 과두정부에 호감을 가지는 게 당연해 보인다. 그런데 그는 농장 경영자이기도 했다. 거대한 농장을 운영하려면 많은 사람이 필요했다. 노예를 포함한 많은 사람을 적재적소에 잘 쓰기 위해서는, 다시 말해 충분하게 일을 하게 만들기 위해서는 그들에게 어울리는 배려가 필요했다. 유능한 농장 경영자였다고 전해지는 펠로피다스는 이런 현실적인 이유로 민주파가 되었다. 또한 상설 주둔 기지에 머물러 있는 스파르타에 대한 적개심 때문에 스파르타에 반대하는 인물이 되었다.

펠로피다스보다 2세 연하인 에파미논다스Epaminondas 역시 명문가 출신이었지만 대농장을 보유하고 있지는 않았다. 경제 수준은 중상에 해당했다. 대신 아버지의 배려로 충분한 교육을 받았다. 그는 피타고라스학파에 경도된 철학 청년이었다. 플라톤에게서 볼 수 있듯이, 당시 대다수의 철학자는 민주정치에 부정적이었다. 에파미논다스도 청년 시절에는 심정적으로 과두파였던 것 같다.

성장한 환경은 달라도 두 사람은 소년 시절부터 신체 능력과 무술 향상에 힘을 쏟았다. 테베도 그리스의 도시국가였다. 따라서 어른이 되면 조국 방위의 의무를 져야 했다. 전쟁터에 나가야 했기에 무술 단련을 게을리해서 전투가 시작되자마자 전사하는 일은 누구도 원치 않았다. 게다가 지휘관이 되려면 무술에 뛰어나야 했다. 하지만 자기가 하지 못하는 것을 부하에게 하라고 명령할 수는 없다. 고대의 뛰어난 장군은 거의 예외 없이 일반 병사보다 무술에 뛰어난 남자였다. 병사들도 애초에 자기보다 뛰어나다고 생각하지 않으면 잘 따르지 않는 경향이 있다. 정치적으로 민주정치이든 과두정치이든 그리스의 도시국가에서는 20세가 되면 병역 요원으로 등록된다. '테베의 두 사람'이 처음으로 만난 곳은 전쟁터였다.

처음부터 두 사람이 같은 부대에서 싸운 건 아니다. 펠로피다스가 지휘하는 부대가 고전하고 있을 때 원군으로 파견된 부대에 에파미논다스가 있었다. 전쟁은 아군에게 절망적인 상황이었다. 대장인 펠로

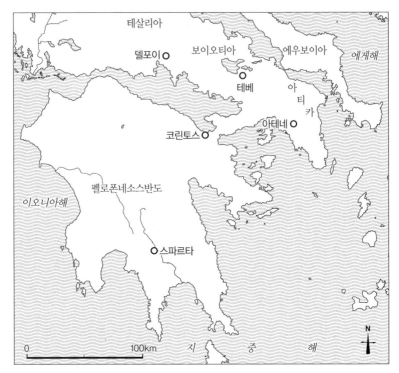

● 테베와 그 주변

피다스는 중상을 입고 이미 전사한 부하 병사들의 유해 아래에서 곧 죽을 것처럼 보였다. 이쯤 되면 원군도 어쩔 도리가 없다. 기세를 올리고 있는 적지로 뛰어드는 것은 원군마저 죽음으로 몰아넣는 일이 되었다.

그러나 에파미논다스는 달랐다. 창을 손에 쥐고 거의 혼자서 적지에 뛰어들었다. 적의 창이 그의 흉갑을 찔렀다. 왼쪽 팔도 적병의 검에 부상을 입었다. 그래도 쓰러진 채 움직이지 못하는 펠로피다스에게 조금씩 다가갔다. 사자처럼 분투했다고밖에 말할 수 없는 테베의 젊은이를 보고 스파르타 왕이 구원의 손길을 내밀었다. 당시 테베는 스파르타 편에서 싸우고 있었다. 두 사람 모두 중상을 입은 채 구조되었다. 이때부터 35세의 펠로피다스와 33세의 에파미논다스의 우정이 시작되었다. 두 남자 사이에 피어난 우정은 한쪽이 죽을 때까지 21년 동안, 아니 한쪽이 죽은 뒤에도 다른 한 사람은 친구가 아직 살아 있는 것처럼 행동하며 그 사람마저 죽을 때까지 23년 동안 한 치의 어긋남도 없이 유지되었다.

전쟁터 바깥에서는 두 사람의 성격이 정반대였다고 한다. 펠로피다스는 정열적인 행동파인 데 반해, 에파미논다스는 조용하고 사색을 좋아하는 사람이었다. 두 사람을 하나로 묶고 있던 것은 조국 테베에 대한 강렬한 사랑과 패권을 휘두르는 스파르타에 대한 경멸과 증오였다. 각각 민주정치와 과두정치로 나뉘었던 입장 차이는 아무런 문제가 되지 않았다.

두 사람이 각각 38세와 36세를 맞이한 기원전 382년, 펠로피다스가 국외로 망명해야 하는 일이 벌어졌다. 테베의 정부를 손에 넣은 과두파가 펠로피다스를 위험인물로 점찍었기 때문이다. 국외 망명 상태는 3년간 지속되었다. 이 3년간 쿠데타 계획이 구체화되었다. 기원전 379년에서 기원전 378년으로 해가 바뀌는 겨울에 펠로피다스는 사냥꾼으로 변장해 불과 11명의 동지를 거느리고 테베로 잠입했다. 시내에서는 에파미논다스가 이들 동지를 맞이했다.

계획이 완벽했던 것 같다. 쿠데타는 멋지게 성공했다. 거의 피를 보지 않고 정부를 구성하고 있던 과두파 사람들을 국외로 몰아냈다. 그리스 중앙부의 보이오티아 지방에서 유력한 도시국가였던 테베는 이 인삼각이라고 불러도 좋을 펠로피다스와 에파미논다스라는 두 지도자 아래 하나가 되었다. 겉으로는 과두정부였지만 민주정치라 해도 좋을 정치체제를 유지했기에 하나의 정치체제를 신봉하는 사람들이 보기에는 불만스러웠을 것이다.

중요한 점은 두 사람의 지도 아래 테베의 정국이 안정되었다는 사실이다. 펠로피다스는 15년간 늘 1인자의 지위를 유지했고 그 후 2년 동안에도 에파미논다스의 지배 아래에서 안정이 무너지지 않았다. 정치적 안정은 에너지의 낭비를 막아준다. 아테네와 스파르타에 비하면 중소기업이었던 테베의 가장 큰 무기는 갖고 있는 힘을 철저하게 활용하는 것이었다. 그 외에 달리 방법이 없었다.

목표는 단 하나, 스파르타 무너뜨리기였다. 강한 군사력을 가진 스파르타를 상대로 하는 것이기에 전쟁터에서 그들을 이겨야 했다. '테베의 두 사람'은 이 목표를 실현하기 위해 군사개혁을 단행했다. 적은 병력이라도 잘 활용하면 최대의 효과를 얻을 수 있다는 점에서 군사제도의 개혁은 당연한 일이었다.

두 사람이 생각해낸 전략과 전술은 훗날 마케도니아의 아버지와 아들이 참고할 정도였다. 보병과 기병을 유기적으로 활용하는 것이 이들이 궁리해낸 전략과 전술의 골자이다. 그리고 또 하나 있다. 이들은 특수부대를 창설했다. 300명의 정예병으로 구성된 이 부대는 '신성부대Sacred band'라는 이름으로 불렸다.

그로부터 3년 뒤, 탈바꿈한 테베 군대의 실력을 시험할 수 있는 기회가 찾아왔다. 상대는 충분히 강했다. 바로 스파르타였다. 이 전투에서 테베는 확실한 승리를 거뒀다. 물론 상대가 본격적으로 전투에 임하지는 않았다. 기원전 375년의 승리는 아직 시험에 불과했다.

늘 결정하는 것이 늦는 스파르타였지만 이런 테베의 움직임에는 신경을 쓰기 시작했다. 스파르타는 적극적인 테베를 저지하기 위해 페르시아 황제에게 부탁해 회의를 열어 그리스의 평화를 토의하기로 했다. 10년 전 페르시아는 스파르타와 '황제에 의한 평화'로 불리는 협정을 체결하고 소아시아 서해안 일대를 페르시아의 영토로 인정받는 대신 그리스 본토에서 스파르타의 패권을 인정했기 때문에 거절할 이유가 없었다. 아울러 페르시아 황제는 일이 있을 때마다 중재를 부탁해오는 그리스의 도시국가에 우월감을 느꼈다.

하지만 페르시아의 수도 수사에서 행한 외교를 통한 시도는 모두 실패로 끝났다. 이유는 다음과 같다.

첫째, 협정에 따라 페르시아가 에게해의 파도가 밀려오는 소아시아 서해안 일대의 영유를 보장받는 대신 그리스 본토를 스파르타에 넘겼기 때문에, 그리스 본토에 있는 여러 도시국가에 페르시아는 더 이상 위협적인 존재가 아니었다.

둘째, 스파르타의 군사력이 약해진 것을 느낀 그리스 본토의 도시국가들이 더 이상 스파르타를 두려운 존재로 여기지 않았다.

마지막으로 테베가 보이오티아 지방을 포기하라는 스파르타의 요구를 단호하게 거절했기 때문이다. 전쟁의 불길이 솟아오르는 것은 이제 시간문제였다.

스파르타를 타도하기 위해

먼저 걸음을 옮긴 쪽은 스파르타였다. 스파르타의 내정과 함께 정치를 좌지우지하는 그해 5명의 '에포로스'는 왕인 클레옴브로토스Cleombrotos에게 보이오티아 지방으로 진군하라는 명령을 내렸다. 클레옴브로토스는 망명한 아버지인 파우사니아스를 대신해 왕위에 오른 30세의 젊은이였다. 그는 전쟁 경험이 없었지만 또 다른 왕인 아게실라오스는 이미 70세의 고령이었다. 게다가 병석에 누워 있었다.

어쨌든 왕이 거느린 이상 당당한 스파르타의 정규군이었다. 때문에 펠로폰네소스전쟁 당시와 마찬가지로 펠로폰네소스동맹에 가맹하고 있던 여러 나라에서도 참전했다. 스파르타 군대라기보다 스파르타가

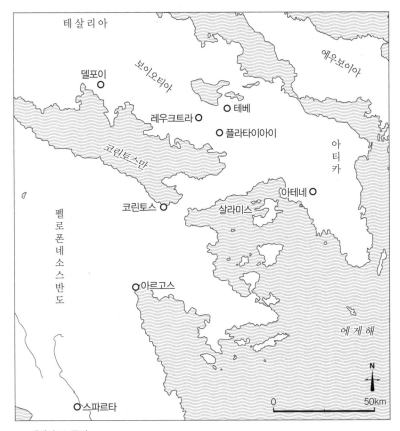

● 테베와 그 주변

주도하는 펠로폰네소스동맹군이었다. 이에 맞서 싸우는 테베 쪽도 동맹을 맺어 대항했다. 이쪽은 테베가 주도하는 보이오티아 연합군이었다. 그리스의 도시국가는 대부분 규모가 작기 때문에 전쟁이 일어나면 동맹을 맺어 싸우는 것이 일반적이었다.

펠로폰네소스전쟁도 아테네가 주도하는 델로스동맹군과 스파르타가 주도하는 펠로폰네소스동맹군 사이에 벌어진 전쟁이었다. 테베를 목표로 삼아 북상한 스파르타 주도의 펠로폰네소스동맹군은 모두 1만여 명이었다. 그중 스파르타의 주요 전력인 중무장 보병은 700명밖에 되지 않았다.

나는 '700'이라는 숫자를 보고 깜짝 놀랐다. 100년 전인 기원전 479년, 플라타이아이평원에서 페르시아 대군과 맞서 싸운 스파르타는 1만 명의 병사 모두를 투입해 승리를 거뒀다. 그로부터 100년이 지났다 해도 불과 700명이라니. 100년 동안 이렇게까지 격감했을 리가 없다. 그사이에 아이들이 태어나서 자연스럽게 늘어났을 것이다.

이러한 참상은 페르시아의 요청에 따른 용병의 수출을 방치한 결과였다. 역사가들이 기록하지 않아서 숫자가 어느 정도인지 정확하게 알 수 없지만 왕이 거느린 스파르타의 주요 전력에 용병이 가담하는 것으로 바뀐 상태였다. 그렇다면 스파르타 사회의 엘리트인 중무장 보병이 외국으로 나가 비어 있는 구멍을 북방의 후진 지역에서 온 용병으로 메웠다는 말이 된다. 만약 그렇다면 스파르타의 군사력이 약화된 것은 당연한 일이다.

그럼에도 스파르타의 중무장 보병은 진형이나 전투 방식 모두 전성기와 달라진 게 없었다. 보병 중시와 기병 경시라는 생각은 조금도 변하지 않았다. 개전 명령을 받고 전진하는 경우에도 속도전과는 거리가 멀었다. '천천히 공격하기'라는 말이 있다면 사용하고 싶을 정도로 아주 느린 속도로 전진했다. 다만 이런 경우 '양'으로 압도한다면 상대에게 압박감을 주어 효과를 볼 수 있다. 그런데 700명으로는 그것도 무리였다.

1만 명의 병사가 참전한 스파르타 주도의 펠로폰네소스 동맹군에 맞서는 테베 주도의 보이오티아 연합군 숫자는 6,000명밖에 되지 않았다. 테베 자체가 중간 규모의 도시국가였고, 여기에 '보이오티아동맹'은 오랜 세월 존속한 '펠로폰네소스동맹'이 지니고 있던 결속력도 없었다. 다만 역사가들은 기병 전력에서 테베가 우세했다는 기록을 남겼다. '테베의 두 사람'이 이룬 개혁의 성과였다. 스파르타를 이기려면 기병과 보병을 연대해 '속공'하는 것 외에는 다른 방법이 없었다.

'테베의 두 사람'은 전쟁터에서도 역할을 분담했다. 종합적인 전략을 궁리한 사람은, 즉 전체 군대의 총사령관은 에파미논다스였다. 300명으로 이루어진 기동부대의 선두에 서서 돌격하는 사람은, 즉 전선 전체를 이끄는 자는 펠로피다스였다. 과거 피타고라스에 심취했던 철학 청년은 그 누구도 생각하지 못한 새로운 전략과 전술을 궁리해냈다. 철학 청년도 어느덧 47세가 되었다.

기원전 371년 여름, 북상해온 스파르타 주도의 펠로폰네소스 동맹군은 보이오티아 지방에서 남쪽에 속한 작은 마을 레우크트라^{Leuktra}의 교외에 도착했다. 그곳을 전쟁터로 삼기로 결정했기 때문이다. 사방 1킬로미터의 평원이 펼쳐져 있어 1만 명에 이르는 군대를 활용하는 데 적합하다고 생각했다. 평원의 서쪽 끝에 있는 작고 높은 언덕에 야영지를 설치했다. 그러니까 전쟁터를 고른 쪽은 스파르타였다. 물론 홈에서 싸우는 테베 쪽에는 지형에 관한 지식이 있었다.

레우크트라는 강을 따라 생겨난 마을이었다. 그리스에서는 여름에 전투를 치르려면 반드시 물이 있어야 했다. 그리스에는 폭이 좁고 유속도 느린 강이 많고 그 주변에는 적당한 넓이의 평원이 펼쳐진 지형도 많다. 테베도 스파르타가 레우크트라의 교외를 전쟁터로 결정했다는 사실을 알고는 당연하다고 생각했다.

그곳에서 테베는 북동쪽으로 15킬로미터밖에 떨어져 있지 않았다. 테베가 주도하는 보이오티아 동맹군도 펠로피다스를 선두에 세워 전쟁터로 향했다. 그들은 평야에 야영지를 구축했다. '테베의 두 사람'은 말 그대로 배수진을 생각했다.

평원의 중앙에 포진한 스파르타 군대는 멀리서 보기에도 전형적인 스파르타 군대의 진형처럼 보였다. 전체 군대의 총사령관인 스파르타의 왕은 자기 나라의 정예병인 중무장 보병에 에워싸여 우익에 포진했다. 왕이 우익을 지휘하는 것은 그리스 군대의 오랜 전통이었다. 우익에 포진한 멋진 방패와 긴 창이 돋보이는 중무장 보병은 스파르타 군대의 전통에 따라 가로로 200명, 세로로 12열로 이루어진 가로로 긴 진형이었다. 이 밀집대형이야말로 스파르타 군대가 지닌 강력한 원동력이라 여겼고 다른 도시국가도 의심하지 않았다.

그러나 스파르타는 '레우크트라전투'에서 우익조차 순수한 스파르타 병사로 채우지 못했다. 12열 가운데 3열만이 과거 우는 아이의 울음도 그치게 했다는 스파르타 전사였다. 그 외에는 다른 동맹국에서 참가한 병사로 채워졌다. 우익에서 왼쪽으로 중앙의 2개 대대, 좌익에 1개 대대가 위치했다. 물론 중앙이나 좌익에도 동맹군의 병사들로 채워졌다. 기병은 우익과 좌익의 바깥쪽에 배치되어 있었을 것이다.

한편 테베 쪽은 그리스인의 상식을 완전히 깨뜨린 진형을 구축했다. 연구자들은 '기울어진 형태의 진'이라는 이름을 붙였다. 먼저 적의 주요 전력과 맞서 싸우게 될 좌익은 전원 테베인으로 구성된 중무장 보병이었다. 3,000명이 채 되지 않았다고 한다. 에파미논다스는 이들을 가로로 60명, 세로로 50열로 이루어진 종형으로 편성해 포진했다. 투구·흉갑·장창·검·방패로 중무장한 병사들에게 2배 속도로 전진할 것을 명령했다. 고대 그리스 남자의 체구는 강건했지만 한여름 평원에서 빠르게 달리는 건 그야말로 중노동이었다. 하지만 중무장 보병이 견뎌야 하는 고통은 펠로피다스가 거느린 300명의 '신성 부대'의 그것과 비교하면 인간적이라고 할 수 있었다. 300명의 특별 기동 집단은 중무장 장비는 동일했지만 중무장 보병보다 2배의 전진 속도를 내야 했다.

스파르타보다 수적으로 우세한 기병은 이 기동부대의 왼쪽에 배치되었다. 좌익에서 우익 쪽으로 중앙에 2개 대대, 우익에 1개 대대가 배치되었다. 여기에 배치된 병사들은 테베의 동맹국인 보이오티아 지

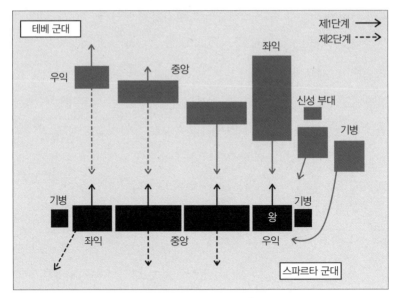

● 레우크트라전투

방에서 온 병사들이었다. 다만 에파미논다스가 만든 포진의 새로운 점은 전군이 스파르타 군대처럼 1열 횡대 형태가 아니었다는 것이다. 연구자들이 '기울어진 형태의 진'이라고 이름 붙인 것처럼 비스듬한 포진이었다.

물론 그들에게 주어진 명령은 모두 달랐다.

좌익은 보통 이상의 속도로 속공할 것.

중앙의 제1대대는 통상적인 속도로 전진할 것.

중앙의 제2대대와 우익은 전투 전반에는 물러났다가 후반이 되면 곧바로 공격으로 전환할 것.

에파미논다스가 노린 참된 목적은 적군 전체의 격파가 아니라 왕이 거느리고 있는 스파르타 정규군의 격파였다. 먼저 수적으로 우세한 기병으로 적의 기병을 쫓아낸다. 그리고 펠로피다스가 거느린 300명이 적의 우익을 격파한다. 이를 통해 혼란해진 적의 우익 쪽으로 3,000명을 투입해 승리를 굳힌다. 즉 3단계 공격이었다.

살라미스해전이나 플라타이아이전투에서 쌍방의 주력이 충돌한 결과가 전투 전체를 결정짓는다는 교훈을 얻었다. 주력이 격파되었다는 소식이 알려지면 외국에서 참가한 병사들은 따로 명령을 내리지 않아도 도망쳤다. 에파미논다스가 자기 군대의 포진을 비스듬하게 하고 거기에 적에서 떨어져 있는 중앙의 제2대대와 우익에 대해 먼저 퇴각했다가 공격으로 전환하라는 명령을 내린 것은 스파르타 병사 외의 적 병사들을 달아나게 만드는 속셈이었을 것이다.

적의 주력을 격파해 전투 전체에서 승리하겠다는 것은 살라미스해전과 플라타이아이전투가 실증한 것처럼 적보다 적은 군대를 거느린 총사령관이 취할 수 있는 유일한 병법이었다. 서글프게도 플라타이아이전투의 승리자를 할아버지로 둔 스파르타의 젊은 왕이 이 병법의 희생자가 되었다.

격전이었다. 전투 자체는 해가 여전히 높이 떠올라 있을 때 판가름 났다. 테베 쪽의 속공에 천천히 전진했던 스파르타 쪽이 교란당하고 말았다. 목소리를 높여 지휘하고 있는 젊은 왕 클레옴브로토스는 펠로피다스가 거느린 테베 기동부대의 목표가 되어 이른 시기에 전사하고 말았다. 왕의 유해를 적의 손에 넘기지 않으려는 사이에 스파르타 중무장 보병의 대열이 붕괴되고 말았다. 왕의 유해를 후방의 야영지로 옮기는 데는 성공했다. 그러나 스파르타가 주도하는 펠로폰네소스 동맹군의 우익은 괴멸 상태에 빠졌다. 동맹국에서 온 병사의 대다수는 야영지로 도망쳤고 야영지에서 멀리 떨어진 좌익에 있던 병사들은 뿔뿔이 흩어졌다.

그리스의 도시국가들은 늘 전쟁을 했던 탓인지 전쟁터에서 지켜야 할 예의 같은 것이 있었다. 승패가 결정된 이후 전사자의 유체를 수습하기 위해 일시적으로 휴전하는 것도 그러한 관습의 하나였다. 스파르타 쪽에서 유체 수습을 위한 휴전을 제의했고 테베가 받아들였다. 다만 테베 쪽의 총사령관인 에파미논다스는 조건을 달았다. 첫째, 스파르타의 동맹국에서 참가한 병사들의 유체를 먼저 수습할 것. 둘째, 그것이 끝난 뒤 테베 쪽에서 전쟁터를 둘러보고 그 뒤에 스파르타 병사들의 유체를 옮길 것.

에파미논다스는 스파르타 중무장 보병이 얼마나 죽었는지 정확하게 알고 싶었던 것이다. 이 때문에 우리는 펠로폰네소스동맹에 참가한 병사의 사망 숫자가 1,000명 전후라는 추측밖에 할 수 없지만 주력인 스파르타의 손실은 정확히 알게 되었다. 전쟁 전에는 약 700명이었지만 전투 중에 약 400명이 전사했다. 살아남은 자는 300명 정도였다. 스파르타의 자부심이 이 전투에서 300명으로 줄어들고 말았다. 한편 승리한 테베의 전사자는 보이오티아 지방의 동맹 도시국가에서 참가한 병사를 포함해 300명이 넘지 않았다.

1만 명의 병력으로 밀려왔던 스파르타 주도의 펠로폰네소스동맹군 사망자:
1,400명

6,000명으로 맞섰던 테베 주도의 보이오티아 연합군 사망자: 300명

숫자만으로도 '레우크트라전투'의 승패를 분명하게 알 수 있다. 이 전투에서 반드시 짚고 넘어가야 할 점은 스파르타의 중무장 보병이 괴멸 상태에 놓였다는 사실이다. '테베의 두 사람'이 목표로 삼았던 '스파르타 타도'는 완벽하게 성공했다.

이 시기 스파르타에서는 매년 거행되는 축제가 열렸다. 신전에서 희생양을 태워 연기를 피우고 청소년들은 신들에게 바치는 체육 경기를 벌였다. 스파르타가 패배했다는 소식이 전해진 때는 축제의 마지막 날이었다. 5명의 '에포로스'는 모든 축제가 끝날 때까지 이 사실을 공표하지 않았다. 전사자의 가족에게는 상복을 입지 말라고 명령했다. 이런 사태는 오랜 스파르타의 역사에서 처음 있는 일이었다.

스파르타의 전사는 '전쟁터에서는 이기든지 아니면 죽든지'라고 배우며 자랐다. '죽음'은 기꺼이 받아들여야 하는 것이었다. 그러나 기원전 371년의 패배는 일개 전사들의 죽음으로 끝나지 않고 한 나라의 죽음으로 이어졌다.

군사력이 강했던 나라가 군사력을 잃게 되면 위력이 땅에 떨어지는 건 당연하다. 패전 소식은 스파르타가 맹주로 있는 펠로폰네소스동맹의 가맹국 전체에 알려졌다. 느슨해진 석벽에서 돌이 하나씩 떨어져 내리듯 가맹국의 이반이 시작되었다. 스파르타의 서쪽에 위치하고 있

으며 오랫동안 스파르타의 농업 생산지였던 메세니아까지 독립을 선언하고 이탈했다. 이렇게 펠로폰네소스동맹은 결성된 지 200여 년이 지난 기원전 371년에 와해되고 말았다. 이제 스파르타는 그리스 남부에 위치한 펠로폰네소스반도의 남쪽 끝에 있는 일개 도시국가가 되고 말았다. 아테네를 쓰러뜨리고 유일한 패권 국가가 되고부터 불과 33년이 지났을 뿐이다. '레우크트라전투'를 기점으로 괄호를 친, 즉 명목적인 '스파르타의 패권 시대'가 끝이 났다. 이후 '테베의 패권 시대'가 시작되었다. 그러나 이 또한 괄호를 친 패권이었다는 점이 도시국가 시대의 그리스가 맞은 비극이었다.

'테베의 두 사람'은 승리를 최대한 활용하기로 결정했다. '레우크트라'에서 쟁취한 승리를 만끽할 여유는 없었다. 49세와 47세라는 나이도 안정적이었다. 다만 테베라는 도시국가의 실태가 안정적이지 않았다. 대기업이 흔들리지 않는 이유는 보유하고 있는 인간 자원의 활용을 게을리하지 않아서인데, 반면 중소기업은 활용할 의지가 있어도 활용할 수 있는 인간 자체가 적다. 펠로피다스와 에파미논다스는 그런 테베를 짊어지고 있었다.

승리 직후 곧바로 두 사람은 역할을 분담했다. 펠로피다스는 북쪽을, 에파미논다스는 남쪽을 맡았다. 두 사람 모두 자기가 담당한 지역에서 군사작전뿐만 아니라 외교 작전도 적극적으로 펼쳤다. 보이오티아 지방에 있는 여러 도시국가와 동맹을 강화하는 것만으로는 중소기업의 규모를 벗어날 수 없었다. 그래서 테베는 스파르타를 끌어내리자마자 곧바로 패권 국가로 향했다.

스파르타를 패권 국가의 지위에서 밀어낸 이후 '테베의 두 사람'은 7년 동안 말 그대로 동분서주하며 시간을 보냈다. 북쪽을 담당했던 펠로피다스는 보이오티아 지방을 넘어 테살리아 지방까지 진출했다. 물론 군사적인 것이었다. 그때까지 테살리아는 그리스에서 후진 지역에 해당했다. 따라서 정치적인 중요성이 거의 없었지만 평야가 넓게 펼쳐져 있어 사람과 말이 부족하지 않았다. 두 사람에 의해 완전히 탈바꿈한 테베 군대도 쉽게 정복할 수 있는 상대가 아니었다. 게다가 정치적으로 참주정치를 채택하고 있어 지휘 계통이 분명했다.

펠로피다스는 돌격만이 아니라 우회적인 방법을 활용할 줄 알았다. 그는 테살리아와 국경을 접하고 있는 마케도니아를 끌어들였다. 2년 뒤 마케도니아 왕국에서 발생한 내분을 이용한 결과 마케도니아와 동맹을 체결하는 데 성공했다. 테살리아를 남쪽과 북쪽에서 압박할 의도였다.

다음 해 동맹 결성의 증거로 마케도니아는 왕가의 소년 하나를 테베에 인질로 보냈다. 인질이라고 해도 유폐되지는 않았다. 모든 행동이 자유로운 손님과 같은 존재였다. 이 소년이 훗날 마케도니아의 왕위에 오르는 필리포스Philippos이다. 나중에 필리포스는 마케도니아 왕국의 군사제도 개혁을 감행했는데, 이는 15세부터 4년 동안 테베에서 지내며 두 사람이 탈바꿈해놓은 테베 군대를 직접 보고 배운 것이었다.

마케도니아의 변화는 이 소년이 어른이 된 이후의 일이다. 이전의 마케도니아는 후진 지역이었고 이 나라와 맺은 동맹도 실제적인 효과

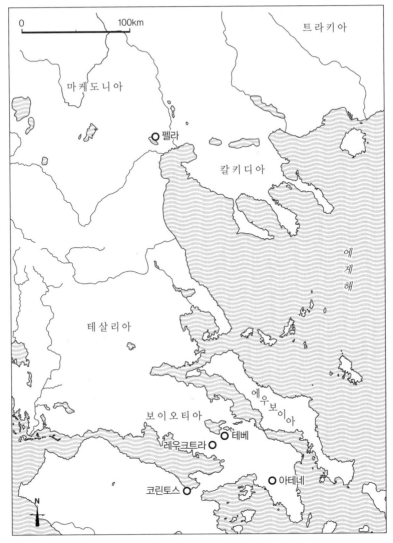

● 테살리아 지방과 마케도니아 주변

는 없었다. 덕분에 펠로피다스는 테살리아를 상대로 고전했다. 외교로 해결하려고 멀리 페르시아의 수도까지 다녀왔지만 별다른 효과가 없었다. 그뿐 아니라 동분서주하던 중 적에게 허를 찔려 테살리아 쪽에 포로가 되었다. 친구에게 덮친 불행을 알게 된 에파미논다스는 펠로폰네소스반도에서 전쟁을 하다가 급히 북상해 친구를 구출해냈고, 그 때문에 펠로피다스의 포로 사건은 무사히 해결되었다. 패권 국가의 가장 중요한 인물을 덮친 이 사고는 기원전 368년에 발생했다. 그러니까 기원전 371년부터 시작된 테베의 패권 시대도 괄호를 친, 즉 확고하지 않았다는 사실을 증명한 셈이다.

남쪽을 담당한 에파미논다스는 지속적인 공격을 가하고 있었다. 목표는 오로지 스파르타였다. 이 기회에 스파르타의 영토 내로 침입해 그 나라 자체를 쓸어버리려고 했다.

스파르타는 과거에 비해 군사력이 약화되었지만 방어에 치중한다면 여전히 상대하기 힘든 강국이었다. 아마도 어릴 때부터 무술 훈련이라면 충분히 했을 청소년부터 이미 60세를 넘어 은퇴한 병사까지 총동원했을 것이다. 후방에서 70대 후반에 이른 왕인 아게실라오스가 그들을 지켜보았다. '레우크트라전투'에서 살아남은 300명을 중심으로 평소라면 전쟁터에 나가지 않았을 남자들까지 건국 이래 처음 적군이 스파르타 영토 내에 들어온 것에 위기감을 느끼고 나라를 위해 한 마음이 되었다.

에파미논다스가 거느린 테베 군대의 공세는 말 그대로 파상공격이었다. 첫 번째 공격은 레우크트라에서 승리한 다음 해인 기원전

370년에 있었다. 두 번째는 그다음 해인 기원전 369년, 세 번째는 기원전 367년이었다. 스파르타가 숨을 돌릴 틈도 주지 않겠다고 결심한 듯 보였다. 테베 군대에는 스파르타에서 떨어져나온 펠로폰네소스동맹의 가맹국 출신의 온 병사들이 포함되어 있었다. 그래도 스파르타는 버텼다. 교외에서 맞서 싸우지 않고 시가지만 방어했기에 버티는 게 가능했다.

펠로피다스나 에파미논다스 모두 테살리아와 스파르타 공격에만 전념할 수 없었다. 테베는 민주정치를 운용하는 나라였다. 민주정치였기에 반대파가 존재했다. 과두파는 동분서주하는 두 사람을 상대로 그리스의 도시국가에서 정적을 배제하는 수단인 고발 소동을 일으켰다. 먼저 펠로피다스가 표적이 되었다. 에파미논다스와 두 사람이 권력을 독점한다고 고소했다. 에파미논다스가 물러났기 때문에 이것이 사건으로 비화되지는 않았다. 사령관의 지위에서 물러났고 전투에는 일개 병사로 참전했다. 다음 해에는 사령관의 지위에 복귀해 유치한 한편의 희극이 되고 말았다.

그렇지만 고발 소동은 끝나지 않았다. 다음 표적은 에파미논다스였다. 죄목은 부하인 지휘관들에게 임기 종료 후에도 계속 임무를 맡게 해달라고 부탁했다는 것이다. 전쟁은 담당자의 임기와 관계없이 지속된다. 그래서 얼마 동안 임무 속행을 의뢰했는데 그것이 권력 남용이 되고 말았다. 유죄로 판명되면 사형에 처해졌다. 그리스의 도시국가에서 정적을 배제하는 일도 그리스인의 성향처럼 과격하게 처리했다. 이에 대해 과거의 철학 청년은 재판관들을 앞에 두고 다음과 같이 스스로 변론했다.

"나 에파미논다스는 테베의 시민으로부터 사형에 처할 위기에 놓였습니다. 테베인 가운데 그 누구도 꿈조차 꾸지 못했던 스파르타에 대한 승리를 쟁취하고 이를 통해 테베를 괴멸당할 위기에서 구해냈을 뿐 아니라 그리스의 다른 도시국가까지 스파르타라는 사슬에서 해방시킨 것이 바로 그 죄이지요. 두 번째 죄상은 현재 테베가 스파르타인을 그들의 나라까지 쫓아냈고 그들이 겨우 목숨을 건졌다고 생각할 정도로 밀어붙이고 있다는 것. 그리고 마지막으로 사령관으로서 메세니아를 독립시키고 스파르타를 고립시키는 작전을 진행하는 일이 엄벌을 받아야 할 죄인지 판단해주기 바랍니다."

재판관들은 물론이고 방청하고 있던 사람들까지 웃음을 터뜨렸고 덕분에 에파미논다스도 고발 소동에서 벗어날 수 있었다. 그러나 당시 테베에는 고발 소동을 일으켜 말장난을 하고 있을 여유가 없었다.

소수정예의 한계

장기간에 걸친 시즌을 마쳐야 챔피언이 되는 야구나 축구에서 우승하려면 선수층이 두터워야 한다. 테베는 선수층이 얇았다. 펠로피다스나 에파미논다스는 자신이 담당한 지역만 전념할 수 없었다. 종종 펠로피다스가 에파미논다스에게 도움을 청하기 위해 남하하거나 에파미논다스가 친구가 공략하고 있는 테살리아전투를 응원하려고 북상하는 등의 일을 되풀이했다. 이런 정황을 외부의 제

3자가 보았다면 그리스 본토 전체가 전쟁 상태에 빠져 있다고 판단했을 것이다.

그리스 역사에서는 보이지 않고 당시 그리스인도 알지 못했지만, 그리스 본토에서 보면 아드리아해 너머에 있는 로마에서 그 무렵 훗날 지중해 세계의 행방을 결정짓는 획기적인 개혁이 시작되었다. 개혁은 입안자의 이름을 딴 '리키니우스^{Licinius} 법'의 성립과 함께 시작되었다. 상세한 내용은 『로마인 이야기』 제1권을 읽으면 알 수 있으니 여기서는 간략하게 소개하고자 한다.

먼저 고대에도 정보의 전달 통로가 기능하고 있었다는 사실을 머리에 넣어두기 바란다. 전달 통로는 다음과 같다. 하나는 외국 사람과의 교역이다. 다른 하나는 당시 지중해 세계에 살고 있는 사람들 사이에서 대체로 쓰임새가 있다고 평가받았던, 델포이나 델로스섬의 신전으로 가서 신탁하는 일이다. 사람들이 모이면 자연스럽게 정보를 교환했기 때문에 두 가지 경로 모두 정보의 전달이라는 역할을 충분히 수행했다.

기원전 390년에 켈트족이 로마를 덮쳐 타격을 입었다는 소식을 그리스인도 알고 있었고, 기원전 370년 전후 그리스가 혼미를 거듭하고 있다는 사실을 로마도 알았을 것이다. 같은 시기 그리스 땅에서 일어난 혼란스러운 상황을 몰랐다면 '리키니우스 법'에서 비롯된 로마의 개혁이 그토록 짧은 시간에, 그토록 결연하게 성사되지는 않았을 것이다.

로마인은 그리스의 도시국가들이 혼란스러운 상황에 놓인 가장 큰 원인을 도시국가 내부에서 일어난 지속적인 분열이라고 보았다. '민주파'와 '과두파'가 국내에서 대립하며 싸움을 벌였지만 어느 한쪽이 압도적인 힘을 갖지 못한 것을 가장 큰 원인으로 보았다. 실제로 두 당파는 국내에서만 대립한 것이 아니라 외국의 동지들까지 끌어들이는 경우가 많았다. 그래서 국내의 대립은 도시국가 사이의 대립까지 불러일으켰다.

로마인은 자유를 저해하지 않는 국내 통일을 실현할 방법으로 두 당파를 융합해야겠다고 생각했다. 그리스인은 '데모크라티아'와 '올리가르키아'를 만들어냈는데, 귀족과 평민 사이의 항쟁이 끊이지 않았던 로마인은 '레스 푸블리카Les Publica'라는 새로운 개념을 만들어냈다. 여기에는 '대립'보다는 '융합'으로 가야 한다는 생각이 밑바닥에 깔려 있었다.

로마인은 무엇보다 구체적인 것을 좋아했다. '리키니우스 법'에도 두 명이 정원인 집정관에 입후보할 수 있는 권리를 평민계급에도 인정한다는 것을 확실히 했다. 두 사람 가운데 한 명은 평민계급에서 나와야 한다는 평민들의 제안을 물리치고 오히려 전면 개방을 단행했다. 다음 해인 기원전 366년, 리키니우스는 정부의 모든 관직까지 평민계급에 개방하는 법을 만들었다.

로마도 도시국가에서 유래한 나라였다. 따라서 모든 공직은 로마 시민권을 가진 사람들의 선거로 결정되었다. 이제 시민이라면 계급과 상관없이 누구나 선거에 입후보할 수 있었다. 투표는 1년에 한 번 행해졌기에 때에 따라 집정관 2명 모두 귀족이 될 수도 있었고 반대로

2명 모두 평민이 될 수도 있다. 결과가 어떻게 나오든 자유 경쟁을 통한 결과였으므로 두 당파 모두 불만을 터뜨리지 않았다. 무엇보다 이 개혁이 지닌 최고의 이점은 귀족(또는 엘리트)계급과 평민계급으로 나누는 제도, 즉 항상 자기들의 이익을 대표하느라 대립 관계가 되기 쉬운 제도를 완전히 없앴다는 점이다.

법 하나를 만들었다고 해서 근원적인 개혁이 이루어지는 건 아니다. 여유를 주지 않고 밀어붙여 단기간에 여러 개의 법을 지속해서 만들어낼 때 개혁이 가능해진다. 로마에서는 '리키니우스 법'이 만들어지고 3년도 지나지 않아 만들어진 또 하나의 법이 결정타가 되었다. 국가 요직을 경험한 자는 귀족이나 평민 구별 없이 원로원 의석을 취득할 권리를 가질 수 있다는 사항이 법으로 결정되었다. 평민계급의 권리 보호가 임무였던 호민관도 퇴임 후에 원로원의 의원이 될 수 있었다. 이는 노동조합의 노조위원장이 자리에서 물러난 뒤에 회사의 이사로 취임하는 것과 비슷하다.

다만 '로마법'을 만들 정도로 법률을 좋아한 로마인이었지만, 법률만 만들면 개혁이 이루어질 것이라고는 생각하지 않았다. 구체적인 사안은 인간이 법률로 정하고 추상적인 내용은 신들에게 맡기면 된다고 생각한 듯하다. 이처럼 로마인의 지나친 현실주의에 웃음이 나지만, 당시 로마는 민주파와 과두파를 융합하기 위한 이론적 근거까지 신격화했다.

오늘날 로마 시가지에는 포로 로마노Foro Romano라는 유적지가 있는데 과거의 모든 것이 이곳으로 모여들었다. 포로 로마노에서 콜로세

움 방향으로 들어가 '성스러운 길(Via Sacra)'를 따라가면 콩코르디아 신전과 만나게 된다. 오늘날에는 원기둥 하나 남아 있지 않지만 포로 로마노라는 최상의 자리에 세워진 신전이었다. 이 신전은 기원전 367년 '리키니우스 법'의 제정을 기념해 건립되었다. '콩크르디아 신전^{Aedes Concordiae}'이라는 이름 자체가 일치, 조화, 융합, 협조를 주관하는 신에게 바쳐진 신전을 의미한다.

'리키니우스 법'에 의해 귀족계급과 평민계급의 대립은 해소되었고, 이후 양쪽은 일치와 조화, 융합, 협조로 로마를 위해 힘을 다하겠다는 것을 신격화 과정을 통해 맹세하고 인정했다. 물론 이를 주관하는 자는 우락부락하고 용맹한 남신이 아니라 여신이어야 했다. 이처럼 그리스인이 만든 '데모크라티아'와 '올리가르키아'에 대한 대항 개념으로 로마인은 '레스 푸블리카'를 만들어냈다.

스승의 업적은 제자 하기 나름이라고 생각한다. 로마는 그리스의 제자였다. 로마는 그리스를 그대로 따르기만 한 것이 아니라 반면교사로 삼았다는 점에서 뛰어난 제자였다. 당시 지중해 서쪽에서 최강국이던 시라쿠사는 그리스의 혼란에서 아무것도 배운 게 없었지만, 아직 강국이 아닌 로마는 그리스의 혼란을 반면교사로 삼아서 배웠다.

한편 괄호를 친 '테베의 패권 시대'가 7년째를 맞이한 기원전 364년, 그리스에서는 테살리아 군대와 전투하는 도중 펠로피다스가 전사했다. 당시 그의 나이 56세였다. 스파르타를 공격하다가 그 소식을 들은 에파미논다스는 그야말로 몸의 반쪽이 떨어져나가는 느낌이 들었을 것이다. 두 사람의 협력 관계는 20년이나 지속되어왔기 때문이다. '테베의 두 사람'은 이제 '한 사람'이 되고 말았다. 그리고 2년 뒤, 테베뿐 아니라 도시국가 시대의 그리스 전체에 운명적인 해인 기원전 362년이 찾아왔다.

그해 56세가 된 에파미논다스는 자신의 지휘를 받는 보이오티아 지방의 병사를 포함해 테베의 전군을 이끌고 네 번째 스파르타 공격을 위해 남하했다. 다만 이 해에는 스파르타로 직행하지 못했다. 그 중간에 위치한 만티네아Mantinea를 먼저 제압할 필요가 있었다. 만티네아는 스파르타 영토인 라코니아 지방의 북쪽에 있는 아르카디아 지방의 유력한 도시국가였다. 9년 전에 있었던 '레우크트라전투'에서 스파르타가 패배한 뒤 만티네아는 스파르타가 맹주인 펠로폰네소스동맹에서 탈퇴하고 테베 쪽으로 돌아섰다가 다시 스파르타 쪽으로 돌아선 것이다. 연구자들은 패권 국가가 된 테베의 강압적인 태도에 대한 반발로 만티네아가 변심했다고 본다.

그러나 나는 그 의견에 순순히 동의하고 싶지 않다. 왜냐하면 테베는 중간 규모의 도시국가였기에 설사 그렇게 하고 싶다고 해도 다른 도시국가에 강압적으로 나갈 정도로 강한 군사력이 없었기 때문이다. 정예병을 모은 '신성 부대'조차 300명에 불과했다. 이는 9년 전 전투에서 살아남은 스파르타 쪽의 정예부대와 같은 숫자였다.

한 번의 전투는 전략에 따라 승리할 수 있지만, 몇 년 동안 강압적인 태도를 취하기 위해서는 그에 상당하는 양이 필요했는데 테베에는 그것이 없었다. 펠로폰네소스반도 중부에 있는 도시국가 만티네아의 변심은 테베가 너무 강력해지고 있다는 것에 대한 불안에서 기인하지

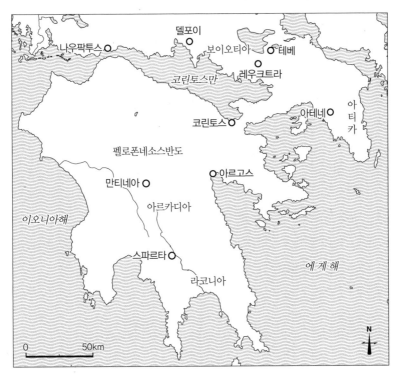

● 펠로폰네소스반도

않았을까 생각한다. 불안, 질투, 공포는 그리스의 모든 도시국가에서 나타나는 현상이었다.

다만 테베 군대가 접근해오자 만티네아는 스파르타에 구원을 요청했고 스파르타는 당연히 요청을 받아들였다. 에파미논다스의 참된 목표는 스파르타의 철저한 타도였는데, 그런 에파미논다스의 앞길을 가로막을 기회를 스파르타가 놓칠 이유가 없었다. 만티네아의 구원 요청에 아테네도 응했다. 아테네는 테베의 직접적인 목표가 아니었다. 아테네의 영토인 아티카 지방은 테베의 영토라 해도 좋을 보이오티아 지방과 등을 맞대고 있었다. 따라서 테베가 너무 강해지는 건 아테네에게도 불안한 일이었다.

이렇게 그리스 본토에서 그리스인끼리 맞붙은 전투 가운데 가장 규모가 컸다고 하는 '만티네아전투'가 시작되었다.

양분된 그리스

에파미논다스가 거느린 테베 군대는 보이오티아 지방의 여러 도시국가와 펠로폰네소스반도에 있는 반反스파르타 세력까지 더해서 보병 3만 명과 기병 3,000명으로 이루어진 대군이었다. 한편 만티네아의 구원 요청을 받고 반反테베의 기치 아래 모여든 병력은 스파르타와 아테네에 더해 반反테베 세력까지 포함하면 보병 2만 명과 기병 2,000명이었다. 다만 양쪽 군대 둘 다 보병이 전부 중무장 보병은 아니었다. 투석병 등 경무장 보병이 훨씬 많았다. 100년 전의 그리스라면 양쪽 군대를 합쳐서 5만 명의 중무장 보병을 출전시킬 수 있는 힘이 있었지만 이 시대에는 그렇지 않았다. 그래도 그리스 본토에 있는 도시국가 대부분이 어느 쪽이든 한쪽에는 가담한 전쟁이 되었다.

양쪽 군대는 곧바로 만티네아평원으로 직행하지 않았다. 주도권을 쥔 사람은 에파미논다스였다. 먼저 기병에게 적의 보급기지 역할을 맡고 있는 마을을 공격하라고 명령했다. 그러나 이 작전은 불발로 끝났다. 도시에 있던 아테네 기병대의 맹렬한 반격을 받고 철수할 수밖에 없었다. 에파미논다스는 곧바로 다음 전략으로 옮겼다. 82세의 늙은 왕 아게실라오스가 거느린 스파르타 군대가 만티네아를 향해 북상 중이라는 정보를 얻었기 때문이다. 늙은 왕이 나섰다는 것은 스파르타의 모든 병사를 집결시켰다는 것을 의미한다. 그렇다면 수도인 스파르타는 무방비일 가능성이 높았다. 그래서 에파미논다스는 자신이 거느린 테베 군대에 속도를 높여 행군하라고 명령하며 스파르타로 직행했다.

스파르타는 지키는 데 강했다. 9년 전에 '레우크트라전투'에서 아버지가 살해되어 성인이 되기도 전에 스파르타의 왕위에 오른 아르키다모스^{Archidamos}가 굳건하게 지키고 있었기 때문이다. 아르키다모스는 밀정으로부터 테베 군대가 접근하고 있다는 소식을 듣고 만반의 준비를 하며 기다리고 있었다.

적군이 보이는 지점까지 왔을 때, 에파미논다스는 결정을 내려야 했다. 여기서 조금이라도 시간을 낭비하면 만티네아로 향하고 있는 스파르타의 본대가 곧바로 유턴해 올 터였다. 그러면 포위를 당하게 된다. 스파르타는 자기 영토인 라코니아 지방에 300년 동안 적의 군대가 들어오지 못하게 한 것을 자랑으로 삼는 나라였다. 수도에 적의 병사가 난입하는 것은 죽어도 받아들일 수 없다는 게 스파르타 사람들의 오랜 생각이었다.

계절은 아직 여름이었다. 전투에 적합한 여름인데 군대를 퇴각시켜 테베로 돌아가면 테베에 패권 국가의 힘이 없다는 사실을 그리스 전체에 알리는 꼴이 되고 만다. 고생해서 동맹 관계를 맺었던 나라들이 너도나도 떨어져나갈 것이 뻔했다. 에파미논다스는 결단을 내렸다. 만티네아평원의 전투에 모든 것을 걸기로 결정했다.

만티네아평원 곳곳에 포진한 반反테베 군대는 가로로 길게 포진했다. 우익에는 스파르타 군대가, 좌익에는 아테네 군대가 자리하고 있었다. 원래대로라면 총지휘를 맡아야 할 만티네아 군대는 소규모 도시국가에 지나지 않는다는 현실을 감안해 다른 도시국가에서 온 병사들과 함께 중앙에 자리 잡았다. 기병은 양쪽 끝에 위치했다.

에파미논다스는 적의 포진을 보았지만 9년 전 레우크트라전투에서 승리의 원인이 되었던 비스듬한 진형으로 포진하지 않았다. 기발한 전략은 두 번 활용할 수 없다는 결점이 있다. 하지만 적의 우익과 맞부딪칠 아군의 좌익은 당시와 마찬가지로 강화시켰다. 반反테베 군대의 실제적인 주력이 우익에 진을 치고 있는 스파르타 군대라는 사실은 명확했다. 결국 주력 부대의 격돌에서 전투 전체의 승리를 가져오겠다는 전략에는 변함이 없었다. 에파미논다스는 자기 군대의 우익을 강화시켰다. 기병의 대열 사이에 투석병 부대를 끼워 넣었다. 이는 아테네 기병이 지닌 뛰어난 기동성에 타격을 입히기 위한 전술이었다.

막 전투가 벌어졌을 때 에파미논다스는 자기 군대에 기묘한 움직임을 명령했다. 전함에 비유하면 적에게 배의 옆구리를 보여주면서 적의 눈앞을 통과하는 것이어서 매우 위험한 행동이었다. 그러나 제대로 진행하면 적의 전의를 깎아내리는 효과가 있었다. 실제로 에파미논다스가 말을 끌고 테베 군대를 이끌며 지나가자 그 앞에 포진하고 있던 적군이 깜짝 놀랐다. 테베의 병사들은 모두 투구를 뒤로 젖히고 창은 어깨에 걸친 상태였기에 아무리 보아도 전투를 시작할 모습은 아니었다.

여유 있게 걷고 있던 군대가 가로로 길게 서 있는 적군 앞을 지나가는 순간 에파미논다스가 신호를 보냈다. 그러자 군대는 제자리에 멈추었다. 그다음 전원이 투구를 내려 쓰는 소리가 들리더니 창을 오른손에 쥔 자세로 돌변했고 총공격이 시작되었다. 그 뒤로는 격돌을 거듭했다. 이 전투를 기록해놓은 크세노폰의 『그리스 역사』에 따르면, 에파미논다스가 거느린 좌익은 삼단 갤리선이 전력으로 적을 향해 돌진하듯이 스파르타 군대의 우익을 향해 달려갔다. 마치 배가 뱃머리를 앞으로 하고 물살을 가르며 바닷물을 튕기면서 전진하는 모습과도 같았다.

한편 테베 쪽의 기병이나 경무장 보병 역시 적군 쪽의 좌익을 맡고 있는 아테네 군대와 맞서 잘 싸우고 있었다. 아테네의 기병 군단은 테베 투석병이 던진 비처럼 쏟아지는 돌덩어리 때문에 본래의 기동력을 발휘하지 못했다. 여기까지 모든 것이 에파미논다스가 생각한 대로 진행되었다.

격렬한 전투가 거듭되던 전황은 숫자에서 앞서는 테베 쪽의 우세로 조금씩 변해갔다. 뱃머리를 앞으로 한 갤리선이 전력으로 돌격하는 것처럼 좌익에 배치된 테베 병사가 세로로 긴 진형을 유지하며 적을 향해 뛰어든 것이 효과를 발휘하기 시작했다. 이미 적의 기병을 격파했고 스파르타 병사로 이루어진 우익도 분리되어 패배의 일보 직전까지 내몰렸다. 이대로 가다가는 9년 전 레우크트라의 승리가 재현될 것처럼 보였다.

바로 그때 누군가가 던진 창이 말 위에서 지휘하던 에파미논다스의 가슴 깊숙한 곳을 파고들었다. 아군은 낙마한 총사령관을 후방으로 옮겼다. 아직 숨이 붙어 있었다. 하지만 쇠로 된 창끝을 뽑자 그대로 숨을 거두었다.

전투는 테베의 승리로 끝났다. 그러나 테베 군대에는 누구 하나 패주하기 시작한 적군의 추격을 명령하는 사람이 없었다. 최고사령관은 전체 군대의 움직임을 지시하는 사령탑이다. 그곳에서 명령이 나오지 않으면 병사들은 움직이지 않는다. 이제 테베에는 움직이지 않는 병사들을 다시 움직이게 만들 사령관이 없었다.

이 전투는 승패를 확실하게 가를 수 있었지만, 사실상 패자도 승자도 없이 끝이 났다. 양쪽 모두 아군 병사의 유체를 말없이 수습했다. 그 모습은 무언극과도 같았다.

그리고 아무도 없었다

　　　　『펠로폰네소스전쟁』을 쓴 투키디데스의 뒤를 이어 크세노폰은 『그리스 역사』를 썼는데 이 전투를 끝으로 붓을 내려놓았다. 크세노폰은 기원전 362년에 일어난 '만티네아전투'를 고통스러운 마음으로 돌아본다. 그리스의 전체 도시국가가 둘로 나뉘어 싸운 전투였다는 것. 그렇지만 사실상 패자도 승자도 없었기 때문에 그리스 전체를 선두에 서서 이끌 패권 국가가 없는 상태가 되고 말았다는 것. 49년 동안 그리스인의 역사를 기록한 『그리스 역사』의 마지막에 다음과 같은 말을 남겼다.

　"그리스를 괴롭혀온 혼란은 이 전투 후에도 전혀 달라지지 않았다."

　기원전 362년 이후 그리스에는 '아무도 없었다.' 3년 뒤 그리스의 북쪽에 있는 마케도니아에서 23세의 필리포스가 왕이 되었다. 다시 3년 뒤에 필리포스는 알렉산드로스라는 이름을 가진 아이를 얻었다.

제2부

새롭게
웅비하는 힘

4

신들이 등을 돌린 땅

그리스의 북부와 중남부를 가르는 경계에 올림
포스라는 산이 있다. 3,000미터에 육박하는 높이로 그리스에서 가장
높은 산이다. 정상 근처는 운무가 자욱한 날이 많다. 고대 그리스인은
올림포스산에 자신을 지켜주는 신들이 살고 있다고 믿었다.

그러나 신성한 성지라는 느낌은 조금도 들지 않는다. 『그리스인 이
야기』 제1권 첫머리에서 말한 것처럼 그리스의 신들은 좋든 나쁘든
너무나 인간적인 모습을 하고 있다. 주신인 제우스도 종종 올림포스
에서 빠져나와 바람피우는 데 열중할 정도로 인간적이다. 올림포스산
은 이 신에게 뒤지지 않는 인간적인 남신과 여신이 제우스를 중심으
로 모일 때 활용하는 거주지였다.

이토록 인간적이기 때문에 올림포스산 위에서도 신들이 북풍이 불

어오는 북쪽이 아니라 따스한 남쪽으로 얼굴을 향하고 있을 것이라고 생각하는 게 자연스럽다. 남쪽에는 그리스의 유력 도시국가인 아테네와 테베, 코린토스, 스파르타뿐만 아니라 항상 신탁을 하러 오는 사람들로 붐비는 델포이가 있었고, 4년에 한 번 그리스 전역에서 운동선수들이 모여드는 올림피아도 있었다.

마케도니아는 올림포스산의 북쪽에 위치하고 있었다. 그리스의 신들이 등을 돌리고 있는 뒤쪽이었다. 마케도니아는 민족적으로는 그리스인이었고 다른 그리스인과 마찬가지로 그리스 신들을 신앙했다. 사투리가 심하다고는 하지만 말하고 쓰는 언어도 그리스어였다. 그럼에도 올림피아에서 거행되는 고대올림픽, 즉 그리스인임을 증명하는 것이기도 한 올림픽에 300년 동안 한 번도 초대받지 못했다.

민주정치와 과두정치의 차이는 있지만 둘 가운데 하나를 채택하고 있는 그리스의 도시국가가 보기에 왕정을 유지해온 마케도니아는 야만적인 국가였다. 정치, 군사, 경제 등 모든 면에서 마케도니아는 오랫동안 후진국 취급을 받아왔다.

기원전 480년, 이번에야말로 그리스를 정복하겠다는 의지를 가지고 황제가 직접 페르시아 군대를 이끌고 침공해왔을 때도, 페르시아 황제 크세르크세스가 공표한 최후통첩에 단호하게 거부한 그리스 도시국가 연합군은 마케도니아에 참가해달라고 요청도 하지 않았다. 마케도니아는 곧바로 페르시아 황제의 요구에 굴복하고 속국이 되었기 때문이다.

이때 제2차 페르시아전쟁은 기원전 480년의 살라미스해전, 다음 해

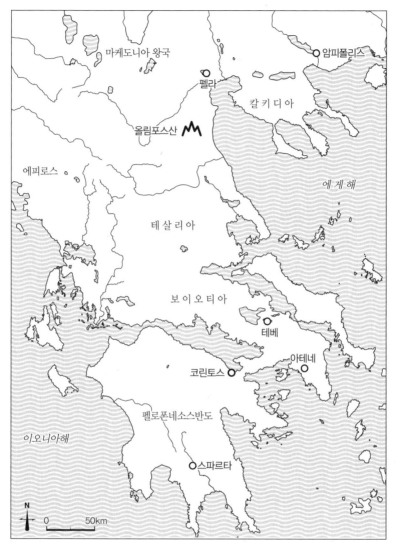

마케도니아 왕국

암피폴리스

펠라

칼키디아

올림포스산

에게해

에피로스

테살리아

보이오티아

테베

아테네

코린토스

펠로폰네소스반도

이오니아해

스파르타

N

0   50km

● 마케도니아와 그 주변

의 플라타이아이전투에서 그리스가 대승을 거두었고 페르시아 황제는 수도인 메소포타미아 지방으로 황급히 달아나고 말았다. 그 후 마케도니아는 고대올림픽에 처음으로 참가할 수 있게 되었다. 그 이유로는 먼저 승리한 그리스의 도시국가들이 적에게 붙은 마케도니아에 관대했다는 점을 들 수 있었다. 관용이란 이성적으로 생각해서 실현되는 것이 아니다. 자신감을 가진 쪽이 결정하는 경우에 실현되는 것이다. 강한 적인 페르시아를 격파한 이후 자신감이 높아진 아테네와 스파르타가 '올림픽 정신'을 깨우쳤을 수도 있다. 적에 붙었다고는 하지만 동일한 그리스 민족이고 그리스의 신들을 신앙한다는 점도 동일했다. 사투리가 심해서 알아듣기 힘들지만 그래도 그리스어로 말하는 사람들이었다.

마케도니아는 올림피아에서 개최되는 고대올림픽에 참가하면서 그 외 지역에서 열리는 경기에도 나갈 수 있게 되었지만, 이후 120년 동안에도 거의 무시에 가까운 상태가 지속되었다. 고대올림픽에서 우승하지 못한 탓도 있지만, 무엇보다 그리스 세계에서 아테네, 스파르타, 테베가 차례로 패권을 차지하는 시대가 계속되었기 때문이다.

그러다가 기원전 362년 그리스의 도시국가들끼리 싸우며 최후를 맞이했고 그리스는 '아무도 없는' 상황이 되고 말았다. 그해 오랫동안 올림포스 신들이 등을 돌리고 있던 마케도니아에서 필리포스라는 젊은이가 20세를 맞이했다.

껍질을 벗은 마케도니아

필리포스는 애당초 마케도니아의 왕위에 오르기 위해 코스를 밟은 사람이 아니었다. 오랫동안 후진국이었던 마케도니아는 왕정 국가였기 때문에 후계 문제가 정비되어 있지 않았다. 뒤집어서 말하면 실력만 있으면 왕이 될 수 있는 여지가 있었다. 필리포스는 기원전 382년에 아민타스 왕의 3남으로 수도 펠라^{pella}에서 태어났다. 12년 뒤에 아버지가 세상을 떠났다. 마케도니아의 왕위에 오른 사람은 장남인 알렉산드로스였다. 참고로 마케도니아의 왕가는 필리포스나 알렉산드로스, 페르디카스^{Perdiccas}라는 전통적인 이름이 반복해서 나오는데, 우리가 다루고 있는 필리포스는 정식으로 말하면 필리포스 2세가 된다. 그의 아들이며 훗날 대왕이라는 칭호를 받는 알렉산드로스는 알렉산드로스 3세가 정식 명칭이다.

잠깐 필리포스가 아직 '필리포스 2세'가 되기 전의 시절로 돌아가 보자. 장남 알렉산드로스는 왕이 된 지 불과 2년 뒤에 친족에게 살해되고 만다. 집안 소동이 가라앉은 다음 마케도니아의 왕위에 오른 이는 둘째인 페르디카스였다. 둘째가 통치하던 시기에 동생인 필리포스는 테베에 인질로 보내졌다. 인질이라고는 하지만 죄수와 같은 대우를 받은 건 아니다. 테살리아 지방을 제패하기 위해 북쪽의 마케도니아를 아군으로 끌어들인 테베가 우호 관계를 지속한다는 증거로, 다르게 말하면 '담보'로 왕의 동생이 테베로 간 것이다.

당시 테베는 기원전 371년에 벌어진 레우크트라전투를 통해 하드파워, 즉 군사력에 의해 패권을 향유하고 있는 스파르타를 굴복시키고, 역사적으로는 '테베의 패권 시대'라고 부르는 시기를 맞이하고 있었다. 이 테베에서 필리포스는 10대 후반을 보냈다. 소중한 '담보'였기에 테베 유력자의 집에서 머물렀다. 그 집에는 레우크트라전투에서 승리한 장군으로 그리스 전역에 알려져 있는 에파미논다스와 펠로피다스도 종종 찾아왔다. 젊은 필리포스는 흡수력이 가장 강한 나이에 '웨스트포인트'로 유학한 셈이다.

연구자들도 필리포스가 왕위에 오르자 곧바로 착수한 군사 개혁에 테베의 인질 생활이 밑거름이 되었다는 데 모두 동의한다. 그렇다. 그때 배우지 않았다면 필리포스도 이전의 마케도니아 왕과 다를 바가 없었을 것이다. 배운다는 행위는 좋은 점을 배운다는 것과 나쁜 점에서도 무언가를 배운다는 것 두 가지 측면이 있다.

필리포스는 테베에서 철저하게 병력을 활용하는 방법을 충분히 배웠을 것이다. 한편 젊은 필리포스는 테베의 부족한 부분도 놓치지 않았던 모양이다. 테베는 그리스의 도시국가 가운데 중간 규모의 나라였다. 보이오티아 지방의 패권을 손에 넣었다고는 하지만 보이오티아 지방 자체가 모든 면에서 척박한 곳이었다. 농업지대가 있지만 바다와 면하고 있지 않기 때문에 무역을 통한 통상국이 될 수 없었다. 광산도 풍부하지 않았다. 그 결과이기는 하지만 인구도 적었다.

에파미논다스는 스파르타로부터 패권을 뺏고 싶다는 일념으로 가지고 있는 힘을 철저하게 활용하는 것까지는 가능했다. 그러나 그를 위해 선봉으로 편성한 '신성 부대'도 300명이 한계였다. 아무리 하나하나가 정예라고 해도 300명으로는 어쩔 수 없는 부분이 있다. 실제로 '테베의 패권 시대'는 불과 9년 만에 막을 내리고 말았다.

젊은 필리포스는 테베에 체류하면서 이런 생각을 하지 않았을까? 마케도니아는 영토가 넓은 나라이다. 여기저기 흩어져 있는 농민을 잘 조직하기만 하면 정비된 힘을 발휘할 수 있었다. 봉건 제후라고 불러도 좋을 기사계급도 거의 조직되어 있지 않았다. 북부에는 아테네인들에게 개발을 맡겨놓은 광산도 많이 있었다. 마케도니아 왕국은 지금껏 가지고 있는 힘을 활용하지 않았다. 어떻게 하면 그 힘을 활용할 수 있을까?

테베의 인질 생활을 마치고 마케도니아로 돌아간 4년 뒤, 왕이 되었던 페르디카스가 일리리아Illyria족과 벌인 전투 중에 전사했다. 일단 왕위는 그 아들에게 계승하기로 했지만 아직 미성년이었다. 22세가 된 필리포스는 조카인 왕의 후견인이 되었다. 그런데 어린 왕의 후견인은 혼자가 아니었다.

아테네와 스파르타로 대표되는 그리스의 도시국가가 마케도니아를 후진국이라고 경멸한 이유 가운데 하나는 왕이 죽을 때마다 왕가에서 내분이 발생했다는 사실이다. 이런 현상은 페르시아와 같은 오리엔트 국가에서만 볼 수 있었다. 마케도니아에서도 어린 왕의 후견인이 된다는 것은 어린 왕을 몰아내고 스스로 왕위에 오를 수 있다는 의미가 강했다. 필리포스에게는 그런 의미에서 라이벌이 4명이나 더있었다. 그들은 이복형제이거나 왕가에 속한 친족들이었다.

22세인 필리포스는 시간을 헛되이 쓰지 않았다. 먼저 수도인 펠라에서 평판이 나쁜 한 사람을 암살했다. 이 인물은 궁정 내외에서 미움을 받고 있었기에 암살을 문제 삼는 사람조차 없었다. 다음으로 능력은 없지만 사람은 좋은 두 인물과 친밀한 관계를 유지하면서 설득 작전에 나섰다. 경제적인 우대를 약속받은 두 사람은 스스로 외국으로 망명하는 길을 선택했다.

4명 가운데 남은 한 사람인 아르게이오스Argeios의 처리는 간단하지 않았다. 그는 아테네로 가서 자기가 왕이 될 때 군사적으로 원조해주면 암피폴리스Amphipolis를 아테네에 반환하겠다고 약속했다. 칼키디아 지방의 요충지인 암피폴리스를 되찾는 것은 아테네의 오랜 숙원이었다.

필리포스는 물러서지 않았다. 그도 아테네 정부에 사람을 보내 자기가 왕위에 오르면 암피폴리스의 반환은 약속이 아니라 현실이 될 것이라고 전했다. 도시국가 아테네는 이제 테미스토클레스나 페리클레스가 살던 시대가 아니었다. 그러나 현명하지만 교활하기도 한 아테네인이 사는 나라였다. 아테네는 '양다리'를 걸치기로 했다.

아테네 정부는 군선으로 이루어진 부대를 편성하고 거기에 아테네에 와 있던 아르게오이스와 그와 함께하는 마케도니아 사람들을 태워 피레우스 항구에서 출항했다. 북상하는 아테네 배에 타고 있던 아르게이오스를 비롯한 마케도니아인은 아테네의 군사 원조에 전혀 의심하지 않았다. 하지만 마케도니아의 수도 펠라에서 남쪽으로 40킬로미터 떨어진 항구에 들어갔을 때 그들의 기대는 완전히 무너졌다. 이들은 아테네 병사와 함께 그곳에 상륙했다고 생각했지만 실제로는 마케도니아인과 아테네의 용병뿐이었다. 아테네의 정규군은 행운을 빈다는 말만 남긴 채 곧바로 출항하고 말았다.

필리포스는 아르게이오스와 그의 일당들이 버림을 받았다는 사실을 알고 있었지만 아무런 행동도 취하지 않았다. 내전이 발발할지 모른다는 공포 분위기가 수도에 퍼지기를 기다리고 있었다. 실제로 아르게이오스의 부름에 반응해 반反필리포스의 전선에 선 마케도니아인이 거의 없었다. 아르게이오스는 소수의 동지와 아테네의 용병만 거느린 채 수도 펠라를 향해 북상하기 시작했다. 그러자 필리포스가 행동을 시작했다. 그들이 반란군임을 명확히 한 다음 단호하게 분쇄해야 한다고 공표하고 군대를 향해 남하할 것을 명령했다. 결과는 곧바로 나왔다. 수도에서 25킬로미터 떨어진 곳에서 말 그대로 분쇄되었다. 살아남은 아르게이오스와 그의 일당에게는 고난의 방랑생활이 기다리고 있을 뿐이었다.

필리포스는 양다리를 걸친 아테네를 그대로 두고 볼 수밖에 없었다. 군사작전 중에 부상을 당한 아테네의 용병에게 충분히 의료 처치를 해준 다음 마케도니아의 배에 태워 아테네로 보냈다. 양다리를 걸쳤다는 것을 이미 알고 있다는 듯이. 외교적으로 말하면, 이때 아테네 정부는 큰 실수를 저질렀다. 실력도 없으면서 지나치게 머리를 써서 행동하려 했다. 아테네 정부도 그것을 알아차렸다.

곧바로 필리포스에게 전권을 지닌 특사를 파견해 암피폴리스의 반환에 대한 확약이라는 조건을 달아서 아테네와 마케도니아 사이의 우호 협정을 체결하기로 결정했다. 교섭은 간단하게 끝났다. 그 후 몇 개월 지나지 않은 기원전 359년 초반에 필리포스는 공식적으로 어린

● 마케도니아의 왕 필리포스 2세

왕의 유일한 후견인이 되었다. 필리포스라는 남자는 움직이기 시작하면 끝까지 가는 사람이었다. 마지막에는 어린 왕을 밀어내고 스스로 왕위에 오르고자 했다. 마케도니아 내에서도 그런 분위기가 확실하게 조성되고 있었다.

마케도니아에서 왕을 선출하는 제도가 변하면서 이제는 혈통이 절대 조건이 아니었다. 왕은 유력한 장군들에 의해 선거로 결정되었다. 이 마케도니아의 강자들은 필리포스야말로 자신들의 왕에 어울리는 사람이라고 판단했다.

첫째, 선왕의 동생이기 때문에 혈통의 문제가 없다. 둘째, 그리스 민족이 아닌 북쪽의 야만족 일리리아족과의 전투에서도 상응하는 전과를 올렸기에 군의 총사령관으로서도 합격이었다. 셋째, 올림포스산 남쪽에 있는 도시국가 가운데 여전히 유력한 국가인 아테네와 우호 관계를 이끌어내는 외교적 수완도 보여주었다. 마지막으로 국내 정치에서도 내전이 될 수 있는 위기를 극복하는 과정에서 수완을 보여주었다.

고대 그리스에서는 최고 지도자의 무능으로 국가 자체가 멸망으로 가는 경우가 많았다. 필요하다면 곧바로 병사들을 거느리고 전쟁터로 달려가야 하는 사람들이 볼 때 최고사령관의 능력은 매우 중요한 문제였다. 필리포스는 이런 사항에 대한 충분한 판단력을 보유한 프로들의 선택을 받아 왕이 되었다. 필리포스는 기원전 359년 23세의 나이로 마케도니아의 왕이 되었다.

새롭게 태어난 마케도니아 군대

필리포스는 왕위를 손에 넣자 곧바로 군사 개혁을 단행했다. 이 개혁은 당시 그리스에서도 매우 획기적이었다. 주요 전력인 중무장 보병의 이름이 바뀐 데서도 확인할 수 있다. 도시국가 시대 그리스에서는 아테네나 스파르타, 테베 모두 중무장 보병을 '호플리테스Hoplites'라고 불렀다. 젊은 왕의 개혁 이후에는 마케도니아의 중무장 보병을 '팔랑크스Phalanx'라고 불렀다. 달리 '밀집 장창 대형'이라고도 부른다.

중무장한 보병이라는 점에서는 바뀐 것이 없다. 그럼 무엇이 바뀐 걸까? 필리포스는 먼저 '팔랑크스'의 요원이 될 수 있는 사람을 농민

층까지 확대했다. 그때까지 '호플리테스'는 아테네에서는 제3계급이라고 불리는 중견 계층, 테베에서는 중간층의 시민, 스파르타에서는 전체 남자의 4퍼센트밖에 되지 않는 엘리트 시민으로 구성되었다. 그러나 민주정치·과두정치의 도시국가들과는 달리 왕정을 택하고 있던 마케도니아는 국민 군대로 방향을 틀었다. 그것은 시민이라는 개념이 희박한 왕국이었기 때문에 용이한 일이기도 했다.

필리포스는 숫자가 한정된 '정예'가 아니라 숫자가 충분한 '베테랑'을 양성하려고 했다. 사료가 없기 때문에 상상할 수밖에 없지만, 필리포스는 모병 대상을 20대로 한정한 것으로 보인다. 필리포스가 생각한 '팔랑크스'가 되기 위해서는 먼저 강한 체력이 필요했다. 동시에 민첩한 움직임도 요구되었다. 모든 개혁에는 최하 10년의 기간이 필요한데, 초보를 베테랑으로 만들어야 했기 때문에 반드시 10년의 시간이 필요했다. 따라서 개혁에 착수한 단계에서 젊은 농민층에 집중한 건 당연한 일로 보인다.

필리포스는 신생 마케도니아 군대의 주요 전력을 담당할 '팔랑크스'가 강건함과 함께 민첩함을 동시에 갖추어야 한다는 사실을 테베에서 배웠을 것이다. 필리포스가 '유학'했던 시기의 테베는 4년 전인 기원전 371년에 벌어진 레우크트라전투에서 그리스 최강의 중무장 보병으로 유명했던 스파르타에 승리했다. 그 전투에서 강건하기는 하지만 움직임이 느린 스파르타의 중무장 보병 700명을 민첩한 테베의 300명이 격파한 일이 승패를 갈랐다. 전략과 전술을 생각한 에파미논다스가 테베 병사에게 민첩한 움직임을 가르친 성과였다.

● 장창을 든 마케도니아의 중무장 보병

필리포스는 먼저 테베의 이런 면을 흉내 냈다. 동시에 테베에 의해 패권 국가의 자리에서 밀려났다고는 하지만 스파르타의 '호플리테스'의 강인함에도 주목했다. 중무장 보병의 첫 번째 존재 이유는 적의 공격을 견디며 한 걸음도 뒤로 물러서지 않는 것이었다. 이 점에서 스파르타의 중무장 보병은 '용사'라는 이름에 딱 어울렸다.

그러나 스파르타는 테베에 패배했다. 700명밖에 병사가 없었다는 게 최대 원인이지만 패배한 것은 사실이었다. 필리포스는 스파르타의 중무장 보병이 지닌 내구성을 한층 높이려고 했다. 이를 통해 스파르타 용사의 특징인 적의 공격을 견딘 다음 발휘하는 공격력을 마케도니아의 '팔랑크스'도 갖추기를 원했다.

먼저 투구, 흉갑, 갑주, 방패, 칼은 가볍게 만들었다. 창은 그리스 도시국가 가운데서도 길기로 유명한 스파르타의 창보다 2배쯤 길게 바꾸었다. 스파르타의 중무장 보병이 지닌 창의 길이는 3.5미터였는데 마케도니아의 창은 그보다 긴 6.5미터였다.

길이가 이쯤 되면 한 손으로 들 수 없다. 육상경기에서 장대높이뛰기 선수를 보면 알겠지만 긴 창을 양손으로 들어야 하고, 휘어지는 것을 막기 위해 자연스럽게 아래에서 떠받치는 자세가 되고 만다. 이래서는 방어는 물론이고 공격도 할 수 없다.

필리포스는 이 결함을 두 가지 방법으로 해결하려고 했다. 7미터에 이르는 장창을 정확하게 둘로 나누고 금속으로 만든 통으로 조립할 수 있는 것으로 바꾸었다. 이로써 나무로 만들어진 창이 자연스럽게 휘어지는 결함을 어느 정도 막을 수 있었다. 이동할 때도 편리했다. 방패는 달려 있는 끈으로 어깨에 메고 둘로 나뉜 긴 창은 어깨에 걸쳤다. 전쟁터에 도착하면 통으로 연결해 장창으로 바꾸었다. 장창의 양쪽 끝은 뾰족한 것이 달려 있기 때문에 접근전이 벌어지면 장창을 나누어 두 자루의 던지는 창으로 사용할 수도 있었다. 마케도니아 방식의 이 장창은 '사리사 sarisa'라는 이름이 붙었고, '팔랑크스'와 더불어 마케도니아의 중무장 보병을 상징하는 존재가 되었다.

필리포스가 생각해낸 또 하나의 방법은 그리스 도시국가의 중무장 보병의 전통이기도 한 밀집대형을 더욱 대형화하는 것이었다. 전략 단위의 대대(로마 군대라면 2개 군단)는 가로로 260명, 세로로 16열이었다고 한다. 즉 1개 대대가 4,160명의 병사로 편성되었다는 뜻이다. 이것만으로도 적에게 압박을 가할 수 있었지만, 여기에 더해 7미터에 이르는 장창 '사리사'도 그저 '숲'만 이룬 것이 아니었다.

앞에서부터 5열까지의 병사들은 왼팔에 든 방패로 가슴을 방어하는 동시에 오른손을 더한 양손으로 '사리사'를 평행하게 가로로 들었

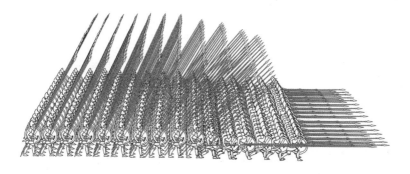

● 마케도니아의 중무장 보병 '팔랑크스'

다. 6열 이후의 병사들은 창을 든 각도를 조금씩 위로 올렸다. 다시 말해, 평행에서 직각까지 열마다 '사리사'의 각도가 달랐다. 물론 전투에 돌입한 이후에는 각도에 변화를 주었다. 사리사 역시 공격을 목적으로 하는 무기였기에 움직이지 않는 숲처럼 가만히 서 있는 것으로는 목적을 이룰 수 없다. 전투가 벌어지면 여러 개의 '팔랑크스'가 적에게 어떻게 비쳤을까? 거대한 고슴도치와 마주한 것처럼 공포를 느끼지 않았을까?

필리포스는 각각의 병사들에게 정예병이 되라고 요구하지 않았다. 팔랑크스라는 형태로 집단을 이루었을 때 정예화될 것을 요구했다. 오랜 전통을 지닌 시민으로서 자긍심이 높은 아테네나 스파르타, 테베에서는 이처럼 젊은 마케도니아 왕의 개혁은 성공하지 못했을 것이다. 아마 '사리사'를 보고 이런 것은 창이 아니라며 손에 쥐기를 거부했을지도 모른다. 그러나 후진국 마케도니아의 농민이었기 때문에 개혁이 열매를 맺었던 것이다. 전통이나 습관 등은 새로운 시도를 방해하는 경우가 적지 않다.

필리포스에 의한 개혁은 대체로 새로운 것이었기 때문에 그것을 현실화하기 위해 다음과 같은 두 가지가 반드시 필요했다. 첫째, 개혁을 결정한 당사자의 의지가 흔들림 없이 지속되어야 할 것. 둘째, 개혁자의 의도를 정확하게 이해하고 그것을 실현하기 위해 선두에 서서 협력할 결의와 해낼 수 있는 능력을 지닌 사람이 있어야 할 것.

젊은 마케도니아의 왕에게는 파르메니온 Parmenion 이 있었다.

파르메니온은 마케도니아의 귀족 출신으로 기원전 400년 전후에 태어났다. 그렇다면 필리포스보다 18세 연장자라는 말이 된다. 필리포스가 23세의 나이로 왕위에 올랐을 때 파르메니온은 41세였다. 이 사람이 어떤 방법으로 농민 출신 젊은이들을 베테랑 중무장 보병으로 키웠는지 알려주는 역사적인 자료는 남아 있지 않다.

나는 먼저 구체적인 사례를 보여주어 공포심을 제거하는 데서 시작했으리라 생각한다. 모두가 보고 있는 앞에서 2명의 병사를 양쪽에 세우고 한 사람에게는 사리사를, 다른 한 사람에게는 그리스에서 사용해온 전통적인 창을 들게 한다. 그리고 말한다.

"보라, 너희가 가진 사리사는 이미 적의 가슴까지 가 있지만 적이 가진 창은 멀리 떨어져 있다."

신병이라면 당연히 가질 공포심을 제거하려면 밀집대형이 가진 이점을 살리는 방법도 도움이 되었을 것이다. 각 병사의 왼쪽은 그가 들고 있는 방패로 보호를 받는다. 오른쪽은 보호를 받을 수 없다. 그런데 밀집 대형을 이루면 오른쪽에 있는 동료가 들고 있는 방패로 오른쪽도 보호를 받을 수 있다. 공포심을 제거한 다음에는 훈련을 통해 7미터에 이르는 사리사를 일사분란하게 조종하는 기술을 습득하면 된다. 필리포스는 아테네 사절에게 이런 말을 했다.

"아테네는 어떻게 매년 10명의 스트라테고스를 선출하는지 모르겠군. 내 곁에는 파르메니온밖에 없는데."

이 말은 선출된 스트라테고스(사령관)가 평범하다는 당시 아테네의 사정을 비꼰 것이지만, 유일무이한 협력자에 대한 필리포스의 솔직한 생각도 나타나 있다. 마케도니아의 '팔랑크스'라는 말은 파르메니온이 그들을 지휘한다는 것과 같은 말이었다.

들판에서 전투가 벌어지면 '팔랑크스'는 여러 개가 된다. 기병이나 경무장 보병까지 가세한 전체 군대의 지휘를 맡은 것은 필리포스지만, 숫자만 보면 파르메니온이 지휘하는 병사의 숫자가 훨씬 많았다. 즉 팔랑크스의 1개 대대마다 지령이 정확하게 도달하지 않을 위험이 있었다. 이를 피하는 방법은 하나밖에 없었다. 각 '팔랑크스'의 가장 앞 열에서도 제일 오른쪽에 배치된 병사의 중요성을 알아차리고 그를 활용하는 것이었다. 이 병사는 오케스트라에 비유하면 지휘자, 축구에 비유하면 주장의 역할을 맡는다. 파르메니온이 내린 지령을 받는 것도 이 병사였다.

'팔랑크스'의 가장 오른쪽에 위치한 중무장 보병은 왼쪽은 자기의 방패로 보호를 받지만 오른쪽에는 동료가 없기 때문에 오른쪽을 보호하기 위해 자연스럽게 왼쪽으로 기울어질 가능성이 높았다. 방치해두면 전방에서 공격해오는 적과 맞서 싸울 때 왼쪽에 쏠리는 움직임을 누군가 의식적으로 교정해주어야 했다. 이를 교정하는 것이 지휘자의 역할이었다.

필리포스에 의한 개혁 가운데 하나는 이른바 중간관리직까지 파르메니온이 내린 명령이 정확하고 재빠르게 전달되는 것이었다. 그렇게 되면 마케도니아의 중무장 군단은 혼전이 벌어졌을 때도 혼란을 상당히 피할 수 있다. 이 또한 군대가 강해진 원인 가운데 하나였다. 무엇을 해야 할지 확실히 알면 각 병사도 불안을 느낄 이유가 없을 테니까. 지휘 계통의 일원화는 승리의 최대 요인이다. 필리포스는 명령을 파르메니온을 통해 각 팔랑크스의 주장에게 전달해 전체 군대를 철저하게 하나로 만들었다.

마케도니아 군대에는 '팔랑크스' 외에 경무장 보병도 있었다. 궁수와 투석병에 더해 '사리사'보다 짧은 창으로 싸우는 병사들이 있었다. 필리포스는 그들을 주요 전력인 '팔랑크스'의 보조 병사로만 활용했다. 이 병사들을 멋지게 활용한 사람은 그의 아들인 알렉산드로스였다. 알렉산드로스는 기병도 달리 활용했다. 필리포스도 기병의 이점을 모르지 않았다. 그가 이상하다고 생각할 정도로 테살리아 지방의 영유에 깊은 관심을 가졌던 것이 증거이다. 올림포스산 바로 남쪽에 펼쳐져 있는 테살리아의 지세는 말을 키우는 데 적합했고 당연하게도 기병의 산지이기도 했다.

고대인은 등자를 몰랐다. 그래서 기병은 말 위에서 발을 고정시킬 수 없었다. 기병은 그 상태에서 적의 창에 찔리거나 적이 던진 창에 맞아야 했다. 두 발을 꼭 붙인 채로 공격력을 발휘하려면 어릴 때부터 말을 타서 익숙해지는 수밖에 달리 방법이 없었다. 기병이 사회적으로나 경제적으로 윤택한 계층 출신이라는 것은 아테네에서도 사실이었고, 훗날 로마에서도 '기사계급'이라는 명칭이 있다는 점에서 확인할 수 있다. 테살리아 지방에는 말이 많았고 당연히 숙달된 기병도 많았다. 알렉산드로스는 이를 철저하게 활용했다. 필리포스는 도시국가 시대의 그리스를 상당한 수준으로 뛰어넘었지만, 아들과 비교했을 때는 그리스를 초월했다고 말하기 어렵다.

인접 국가에 대한 대책

왕위에 취임하고 3년이 지나갔다. 그사이 '팔랑크스'는 착실하게 성장했다. 실험을 거듭하며 개량할 수 있는 기회도 충분했다. 거대한 고슴도치를 거느린 파르메니온은 종종 마케도니아와 국경을 인접하고 있는 일리리아족의 퇴치에 나섰다. 일리리아족을 야만족으로 간주한 것은 그들이 그리스어로 말하지 못했기 때문이 아니다. 날씨가 나쁘거나 해서 수확이 적으면 농사 방법을 개선해 다음 해에 생산성을 높일 생각은 하지 않고 가까운 나라에 침입해 약탈하는 손쉬운 해결 방법에 매달리는 사람들이었기 때문이다. 그렇다고 해서 가까운 나라와 우호 관계나 동맹 관계를 맺지도 않았다. 관계를 맺으면 침입해 약탈할 수 없기 때문이다. 이들은 아드리아해에 접해 있었기 때문에 어업으로도 식량을 얻을 수 있었지만 그보다는 해적질하는 쪽을 택했다. 일리리아족의 이런 모습은 이후에도 계속되었다.

이 부족이 결정적으로 일소된 때는 로마제국 초기였다. 학자들은 이들이 자주독립의 정신이 투철했기 때문이라고도 말하지만 실제로는 산적이나 해적질을 하는 편이 손쉬운 해결책이라고 생각했을 뿐이다. 야만족은 왜인지는 모르지만 늘 남쪽으로 향한다. 이들이 사는 지방의 남쪽에 위치한 마케도니아 왕국은 동쪽의 트라키아 지방이나 올림포스산을 넘어 남쪽으로 영토 확장을 도모하기 전에 이들에게 상당한 타격을 입혀 침략을 저지하는 것이 선결 과제였다.

마케도니아의 왕위에 오른 지 4년째 되던 기원전 356년은 26세의 필리포스에게 기쁜 소식이 끊이지 않는 해였다. 가장 먼저 도착한 소식은 일리리아족을 제압하기 위해 떠난 파르메니온에게서 온 것이었다. 대승을 거두었다는 소식이었다. 거대한 고슴도치 앞에서 야만족은 시체로 산을 쌓았다고 했다. 이것으로 당분간은 북쪽을 걱정할 필요가 없었다.

다음으로 왕비 올림피아스^{Olympias} 가 남자 아이를 낳았다는 소식이 도착했다. 그해 17세인 올림피아스는 필리포스의 세 번째 아내였지만 중요도를 따지면 이전의 여자들과는 전혀 달랐다. 마케도니아의 서쪽과 인접한 곳에 위치한 에피로스의 공주였기 때문이다. 이들은 정략결혼을 했다. 필리포스는 야만족과의 문제는 군사적으로 해결했지만, 문명국과는 인척 관계를 맺어 아군으로 삼는 것도 고려할 줄 아는 통치자였다. 진정한 의미에서 정처는 올림피아스였다. 태어난 남자 아이의 이름은 마케도니아 왕가의 전통적인 이름이기도 한 알렉산드로스로 붙였다. 필리포스가 보기에 아이의 어머니가 지닌 중요도를 생각하면 첫 번째 적자라고 해도 좋았다.

그다음으로 받은 소식에 필리포스는 미친 듯이 기뻐했다고 전해진다. 올림피아에서 열리는 고대올림픽에서 마케도니아 출신 선수가 처음으로 우승을 차지했다는 소식이었다. 그것도 투창이나 원반던지기에서 우승한 것이 아니라 마지막 날에 모든 관중이 자리에서 일어나 환호하는 가운데 치러지는 전차 경주에서 우승했다. 네 마리의 말이 끄는 전차를 타고 월계관을 머리에 쓰는 것은 그리스 남자가 누릴 수 있는 최고의 영예였다.

올림피아의 땅에서 4년에 한 번 고대올림픽이 개최되었지만 300년 동안 마케도니아는 초대조차 받지 못했다. 초대를 받게 된 이후에도 120년의 시간이 지나갔다. 그동안 마케도니아인의 머리에 월계관이 올려진 적은 단 한 차례도 없었다. 올림피아에 초대를 받았다는 것은 그리스 민족의 일원으로 인정받았음을 의미한다. 거기에다가 우승까지 차지했으니, 이는 마케도니아가 훌륭한 그리스의 일원이 되었음을 확실하게 증명한 것이다.

필리포스 스스로 말과 전차를 제공했지만 이를 조종해 우승한 사람은 다른 마케도니아인이었다. 고대올림픽의 사륜 전차 경주에서는 기수뿐만 아니라 말과 전차를 제공한 사람도 표창했다. 오늘날의 자동차 경주에서 운전자와 함께 페라리나 메르세데스가 우승컵을 손에 넣는 것과 비슷하다. 올림피아의 신들이 오랫동안 등 돌리고 있던 마케

● 고대올림픽의 우승을 기념하는 마케도니아 금화

도니아였다. 그동안 야만족 취급을 받아왔던 마케도니아는 사륜 전차 경주의 우승으로 이제 그리스인과 동격이 되고 싶다는 간절한 염원을 이룬 것이다. 26세의 마케도니아 왕은 당연히 아들의 탄생에 뒤지지 않는 큰 기쁨을 누렸다.

하지만 필리포스는 마케도니아의 왕이었다. 계속 기뻐만 하고 있을 수 없었다. 그가 생각한 군사 개혁은 파르메니온의 협력을 얻어 착실하게 성과를 내고 있었다. 그럼에도 당시 마케도니아는 어디서나 볼 수 있는 흔한 농업 국가였다. 국민군을 유지하기 위해서라도 재정을 확보할 수 있는 방법을 반드시 찾아야만 했다.

향상된 경제

평범한 왕이었다면 농민을 쥐어짜는 손쉬운 해결책에 매달렸을 터이다. 아직 20대인 필리포스는 어디서나 볼 수 있는 진부한 지도자가 아니었다. 애초부터 농민을 병사로 육성하려는 의도를 갖고 있으면서 그 가족을 쥐어짜는 건 비윤리적인 태도였다. 마케도니아의 젊은 왕은 손쉬운 방법을 버리고 농업 생산성을 높이는 쪽을 선택했다.

적이 야만족인 경우 국가의 경계를 명확하게 하지 않는 사람들이기 때문에 마음대로 그들의 영토를 내 것으로 삼을 수 있다는 이점이 있다. 필리포스가 왕이 된 초기에 북쪽 침공에 집중해 마케도니아의 영토가 크게 확대되었다. 젊은 왕은 획득한 땅과 기존의 마케도니아 왕국의 영지를 합쳐 구획을 정리한 다음 농민에게 나눠준 듯하다. 게다가 관개공사까지 해주었기 때문에 마케도니아의 자작농이 단숨에 급증했을 것이다. 농민은 땅이 확실히 자기 소유가 되면 자연스럽게 유지와 개량을 위해 공을 들인다. 현대 학자들 가운데 이런 필리포스의 정책을 농업 개혁이라고 하는 사람도 있다.

젊은 마케도니아의 왕은 상업적인 대응도 잊지 않았다. 경제 부흥을 이루는 데 가장 중요한 것은 국내 정치의 안정인데, 그에 못지않게 중요한 점은 양질의 통화를 확보하는 것이다. 상인이 안심하고 거래할 수 있는 '양화(良貨)'가 없는 지역에서는 통치자가 아무리 경제 부흥을 장려해도 물산이 유통되지 않는다.

내가 지금 갖고 있는 마케도니아 금화는 재료의 가치와 금액의 가치가 동일하지 않으면 양화로 취급받지 못하던 시대에도 마찬가지고, 오늘날의 골동품 화폐 시장에서도 '양화'로 취급받고 있다. 화폐의 질뿐 아니라 남신인 아폴론의 옆얼굴을 모사한 것으로 보이는 주조 기술에서도 당시 경제 대국이던 카르타고의 통화에 뒤지지 않는다. 동지중해 지역에서 사용된 국제통화는 페르시아의 다리코스와 아테네의 드라크마였다. 필리포스가 지배하는 마케도니아는 국내외에서 모두 유통되는 국제통화 시장에 단번에 진출했다.

이와 함께 거점을 만드는 데도 적극적이었다. 마케도니아 왕국의 수도인 펠라 외에도 자기의 이름을 붙인 '필리포폴리스(오늘날의 플로브디프)'라는 새로운 도시를 건설했다. 그렇다고 아무 곳에나 도시를 건설한 것은 아니다. 지도를 보면 그의 의도를 쉽게 읽어낼 수 있다. 신도시로 건설된 곳은 판가이온Pangaion 산악 지대의 동쪽에 위치한, 광맥이 풍부한 곳으로 알려진 트라키아 지방의 광산지대였다. 판가이온 산지 서쪽에는 암피폴리스가 있다. 암피폴리스는 페리클레스 시대에 아테네의 영토였지만 이후에는 상실했다. 그래서 암피폴리스를 되찾는 일은 아테네의 오랜 숙원이었다.

새삼 설명할 필요가 없을 것이다. 필리포스는 과거 아테네 부유층의 해외 자산이 집중되어 있던 트라키아의 광산까지 손에 넣으려 한 것이다. 많은 분야에서 대담한 개혁을 추진하고 있는 마케도니아가 보기에 재정 확보를 위해 광산을 활용하는 것만큼 도움되는 일은 달리 없었다.

게다가 왕국인 트라키아는 필리포스가 왕이 되기 이전의 마케도니아처럼 정치적으로 안정되어 있지 않았다. 그렇기 때문에 예부터 아테네인이 쉽게 광산을 차지할 수 있었다. 이제는 필리포스가 트라키아 지방으로 침략의 손길을 뻗치기 시작했다.

이렇게 되면 필연적으로 아테네와 이익 충돌이 발생할 수밖에 없었

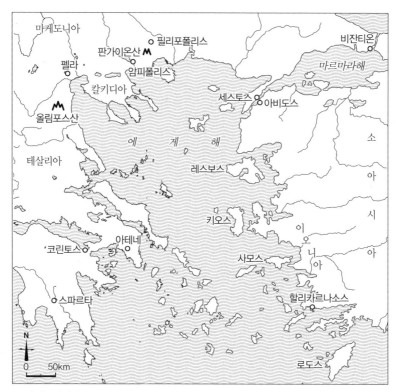

마케도니아

필리포폴리스

비잔티온

판가이온산 M

마르마라해

펠라

암피폴리스

칼키디아

세스토스 아비도스

올림포스산 M

에 게 해

소

테살리아

레스보스

아

시

키오스

이 오 니 아

아

코린토스

아테네

사모스

스파르타

할리카르나소스

N

50km
0

로도스

● 마케도니아와 그 주변

다. 그러나 기원전 4세기 무렵의 아테네는 '데모크라티아'의 국가라는 점에서는 다를 바 없었지만, 이미 테미스토클레스나 페리클레스가 살던 시대의 아테네는 아니었다.

장기적인 안목이 들어간 일관된 정치적 전략은 약에 쓰려 해도 없었고, 매년 10명씩 선발되는 스트라테고스(오늘날의 장관) 가운데 누구 하나 책임지겠다는 각오는 하지 않고 모든 결정을 시민집회에 온전히 맡겼기 때문에, 실행에 옮겨야 하는 단계에서도 책임자가 명확하지 않아 계속 지체되는 나라가 되고 말았다.

무엇이든 민주적으로 결정하고 싶다는 생각이 반영된 것이지만 과거에 존재했던 유연성마저 사라지고 없었다. 민주정치는 잘 활용하면 많은 이점이 생기지만 한편으로는 여러 정치 시스템 가운데 하나에 불과하다. 아테네에서는 유일무이한 절대선이라는 느낌을 주는 '민주주의'로 변용된 상태였다.

과거 아테네인은 중대한 일에 직면했을 때 일시적이지만 '데모크라시'를 보류하는 유연성이 있었다. 기원전 480년 페르시아의 대군과 맞서 싸워야 했던 테미스토클레스는 비록 1년이라는 한정된 시간이지만 '최고 지휘관'에 취임했다. 동료이기도 한 다른 9명의 스트라테고스와 합의하지 않고 혼자서 결정하고 실행에 옮길 수 있는 지위였다.

앞서 살았던 그리스인에게 기꺼이 배운 로마인도 '딕타토르dictator (독재관)'라는 위기관리 내각의 수장이라고 불러도 좋은 지위를 만들어냈다. 임기는 6개월로 한시적이었지만 그동안에는 선두에 서서 모든 것을 결정하고 실행했다. 일단 독재관이 설치되면 두 사람의 집정관

consul은 그들의 권리인 거부권^{veto}을 행사할 수 없다. 그것은 지휘 계통의 일원화를 의미했다.

기원전 367년에 제정된 '리키니우스법'을 통해 국내를 둘로 나눈 귀족과 평민의 항쟁에 종지부를 찍은 로마에는 불과 11년 뒤에 최초로 평민 출신인 독재관이 나타났다. 이는 귀족과 평민의 항쟁이 해소되었다는 증거이다. 한편 그때는 필리포스가 마케도니아의 왕이 된 지 3년째 되던 해였다.

시대는 지중해의 동쪽뿐만 아니라 서쪽에서도 변하고 있었다. 상황이 이러한데도 과두정치만 고집하는 스파르타에는 아무런 변화가 없었고 민주정치만 생각하는 아테네 또한 바뀌지 않았다. 한편 왕국의 주인으로 모든 것을 결정하고 실행하는 것까지 마음대로 좌지우지할 수 있는 필리포스가 아테네와 일을 도모하면서 마주한 것은 당시 아테네에 만연한 경직성이었다. 2,300년 후 현대의 어느 연구자가 "아테네가 다른 도시국가보다 더 원한 것도 아니었지만 결국 필리포스의 영토 확장을 도와준 꼴이 되고 말았다"라고 쓴 것처럼 되었다.

아테네도 광산의 이권이 걸려 있었기 때문에 순순히 물러나지 않았다. 그렇지만 필리포스가 암피폴리스를 돌려주겠다고 먹이를 제시한 외교전에 농락당하고 말았다. 아테네는 젊은 마케도니아 왕의 트라키아 지방에 대한 침략을 저지하고자 일리리아족, 파이오니아^{Paeonia}족과 같은 야만족과 동맹을 맺을 정도였다. 물론 동맹의 개념조차 없었던 사람들이다.

그럼에도 결국 판가이온의 광산 개발권은 필리포스의 소유가 되었다. 필리포스는 아테네를 속이지 않았다. 젊은 왕은 암피폴리스를 되찾겠다는 생각밖에 하지 않았고, 그 때문에 제대로 대응하지 못한 아테네가 보여준 틈새를 이용했을 뿐이다. 그러나 이때 보여준 아테네의 '꼴사나운' 모습은 비싼 대가를 치러야 했다. 트라키아 왕국의 남쪽에 대한 침략을 멈추지 않는 마케도니아 왕의 기세를 보고 아테네와 동맹 관계였던 비잔티온과 키오스, 로도스섬까지 동맹 탈퇴를 표명했기 때문이다. 이로 인해 헬레스폰토스해협을 따라 이어져 있는 세스토스를 비롯한 항구도시들까지 흔들리면서 아테네에는 중대한 문제가 되었다.

아테네는 주식인 밀을 흑해의 주변 지대에서 수입하고 있었다. 그곳에서 구입한 밀을 가득 채운 아테네의 선단이 비잔티온(오늘날의 이스탄불) 앞을 지나서 마르마라해로 들어가 세스토스에 잠시 들렀다가, 헬레스폰토스해협을 빠져나와 에게해로 들어갔다. 그다음 종착역인 피레우스로 입항한 사이에 키오스섬에 기항했다. 선원들은 잠깐이지만 육지를 밟고 신선한 물을 보급받아야 했다. 그렇기에 이 항로를 확보하는 것은 '식량의 안전보장'과 직결되었다.

아테네는 이들 도시와 섬의 이반을 저지하기 위해 해군을 파견하기로 결정했다. 당시 아테네 해군은 더 이상 페리클레스가 말한 '아테네 시민으로만 구성된 숙달된 기능자 집단'이 아니었다. 대부분이 외국에서 온 용병이었고 사령관 정도가 아테네 시민이었다. 아테네 시민 사이에서 병역을 기피하려는 생각이 널리 퍼져 있었기에 어쩔 수 없는 대책이었지만, 여기에는 치명적인 결점이 두 가지 있었다.

첫째, 용병이기 때문에 아테네에 대한 충성심이 없었고, 따라서 전황이 불리해지면 곧바로 도망쳤다. 둘째, 일반적으로 용병은 개인이 아니라 집단으로 고용했기에 그들 사이의 대장이 있었다. 아테네의 사령관이 내리는 지령이 대장에게 매끄럽게 전달되지 않는 일이 많았다. 게다가 이렇게 무리해서 바다로 나간 해군은 60척에 불과했다. 페리클레스 시대에 늘 200척이 대기하고 있었다는 사실을 떠올리지 않아도 격세지감이 드는 건 어쩔 수 없다.

결과적으로 해군을 파견하지 않는 게 나을 뻔했다. 이쯤 되자 더 이상 손쓸 방법이 없었다. 동맹 탈퇴를 저지하지 못한 것은 물론이고 비잔티온, 키오스, 로도스의 탈퇴를 공식적으로 인정할 수밖에 없는 상황에 놓였다. 그 외에도 흑해 주변의 항구도시부터 레스보스섬까지 기존에 아테네와 우호 관계를 맺고 있던 도시국가까지 아테네에 등을 돌렸다. 용병을 많이 고용했기 때문에 이 작전에 아테네가 들인 금액은 1,000탈란톤^{talanton}이었다고 한다. 도시국가 아테네의 국고가 크게 줄었다는 것은 결코 과장이 아니다. 이를 메우기 위해 세금을 늘린 것이 문제였다.

이 무렵 필리포스는 무엇을 하고 있었을까? 그는 가만히 지켜보고 있었다. 물론 아테네의 어리석은 행로만 가만히 지켜보고 있었다. 그 외에는 파르메니온이 지휘하는 팔랑크스를 북쪽과 동쪽으로 보내 끊임없이 세력을 확대했다. 필리포스는 아직 20대였지만 영리함에서 남에게 뒤지지 않았다. 침략한 지방을 공식적으로 마케도니아 왕국으로 병합하지 않고 '마케도니아 왕의 영향 아래에 있는 지방'으로 만들었다. 주민이 그리스인이기 때문에 그리스의 다른 도시국가를 굳이 자극할 필요가 없었다. 이 '마케도니아 왕의 영향 아래에 있는 지방'은 과거 아테네가 번영하는 데 기반이 되었던 '델로스동맹'의 북부와 중첩된다. 아테네에서 반反필리포스의 분위기가 고조될 수밖에 없었다.

올림포스 남쪽으로

마침내 마케도니아의 왕에게 올림포스 남쪽, 즉 그리스의 중남부로 진출할 수 있는 좋은 기회가 찾아왔다. 그리스 도시국가 사이에서 전쟁이 발발했다. 역사적으로는 '신성전쟁'이라는 이름이 붙어 있지만 이름과 달리 신성함은 조금도 없는 매우 저급한 문제 때문에 발생한 전쟁이었다. 그럼에도 '신성'이라는 말이 들어가 있는 것은 모든 그리스인이 성지로 삼고 있는 델포이의 땅을 둘러싸고 벌어진 전쟁이었기 때문이다.

델포이에 있는 아폴론에게 바쳐진 신전은 건립된 시기가 언제인지 알 수 없을 정도로 아주 오래전부터 그리스인이 신앙하는 성소였다. 그리스인뿐만 아니라 지중해 세계에 사는 사람에게도 델포이는 가장 유명한 성소였다. 아폴론 신을 섬기는 무녀를 통해 전달되는 신탁이 '정확하다'는 평판이 널리 퍼져 있었기 때문이다.

실제로 무녀의 입을 통해 나오는 의미가 분명하지 않은 말을 신관들이 번역해서 전하는 것이었지만 이를 믿는 사람들이 많았다. 테미스토클레스나 페리클레스 시대의 아테네는 국가적인 차원에서 신탁을 하지 않았고 로마도 하지 않았지만, 스파르타는 국가의 통치에 관한 사항까지 일단 델포이에서 신탁한 다음에 결정하는 일이 적지 않았다. 따라서 개인의 일로 델포이에 가서 신탁을 하는 일은 매우 일반적이었다.

델포이는 1년 내내 신탁하러 오는 사람들로 붐볐다. 그 때문에 델포이는 정보를 수집하는 곳이기도 했다. 지중해 세계에서 어떤 일이 일어나는지는 델포이에 가면 알 수 있다고 말할 정도였다. 여기에 더해 델포이에 있는 아폴론 신전은 또 다른 존재 이유가 있었다.

아폴론 신전은 그리스인의 대여 금고 역할도 맡고 있었다. 신들이 보고 있는 곳에서 도둑질할 불온한 사람은 없을 거라고 생각했기 때문이다. 실제로 상당히 효과적이었다. 델포이 신전에 맡긴 돈이 도둑맞았다고 기록한 사료는 하나도 없다. 그렇다면 델포이 신전만큼 안전한 '대여 금고'도 없다는 말이 된다. 사료에는 없지만 신전 쪽은 어느 정도 금고 사용 비용을 받았을 것이다. 적지 않은 사료가 알려주는 것처럼 델포이 주민의 경제 감각이 매우 뛰어났다는 점에서 그렇다.

델포이는 정확하다는 평판을 얻고 있는 신탁과 안전이 보장된 대여 금고업 덕분에 부유한 도시가 되었다. 아폴론 신전 주변에 펼쳐진 넓은 땅을 경작지로 활용하지 않고 그대로 '성역'으로 버려둘 정도로 부유했다. 그런데 델포이의 주민 가운데 신탁을 하러 오는 사람이나 대여 금고 때문에 찾아오는 사람이 흘리고 가는 돈에 만족하지 못하는 이들이 나타났다. 그 사람들은 '성역'으로 여겨지는 땅에서 경작을 하기 시작했는데, 그것이 '신성전쟁'의 발단이 되었다.

이런 경작 행위가 아폴론 신전을 더럽히는 불경한 행위라며 비난의 목소리를 높인 쪽은 테베였다. 테베는 곧바로 테살리아 지방과 함께 '아폴론 신과 그 신탁의 신성을 지키는 동맹'을 결성하고 델포이가 있는 포키이아 지방 전체를 상대로 소송을 제기했다. 소송 상대가 누구인지는 알려져 있지 않지만 성역을 더럽힌 행위에 대해 벌금을 내라고 고소했던 것이다. 고소를 당한 포키이아 쪽도 그리스인이었기에 가만히 있지 않았다. 물론 벌금을 지불할 마음도 전혀 없었다. 그래서 델포이 신탁을 제일 좋아하는 스파르타에 테베에 대항하기 위한 지원군 파견을 요청했다.

스파르타는 기원전 371년에 일어난 레우크트라전투에서 테베에 대패한 이후 패권 국가의 자리에서 완전히 밀려났을 뿐만 아니라, 페르시아전쟁 이전의 상태로 돌아가 다른 나라에 간섭하지 않겠다는 평화 노선을 걷고 있었다. 그렇지만 개인적으로 델포이에 대한 두터운 신앙심을 지닌 사람들이 많았다. 그 가운데 하나인 아르키다모스 왕은 자기 주머니를 털어 15탈란톤을 냈다. 아테네에도 구원을 요청했지만 아테네는 트라키아 지방에서 필리포스를 상대하고 있어 여유가 없었다. 사재를 턴 사람도 없었다.

그럼에도 포키이아 쪽은 황금 알을 낳는 거위이기도 한 델포이를 테베 쪽에 넘길 수 없다는 일념으로 테베에 대항했다. 그리스는 마케도니아 외의 도시국가들이 이미 용병의 시대로 접어들었기 때문에 돈만 있으면 군대를 조직할 수 있었다. 곧바로 5,000명이 모여들었고 얼마 지나지 않아 1만 명에 육박했다. 테베는 포키이아 지방과 동쪽으

로 국경을 접하고 있는 보이오티아 지방의 강대국이었기에 그 정도
의 병력이라면 단숨에 날려 보낼 수 있을 거라 생각하기 쉽지만 실제
로는 그렇지 못했다. 기원전 371년에 스파르타와 싸워 승리하고 '테
베의 패권 시대'를 열었지만 9년 후에 만티네아전투를 기점으로 패권
국가의 지위를 상실한 상태였다.

그러나 테베인은 그렇게 생각하지 않았다. 만티네아전투에서 싸움
은 이겼지만 총사령관인 에파미논다스가 전사했기에 무승부로 끝났
다고 생각했다. 그래서 자신들이 여전히 그리스 최고의 강국이라고
생각했다. 총사령관이 전사하면서 승패가 명확하게 갈리지 않은 상태
로 전투가 끝난 것은 사실이다. 그러나 에파미논다스가 세상을 떠난
뒤 테베에는 패권 국가를 유지할 힘이 더 이상 없었다. 이것이 '테베
의 패권 시대'가 9년 만에 끝난 참된 원인이다. 펠로피다스와 에파미
논다스라는 두 명의 준걸이 세상을 떠난 뒤 평범한 중간 규모의 도시
국가가 되었다는 엄정한 현실을 테베인이 자각하지 못했을 뿐이다.

결국 테베가 만티네아전투에서 패권 국가의 지위에서 밀려난 기원
전 362년부터 시작해 기원전 353년까지 9년 동안 '신성전쟁'은 옥신
각신 작은 충돌을 거듭하면서도 아무것도 해결하지 못하는 지리멸렬
한 상태가 지속되었다. 한편 이런 상태는 마케도니아의 왕 필리포스
에게 남쪽으로 내려가도록 준비할 수 있는 시간을 벌어준 셈이 되었
다. 역사학자들은 이 9년 동안을 '신성전쟁 제1기'라고 부른다.

제2기가 시작된 기원전 352년, 30세가 된 필리포스가 움직이기 시

작했다. 올림포스산의 남쪽에 펼쳐진 테살리아 지방으로 군대를 진군시켰다. 30세의 마케도니아 왕은 델포이의 아폴론 신전을 누가 손에 넣을지에 관심이 없었다. 그의 머릿속에는 남쪽으로 진출하는 것밖에 없었다. 그를 위해 '신성전쟁'을 이용했을 뿐이다.

아테네는 이런 필리포스가 위험한 존재가 될 것을 알고 있었다. 그러나 아테네는 먼 곳에 있는 페르시아의 황제를 움직이기 위해 실리가 없는 외교전만 분주하게 펼쳤다. 필리포스에 빼앗긴 해양 도시의 부활에만 온통 신경을 쓰고 있었기에 그것을 먹이로 던지면 눈에 불을 켜고 달려들었다.

아테네를 포함한 그리스의 도시국가 가운데 누구도 본격적으로 움직이지 않는 사이에 필리포스는 테살리아 지방을 사실상 손에 넣었다. 그가 남진을 시작한 기원전 352년 여름에 이미 '그리고 아무도 없었던' 그리스에서 필리포스의 앞을 가로막을 도시국가가 없다는 것이 기정사실처럼 되고 말았다. 그리스의 도시국가는 달리 할 수 있는 것이 없었다.

30세의 마케도니아 왕은 계속 군대를 진군시켰다. 그는 2만 명의 보병과 300명의 기병을 거느렸다. 군대는 마침내 테르모필레에 도착했다. 테르모필레는 구불구불한 좁은 길이 계속되는 고개였다. 이곳은 그리스인이라면 어린아이도 알고 있는 장소였다. 128년 전인 기원전 480년에 20만 대군을 거느린 페르시아의 황제와 맞서 싸워야 하는 임무를 부여받았던 스파르타의 왕 레오니다스가 불과 300명의 부하를 거느리고 페르시아 대군의 발을 일주일이나 묶어두었던 곳이다.

무기를 거두면 전원 무사히 귀국할 수 있게 해주겠다고 말한 페르시아의 황제 크세르크세스에게 '몰론 라베Molon Labe', 즉 와서 가져가라고 대답한 레오니다스와 300명의 용사는 결국 전원 옥쇄하고 말았지만, 여전히 그리스인의 가슴을 뜨겁게 만드는 이야기였다.

페르시아 황제가 군대의 10퍼센트에 이르는 전사자를 내고 두 동생마저 전사하는 희생을 하면서까지 테르모필레를 돌파하려고 애썼던 것은 이 고개 너머의 남쪽에 그리스의 유력한 도시국가 테베, 코린토스, 아테네, 스파르타가 있었기 때문이다. 그로부터 100년 이상이 지났다고 하지만 은둔형 외톨이가 된 스파르타를 제외한 다른 도시국가들은 테르모필레로 군대를 보냈다. 이들을 모두 합친 규모는 마케도니아의 군대에 조금 뒤졌던 듯하다.

필리포스도 테르모필레가 지닌 의미를 알고 있었다. 그래서 강행하기보다는 뒤로 물러섰다. 전쟁에 적합한 계절이 끝나고 있다는 이유를 들어 군대를 뒤로 물렀다. 그것도 단순한 후퇴가 아니었다. 마케도니아로 아예 돌아가고 말았다. 이쯤에서 필리포스는 기다림을 아는 사람이었다고 쓰고 싶지만, 내가 보기에 기다림 자체를 즐기는 사람은 아니었다.

아무튼 출발점으로 돌아온 건 사실이다. 아직 30세인 그에게는 '시간'이라는 아군이 있었다. 막 손에 넣은 테살리아 지방을 믿을 수 있는 아군으로 만들 필요도 있었다. 테살리아 지방은 좋은 말이 많은 곳으로 뛰어난 기병을 많이 배출한 땅이었다. 필리포스는 마케도니아 군대에 속해 있는 기병 300명을 10배 정도 늘리고 싶어 했다.

'우국지사' 데모스테네스

이 시기 젊은 마케도니아 왕에게 번번이 우롱당하고 있던 아테네인에게 이래서는 안 된다고 호소하는 인물이 나타났다. 후세에 '폭군에 항거해 과감하게 몸을 일으킨 자유의 기수'라는 칭찬을 받은 데모스테네스Demosthenes였다. 그로부터 '폭군'이라고 불린 필리포스보다 나이는 두 살 연상이므로 동시대 인물이었다. '폭군'을 규탄하는 '자유의 기수'의 혀끝은 예리하고 에너지가 넘쳤으며 집요하게 물고 늘어졌다. 자국 내에서도 언론을 탄압하지 않고 타국인 아테네의 민주정치를 비난한 적이 없던 마케도니아의 왕은 이렇게 '폭군'이 되고 말았다. 필리포스는 개의치 않았다. 그것은 데모스테네스의 영향력이 아테네 시민 사이에서 크지 않았기 때문일지도 모른다.

영국박물관이나 바티칸에 놓여 있는 데모스테네스의 상은 모두 침통한 표정을 짓고 있다. 젊은 날보다 주름과 백발이 좀 더 늘어났지만 인상은 거의 달라지지 않았다고 한다. 이 사람은 우국지사로 일생을 보냈다. 데모스테네스는 다가오는 '폭군'이 아테네를 집어삼키지 못하게 하려면 다음과 같은 정책을 실현해야 한다고 시민집회에 제안했다. 여러 정책이 아테네에 필요한 정치적이고 경제적인 안전을 가져다줄 것이라고 말했다.

첫째, 아테네 해군의 상비 전력을 300척으로 증강해야 한다.

둘째, 육로를 차단하는 데 도움이 되는 요새와 다리, 도로 등을 본격적으로 보수해야 한다.

셋째, 도시국가 아테네의 국고를 책임지고 있는 공무원을 재편성해서 실제로 국고에 어느 정도 수입이 들어오는지 정확하게 파악해야 한다.

넷째, 국내 물산 교류와 국외와 교역 모두 장려하는 정책을 궁리해 빠른 시간 내에 실행해야 한다.

다섯째, 적이 밀려오는 경우뿐만 아니라 평상시에도 신선한 물의 공급을 보장해야 하고 이를 위해 수로 정비를 재개해야 한다.

이 공사는 한번 시작된 적이 있지만 재원 부족을 이유로 중단된 상태였다.

모두가 정론이었다. 젊은 데모스테네스의 생각을 한마디로 정리하면 페리클레스 시대로 돌아가자는 말이 된다. 그러나 모든 환경이 페리클레스 시대와 달랐다. 문제는 이 정책들을 실현하기 위한 재원을 어디서 마련할 것인가로 압축된다. 페리클레스 시대로 회귀하자고 주장하는 데모스테네스는 모순적이게도 필요한 재원을 아테네의 사회복지 정책을 개정하면 얻을 수 있다고 말했다. 그 때문에 아테네 시민들의 마음이 떠나고 말았다.

'테오리콘theorikon'이라는 민주국가 아테네의 사회복지 정책은 매일 노동을 해서 가족을 부양하는 제4계급, 즉 로마 시대의 '프롤레타리아'가 생계 걱정 없이 군인이 되고 아무 걱정 없이 공무원이 되어 일할 수 있도록 만드는 정책으로 페리클레스가 생각해서 정책화한 것이다. 다만 페리클레스 시대에 펼친 정책은 군무와 공무에 종사해야 해서 본래의 일을 하지 못하는 기간에만 적용되는 경제적 보장 정책이었다. 펠로폰네소스전쟁에서 패배한 이후에 아테네에서 선동가인 클

● 데모스테네스

레온이 대중의 인기를 얻을 목적으로 그것을 상시적인 복지 정책으로 바꿔놓았다. 삼단 갤리선의 노 젓는 선원이나 경무장 보병 등 군사적인 일을 하지 않아도, 추첨에 따라 국가의 행정직을 맡지 않아도, 아테네 시민이라면 본래의 일을 통해 버는 것보다 조금 적은 금액, 즉 페리클레스 시대에 지불되었던 금액을 국가가 보증하기로 결정했고 반세기 정도 지속되어왔다.

이 시기 플라톤은 여전히 살아 있었다. 그는 페리클레스의 정책이 아테네 시민을 거지의 무리로 바꾸어놓았다고 비판했는데, 비판 대상은 클레온 이후의 '테오리콘'이었을 것이다. 그렇다면 플라톤의 비판은 정당하다. 일하지 않고도 보수를 받는 것은 국가를 상대로 하는 사기였다. 게다가 '테오리콘'은 그때까지 아테네의 일반적인 현상인 병역 기피의 한 요인이 되었다. 당연한 일이다. 병역을 수행하든 하지 않든 주머니에 들어오는 돈은 동일했다.

이제 '테오리콘' 제도는 아테네의 하층민이 손을 대면 안 되는 '성역'과도 같은 것이 되었다. 긴급하게 군선을 만들 필요가 있거나 신선한 물을 확보하기 위한 공사를 해야 한다 해도 '테오리콘'에 손대는 것만큼은 참을 수 없었다. 시민집회에서 다수를 차지하고 있던 제4계급이 목소리를 높였다. '테오리콘'에 손을 대기보다 제3계급 이상의 자산가들로부터 돈을 걷으라고 소리쳤다. 실제로 펠로폰네소스전쟁에서 패한 이후 아테네는 국고가 간당간당할 때마다 임시 증세를 해서 메웠다.

당시의 자산은 부동산이었다. 아테네에서는 외국인이 부동산을 소유하는 것을 인정하지 않았기 때문에 외국인을 상대로 하는 임대주택이 중산계급의 주요 소득원이었다. 그러나 그에 부과된 세금은 직접세였다. 간접세의 시대인 고대사회에서 임시 증세는 무거운 세금이라는 인상을 피하기 힘들었다. 여기에 상류계급의 부의 원천이었던 해외 자산이나 델로스동맹도 옛말이 되었고 그마저도 마케도니아의 침식에 의해 계속 줄어들고 있었다. 즉 모든 계층에서 아테네 시민의 경제력이 약화되고 있었다.

게다가 고대인은 직접세를 병역으로 지불한다는 의식이 정착되어 있었다. 달리 '피의 세금'이라 불린 것도 이 때문이다. 그리하여 상류계급은 기병으로, 중류계급은 중무장 보병이 되어 자국을 위해 전쟁터로 나갔던 것이다. 제4계급의 병역 기피는 '테오리콘'의 확대 해석에서 원인을 찾아볼 수 있지만, 그 위의 계급에서도 병역 기피가 확산되고 있었다. 이 또한 당연한 일이었다. 직접세를 내고 거기에 '피의세금'까지 지불하는 것은 이중과세라고 생각했기 때문이다. 그리하여아테네는 용병을 활용해야 하는 일이 잦아졌다. 이를 위한 경비를 얻고자 세금을 올리는 일도 일상적이 되었다. 결국 국가의 방위력이 약화되고 경제력이 쇠퇴하는 결과를 초래하고 말았다.

열변을 토해냈지만 우국지사 데모스테네스의 제안은 하나도 실현되지 못했다. 매년 10명씩 선출하는 스트라테고스에 한 번도 뽑히지못했다. 데모스테네스는 동포의 차가운 반응에 절망했는지 시민집회를 무대로 하는 정치가보다는 널리 시민에게 호소할 수 있는 언론인으로 진로를 변경했다. 『필리피카Philippika』를 써서 공표하는 언론인이되었다. 『필리피카』를 그의 생각을 담아 의역하면 '필리포스를 규탄하는 책'이 된다. 오늘날까지 남아 있는 것은 4편의 『필리피카』인데모두 그리스인의 화려한 수사가 구사된 걸작으로 평가받고 있다. 데모스테네스도 정치가 페리클레스, 역사가 투키디데스, 철학자 플라톤과 함께 언어를 구사하는 표현력에서 타의 추종을 불허하는 아테네인이었다. 『필리피카』는 규탄을 목적으로 하는 책이지만 뛰어난 문장력을 선보인다.

첫 번째 『필리피카』는 필리포스가 테르모필레까지 왔다가 군대를철수시킨 다음 해인 기원전 351년에 발표되었다. 데모스테네스는 아테네인에게 세력 확대에 매진하고 있는 마케도니아 왕을 상대로 무기를 들고 싸우는 것 외에 다른 방법이 없다는 것을 강하게 호소했다. 그러나 우국지사의 호소는 돌아오지 않는 메아리로 끝났다. 아테네 시민은 마케도니아와 싸우기보다 화해하는 쪽을 선택했다.

두 번째 『필리피카』는 7년 후인 기원전 344년에 발표되었다. 40세가 된 데모스테네스의 필력은 여전했고 오히려 한층 더 날카로워졌다. 2년 전에 아테네와 마케도니아 왕 사이에 체결된 강화조약에 절대로 반대한다는 입장을 담아 조약의 파기를 강하게 주장했다. 이 조약의 체결은 필리포스가 아테네의 권익을 '존중'하는 대신 아테네가 테살리아 이북의 그리스 전 영토를 마케도니아의 소유로 인정했기 때문에 가능했다.

여기에 더해 데모스테네스는 펠로폰네소스반도의 도시국가 사이에서 일어나고 있는 반反스파르타 움직임에 대한 필리포스의 측면 원조에도 경종을 울렸다. 이 역시 폭군에게 이익을 가져다줄 뿐이라고 주장했다. 그리고 반反데모스테네스파의 중진이며 마케도니아와 화해를 주장하는 아이스키네스Aeschines를 배신자로 지목하고 비난을 퍼부었다. 두 번째 '규탄'도 불발로 끝났다.

세 번째 『필리피카』는 3년 뒤인 기원전 341년에 발표되었다. 이 『필리피카』는 행동으로 표현할 수 없는 생각 전체를 문장으로 폭발시킨 듯한 느낌을 준다. 비관적인 색채가 훨씬 강해졌다. 그렇다고 한탄만 하고 있지는 않았다. 데모스테네스는 자기보다 두 살 어린 필리포스가 지닌 힘을 정확하게 이해하고 있었다. 그리스 도시국가들의 정치적·군사적인 힘이 약해지는 상황에도 눈길을 거두지 않았다. 현재 그리스인이 처해 있는 고난은 신이 인간을 심하게 밀어붙이고 있는 것과 비슷하다고까지 말했다. 그럼에도 데모스테네스는 절망에 빠지기보다 비통한 생각을 폭발시켰다. '필리포스의 앞에 무릎을 꿇기보다는 1,000번 죽는 것이 낫다'고 말했다.

네 번째이자 마지막인 『필리피카』는 다음 해에 발표되었다. 이전 것과 마찬가지로 마케도니아 왕의 세력 확대에 경종을 울리고 이에 대한 아테네인의 결의를 주장했다. 다만 한 가지 새로운 점은 페르시아와 동맹을 제창했다는 것이다. 오리엔트의 대국인 페르시아와 손잡고 마케도니아의 확장 노선을 저지해야 한다고 주장했다. 이는 고령이지만 아테네에서 누구보다 존경받고 있던 이소크라테스[Isocrates] 와 정반대되는 생각이었다. 86세인 이소크라테스는 그리스의 장래를 위해 마케도니아와 손잡는 것 외에는 다른 방법이 없다고 생각하는 사람이었다.

한편 10년에 걸쳐 여러 차례 규탄을 당한 필리포스는 자기와 동시대 사람인 이 아테네 논객에게 어떻게 대응했을까. 실제로는 전혀 대응하지 않았다. 마케도니아의 수도 펠라를 방문한 아테네의 사절단 속에 데모스테네스가 있다는 사실을 알았지만 구속하지도 않았고 심술궂게 대하지도 않았다. 그래서 현대의 연구자들은 마케도니아 왕이 『필리피카』를 읽지 않았을 것이라고 말한다.

데모스테네스의 규탄서는 그리스적 수사학이 담긴 걸작이지만 강한 분노가 담겨 있고 아이러니나 유머는 한 조각도 없기 때문에 읽기만 해도 숨이 턱 막힌다. 우국을 위한 책이지만 계속 읽게 만드는 힘이 있는가 하고 물으면 '없다'고 대답할 수밖에 없다. 필리포스도 책을 펼쳤다가 도중에 던지지 않았을까. 아니, 어쩌면 4편 모두 정독했을지도 모른다. 『필리피카』 전문에는 기원전 4세기 후반 그리스 여러 도시국가의 칠칠치 못한 모습이 활자로 잘 기록되어 있기 때문이다.

데모스테네스는 더 이상 『필리피카』를 발표하지 않았지만 이후에도 필리포스와 마케도니아에 반대하는 언동을 멈추지 않았다. 필리포스가 암살당했을 때는 암살자를 칭찬할 정도였다. 필리포스의 뒤를 이어 아들 알렉산드로스가 왕이 되었을 때는 체제 내 반대파인 마케도니아 중신의 편에 섰다. 데모스테네스는 마케도니아에 대한 증오로 일관된 삶을 살았다. 그러나 필리포스도 데모스테네스를 상대해주지 않았고 그의 아들 알렉산드로스도 상대해주지 않았기 때문에 우국지사는 살아남을 수 있었다.

데모스테네스는 기원전 322년, 61세의 나이에 세상을 떠났다. 사인은 자살이었다. 그해 아테네가 독립한 도시국가로서 죽음을 맞이했기 때문이다. 폭군과 그의 아들이 방치했기 때문에 아테네는 연명할 수 있었지만 알렉산드로스가 세상을 떠난 뒤 그의 장군들은 더 이상 방치하지 않았다. 그리스는 그중 한 명이 통치하는 마케도니아 왕국에 편입되었고 도시국가의 생명도 그때 끝이 나고 말았다. 한편 데모스테네스가 후세에 이름을 남길 수 있었던 것은 그에게 심취한 키케로라는 로마인이 있었기 때문이다.

데모스테네스가 자살한 해(기원전 322)부터 278년이 지난 기원전 44년, 로마에서는 최고 권력자인 율리우스 카이사르가 암살당했다.

카이사르에 의해 억눌려 있던 내란이 재개되었다. 이 해부터 시작된 제2차라고 불러도 좋을 내란은 카이사르를 암살한 브루투스와 그 일파에 대해 카이사르의 유지를 계승했다고 밝힌 안토니우스(클레오파트라와의 연애로 알려진)와 옥타비아누스(훗날의 아우구스투스)가 짝을 이루어 일으킨 것이다.

키케로는 암살에 직접적으로 관여하지는 않았지만 브루투스의 사상적 지도자로 여겨지는 사람이었다. 그런 키케로가 보기에 카이사르의 암살 이후 로마는 그가 바라는 로마와는 다른 곳이 되어갔다. 브루투스와 그의 동지들은 그리스로 도망쳤고 로마는 카이사르 일파의 천하가 되었다. 철학자 겸 정치가였던 키케로는 이들에 항거하는 목소리를 높였다. 모두 14편에 이르는 '규탄서'를 차례로 발표했다.

키케로는 자기가 쓴 '규탄서'에 데모스테네스의 『필리피카』의 속편이라는 느낌을 주는 '필리피케Philippicae'라는 이름을 붙였다. 키케로도 데모스테네스를 '폭군에 항거해 과감하게 몸을 일으킨 자유의 기수'로 인정했기 때문일 것이다. 내용은 중상과 저차원의 개인 공격으로 채워져 있어 품위가 떨어진다. 키케로가 법정 변호인으로 경력을 시작했기 때문일지도 모른다.

키케로가 지명해서 규탄했던 아우구스투스는 이를 그대로 방치하지 않았다. 안토니우스, 옥타비아누스, 레피두스에 의한 삼자 동맹이 이루어지자마자 만들어진 살생부 명단의 앞부분에 키케로 이름이 적혀 있었다. 63세가 된 이 로마의 논객은 포르미아Formia의 땅에 있는 별장에서 삼자 동맹이 보낸 병사에게 살해되었다. 그로부터 1년 뒤, 그리스의 땅이자 과거 마케도니아의 왕 필리포스가 세운 도시 근교에서 반反카이사르 일파와 카이사르 일파 사이에 전투가 벌어졌고 자기 군대의 패배를 알게 된 브루투스는 자살로 생을 마감했다.

이후 계속 이어진 안토니우스 대 옥타비아누스의 항쟁에 종지부를 찍은 시기는 11년 뒤인 기원전 31년이었다. 그다음 해부터 33세인 옥타비아누스는 아우구스투스가 되면서 과거 카이사르의 머릿속에 들어 있던 로마 제정이 시작된다. 로마의 '우국지사'가 목소리를 높인 뒤부터 불과 14년이 지난 뒤의 일이다.

그보다 300년 이상 거슬러 올라가는 그리스에서도 데모스테네스의 필리포스에 대한 첫 번째 규탄서가 발표되고부터 필리포스가 그리스 전역을 세력권으로 손에 넣을 때까지 걸린 시간은 14년이었다. 이는 단순한 숫자의 일치에 불과하지만, 그 내용은 크게 달랐다. 마케도니아의 왕 필리포스는 적의 실수를 기다릴 줄 아는 사람이었다. 그리고 그리스에서는 성지 델포이를 둘러싼 신성전쟁이 재개되었다.

이번에도 발단은 저급하다고 해도 좋을 문제에서 시작되었다. 델포이를 품고 있는 포키이아 지방 사람들이 아폴론 신전에 예금되어 있는 돈을 유용했다. 용병을 고용할 돈을 마련하기 위해 신전 내에 있는 보물뿐만 아니라 대여 금고 안에 있는 돈에도 손을 댔다. 이에 분개한 테베와 다른 도시국가들이 델포이를 향해 군대를 보냈다.

그러자 포키이아 쪽은 재차 스파르타에 도움을 청했다. 스파르타는 3,000명의 병사를 북쪽으로 보냈다. 한편 포키이아 군대를 상대하는 테베의 군대는 보병 4,000명과 기병 500명으로 이루어져 있었다. 이제 그리스 중남부 전체가 일촉즉발의 상황에 놓이게 되었다. 페르시아가 개입하자 상황은 더욱 악화되었다. 말기로 접어든 도시국가 시대의 그리스인은 전성기에 보여준 스스로를 구하겠다는 기개마저 잃고 말았다.

펠로폰네소스전쟁에서 스파르타는 페르시아가 자금을 원조해준 덕분에 승리했다. 스파르타가 3,000명의 병사를 보내자 위기감을 느낀 테베는 자기들도 페르시아에 자금 원조를 받을 수 있을 거라고 생각했다. 그런데 도저히 믿을 수 없는 일이 벌어졌다. 페르시아의 황제가 제안을 받아들인 것이다. 곧바로 300탈란톤을 보내왔다. 페르시아 황제가 테베를 수호자로 삼고 싶어할 리는 없다. 조로아스터교를 국교로 하고 있는 페르시아 황제가 그리스인이 믿는 신들에게 관심을 가질 이유가 없었기 때문이다.

페르시아 황제의 관심은 단 하나였다. 그리스의 도시국가들이 계속 분쟁하면 그리스 본토와 에게해를 사이에 두고 소아시아 서부에 위치한 그리스 도시와 섬을 페르시아가 계속 지배할 수 있다는 사실이었다. 이렇게 과거에는 스파르타, 이번에는 테베가 페르시아의 돈에 눈독을 들이면서 그리스의 도시국가는 몰락해갔다.

혼미한 상황은 3년이나 지속되었다. 델포이를 둘러싸고 대립하는 양쪽이 결정적인 전투를 하지 않고 소규모 다툼만 벌였기 때문이다. 그런데 아폴론 신이 분노했는지 지진이 이 지대를 덮쳤다. 여진이 잦아들자 양쪽은 곧바로 무기를 들었다.

그사이 30대에 접어든 마케도니아의 왕은 가만히 지켜보고만 있지 않았다. 과거 아테네의 세력권 안에 있던 트라키아 지방을 착실하게 공략하고 있었다. 아테네 역시 데모스테네스의 질타가 없어도 필사적으로 저항했다. 트라키아 지방의 광산에 얽혀 있는 이권이 아니라 흑해에서 수입하는 주요 식량인 밀의 안전이 걸려 있었기 때문이다.

　한번은 밀을 가득 실은 범선 무리가 마케도니아 쪽에 나포되는 사고가 일어났다. 주식을 수입에 의존하는 아테네에서 시장에 식품 전체가 모습을 감추는 대사건이었다. 마케도니아 왕의 이런 움직임을 멈추게 하려면 해군을 보내 자국의 식량 안전을 지키겠다는 의지를 명확하게 보여주는 수밖에 없었다. 데모스테네스가 주장한 300척의 삼단 갤리선은 기원전 4세기 후반의 아테네로서는 꿈도 꿀 수 없는 것이었다.

　상선은 있지만 군선이 부족한 아테네의 현실을 알고 있던 필리포스는 곧바로 철수하기는 했지만 아테네의 영토인 아티카 지방의 마라톤으로 일부 병사를 상륙시키기도 했다. '마라톤'은 근대 올림픽에서 행해지는 마라톤의 어원이 된 평원으로, 제1차 페르시아전쟁 당시 이곳으로 상륙한 페르시아 군대와 아테네 군대 사이에 전투가 벌어졌던 땅이다. 즉 마라톤 경기에서 달리는 40킬로미터 정도의 거리까지 마케도니아 군대가 아테네를 향해 다가온 것이다.

　신성전쟁은 질질 끌리면서 소강상태였고 아테네와 마케도니아 사이의 군사적이고 외교적인 전쟁도 지루하게 계속되고 있었다. 아테네는 식량 확보라는 중요한 일이 걸려 있었기 때문에 강화를 위한 교섭단을 마케도니아의 수도 펠라로 보냈다. 그 가운데 한 명이 데모스테네스였다. '우국지사'도 외교에서는 별반 도움이 되지 못했다. 10명으로 구성된 교섭단에서 계속 강경 발언을 쏟아낸데다 9대 1이 되어도 자기주장을 굽히지 않았기 때문이다.

내부가 분열하면 적에게 허점을 노출하기 마련이다. 아테네의 유력자들이 총동원된 교섭단은 30대 중반의 필리포스에게 계속 당하기만 했다. 한번은 마케도니아 수도인 펠라까지 갔지만 왕을 만나기 위해 50일이나 기다린 적도 있었다. 트라키아 지방을 제압하기 위해 자리를 비웠다는 것이 이유였다. 교섭단은 트라키아 지방의 권익을 지키는 것도 목적의 하나였지만, 아무 말도 못 하고 꼼짝없이 왕을 기다려야 했다. 그래도 교섭단 가운데 누구보다 인내심이 강한 필로크라테스의 노력 덕분에 기원전 346년에 마케도니아와 아테네 사이의 강화조약이 체결되었다. 그러나 이 강화조약은 그리 오래가지 못했다. 아테네는 이 조약을 통해 무엇을 얻고 무엇을 잃었을까?

먼저 구체적인 형태로 얻은 것은 마케도니아 쪽에 포로가 되었던 아테네 시민의 귀국이었다. 마케도니아 왕은 교섭단의 요구대로 이들을 수호 여신인 아테나의 축제일까지 귀국시키겠다고 약속하고 그대로 실행했다. 트라키아 지방에 있는 광산의 채굴권도 예전처럼 아테네인에게 있다는 것을 인정했다. 그러나 소유권은 마케도니아의 왕에게 있었다. 아마도 수익을 양자가 나누었을 것으로 생각된다. 오늘날 석유회사와 산유국의 관계가 이와 비슷한 형태가 아닐까 생각해본다. 또한 아테네의 식량 보급로를 존중하고 이를 방해하는 일을 하지 않을 뿐만 아니라 그 해역에 출몰하는 해적의 퇴치에도 협력하겠다고 확약했다.

대신 아테네는 그토록 되찾기를 바란 암피폴리스를 잃었다. 아테네는 페리클레스 시대에 아테네가 개발해서 트라키아 지방의 거점으로 삼았던 암피폴리스가 마케도니아 왕의 소유가 되었음을 공식적으로 인정했다. 암피폴리스가 마케도니아에 넘어갔다는 것은 트라키아 지방의 남부와 그곳에서 에게해에 삼지창처럼 돌출되어 있는 칼키디아 지방 전체가 마케도니아의 영토가 되었다는 것을 의미한다.

하지만 아테네는 이미 80년 전 펠로폰네소스전쟁 때 암피폴리스를 잃은 상태였다. 이를 되찾기 위해 80년이라는 긴 세월에 걸쳐 염원해온 아테네 쪽이 시대의 흐름을 읽지 못한 것이다. 간절한 비원을 이루기 위해 많은 것을 희생해야 했지만 결과는 전면적인 포기였다. 스파르타도 변하지 않았지만 아테네도 과거에 사로잡힌 채 변하지 않은 것이다.

필리포스와 아테네의 교섭 과정을 보면서 30대 중반밖에 되지 않은 마케도니아 왕이 아테네인의 경영 능력을 높이 산 것이 흥미로웠다. 암피폴리스는 손안에 넣었지만 그곳을 중심으로 하는 트라키아와 칼키디아 지방 전역에서 아테네인에게 자유로운 경제활동을 완전하게 인정했기 때문이다.

필리포스는 경제력의 향상이 중요하다는 사실을 알고 있는 통치자였다. 문화가 지닌 힘의 중요함도 알고 있었던 듯하다. 3년 뒤에 아테네의 플라톤이 세운 아카데미에서 20년이나 공부한 철학자 아리스토텔레스를 아들인 알렉산드로스의 가정교사로 초빙했다. 어쩌면 90세의 이소크라테스가 말한 말이 과녁을 명중시킨 것인지도 모르겠다. 앞으로 아테네가 마케도니아의 우산 아래 들어갈 것이고 그 속에서 아테네가 지닌 힘을 발휘하게 될 것이라는 말이었다. 오늘날의 언어로 바꾸면 소프트 파워로 살아남아야 한다는 말이다.

그러나 당시의 아테네인은 거기까지 생각이 미치지 못했던 듯하다. 마케도니아와 강화조약을 체결하고 귀국한 교섭단은 시민들의 박수를 받았다. 시민들은 마케도니아와의 전쟁을 피한 것만으로도 충분하다고 생각했다. 교섭단에 있었던 데모스테네스의 강경한 반대를 따돌리고 체결에 성공한 필로크라테스도 만족스러운 표정으로 데모스테네스와 의견 충돌의 원인에 대해 이렇게 대답했다.

"나와 그 사이에서 생각이 일치할 수 있겠는가. 나는 포도주를 좋아하지만 그는 물밖에 마시지 않는데."

술을 마시는 사람이 많았던 아테네에서는 물밖에 마시지 않는 사람은 신용할 수 없다고 생각하는 경향이 있었다.

한편 필리포스는 단순한 30대 남자가 아님을 보여주었다. 테르모필레를 향해 다시 마케도니아 군대를 남하시켰다. 아테네인은 이제 막 성립된 조약에 마케도니아의 남하 금지 조항을 포함시키지 않은 것을 고통스럽게 곱씹을 뿐이었다.

테베가 언제 마케도니아에 개입을 요청했는지는 알려져 있지 않다. 그러나 개입을 요청한 것은 분명한 사실이다. 페르시아 황제로부터 자금 원조도 막히면서 '신성전쟁'의 행방이 오리무중이 되자 상황을 타개할 필요를 통감한 것 같다. 하지만 필리포스는 테베 쪽에 가담하겠다는 의사를 명확하게 밝히지 않았다. 그보다는 중개자의 입장에 서는 편을 선택했다.

포키이아 쪽도 질질 끌려가는 전쟁에 넌더리를 내던 참이었다. 즉 마케도니아의 개입은 양쪽에서 환영을 받았다. 그러나 필리포스의 참된 의도는 신성전쟁의 결말을 내는 데 힘을 빌려주어 본격적으로 그리스 중남부로 진출하겠다는 것이다. 이를 재빨리 알아차린 사람은 늘 침통한 표정을 지우지 않고 물만 마시지만 규탄서인 『필리피카』를 계속 발표한 데모스테네스 한 사람뿐이었다.

필리포스는 테르모필레에 도착한 다음 신중하게 움직였다. 곧바로 그리스 남부를 향해 군사행동을 하지 않았다. 아테네와의 관계는 강화조약을 맺었기 때문에 우호적이었다. 펠로폰네소스반도의 남쪽 끝에 웅크리고 있는 스파르타는 문제가 되지 않았다. 멀리 떨어진 페르시아도 상호불가침이라고 해도 좋을 조약을 체결한 상태였다. 그리스의 중소 도시국가에 대해서는 성지 델포이를 지키겠다는 의지 표명을 통해 호감을 사는 전략으로 임했다. 그것을 믿은 그리스인은 필리포스를 델포이에서 열리는 경기 대회의 주최자로 추천했다.

그리스에는 예부터 그리스인만 참가할 수 있는 4대 경기 대회가 있었다. 주신 제우스에게 바쳐진 올림피아에서 열리는 경기 대회가 가장 유명했다. 그다음이 델포이에서 개최되는 아폴론 신에게 바쳐진 경기 대회였다. 코린토스에서 개최되는 경기 대회는 바다의 신 포세이돈에게 봉헌했다. 펠로폰네소스반도의 네메아에서 개최된 경기 대회는 제우스에게 바쳐진 대회였다. 이들 모두 4년에 한 번 개최되었고 그리스인은 일상과도 같은 전쟁을 중단하고 경기에 참가했다. 경기 대회를 주관하는 것은 매우 명예로운 임무로 여겨졌다. 필리포스는 그리스인이 오랫동안 야만적인 나라라고 생각했던 마케도니아 왕국에서 태어나 왕으로서 마케도니아의 그리스화를 위해 열심히 노력한 사람이었다. 야망 실현의 수단 가운데 하나였지만 그에게는 기쁜 선물이었을 것이다.

이 시기 기쁜 선물이 또 있었다. 필리포스에 의한 외교전이 효과를 발휘해서, 아니 그보다 델포이를 둘러싼 다툼을 쌍방 모두 지속할 마음이 없었다고 하는 것이 적절하겠지만, 아무튼 '신성전쟁'이 마침내 종결을 향해 다가가기 시작했다. 테베나 포키아아 모두 델포이 신전의 운영을 마케도니아 왕에게 일임하기로 하고 서로 손을 잡기로 결정했기 때문이다. 필리포스는 그리스인의 첫 번째 성지로 꼽히는 델포이 신전의 수호자 역할까지 맡게 되었다. 테르모필레까지 왔다가 되돌아간 때부터 따지면 10년 이상 지났다. 신중하게 일을 처리해온 필리포스도 이제 40대가 되었다.

올림포스산 남쪽에 국한한다고 해도 이제까지는 아무런 제지를 받지 않고 왔지만, 그 무렵 스파르타와 아테네에서 마케도니아에 항거하는 기운이 생겨나고 있었다. 스파르타의 반反마케도니아 정서는 단지 마케도니아의 대두를 인정할 수 없다는 불쾌함을 털어놓는 정도였지만, 아테네는 실제로 이익이 얽혀 있었기 때문에 불쾌함으로 끝나지 않았다. 지금까지 매우 신중한 행보를 보인 필리포스였지만 아테네가 에게해뿐만 아니라 지중해 서쪽에도 시장을 갖고 있다는 사실을 잊은 듯했다. 필리포스는 코린토스만의 입구에 위치한 나우팍투스에 군대를 보내 그곳을 점령했다. 그러자 마케도니아와 강화조약을 체결했던 아테네는 배신을 당했다고 생각했다. 나우팍투스(후대의 레판토)는 아테네에서 지중해 서쪽으로 나가는 중간 기지로 오랫동안 중요한 역할을 한 해양 도시였다. 자국의 교역로, 즉 시장이 걸린 일이었다.

이런 사정 등으로 반反마케도니아 정서가 강해진 스파르타와 아테네는 델포이에서 필리포스가 주최하는 경기 대회를 보이콧하기로 했다. 전쟁을 하던 중에도 무기를 내려놓고 적개심을 잊은 채 몰두한 그리스의 경기 대회가 정치적인 이유로 보이콧된 첫 번째 사례였다.

어처구니없는 일이었다. 민주정치도 만들었지만 우중정치도 만들어냈다. 시민 전원의 투표도 이뤄냈고 부정 투표도 실현했다. 올림픽도 발명했고 보이콧도 발명했다. 뭔가를 만들어내면서 그 이면까지 만들어낸 셈이다. '유럽'이라는 이름을 붙이고 건너편을 '아시아'라고 이름 붙인 것을 비롯해, 좋든 나쁘든 우리는 많은 것을 고대 그리스인에게 빚지고 있다. 철학과 과학, 예술만이 그리스에서 시작된 것이 아니다. 그리스인의 역사도 감탄과 어이없음의 되풀이였던 것이다.

기원전 4세기 중반, 당시 아테네에서는 보이콧하는 것만으로 시민들의 분노가 가라앉지 않았다. 필리포스를 규탄하는 일에 초지일관했던 데모스테네스의 집념이 마침내 결실을 거둔 것처럼 보였지만, 실제로는 그가 주장하는 방향으로 향하지 않았다.

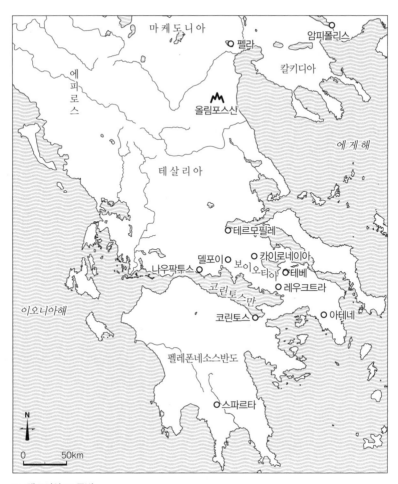

● 델포이와 그 주변

먼저 마케도니아와의 강화조약을 담당한 필로크라테스가 분노의 대상이 되었다. 고발을 당해서 재판장에 끌려나온 필로크라테스는 사형을 면하기 위해 타국으로 망명하는 쪽을 선택했다. 그렇다고 데모스테네스가 오랫동안 주장한 아테네 스스로 군사력을 강화해 마케도니아와 정면 대결할 마음도 없었다. 결국 테베와 손을 잡고 대결하기로 했다. 자력에 의한 부흥보다는 30년 전이라고 하지만 스파르타를 패권 국가의 지위에서 끌어내린 승리의 경험이 있는 테베의 군사력에 의지하는 것을 선택했다.

테베도 마케도니아의 대두가 마음에 들지 않기는 마찬가지였다. '테베의 두 사람'이라고 불린 펠로피다스와 에파미논다스가 활약했던 당시에 테베는 이미 테살리아 지방의 지배를 노리고 있었다. 테살리아는 테베가 있는 보이오티아 지방의 바로 북쪽에 펼쳐져 있었다. '두 사람'이 건재했던 당시 테베는 보이오티아와 테살리아 두 지방을 합병해 그리스 중부에서 최고의 강국을 만들겠다는 꿈을 꾸었다. 그 테살리아 지방이 마케도니아의 필리포스 손에 들어갔다. 이런 이유로 그리스 중앙부의 강국 아테네와 테베가 급속도로 가까워졌다.

대규모 군대를 편성하기 위해서는 상당한 시간이 필요하다. 그리스 중앙부에 전운이 감도는 사이 2년의 시간이 지나갔다.

그리스의 지배자로

막 44세가 된 필리포스는 생각하고 또 생각하며

보낸 2년이었을 것이다. 마케도니아의 왕위에 오른 지 22년째가 된 필리포스는 처음으로 본격적인 전투에 나섰다. 게다가 상대는 '아테네의 그리스'라고 불리며 오랫동안 전성시대를 향유한 아테네와 그 아테네를 패배시킨 스파르타를 무너뜨린 테베였다.

아테네와 테베 진영에 코린토스를 비롯한 작은 도시국가들도 가담했다. 즉 마케도니아는 스파르타를 제외한 그리스 중남부의 도시국가 전체를 적으로 돌린 것이다. 이때까지 필리포스가 경험한 전투의 상대는 발칸반도의 내륙부에 살고 있는 비#그리스계 야만족이나 그리스인이라고 해도 정치체제가 정비되어 있지 않은 트라키아 왕국이나 테살리아 지방밖에 없었다. 도시국가 가운데 역사가 긴 아테네나 스파르타, 테베나 코린토스와 같은 나라와 전쟁터에서 만난 적이 없었다. 필리포스가 전쟁을 통해 해결하지 않고 일을 신중하게 진행시켜왔기 때문이다. 그렇기에 이들 선진국을 상대로 한 전쟁을 경험하지 못했다.

최고사령관인 필리포스 외에는 경험이 있는 자가 없었다. 긴 창을 숲처럼 세운 거대한 고슴도치를 닮은 '팔랑크스'나 그들을 통솔하는 파르메니온도 경험이 없기는 마찬가지였다. 필리포스가 고안하고 파르메니온이 육성한 '팔랑크스'가 그리스의 유력한 도시국가를 상대로 전투에 투입된 것은 이번이 처음이다. 그러나 여기서 물러서면 올림포스산의 북쪽까지 물러나야 했다. 아무튼 경험이 없는 마케도니아 군대에도 유리한 점이 두 가지 있었다.

첫째, 용병이 많은 도시국가의 연합군과 달리 마케도니아 병사들은 국민 군대라 해도 좋을 정도로 일체감이 강했다. 둘째, 경험이 전혀 없었기에 상대에 대한 과거의 성공 경험에 속박될 가능성이 전혀 없었다. 다만 필리포스는 두 번째 이점에 대해 확실한 인식이 없었던 듯하다. 어쨌든 마케도니아와 그리스 도시국가 연합군 사이에 있었던 카이로네이아Chaeronea 전투는 여러 선진국과 불과 20년 전까지 후진국으로 간주되었던 신흥국 사이의 정면 대결이었다.

기원전 338년 여름, 북쪽에서 남하한 마케도니아 군대와 남쪽에서 북상한 그리스 도시국가 연합군은 델포이에서 동쪽으로 30킬로미터에 위치한 카이로네이아평원에서 마주쳤다. 테베와 아테네의 주력 부대에 코린토스와 메가라를 비롯한 중소 도시국가가 참전했고 여기에 용병 5,000명이 더해 도시국가 연합군의 규모는 3만 5,000명이었다. 한편 순수하다고 해도 좋을 마케도니아 군대는 보병 3만 명에 기병 2,000명을 더해 모두 3만 2,000명이었다. 필리포스가 왕위에 올라 군사 개혁을 시작했을 때 보병 1만 명에 기병 600명밖에 없었던 마케도니아는 20년 뒤에 3배의 병력을 보유하게 되었다. 필리포스가 각고의 노력 끝에 획득한 트라키아와 테살리아의 병합도 마케도니아 군대를 강화시키는 데 도움이 되었을 것이다.

그리스에서는 군대를 편성할 때 관행에 따라 우익에 주력 부대를 배치했다. 다른 말로 '명예로운 부대'라고 불릴 정도였기에 최고사령관도 우익에 포진했다. 도시국가 연합군의 우익은 1만 2,000명의 병사를 거느리고 참전한 테베 군대가 차지했다. 지휘관은 테베인 테아게네스Theagenes였다. 9,000명이 참전한 아테네는 좌익을 맡았다. 중앙은 코린토스를 비롯해 중소 도시국가에서 온 9,000명에 이르는 병사들이 맡았다. 용병 5,000명은 둘로 나뉘어 우익과 좌익의 후방에 배치되었다. 그리고 중앙과 좌익, 용병을 더한 2만 명이 넘는 군대는 아테네인 카레스Chares와 리시클레스Lysicles 두 사람이 맡았다. 이유는 두 가지였다. 첫째, 민주적으로 결정해야 한다고 믿었던 시민집회에서 한 사람에게 지휘를 맡기지 않으려고 했다. 둘째, 신뢰하고 맡길 수 있는 장군이 아테네에 없었다.

도시국가 연합군과 상대한 마케도니아 군대는 우익·중앙·좌익이라는 그리스 군대의 전통적인 포진을 답습하지 않았다. 3만 명에 이르는 '팔랑크스'와 경무장 보병을 포함한 군대를 둘로 나누어 오른쪽은 근위부대에 에워싸여 있는 필리포스 왕이 지휘를 맡고 왼쪽은 파르메니온이 지휘하는 형태였다. 마케도니아 군대의 가장 왼쪽에는 2,000명의 기병이 배치되었다. 이 기병 부대는 18세가 된 알렉산드로스가 지휘를 맡았다. 테살리아에서도 기병이 참가했기 때문에 순수한 마케도니아의 기병은 1,000명 남짓이었을 것이다.

그리스에서 병역을 치러야 하는 나이는 20세였다. 아직 미성년인 18세가 징병되는 것은 매우 긴급하거나 다방면으로 전선을 전개해야 하는데 병력이 부족한 경우뿐이다. 전투 직전의 포진을 보면 필리포스가 아들에게 좌익을 일임하지 않았음을 알 수 있다(카이로네이아 전투 1). 연구자들도 예비군 정도로 취급했다고 말한다. 즉 18세의 알렉산드로스는 후보 선수로 간주된 것이다. 실제로 아버지는 아들에게

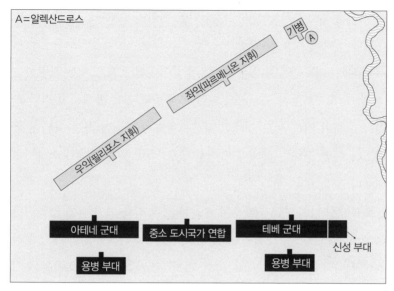

● 카이로네이아전투 1

명령이 있을 때까지 절대로 움직이지 말라고 엄명을 내린 상태였다. 당연한 일이다. 카이로네이아전투는 알렉산드로스가 처음으로 참여한 전투였다.

기원전 338년 8월 2일에 전투가 벌어진 카이로네이아의 평원은 도시국가 연합 쪽에 유리한 지세였다. 왼쪽에 있는 낮은 언덕과 오른쪽에 구불구불하게 흘러가는 강 사이에 사방 3킬로미터 정도의 평원이 펼쳐져 있었기 때문이다. 북상해왔으므로 자연적으로 그곳에 포진했지만, 좌익을 맡은 아테네 군대는 높은 곳에서 낮을 곳을 향해 공격하는 형태였고 우익에 포진한 테베 군대는 강이 있기에 적의 좌익에 포진된 기병대의 공격을 지켜내기 쉽다는 이점이 있었다.

게다가 테베 군대의 가장 오른쪽에는 33년 전 '레우크트라전투'에서 스파르타를 패권 국가의 자리에서 끌어내린 이후 불패를 자랑하는 '신성 부대' 300명이 준비하고 있었다. 아무리 높은 곳에서 공격할 수 있는 이점이 있다 해도 거대한 고슴도치와 마주해야 하는 아테네 군대보다 테베 군대는 상대와 떨어져 있고 강이 옆에 있어 수비하기에 편했다.

북쪽에서 남하해왔기 때문에 불리한 곳에 진을 칠 수밖에 없었지만 44세의 필리포스는 대책을 세웠다. 기원전 338년 8월 2일, 마침내 전쟁이 시작되었다(카이로네이아전투 2). 필리포스가 자신이 지휘하는 우익에게 내린 명령은 고슴도치 형태를 무너뜨리지 않은 채 그대로 후퇴하는 것이었다. 그것도 적의 공격을 받고 있는 것처럼 보이게 조금씩 물러나는 후퇴였다.

6미터가 넘는 긴 '사리사'를 오른손과 안쪽에 있는 고리에 걸어 방패를 쥔 왼손으로 정해진 각도를 유지하면서 후퇴해야 했다. 20년 넘게 훈련과 실전을 거친 마케도니아의 '팔랑크스'는 왕의 명령을 멋지게 수행했다. 후퇴하는 '팔랑크스'를 본 아테네 군대의 지휘관은 한층 목소리를 높였다. "이 기세로 적을 마케도니아까지 쫓아내자!" 그러나 아테네 군대의 누구 하나 자기들이 높은 곳에서 낮은 곳으로 내려오고 있다는 사실을 깨닫지 못했다.

이때 필리포스가 멈추라는 명령을 내렸다. 뒷걸음질에서 해방된 '팔랑크스'와 아테네 군대는 접근전에 돌입했다. '사리사'의 위력이

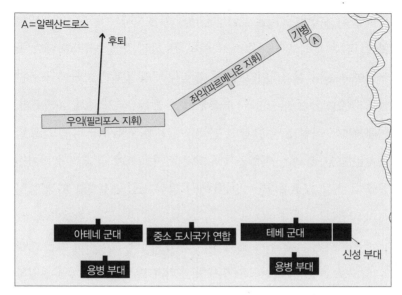

● 카이로네이아전투 2

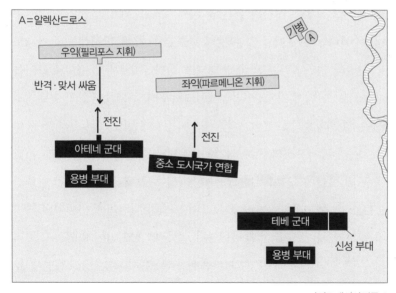

● 카이로네이아전투 3

발휘될 차례였다(카이로네이아전투 3). 이렇게 도시국가 연합군의 좌익과 마케도니아 쪽의 우익, 아니 우익이라기보다는 오른쪽이라고 해야 할 군대와 격전이 시작되었다. 그때 '팔랑크스'의 뒷걸음질에 자극을 받았는지 도시국가 연합군의 중앙에 있던 군대까지 격전에 가담했다. 연구자들은 이렇게 말한다. 이 단계에서 양쪽 모두 아군의 승리를 믿고 있었다고. 그리스 연합군의 우익에 포진한 테베 군대는 움직이지 않았다. 또한 파르메니온이 지휘하는 '팔랑크스'의 절반도 아직 움직이지 않았다.

이해를 돕기 위해 우익·중앙·좌익으로 나누어 포진하고 있는 모습을 그려보았다. 실제 진형은 후세의 우리가 묘사하는 것처럼 확실하게 나뉘어 있지 않았다. 각 부대 사이에는 약간의 간격이 있지만 적군과 아군이 전투를 개시하기 전 몇 킬로미터 떨어져 있을 때는 가로로 난 줄 하나밖에 보이지 않는다. 육안으로 보기에, 당시에는 육안으로 볼 수밖에 없었겠지만, 양쪽 군대의 거리가 1킬로미터 이내로 줄어들기 전에는 어디가 적의 우익이고 어디서부터가 적의 중앙인지 절대로 알 수 없었다.

그런데 필리포스의 후퇴 작전과 그 기세를 탄 아테네 군대의 전진에 의해 그것이 구분되기 시작했다. 가장 왼쪽에 물러나 있던 알렉산드로스의 마케도니아 기병대와 그들을 상대하는 테베 군대와의 간격이 좁혀질 때 그 구분이 분명해졌다. 즉 그때까지 떨어져 있었지만 거리가 줄어들었을 '때' 구분이 가능해진다. 물론 가로로 긴 선밖에 보이지 않던 적의 진형이 우익·중앙·좌익으로 나뉘어 보이는 것은 전

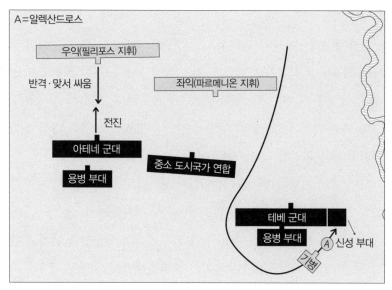

● 카이로네이아전투 4

투가 시작된 이후의 일이다. 병사들은 전투가 시작되면 자연스럽게 자기가 속한 부대로 모여들기 때문이다.

　18세의 알렉산드로스는 이 '때'를 놓치지 않았다(카이로네이아전투 4). 돌파구가 어디에 있는지 놓치지 않았다. 그러나 아버지의 명령이 없었다. 아마 알렉산드로스는 승리를 앞두고 아버지의 말을 잊었을 것이다. '따르라'고 외칠 필요도 없었다. 선두에 서서 말을 달리는 알렉산드로스의 뒤로 마케도니아의 기병들이 따라갔다. 동시에 테살리아의 기병들도 뒤를 이었다. 합계 2,000명의 기병이 전쟁터를 사선으로 달려서 도시국가 연합군의 우익과 중앙 사이에 난 좁은 공간을 빠져

나가 우익을 지키는 테베 군대의 배후로 돌아 들어갔다.

등자를 몰랐던 고대사회에서 말을 타는 모습은 경마의 기수처럼 앞으로 기울어진 자세가 아니었다. 말 위에서 등을 꼿꼿이 세우고 발을 내린 채 말을 탔다. 미국 영화에 나오는 인디언과 비슷한 형태였다. 그 자세로 전쟁터로 달려가 적에게 접근하면 적이 전력을 다해 창을 던지기 때문에 말에 익숙한 사람이 아니면 기병이 될 수 없었다.

2,000명의 기병이 한 덩어리가 되어 격돌하면 다른 병사에게도 영향을 미치지 않을 수 없었다. 파르메니온이 지휘하는 '팔랑크스'도 이미 시작된 전진의 속도를 한층 높였다. 그때까지 접근전을 펼치고 있던 필리포스의 '팔랑크스'도 움직임이 활발해졌다. 카이로네이아 전쟁터 전체가 격전장으로 돌변했다.

빠른 속도로 달리는 18세의 알렉산드로스와 그를 따르는 마케도니아 기병은 테베 군대의 배후에 도달한 다음에도 움직임을 멈추지 않고 그대로 테베 군대의 가장 오른쪽에 포진한 '신성 부대'를 향해 돌격했다. 30년 동안 불패의 용맹함을 발휘한 테베의 엘리트 부대는 바로 그때 전멸했다. 역사서에는 300명 전원이 가슴에 창을 맞고 죽었다고 기록되어 있다.

기원전 338년 8월 2일에 벌어진 '카이로네이아전투'는 마케도니아의 대승으로 끝났다. 1만 2,000명이 참전한 테베 군대에서 살아남은 병사는 10분의 1에 불과했다. 9,000명이 참전한 아테네 군대는 1,000명 이상의 전사자를 내고 2,000명 이상이 포로가 되었다. 마케도니아 쪽의 사상자 수가 얼마나 됐는지 알려주는 사료는 없다. 고대 역사서는 기록할 만한 숫자가 아니면 기록하지 않는 경우가 많았다. 아무튼 그리스의 도시국가 전체를 적으로 삼아 싸운 마케도니아의 완승이었다.

필리포스는 달콤한 승리의 술잔을 기울이면서도 마음속은 복잡했을 것이다. 만약 마지막까지 필리포스가 생각한 전략에 따라 전쟁이 진행되었어도 '카이로네이아전투'는 마케도니아 쪽의 승리로 끝났을 것이다. 병사 하나하나의 '질'과 지휘 계통의 명확함의 차이가 너무나 확연했다. 이 경우 전투는 오랫동안 지속되었을 것이고 적뿐만 아니라 아군의 희생자 숫자도 늘어났을 것이다.

그런데 알렉산드로스가 돌격하면서 전황이 크게 바뀌었다. 속공은 전투 시간을 단축시켰다. 전투 시간이 줄어들면 희생자의 숫자도 줄어든다. 게다가 결과는 대승이었다. 필리포스의 심경은 자기가 명령을 내리지 않았는데 독단적으로 뛰어나가 연속 3골이나 넣고 시합을 승리로 이끈 후보 선수를 바라보는 감독과 비슷하지 않았을까. 일본에서는 이런 경우 '솔개가 매를 낳았다'라고 표현한다. 필리포스는 단순한 솔개가 아니었다. 그러나 평범한 솔개가 아니었기에 막 날기 시작한, 그래서 아직 날갯짓이 서툰 매의 위력을 알아본 것이 아닐까.

아군의 손실을 최소화해서 전투를 끝낸 것은 매우 중요한 이점이었다. 병사들은 각자 자기가 죽지 않아 다행이라고 생각했을 것이다. 개죽음을 당하지 않아도 된다고 생각하면 사기가 올라간다. 이런 사실을 평범한 지도자가 아닌 필리포스가 모를 리 없었다.

그러나 필리포스는 마케도니아의 왕이었다. 후진국 마케도니아를 여기까지 끌어올렸다는 자부심이 있었다. 첫 출전이지만 능력을 보여준 아들을 보통의 아버지라면 자랑스럽게 생각한다. 하지만 필리포스는 아직 44세였다. 그리스 최고의 권력자였다. 카이로네이아에서 최고사령관인 그는 무엇보다 알렉산드로스의 처우를 분명히 해야 했다.

아버지가 아들에게 벌을 내리는 방법

군대에서는 최고사령관의 엄명을 무시하고 돌격하면 엄벌에 처한다. 그렇지만 승기를 잡고 그것을 철저하게 활용해 승리를 거둔 사람이 알렉산드로스라는 사실을 마케도니아 군대의 일개 병사까지 모두 알고 있었다. 44세의 아버지는 18세의 아들에게 다음과 같은 벌을 내렸다. 아테네 군대의 전사자들을 화장하고 재를 넣은 항아리를 갖고 아테네로 가서 왕이 명령했다고 말하고 아테네 정부에 건네주라는 것이었다. 18세의 아들은 그 자리에서 그렇게 하겠다고 대답했다.

당시 아테네는 카이로네이아에서 승리한 마케도니아 군대가 당장이라도 공격해올지 모른다는 생각 때문에 살벌한 분위기였다. 아버지는 아들에게 다음과 같이 명령을 내렸다. 아테네까지는 병사를 데리고 가더라도 아테네의 성문 안으로는 홀로 들어가라고 말했다. 짧은 망토와 흉갑, 다리를 보호하는 장비는 차고 가도 되지만 투구를 써서는 안 되고, 칼이나 창을 들지 않고 무방비로 들어가야 하며, 게다가 조의를 표하기 위해 맨발로 가라고 명령했다.

패전에 앙심을 품은 누군가가 창을 던지거나 칼로 찌를 위험이 충분했다. 그러나 재가 든 항아리를 두 손으로 받들어 든 젊은이가 길을 걸어가는 동안 양쪽을 가득 메운 군중 가운데 분노의 목소리를 내거나 욕을 퍼붓는 사람은 아무도 없었다. 아테네인들의 표정은 굳어 있었지만, 이는 자기들을 덮친 불행에 대한 비애와 용기 있는 젊은이에 대한 약간의 찬탄이 섞인 감정이 드러난 것이었는지 모른다.

18세인 알렉산드로스는 아크로폴리스까지 머나먼 길을 걸어갔고 그곳에서 기다리던 정부 인사에게 항아리를 건네며 조의를 표한 다음 올 때처럼 차분한 걸음으로 돌아갔다. 적진에서 상대를 자극하지도 않고 그렇다고 비굴하지도 않은 걸음이었고, 그런 모험이었다.

필리포스가 아들에게 아테네로 재를 가져가게 만든 목적은 아들에게 벌을 주려는 것이 아니었다. 아테네를 아군으로 끌어들일 생각이었다. 역할을 수행한 아들이 무사히 돌아온 직후, 마케도니아 고관 두 명과 함께 포로로 잡힌 아테네의 유력자를 보내주었다. 아테네와 강화조약을 맺기 위한 행위였다. 마케도니아 쪽에 포로가 된 2,000명 전원을 즉시 귀국시켜주겠다는 조건만 붙였다. 아테네인들이 상상도 못한 좋은 조건의 강화였다. 아테네 시내에 마케도니아 병사를 주둔시키는 것과 같은 조건은 제안조차 하지 않았다.

언제 공격해올지 몰라 전전긍긍하던 아테네인들은 이 강화 제안을 덥석 물었다. 데모스테네스가 필리포스를 규탄하는 목소리에 귀를 기울이는 사람은 아무도 없었다. 참고로 후세에 '우국지사'로 인정받은 데모스테네스는 46세였지만 카이로네이아전투에 참가했다. 아마 기병으로 참가했을 것으로 생각된다. 그렇기에 포로가 되지 않고 재빨리 도망쳐 아테네로 돌아와 있었다. 아테네인은 카이로네이아전투에서 패했다는 이유로 사령관을 사형에 처했다. 데모스테네스는 그 자리에 선발되지 않아 패전의 책임을 지지는 않았지만 그의 목소리에 귀를 기울이는 사람도 사라졌다.

두 번째 마케도니아와 아테네 사이의 강화조약은 간단하게 성립되었다. 이번에는 아테네도 임시변통의 조건을 달지 않았다. 아테네인들은 필리포스와 알렉산드로스에게 아테네의 시민권을 부여하기로 결정할 정도로 평화가 찾아온 것을 기뻐했다. 필리포스는 아테네에 이렇게 관대하게 대우했지만 테베에 대해서는 승자의 권리를 충분히 사용해 엄격한 조치를 취했다. 도시국가로 존속하는 건 인정했다. 그러나 테베의 유력자 전원을 사형에 처했고 그의 가족들을 노예로 팔았다. '신성 부대'의 재건을 허락하지 않았기 때문에 이제 테베의 군사력은 거의 붕괴되었다. 테베 시내에 있는 성채에 마케도니아 병사를 상주시키기로 결정했다.

당시 그리스에서 시가지 전체를 성벽으로 에워싼 도시국가는 아테네뿐이었다. 성벽이 없는 도시국가는 많은 점에서 불리했기 때문에 대부분의 도시국가는 시내에 세운 성채가 있었고 적이 공격해왔을 때 일반적으로 그곳에서 저항했다. 시내에 있는 성채가 어떤 느낌이었는지 알고 싶다면 모스크바의 크렘린을 생각하면 이해하기 쉽다. 그 정도로 거대하지는 않지만 인상은 비슷하다.

그리스의 도시국가 가운데는 강국 스파르타도 있었지만 펠로폰네소스반도의 남쪽 끝에 웅크리고 있어 필리포스는 문제 삼을 가치가 없다고 본 듯하다. 마케도니아 쪽은 스파르타에 대해 어떤 움직임도 취하지 않았다.

기원전 338년 가을, 마케도니아 왕이 소집한 범汎그리스 회의가 코린토스에서 열렸다. 스파르타 외의 모든 도시국가가 코린토스에 대표를 보냈다. 필리포스는 단순한 의장이 아니었다. 카이로네이아에서 승리한 그는 '학생'을 대하는 '교사'의 입장이 되었다. 학생들은 교사가 읽어주는 것을 그대로 필기할 뿐이었다.

마케도니아의 왕은 그리스의 중남부 전체를 마케도니아로 병합하는 일은 하지 않았다. 그뿐 아니라 각 도시국가의 독립을 완전히 인정하는 상태에서 '연방', 영어로 하면 'confederation'의 결성을 제창했다. '교사'가 읽은 제안의 세부적인 것을 '학생'들이 필기했다.

1. 각 도시국가는 국력에 따라 연방에 의원을 보낼 권리를 갖는다.
2. 앞으로 그리스에서는 연방에 가맹하고 있는 도시국가 사이의 전투 행위를 전면 금지한다. 방위의 경우 동맹 관계인 연방 전체가 대응하고 각 도시국가는 국력에 따라 병력을 보낼 의무를 진다.
3. 연방은 가맹하고 있는 도시국가의 주민 가운데 외국의 용병이 되는 행위 등을 통해 연방에 적대하는 자는 그리스인 전체에 대한 배신자로 간주하고 국가에서 추방하고 재산을 몰수한다.
4. 연방은 가맹국의 모든 국경과 정치적인 독립을 존중한다.
5. 어떤 도시국가도 다른 도시국가에 공물이나 돈을 요구하거나 국내에 기지를 설치할 것을 요구할 수 없다. 다만, 그 땅이 연방 전

체의 방위를 위해 전략적으로 중요하다고 인정되는 경우에는 예
외로 한다.

6. 바다는 모든 사람에게 개방된다. 통상의 자유는 완벽하게 보장되
어야 하고 해적은 모두의 적으로 대처한다.

7. 그리스 연방의 군대를 지휘하는 것은 마케도니아 왕인 필리포스
2세이며, 왕은 연방 회의를 소집할 권리도 갖는다.

8. 성지 델포이를 둘러싼 다툼과 같은 사례는 앞으로 연방의 최고
재판소에서 해결하도록 한다.

만약 이 내용대로 합의가 지속되었다면 그리스는 페르시아 군대의
침입을 받고 맞서 싸운 150년 전에 딱 한 번 실현된 전全그리스의 단
결을 재현할 수 있었을 것이다. 펠로폰네소스반도의 남쪽에 웅크리고
있는 스파르타를 제외하고 그리스의 도시국가 모두가 합의했기 때문
이다.

그런데 많은 국가가 모여 성립된 동맹에는 전원이 납득할 수 있는
목표가 있어야 했다. 코린토스 회의 마지막에 필리포스가 그 '목표'를
읽었다. 페르시아제국에 대한 공격과 정복이 그것이다. 에게해의 맞
은편에 살고 있는 그리스인을 페르시아 황제의 지배 아래에서 해방시
키는 것은 150년 전 아테네인 테미스토클레스가 매달린 목표이기도
했다. 그때 현실화되었는데 이번에도 현실화하겠다는 것이다. 물론
원정군을 거느리고 가는 사람은 마케도니아 왕 필리포스로 결정되어
있었다. 그 전에 사전 작업을 위해 파르메니온과 아탈로스 두 사람을

아시아로 파견하기로 했다.

이혼과 재혼

일단 전후 처리를 끝내고 수도 펠라로 귀국한 필리포스가 개선 이후 한 일은 오랜 아내인 올림피아스와의 이혼이었다. 이혼 후 곧바로 딸과 비슷한 나이인 클레오파트라와 재혼했다. 고관인 아탈로스의 조카였던 듯하다. 클레오파트라는 필리포스나 알렉산드로스처럼 마케도니아 상류층에서 많이 쓰인 이름이었다.

왕의 결혼을 축하하는 연회는 카이로네이아전투에서 거둔 승리의 여운이 아직 가시지 않은 시기이기도 해서 수도 전체를 떠들썩하게 만들 정도로 호화로웠다. 알렉산드로스는 어머니에 대한 처우에 분개했지만 축하연에는 출석했다. 그 자리에서 새로운 왕비의 백부로 왕과 새로운 인연을 맺은 아탈로스가 포도주가 든 잔을 손에 쥐고 그 자리에 참석한 사람들에게 건배를 청하며 말했다.

"우리의 왕이 순혈의 마케도니아인 후세를 얻기를 기원하며 건배!"

이렇게 말한 아탈로스를 향해 알렉산드로스가 손에 쥐고 있던 포도주가 든 황금 잔을 힘껏 내던졌다. 맞았는지 어땠는지는 역사서에 기록되어 있지 않다. 그러나 다음 행위를 통해 추측해보면 직접 맞지는 않았더라도 적어도 술을 뒤집어쓴 것만은 확실하다.

알렉산드로스가 아버지의 고관이 내뱉은 무신경한 말에 분노한 것은 무리가 아니다. 그의 어머니 올림피아스는 마케도니아가 보기에

● 올림피아스(좌)와 필리포스(우)

외국인 에피로스의 공주였다. 그 어머니의 피를 받고 태어난 알렉산드로스는 현대식으로 말하면 혼혈이었다. 순혈의 마케도니아 남자라고 말할 수는 없었다.

필리포스도 분노했다. 얼마나 화를 냈는지 역사서에 나오지는 않지만 알렉산드로스는 아버지의 분노한 목소리를 등 뒤로 흘리며 태연하게 홀에서 나갔고 친구들도 뒤를 따랐다. 축하연이 열리는 홀에서만 나간 게 아니었다. 아예 왕궁에서 나갔다. 즉 '가출'을 했다. 그렇다고 이혼당한 어머니가 있는 에피로스의 왕궁으로 향한 것도 아니다. 마케도니아 왕국의 북쪽에 사는 야만족인 일리리아족의 땅으로 갔다. 함께 공부한, 그래서 친구라고 부를 수 있는 젊은이들을 데리고 가출을 감행한 것이다.

아버지가 이런 아들을 어떻게 생각했는지는 알려져 있지 않다. 마음속으로 그대로 내버려두고 싶다고 생각했을지도 모르겠다. 그렇다고 그대로 방치해둘 수는 없었다. 일리리아족은 여전히 마케도니아의 권위를 인정하지 않는 야만족이었다. 야만족을 알렉산드로스가 거느리는 건 생각만으로도 악몽이었다. 하지만 필리포스에게는 당장 해결해야 할 중요한 과제가 기다리고 있었다. 아테네와 테베에 대한 처리는 전후 처리의 전반전에 불과했다. 그리스의 도시국가 전체를 상대로 하는 그리스의 본격적인 재편은 미루어둘 수 없는 중요한 문제였다.

해가 바뀐 기원전 336년은 필리포스에게 운명적인 해였다. 그는 46세가 되었고 왕위에 오른 이후 23년이 지났다.

암살

필리포스는 올림포스산의 남쪽으로 진출하기 전까지 야만족에는 군사력으로, 문명국가에는 결혼을 통해 인척 관계를 맺는 방법으로 외교전을 펼쳤다. 올림포스산 북쪽에 있는 문명국가는 마케도니아와 서쪽으로 인접한 에피로스 왕국뿐이었다. 올림피아스는 에피로스의 공주였다. 필리포스는 이혼으로 에피로스와의 관계를 끝낼 수 없었다.

그래서 필리포스는 에피로스의 왕과 자기의 딸을 결혼시켜 이혼으로 끊어진 인척 관계를 재구축하려고 생각했다. 에피로스의 왕은 전처 올림피아스의 동생이었기 때문에 아들 알렉산드로스에게는 외삼촌이었다. 그 왕에게 시집간 클레오파트라는 알렉산드로스의 누이였다. 마케도니아의 수도 펠라의 왕궁에서 거행된 결혼식과 그것을 축하하는 연회에는 어쩐 일인지 '가출'한 알렉산드로스도 참석했다.

그 자리에서 아버지와 아들이 다시 충돌했다. 무엇이 발단이 되었는지는 알려져 있지 않다. 다만 미치도록 화를 낸 쪽은 아버지였다. 칼을 손에 들고 아들을 향해 가려고 했지만 그날 밤 상당히 마신 모양이다. 취한 몸이 두세 걸음만에 넘어지고 말았다. 아들은 손을 내밀지 않고 그대로 선 채로 아버지를 내려다보며 차갑게 말했다.

"유럽에서 아시아로 가겠다고 말한 사람이 몇 걸음 걷지도 못하고 이런 꼴이라니."

이렇게 내뱉고는 다시 동료들을 데리고 홀에서 나갔다. 하지만 축하연이 벌어지고 있는 홀에서만 나갔다. 이변이 일어났을 때 수도에 있었던 것으로 보아 이번에는 가출하지 않은 모양이다.

기원전 336년 7월, 그리스 전역의 지배자가 된 마케도니아 왕 필리포스가 수도에 있는 극장으로 향했다. 평소처럼 근위대가 호위하고 있었지만 목적지가 극장이었기 때문에 경호 병사들도 평소보다 조금 떨어져 따라갔다. 혼자서 걷는 필리포스 앞에 갑자기 나타난 남자가 칼을 손에 쥐고 그대로 달려들었다.

마케도니아 왕은 소리를 지를 새도 없이 살해되었다. 달려온 근위대 병사들은 소리를 지를 틈도 주지 않고 왕을 시해한 남자를 난자해 살해했다. 범인은 근위대의 일원인 파우사니아스라는 남자였다. 왕의 시해를 뒤에서 조종한 사람이 누구인지에 관해서는 고대 내내 다양한 주장이 나타났다 사라졌다. 상당히 이른 시기에 아들 알렉산드로스가 조종자라는 주장이 사라졌다.

알렉산드로스는 뒤에서 몰래 무슨 일을 꾸미는 남자가 아니었다. 이익이 된다는 것을 알아도 야습을 하기보다 태양 아래에서 정정당당한 도전을 선택하는 남자였다. 왕과 가까운 근위병을 활용해 아버지를 죽이는 일 따위는 절대로 하지 않았을 것이다. 윤리에 저촉되어서가 아니라 기질적으로 그럴 수 없는 사람이다.

고대의 역사가 가운데 몇몇은 이혼당한 것에 한을 품은 올림피아스가 꼭두각시 인형을 조종하듯 뒤에서 줄을 당겼을 것이라고 주장했다. 알렉산드로스의 어머니는 기가 센 여자였지만 심모원려를 지닌 지적인 사람은 아니었다. 고대 역사가 대부분이 추측한 내용이 진상에 가까울 것이다. 즉 파우사니아스의 개인적인 분노에 의한 범행이라는 주장 말이다.

근위병 파우사니아스에게는 아름답고 젊은 애인이 있었다. 그 애인을 고관인 아탈로스가 쫓아다녔고 자기의 희망을 이룬 다음 곧바로 버렸다. 다시 말해, 강간한 뒤에 버림받은 애인은 그 때문에 정신적으로 이상해졌다. 분노한 파우사니아스는 근위병이기 때문에 매일 마주할 수 있는 필리포스에게 호소했다. 그런데 왕은 자기 고관의 일이라 치부하고 귀를 기울이지 않았다. 뿐만 아니라 여러 차례 화를 내며 근위병을 쫓아냈다. 그러자 근위병의 분노는 아탈로스에서 필리포스로 향했다.

이런 일로 시해라는 큰일을 감행할까, 라고 생각하는 사람이 있을지도 모르겠다. 보통은 그렇지 않다. 살의에는 객관적인 기준이 존재하지 않는다. 많은 사람은 분노하더라도 살인은 하지 않는다. 그러나 살인까지 가는 사람도 있다. 경찰의 초동수사가 종종 틀리는 것은 설마 그 정도의 동기로 살인을 저지를까, 하고 생각하기 때문이다.

아무튼 마케도니아의 왕 필리포스 2세가 세상을 떠났다. 향년 46세였다. 그 뒤를 아들 알렉산드로스가 이었다. 그런데 잊지 말아야 할 것은 마케도니아 왕국에서도 왕을 결정할 때는 가신들, 대체로 유력한 장군이지만 이들이 전원 참석한 가운데 투표로 결정한다는 사실이다. 왕의 아들로 태어났다고 해서 자동적으로 왕위에 오르는 건 아니다. 알렉산드로스도 전원 선거를 통해 마케도니아의 왕위에 올랐다. 갓 20세의 젊은 왕의 등장이었다.

필리포스가 46세의 나이로 세상을 떠난 것에는 동정이 가지만 왠지 안타까움이 들지는 않는다. 이 시기에 퇴장한 것이 아들에게 좋았을 뿐만 아니라 아버지에게도 좋았을 것이라는 생각이 들어서다. 더 오래 살았다고 하면 아버지와 아들이 정면에서 충돌하고 말았을 것이다. 충돌을 피할 수 있어 아버지와 아들에게도 다행이었지만 그리스 전체에도 다행이었다고 생각한다. 유력자 사이에는 양쪽 모두 능력이 뛰어나면 뛰어날수록 배턴터치가 어려워진다. 이것이 성공한 사례는 역사적으로도 드물다. 46세의 필리포스는 확실히 바라지 않았지만 결과적으로 배턴은 20세 아들의 손에 넘어갔다.

5

아들, 알렉산드로스

어느 겨울 날, 다음 해 봄에 동방 원정을 떠나려고 마음먹은 알렉산드로스는 출전한다는 인사를 하기 위해 옛 스승을 찾아갔다. 50세가 된 아리스토텔레스는 이제 마케도니아의 왕이 된 알렉산드로스의 소년 시절 교사였다. 철학자는 과거의 애제자가 소년 시절과 조금도 달라지지 않은 모습으로 말하는 열정적인 원정 계획을 모두 들은 후에 비로소 입을 열었다.

　"이제까지 그리스에서 누구 하나 생각하지 못한 장대한 계획이라는 것은 잘 알겠다. 그러나 몇 년 정도 미루는 것도 나쁘지 않은 선택이라고 생각한다. 그사이에 경험도 쌓일 테고 신중하게 대처해서 얻는 이점이 있다는 것도 배울 수 있을 테니."

　21세의 젊은 왕은 미소를 지으며 대답했다.

　"말씀하신 대로예요. 나이를 먹으면 경험이 늘어날 것이고 신중함

도 몸에 배겠지요. 그러나 젊기 때문에 충분히 갖고 있는 순간 대응력
은 약화되고 말 거예요."

생애 최고의 책

　　　　　　후세에 '대왕'이라는 존칭이 붙은 알렉산드로스
는 기원전 356년 7월 마케도니아의 수도 펠라에서 태어났다. 아버지
는 마케도니아의 왕 필리포스 2세였다. 어머니는 이웃 나라인 에피로
스의 공주로 필리포스에게 시집온 올림피아스였다. 처음으로 태어난
왕자였고 여동생이 몇 년 뒤에 태어났기 때문에 부모의 애정을 한 몸
에 받으며 자랐다. 다만 아버지는 전쟁터에 나가는 일이 많았다. 유소
년기의 양육을 주도하는 쪽은 동물이나 인간이나 모두 어머니이다.
훗날 대왕이 된 알렉산드로스도 어머니의 아들로 자라났다.

올림피아스는 내륙에 있는 마케도니아와 달리 바다와 면한 나라에
서 태어나 자랐기 때문에 그리스화가 진행된, 적어도 그녀 스스로는
그렇게 믿고 있던 에피로스의 공주였다. 알렉산드로스는 아버지를 싫
어하지는 않았지만 부하 장병들에게 에워싸여 있을 때 보이는 행동을
목격할 때면 혐오감을 숨기지 않았다. 호방하고 활달한 건 좋다. 그러
나 야만적인 병사들과 동일하게 행동하는 모습은 왕으로서 품위를 지
키지 못하는 것이라 생각했다. 올림피아스는 외아들을 철저하게 그리
스적으로, 다른 말로 하면 문명적으로 키웠다. 이 경우 반면교사는 늘
아버지가 된다.

올림피아스는 그리스적이라는 면에서 자기가 남편보다 뛰어나다고 생각하고 있었다. 그럴 만도 한 게 당시 그리스 여자로서는 드물게 '배움'이 있었다. 아직 어린 아들에게 『일리아스』를 읽어주었고 아들이 스스로 읽을 수 있게 되었을 때 이 책을 선물했다. 호메로스의 작품인 장편서사시 『일리아스』는 알렉산드로스의 '생애 최고의 책'이 되었다. 소년은 이 서사시의 최고 영웅 아킬레우스를 동경했다.

참고로 『일리아스』는 서양 문학사에서 최초이자 최고의 걸작으로 꼽힌다. 그렇다고 『일리아스』가 그저 오래되었다는 이유로 지루한 작품이라고 생각하면 착각이다. 10년 동안 계속된 그리스와 트로이의 전쟁을 다루고 있지만, 『일리아스』에 나오는 내용은 10년차에 일어난 일이다. 더군다나 이 작품은 영웅 아킬레우스의 분노로 시작된다. 그후 이런저런 일이 일어나고 마지막은 오디세우스가 고안한 목마로 트로이가 함락되는데, 그사이 드라마틱한 액션의 연속으로 제대로 숨을 쉴 수 없을 정도이다. 등장인물은 많지만 지루한 고전은 절대 아니다.

마찬가지로 호메로스의 작품으로 인정받는 장편서사시 『오디세이아』는 트로이 함락 이후 오디세우스가 고향인 이타카Ithaca로 돌아갈 때까지 세상을 떠도는 이야기이다. 주인공 오디세우스는 트로이의 목마를 고안해낸 것에서도 알 수 있듯이 뛰어난 두뇌를 가진 영리한 사람이었다.

한편 『일리아스』의 주인공은 영리함이라고는 약에 쓰려 해도 없는 사람이었다. 순수하고 정직하며 공정하게 일을 해결하기 좋아했고 장수를 누리기보다는 단명하더라도 빛나는 삶을 살겠다고 호언장담한 아킬레우스였다. 정열적이고 꿈을 꾸는 소년이 동경한 대상은 당연한 말이지만 오디세우스가 아니라 아킬레우스였다.

생애 최고의 친구

어린 시절 알렉산드로스에게는 놀이 상대가 하나 있었다. 헤파이스티온^{Hephaistion}이라는 이름을 가진 소년이었다. 왕가와 비슷할 정도로 유서가 깊은 마케도니아 귀족의 집안에서 태어났는데 모계 혈통에 아테네인의 피가 섞여 있었다. 어머니로부터 외국인 에피로스의 피를 이어받은 알렉산드로스와 혼혈이라는 점에서 잘 맞았는지도 모르겠다. 머리 색깔은 알렉산드로스가 검은 고수머리, 헤파이스티온은 갈색 고수머리였다. 키는 헤파이스티온이 조금 컸지만 나이나 몸집이 비슷했고 복장도 두 사람 모두 소년용 짧은 옷을 입었다. 무엇을 하든 어디를 가든 늘 함께했기 때문에 수도에 사는 주민들은 두 사람을 보고 쌍둥이 같다고 말했다.

물론 두 사람 모두 『일리아스』를 읽었다. 알렉산드로스는 책을 덮고 이렇게 말했다.

"나는 아킬레우스이고, 너는 파트로클로스."

헤파이스티온은 웃어넘길 줄 아는 상냥함을 갖고 있었다. 불사신이 아닌 파트로클로스와 달리 아킬레우스가 불사의 몸을 갖고 있다는 사실을 헤파이스티온도 알고 있었다. 어머니인 테티스가 불사신을 만들 수 있는 샘에 아들 아킬레우스의 몸을 담글 때 다리 끝부분을 잡고 있

• 알렉산드로스

었기 때문에 다른 부분은 불사신이 되었지만 그 부분만은 그렇지 못했다. 우리는 그 부분을 '아킬레스건'이라고 부른다.

따라서 '죽어야 하는 몸'을 가진 '인간' 알렉산드로스를 아킬레스건 빼고는 불사신인 영웅과 비교하는 것은 모순이다. 그러나 헤파이스티온은 그런 아이 같은 논리의 모순을 굳이 지적하지 않는 상냥함을 지니고 있었다. 이 어릴 적 친구는 훗날 알렉산드로스의 '생애 최고의 친구'가 된다.

목숨을 맡긴 말

바로 그 무렵, 막 12세가 되려고 할 때 알렉산

드로스는 또 다른 '생애 최고의 친구'를 만나게 된다. 코린토스의 상인이 테살리아 지방에서 난 말 한 필을 마케도니아 왕에게 팔러 왔다. 가격은 13탈란톤이었다. 군선인 삼단 갤리선을 13척이나 진수시킬 수 있는 정도의 값어치였다. 그렇다고 현대의 경주용 말이나 혈통이 뛰어난 말을 연상해서는 안 된다. 우아함과는 전혀 상관없는 괴상하다고밖에 달리 표현할 수 없는 말이었다. 모습을 묘사하자면, 머리 부분만 보면 소였다. 체격도 다른 말보다 무척 컸다. 게다가 준족이었다. 빠르기가 여느 말에 뒤지지 않았고 누군가 붙인 '부케팔로스(소의 머리)'라는 이름이 보여주듯이 위압감이 대단해 누군가 가까이 다가가기만 해도 날려버릴 듯했다. 눈빛도 사납고 용맹했으며 인간 따위와는 관계를 맺고 싶지 않다고 굳게 결심한 듯 보였다.

실제로 지금까지 이 말을 탄 사람은 아무도 없었다. 그 때문에 고삐도 없고 아무것도 걸치지 않았다. 말을 길들이기 위해 왕이 보는 앞에서 마케도니아 기마 군단의 베테랑들이 나섰지만 모두 말을 타보지도 못하고 떨어졌다. 부케팔로스는 그때마다 더러운 물건이 묻었다는 듯이 몸을 가볍게 한번 흔들었다.

누구든 한번 보기만 해도 부케팔로스가 특별한 말임을 알아차렸다. 그러나 누구 하나 탈 수 없는 말을 승마장에서 놀게 하려고 13탈란톤을 지불하는 건 마케도니아 왕이라 해도 가당찮은 일이었다. 필리포스는 코린토스에서 온 상인에게 사지 않겠다고 말하려 했다. 이때 가만히 구경하고 있던 알렉산드로스가 입을 열었다. 아버지에게 말을 사야 한다고 주장했다. 하지만 아버지는 아들의 주제넘는 주장을 그대로 받아들일 수 없었다.

"네가 말을 타면 말을 사서 너에게 주마. 그러나 실패로 끝나면 구입 비용은 네가 지불해야 한다."

알렉산드로스는 말을 타지 못하면 지불해야 하는 13탈란톤이라는 큰 금액을 어떻게 마련할지 애당초 고민하지도 않았다.

아버지의 말이 끝나자마자 승마장에 들어간 소년은 지금까지 다른 사람들이 했던 것과 달리 곧바로 말에 오르려 하지 않았다. 잠깐 동안 말의 주변을 서성이면서 좋은 기회를 기다렸다. 말도 소년 따위는 상대할 가치도 없다고 생각했는지 가만히 서서 움직이지 않았다. 그래도 눈으로는 소년의 움직임을 쫓고 있었다. 소년은 조금씩 거리를 좁혔다. 거리는 줄어들었지만 아직 말을 타려고 하지 않았다. 주변의 사람들이 숨죽이고 지켜보는 동안 얼마간의 시간이 지나갔다.

순간 소년이 훌쩍 말 위에 올랐다. 부케팔로스는 전력을 다해 몸을 흔들어 소년을 떨어뜨리려고 했다. 고삐가 없어 소년은 말의 갈기를 꽉 붙잡았다. 말과 소년 사이에서 오늘날 미국에서 하는 로데오 경기와 같은 격투가 계속되었는데 태도를 바꾼 쪽은 말이었다. 말은 갈기에 달라붙은 소년을 등에 태우고 놀라서 길을 열어준 군중 사이를 달려 도시 외곽으로 빠져나갔다. 왕을 포함해 그 자리에 있던 모든 사람이 말에서 떨어져 풀이 죽은 모습으로 돌아오는 소년을 상상했다. 그런데 알렉산드로스는 부케팔로스를 타고 싱글벙글 웃는 모습으로 돌아왔다. 사람들은 감탄 섞인 한숨을 내쉬며 알렉산드로스를 맞이했고 아버지 필리포스는 찌푸린 얼굴로 맞이했다.

부케팔로스는 소년의 애마가 되었다. 알렉산드로스 외에 누구도 그 말을 타지 못했다. 마부도 가까이 다가가면 걷어찼기 때문에 말이 익숙해질 때까지 소년이 마부와 함께 말을 돌봐야 했다.

이탈리아어로 'Cavallo da Battaglia'라는 말이 있다. 직역하면 '전쟁터에 데리고 가는 말'이 되는데, 중요할 때 목숨을 맡기는 말을 의미한다. 카이로네이아, 그라니코스, 이소스, 가우가멜라, 그리고 인도에서 벌어진 마지막 전투까지 알렉산드로스가 승리한 모든 전투에서 그가 목숨을 맡긴 말은 부케팔로스였다.

알렉산드로스가 기병을 활용한 방법은 마름모꼴을 한 기마 군단의 선두에 서서 적을 향해 돌진하는 전법이었다. 체격이 클 뿐 아니라 발도 빠른 부케팔로스는 이 전법에 이상적인 말이었다. 실제로 부케팔로스와 일체가 된 알렉산드로스가 거느린 마케도니아의 기마 군단은 모든 전투에서 승리의 결정적인 역할을 했다. 알렉산드로스는 어린 시절에 '생애 최고의 친구'를 만났을 뿐만 아니라 '생애 최고의 애마'를 만난 셈이다.

13세가 되었을 때는 더 이상 영웅 아킬레우스를 꿈꾸거나 거친 애마와 장난질하며 시간을 보낼 수 없었다. 아버지 필리포스가 앞으로 아들의 양육권을 가져야겠다고 생각했기 때문이다. 양육을 부탁할 교사도 필리포스가 직접 결정했다.

가장 먼저 소년의 체력 강화와 기술 향상을 맡은 교사가 선택되었는데, 이름은 레오니다스였다. 당시 그리스인이라면 이 이름을 듣고 떠오르는 사람이 하나 있었을 것이다. 136년 전으로 거슬러 올라간 기원전 480년, 20만 명이 넘는 페르시아 대군을 상대로 불과 300명만으로 테르모필레의 고갯길에서 일주일 동안 버텼던 사람이 스파르타의 왕 레오니다스였다. 마지막은 300명 모두 옥쇄하는 것으로 끝났지만 페르시아 쪽은 2만 명이 넘는 전사자를 냈다. 레오니다스는 이렇게 '스파르타 전사'의 용맹함을 그리스 전역에 알린 남자였다.

무기를 내려놓으면 무사히 귀국할 수 있게 해주겠다는 페르시아 황제의 제안을 '몰론 라베(와서 가져가라)'라는 말 한마디로 물리친 남자였다. 그래서 스파르타뿐만 아니라 그리스의 모든 남자의 가슴을 뜨겁게 만들었다. 왜인지는 모르지만 레오니다스라는 이름은 스파르타 남자만 사용했다. 알렉산드로스는 아버지가 선택한 레오니다스의 지도를 받으며 13세에서 15세까지 만 3년 동안 최고의 '스파르타 교육'을 받았다.

스파르타 교육

아침 일찍 아직 어두컴컴할 때 일어나야 했다. 아침을 먹거나 얼굴을 씻을 여유도 없이 곧바로 중무장 보병의 군장을 몸에 걸쳐야 했다. 군장에는 투구와 흉갑, 갑주만 있는 게 아니었다. 무겁고 큰 원형 방패, 완만하게 휘어진 무거운 장검도 있고, 6미터가 넘는 길이의 '사리사'라 불리는 장창은 반으로 나누어 두 개로 만들어 어깨에 메야 한다.

보병이라면 늘 휴대해야 하는 튼튼한 마포로 만든 큰 주머니에는

● 스파르타의 왕 레오니다스

행군할 때 필요한 여러 물품이 들어 있었다. 무구를 비롯한 모든 것을 합치면 40킬로그램이 넘었다. 이것이 그리스 중무장 보병이 행군할 때 갖추는 군장이었다. 스파르타인 교사는 마케도니아의 왕자에게 일반적인 그리스 병사와 동일한 장비를 갖추고 장거리 행군을 하게 했다. 낮에 공급되는 식사도 병사와 동일했다. 알렉산드로스는 이때 시장이 반찬이라는 사실을 배웠을 것이다.

비가 내리든 눈이 쌓이든 태양이 내리쪼이든 아무것도 달라지지 않았다. 땅에 누워 자는 일과 명령 하나로 일어나는 일에 익숙해져야 했다. 테르모필레 시대의 스파르타 전사가 10년에 걸쳐 배우는 것을 알렉산드로스와 동료들은 3년 만에 배워야 했다. 스파르타인 이상으로 '스파르타 교육'을 받아야 했다. 레오니다스를 아들의 교사로 선택한 필리포스의 생각이기도 했다.

병사들은 자기가 할 수 있는 것을 완벽하게 해내고 이에 더해 자기가 할 수 없는 것까지 해내는 사람에게 비로소 진심으로 존경하는 마음을 갖는다. 그때 지도자는 부하 전체를 자기의 수족처럼 부릴 수 있다. 레오니다스가 지도하는 '스파르타 교육'에는 동문수학한 친구라 불러도 좋을 젊은이들도 참여했다. 모두 마케도니아 왕국에서 고위고관의 자식으로 왕의 오른팔인 파르메니온의 아들 필로타스Philotas 와 마케도니아의 오래된 가문 출신인 크라테로스Crateros 도 포함되어 있었다고 한다. 이들은 알렉산드로스보다 네 살 연상이었다. 이처럼 알렉산드로스와 헤파이스티온 외에 다른 동료들은 몇 살 연상이었던 듯하다. 어린 시절의 4년은 큰 차이이다.

어린 두 사람이 녹초가 되어 목적지에 도착했을 때 연장자인 동료들은 이미 도착해 레오니다스와 담소를 나누거나, 마침내 도착한 두 사람을 애처로운 얼굴로 내려다보는 광경이 연출되었을지 모른다. 남에게 지고 싶지 않다고 생각하게 만드는 것도 왕자의 교육을 맡은 레오니다스의 노림수 가운데 하나였다. '스파르타 교육'을 받은 동료들은 훗날 알렉산드로스가 페르시아로 진격할 때 군대를 거느리는 장군이 되었다.

스승, 아리스토텔레스

아버지 필리포스가 위대한 사람이었다는 사실은

아들에게 '스파르타 교육'만 시키지 않은 것만으로도 충분히 알 수 있다. 두뇌의 강화와 향상을 위해 철학자 아리스토텔레스를 초빙했다. 이 무렵 아리스토텔레스는 막 40대에 접어들었다. 태생은 마케도니아였지만 젊을 때 아테네로 유학해 플라톤이 세운 '아카데미아'에서 20년 이상 공부한 사람이었기에 아테네인이라고 해도 좋다. 플라톤의 제자라면 플라톤의 스승인 소크라테스의 제자이기도 하다. 40대 전반, 즉 장년의 전성기에 접어든 철학자가 13세부터 16세가 될 때까지 알렉산드로스에게, 그리고 무엇을 하든 어디를 가든 함께하던 헤파이스티온을 포함한 동료들에게 교양을 가르치는 교사가 된 것이다. 늙은 교사가 손자 세대의 소년을 교육한 게 아니었다.

레오니다스가 제시한 스파르타식 교육과 달리, 아리스토텔레스가 제시한 아테네식 교육은 어떤 것이었는지 구체적인 내용은 전해지지 않는다. 다만 두 가지 특징 정도는 추측할 수 있다.

첫째, 철학자 아리스토텔레스의 지적인 관심이 매우 광범위했다는 점이다. 오늘날의 대학 강좌별로 나누면 17명의 교수가 담당해야 할 정도로 다양했다. 비극을 논하기도 하고 정치체제를 상세하게 분석하기도 했다. 인문학의 전문가이면서도 자연과학과 의학에도 흥미를 보였다. 백과전서적인 지식인이라고 부르고 싶지만 그것으로는 부족하다. 많은 분야에 관심을 가지면서도 각 분야에 대한 이해가 깊었고 이를 토대로 정확히 판단했다.

자연계의 현상이든 인간계의 현상이든 관계없이 만물에 관심을 보이는 강한 호기심에 감탄할 수밖에 없다. 그는 발군의 균형 감각을 지닌 사람이기도 했다. 논리학의 창시자로 불리지만 다음과 같은 말로 그것의 남용을 경계했다. "논리적으로는 옳아도 반드시 인간세계에 옳다고 할 수는 없다." '지식'과 '지혜'의 차이를 통감하게 만드는 말이다.

철학자 아리스토텔레스의 두 번째 특징은 마케도니아 왕자의 가정교사를 마친 다음에 다시 아테네로 돌아간 것에서 찾아볼 수 있다. 그는 얼마 뒤에 아테네 교외의 리케이온Lykeion이라 불리는 곳에 학교를 열었다. 플라톤이 연 '아카데미아'가 대학이라면, '리케이온'은 고등학교 정도로 생각하면 된다. 전문 과정을 배우기 전에 습득해야 하는 교양 전반을 가르치는 것이 '리케이온'을 개교한 목적이었다. 현대에 들어 '리케이온'을 어원으로 하는 프랑스의 '리세'나 이탈리아의 '리체오'가 그 정신을 이어받고 있다.

왜 철학자가 그런 일까지 했을까? 사실 이런 질문을 던지는 것은 현대를 살아가는 우리가 고대의 철학을 현대에 들어 바뀐 강단 철학과 동일하게 생각하고 있기 때문이다. 철학이란 원래 지식을 얻는 학문이 아니라 지력을 단련하는 학문이다. 고대 철학자인 아리스토텔레스가 소년 제자들에게 가르친 것은 기본적으로 다음의 세 가지로 집약된다.

첫째, 앞서 살았던 사람들이 무엇을 생각하고 어떻게 행동했는지 배우는 것이다. 이는 역사로 세로축을 가진 정보이다. 둘째, 이와 달리 현재 일어나고 있는 일로 가로축을 가진 정보이다. 여기서 배워야 할 점은 이들 정보에 대해 편견 없이 냉정하게 수용하는 자세를 확립하

● 아리스토텔레스

는 것이다. 마지막은 첫째와 둘째를 토대로 자기 머리로 생각해 자신의 의지로 냉철하게 판단한 다음 실행하는 능력을 향상시키는 것이다.

세 가지는 철학을 배우는 기본적인 자세이기도 한데, 이 원칙을 습득하면 그 후 어떤 분야로 진출하든 완전하게 응용이 가능하다. 교양은 원래 응용이 가능한 것이기에 배울 가치가 있다. 훗날 로마인이 말한 '아르테스 리베랄레스artes liberales', 영어로 옮기면 '리버럴 아츠liberal arts'를 소년 알렉산드로스는 가장 잘 가르칠 수 있는 사람에게 배운 것이다. 더군다나 13세부터 16세까지는 가장 감수성이 풍부한 나이였다.

하지만 스승의 가르침을 그대로 받아들이면 단순한 우등생으로 끝나고 만다. 알렉산드로스는 달랐다. 스승이 말한 다음의 가르침에는 전혀 따르지 않았다.

"그리스인은 동등한 친구로 대해도 좋지만 그리스인이 아닌 사람(즉 야만족)은 동물이나 식물과 같다고 생각하고 대해야 한다."

페르시아로 갔을 때 알렉산드로스는 특히 이 가르침과는 정반대라고 해도 좋은 태도를 취했다. 아리스토텔레스의 저작을 읽고 느낀 개인적인 소감이지만, 아리스토텔레스도 어쩔 수 없는 도시국가 시대의 그리스인이라는 생각이 들었다. 이와 달리 알렉산드로스는 도시국가를 초월한 그리스인이었다.

아무튼 스승으로부터 모든 것을 배웠지만 스승의 가르침을 모두 따르지 않았다는 것은 그가 뛰어난 제자였음을 보여주는 증거가 아닐까. 철학 자체가 자기 머리로 생각하는 것이 중요하다는 사실을 가르친다는 점에서 그렇다.

또 하나 나의 관심을 자극하는 것이 있었다. 13세부터 15세까지 3년 동안 집중적으로 이루어진 레오니다스의 훈련과 아리스토텔레스의 수업 일정이 어떻게 짜여 있었을까 하는 것이다. 레오니다스의 스파르타식 맹훈은 해가 뜨기 전부터 시작해 해가 진 이후에도 계속되었는데, 모든 훈련이 끝난 뒤에는 죽은 듯이 잠에 빠져들었다고 한다. 이렇게 해서는 아리스토텔레스의 수업이 파고들 여지가 없었다. 성장하고 있는 소년의 육체를 단련시키기는커녕 망가뜨릴 가능성도 있었다.

하지만 스파르타식 맹훈과 아테네식 수업이 3년 동안 엄격하게 지속되었다고 전해진다. 그렇다면 스파르타식과 아테네식은 각각 3일씩 나눠서 행해지지 않았을까? 만약 그랬다면 3일 동안 계속된 맹훈련 뒤에 찾아오는 아리스토텔레스의 수업은 알렉산드로스에게 지(智)에 대한 사랑을 온몸으로 흡수하는 유쾌하고 쾌적한 시간이었을지 모른다. 장기적인 안목으로 보면 도움이 되지만 곧바로 효과가 나타나지 않는 교양은 유쾌하게 배우지 않으면 몸에 배지 않는다. 육체와 정신 양면에서 이루어진 맹렬한 훈련도 소년들의 성장과 함께 끝이 가까워졌다. 아버지 필리포스가 정신과 육체 모두 소년기를 벗어나고 있는 알렉산드로스에게 또 하나의 중요한 교훈을 배울 기회를 제공했기 때문이다.

기원전 340년, 42세가 된 필리포스는 그리스 북쪽 일대에서 진행해온 압제의 그물을 비잔티온까지 확대하기 위해 군사 행동을 일으켰다. 필리포스의 오른팔이라고 할 수 있는 파르메니온이 지휘하는 팔랑크스와 출전했기 때문에 마케도니아 왕국의 주요 전력이 모두 나선 원정이었다. 자리를 비운 왕은 마케도니아의 통치를 16세의 아들에게 맡겼다.

왕국 전반의 통치, 그것도 주요 전력이 자리를 비운 상태에서 맡은 통치였다. 그냥 책상에 앉아 있으면 되는 게 아니라, 틈만 생기면 침입해오는 북쪽의 야만족에 대한 대처도 게을리할 수 없었다. 16세의 알렉산드로스는 첫 공무를 성공적으로 수행했다. 목적을 이루고 귀국한 아버지가 만족할 만한 상태로 왕국을 되돌려줄 수 있었다. 통치에서 '첫 출전'을 성공적으로 끝낸 셈이다.

이쯤에서 잠깐 쉬어가자.

후세에 '대왕'이라고 불리게 된 이 사람의 유소년기에 관해 쓰면서 종종 웃음이 났는데, 필리포스가 꽤나 제대로 아버지 역할을 하고 있다고 생각했기 때문이다. 야만적이고 품위가 없다며 부인에게 경멸을 당하면서도 아들의 교육은 상당히 적절하게 배려한 아버지였다. 체육은 스파르타식으로, 교양은 아테네식으로 일관했다. 필리포스의 마음속에 늘 품고 있던, 명실상부한 그리스인이 되고 싶다는 희망을 아들에게 맡겼기 때문일까.

훗날 알렉산드로스의 연설에 나타나 있는 것처럼 아들은 아버지가 이룬 성과를 올바르게 평가하고 아버지를 인정했다. 아버지도 예상범위를 벗어나 종종 놀라기도 했지만, 아들의 재능을 아버지로서 자랑스럽게 여겼고 한 인간으로서도 완전하게 인정했다.

그러나 아버지와 아들은 만날 때마다 말다툼을 벌였다. 분연히 자리에서 일어나 동료들을 데리고 나가는 알렉산드로스. 그 등 뒤에 대고 분노의 목소리를 쏟아내는 필리포스. 그러다가도 얼마 지나면 곧바로 아버지와 아들의 관계로 돌아갔다.

아들이 억센 고집을 꺾은 게 아니었다. 관계 개선을 시도한 쪽은 늘 아버지였다. 나는 필리포스가 비밀리에 헤파이스티온을 불러서 어떻게든 해달라고 말했을 것이라 상상한다. 아무튼 화해는 하지만 얼굴을 맞대기만 하면 다시 말다툼을 벌이는 좀 독특한 아버지와 아들이었다.

다음 해 17세가 된 아들에게 아버지는 처음으로 전쟁터를 경험시켰다. 그렇다고 전투에 참가시킨 건 아니다. 북방의 그리스인과 사소한 분쟁이 있었을 때 파르메니온에게 부탁해 실제 전투를 현지에서 볼 수 있게 했다. 이 경험은 바로 1년 뒤에 꽃을 피웠다.

첫 출전

기원전 338년에 벌어진, 역사에서는 '카이로네이아전투'라고 부르는 전투가 막 18세를 맞이한 알렉산드로스의 '첫 출전'이었다. 이 전투는 그리스 역사를 바꾸었을 뿐만 아니라 필리포스에게도 매우 중요한 전투였다. 신흥국인 마케도니아가 적으로 삼은 상대는 도시국가로서 역사가 길고, 그래서 도시국가의 핵심이라 해도 좋을 아테네와 테베였기 때문이다. '카이로네이아전투'는 마케도니아 군대가 아테네와 테베가 주력이 되어 편성된 그리스 도시국가의 연합군과 벌인 전투였다.

이 전투의 전개 과정에 관해서는 앞장 필리포스의 이야기에서 이미 상세하게 서술했기 때문에 여기서는 다루지 않는다. 이 전투의 최고 사령관은 당연히 마케도니아의 왕 필리포스였다. 게다가 카이로네이아전투에서 알렉산드로스는 참전이 허용되었지만 기병 전체를 지휘하는 자리에는 있지 않았다. 군대를 둘로 나누어 필리포스가 우익과 중앙의 절반을 지휘했고, 중앙의 나머지 부분과 좌익은 파르메니온이 지휘를 맡았다.

마케도니아 군대에서 알렉산드로스는 자기 동료들로 편성한 기병 부대를 거느리고 좌익에서도 가장 왼쪽에 배치되어 있었다. 전체 지휘를 맡은 필리포스의 전략에 따르면 아들에게 맡긴 부대는 어디까지나 보조 역할을 했고, 만약 마케도니아 군대가 철수해야 하는 경우에는 측면에서 원조하는 역할을 맡았다. 이것이 18세의 알렉산드로스가 담당한 임무였다. 따라서 필리포스는 알렉산드로스에게 엄명을 내렸다. 명령이 있기 전까지는 절대로 움직이지 말라고.

하지만 알렉산드로스는 움직였다. 아버지의 명령을 무시했을 뿐만 아니라 승기가 보이는 순간을 놓치지 않고 솔선해서 적을 향해 공세로 나갔다. 이것이 '카이로네이아전투'의 행방을 갈랐다. 부케팔로스를 탄 알렉산드로스는 기병 부대를 이끌고 테베 군대를 공격했고 이에 당황한 테베 군대는 그대로 무너지고 말았다.

전략 및 전술 연구자들은 알렉산드로스를 거론할 때 페르시아에 건너간 이후 벌어진 전투만 다루는 경우가 많다. 그러나 '카이로네이아전투'에는 이후에 보여줄 알렉산드로스의 모든 것이 드러나 있다. 당시 알렉산드로스는 보조 역할을 하는 소규모의 기병 부대를 거느리고 있었을 뿐이다. 사령관이라 불리는 지위에 있지도 않았다. 그렇지만 카이로네이아에서 무장의 능력을 곧바로 보여주었다. 이는 작가의 모든 것이 처녀작에 이미 드러나 있는 것과 비슷한 논리다.

첫째, 속공에 이은 속공으로 전쟁터의 주도권을 장악해 승리할 수 있었는데, 그 결과로 전투 시간이 단축된다는 것. 둘째, 전투 시간 단축은 자기 군대의 희생자를 줄일 수 있기 때문에 병사의 사기를 고무시키는 데 도움이 된다는 것. 개죽음을 당하지 않아도 된다는 것 만큼 병사의 싸우고 싶은 마음을 유지하고 향상시키는 데 도움이 되는 것도 없다.

알렉산드로스 이후의 고대 장군들, 가령 카르타고의 한니발, 로마의 스키피오, 술라 그리고 카이사르까지 모두 알렉산드로스를 최고로 꼽은 이유는 그들도 수만 명에 이르는 병사를 거느리고 싸운 경험이 있어 병사 하나하나의 사기가 어떤 결과를 초래하는지 누구보다 잘 알고 있었기 때문이리라. 병사 하나하나에게 개죽음을 당하지 않아도 된다는 사실을 깨닫게 해주는 것이 지도자의 가치를 결정한다. '카이로네이아전투'에서도 패배한 테베와 아테네의 전사자 수는 기록되어 있지만 마케도니아 쪽의 전사자 수는 기록할 만한 수준이 아니었다.

두 번째는 이제까지 그리스에서 볼 수 없었던 장면인데, 기병이 먼저 기선을 제압하고 그 후 기병과 보병의 절묘한 연대로 전투의 승패를 결정하는 것이다. 도시국가 시대의 그리스에서 도시국가의 주요 전력은 오랫동안 중무장 보병이었다. 기병은 자산이 풍부한 부유층의 전문직으로 간주되었다. 그런데 알렉산드로스는 카이로네이아에서 기병도 훌륭한 전력이 될 수 있다는 사실을 실증했다.

이 냉혹한 시대의 변화를 제대로 인식한 사람은 많지 않았다. 특히 오랫동안 중무장 보병을 중시하면서 기병 전력은 사실상 제로에 가까웠던 스파르타는 마케도니아의 새로운 전략을 전혀 인정하려 하지 않았다. 기병으로 카이로네이아에서 이긴 마케도니아의 왕 필리포스는 이 사실을 인정했지만, 전투에서 이겼기 때문에 발생한 문제를 해결해야 했다.

그것은 아들이면서 자기 뒤를 이어 마케도니아 군대의 최고사령관이 될 알렉산드로스의 신변 안전을 어떻게 보장할 수 있을까 하는 어려운 문제였다. 이 후계자는 선두에 서서 적을 향해 돌진하는 습성이 있었다. 세로로 긴 마름모꼴 진형의 선두에 서서 달리기 때문에 아무리 뛰어난 부케팔로스를 타고 있다 해도 적의 공격을 받기 쉬웠다.

알렉산드로스가 선두에 서는 것은 그의 신념을 토대로 한 행동이기 때문에 그만두게 할 수도 없는 노릇이었다. 그는 누구보다 본인이 병사 전원의 모범이 되어야 한다는 책무를 스스로에게 부과했다. 게다가 그 신념은 무슨 일이든 앞장서려고 하는 본성과도 잘 맞았기 때문에 질책하거나 논리적으로 설득한다고 개선될 문제는 전혀 아니었다.

그렇다고 방치해두면 최악의 사태가 발생할 수도 있었다. 최고사령관의 죽음이 패전으로 직결된다는 사실은 이미 많은 전투에서 실증되었다. 병사가 할 수 없는 일을 하는 것이 지도자의 존재 이유이다. 최고사령관은 전사했다고 해서 간단하게 갈아 끼울 수 있는 존재가 아니다.

필리포스는 아들의 이런 습성을 교정하려고 하지 않았다는 점에서 위대한 인물이었다. 일단 그대로 내버려두었지만 그래도 한 가지 계책을 생각해냈다. 클레이토스Kleitos라는 이름을 가진 병사를 불러서 아들을 지켜달라고 부탁했다. 클레이토스는 당시 37세였다. 알렉산드로스보다 19세 연장자였다. 마케도니아 왕자와의 인연은 과거부터 있었다. 클레이토스의 누이가 알렉산드로스의 유모였던 시절부터, 그러니까 알렉산드로스가 아기였던 때부터 알고 지낸 사이였다.

• 알렉산드로스

    아버지는 이 남자에게 전쟁터에서 아들을 지켜달라고 부탁했다. 클레이토스는 그 부탁을 조심스럽게 받아들였다. 그는 기마 군단 전체의 지휘를 맡을 만큼 능력이 뛰어난 사람이었다. 그러나 이후에는 자신의 능력을 발휘하기보다는 앞으로 달려 나가는 알렉산드로스 뒤쫓는 일에만 집중하며 인생을 보낸다. 북방 민족인 마케도니아인으로는 드물게 엷은 흑색 피부를 가진 사람으로 무인답게 무뚝뚝한 태도로 일관했기 때문에 그의 별명은 '검은 클레이토스'였다.

    2년이 흘렀다. 이 2년이라는 시간은 카이로네이아에서 승리한 필리포스에게 매우 바쁘게 지나갔다. 마케도니아가 아테네와 테베라는 유력한 도시국가와의 전쟁에서 승리하면서 더 이상 마케도니아에 저항하는 도시국가는 없었다. 이제 남은 일은 마케도니아의 패권을 확인시키는 것뿐이었다. 펠로폰네소스반도의 남쪽 끝에 위치한 스파르타만이 유일한 예외였지만, 그 외 그리스의 도시국가는 마케도니아의 패권 아래 들어오는 것을 어쩔 수 없다는 기분으로 받아들였다.

도시국가의 대표들을 소집한 코린토스 회의는 마케도니아의 왕 필리포스를 공식적으로 그리스 전체 군대를 지휘하는 최고사령관으로 인정했다. 카이로네이아에서 패배한 아테네나 테베도 코린토스 회의에서 찬성표를 던졌다. 필리포스는 그리스 전체의 병사들로 구성된 군대를 설립한 이유가 페르시아 원정이라고 밝혔다. 필리포스는 에게해를 다시 그리스인의 바다로 만들려면 소아시아 서해안에 이어져 있는 그리스인의 여러 도시와 그에 인접한 섬을 모두 페르시아의 지배에서 해방시켜야 하고, 이를 위해서는 페르시아를 공격해야 한다고 주장했다.

맞는 말이다. 그렇기 때문에 기원전 480년 '페르시아전쟁' 당시 그리스인은 밀려오는 페르시아 대군과 맞서 싸웠고 그들을 격파하고 쫓아냈던 것이다. 그러나 그로부터 150년이 지난 지금, 과거부터 그리스의 유력한 도시국가였던 아테네와 스파르타, 코린토스 등은 모두 그날그날 무사히 지내는 것만 생각할 뿐이었다. 아무리 그리스인에게 빛나는 영광의 시절이 있었다고 해도 과거는 과거일 뿐 어쩔 도리가 없었다.

따라서 코린토스 회의에 온 도시국가의 대표들은 필리포스로부터 그리스 연합군 편성의 필요성을 들으며 마음속으로는 빈정거리는 웃음을 지었을지도 모른다. 그러나 카이로네이아에서 군대의 위력을 보여준 마케도니아 왕의 제안이었다. 또한 현실적인 필리포스는 마케도니아 왕국과의 병합을 요구하지도 않았다. 각 도시국가가 독립을 유지한 상태에서 단지 마케도니아의 패권 아래에 들어오라는 요구밖에 없었다. 그리고 그에 따른 연합군의 편성을 요구했다. 연합군 최고사령관에는 필리포스가 취임했고, 연합군 편성의 목적은 원정으로 페르시아제국을 공격하는 것이었다. 카이로네이아에서 패배한 자들은 마음속으로는 비웃었을지 모르지만 요구를 받아들였다. 전쟁에서 패배했으니 받아들일 수밖에 없었다.

코린토스 회의를 마치고 마케도니아로 돌아온 필리포스는 득의만만했을 것이다. 올림포스산에 사는 신들이 등을 돌리고 있던 마케도니아가 그리스 최강국이 되었기 때문이다. 다음 해 오랫동안 함께 살았던 왕비 올림피아스와 이혼하고 고위 관료인 아탈로스의 조카를 아내로 맞이했다. 이혼당한 올림피아스는 화를 내며 친정인 에피로스로 돌아갔다. 어머니를 좋아했던 알렉산드로스는 딸만한 젊은 여자를 아내로 맞이한 아버지를 경멸했다. 에피로스의 공주인 올림피아스와의 결혼은 정략결혼이었기 때문에 그것이 파탄난 뒤에도 정략적 배려를 잊지 않았다. 다음 해 여름 마케도니아의 수도 펠라에서는 에피로스의 왕과 마케도니아의 왕녀가 성대한 결혼식을 치렀다. 만나면 반드시 아버지와 충돌하는 알렉산드로스도 여동생을 위해 결혼식에 참석했다.

왕가 간의 결혼이기 때문에 많은 행사가 예정되어 있었는데, 그중

하나가 극장에서 연극을 관람하는 것이었다. 하지만 극장으로 가는 길에 갑자기 덮친 괴한에게 필리포스는 살해되고 말았다. 마케도니아 내부의 불만분자의 암살이 아니라 개인적인 원한에 의한 살인이었다. 46세 그리스 최고 권력자의 죽음을 예상한 사람은 아무도 없었다.

마케도니아 왕 필리포스 2세의 돌연한 죽음은 마케도니아뿐만 아니라 그리스에도 불온한 파도가 되어 퍼져나갔다. 막 20세가 된 알렉산드로스에게는 후계자의 자격을 시험할 좋은 기회이기도 했다.

20세에 왕이 되다

마케도니아는 왕국이지만 그래도 그리스의 국가였기에 오리엔트의 왕국과는 달랐다. 왕의 후계자로 태어나 자랐다고 해서 자동적으로 왕위에 오르는 건 아니었다. 마케도니아의 규칙에 따르면 부대를 지휘하는 장군들을 소집한 집회에서 추천을 받고 선출되어야 비로소 왕이 될 수 있었다. 이 집회는 최고재판소도 겸하고 있었다. 즉 왕이라 해도 이 집회에서 내린 판결이 없으면 부하를 사형에 처할 수 없다는 뜻이다. 이 또한 오리엔트 군주국들과 다른 점이었다.

알렉산드로스는 아버지가 죽고 곧바로 소집된 집회에서 부하들로부터 정식으로 왕으로 인정받았다. 카이로네이아전투 이후 2년 사이에 알렉산드로스에 대한 장병들의 지지가 확립되었다고 말하는 연구자들도 있다. 나도 그 말에 동의한다. 한편으로 곧바로 알렉산드로스의 지지를 분명하게 밝힌 파르메니온의 존재도 장병들의 지지만큼이나 묵직한 것이 아니었을까 생각해본다.

아무튼 20세의 알렉산드로스는 최초의 관문을 통과했다. 덕분에 재빠르게 국내 상황을 안정시키고 권력의 공백 상태에서 벗어날 수 있었다. 알렉산드로스는 그 뒤에도 속공을 멈추지 않았다. 다시 모든 그리스 도시국가 대표들을 코린토스로 모이게 했다.

필리포스의 돌연한 죽음을 알게 된 그리스의 도시국가들은 2년 전에 코린토스 회의에서 맺은 서약이 필리포스를 상대로 한 것이기에, 그의 죽음과 함께 서약도 백지가 되었다고 말하기 시작했다. 이런 움직임을 알아차린 알렉산드로스는 빠르게 달릴 수 있는 기병 군단만 거느리고 코린토스에 도착했다. 그곳에 모인 대표들에게 2년 전에 필리포스와 맺은 서약, 즉 마케도니아의 패권을 인정하는 서약에 대한 재인식을 요구했다.

이번에는 군사력을 등에 업고 강요한 것이 아니다. 실제로는 그랬지만 다음의 항목을 추가해 대표들이 결단할 수 있도록 등을 떠밀었다. 코린토스 회의에 참가한 그리스의 모든 도시국가의 자유와 독립을 패권 국가인 마케도니아가 완벽하게 인정한다는 항목이었다. 다만 마케도니아의 패권 아래에서는 각 도시국가 사이의 전쟁을 인정하지 않고 만약 전쟁이 벌어지면 코린토스 회의에서 전원이 함께 해결한다는 내용은 2년 전의 필리포스와 맺은 서약대로 따르기로 했다. 요컨대, 앞으로 그리스에서 도시국가 사이의 다툼을 없애고 각 도시국가는 스스로 자유롭게 선택한 정치체제로 이행할 수 있다는 말이다.

아테네가 패권 국가였던 시대에는 민주정치체제가 활개를 쳤고, 반대로 스파르타가 패권을 장악했을 때는 과두정치체제가 장려되었지만 이제는 그런 시대가 끝났다는 것을 의미한다. 마케도니아 패권 시대가 되었다고 해도 왕정을 찬양하거나 따를 필요가 없다는 말이었다. 알렉산드로스의 통치에 대한 기본방침은 마케도니아의 패권 아래에서 각 지방이 자유와 독립을 누리는 것이다.

이런 이유로 코린토스에 모인 각 도시국가의 대표들은 알렉산드로스가 내세운 요구가 그리스의 도시국가를 존중한 것이라고 받아들였다. 이들은 마케도니아의 패권을 인정하고 그 마케도니아 왕이 지휘하는 페르시아 원정을 위한 원군을 파견하겠다고 맹세했다. 이렇게 20세의 알렉산드로스는 코린토스 회의의 서약에 대한 재인식이라는 두 번째 관문도 통과했다.

당시 코린토스에 체재할 때 알렉산드로스라는 이름 뒤에 반드시 따라다니는 에피소드가 생겼다. 어디를 가도 함께하는 헤파이스티온과 알렉산드로스가 철학자인 디오게네스를 찾아간 일이다. 알렉산드로스는 이 철학자에 대해 아리스토텔레스로부터 들어서 알고 있었다. 코린토스의 시내 한구석에 있는 큰 나무통에서 살고 있던 철학자에게 젊은 왕이 찾아가 말을 걸었다.

"내가 할 수 있는 일이 있으면 뭐든 말씀해주시오."

옷은 찢어지고 몸도 불결한 디오게네스는 나무통에서 알렉산드로스를 올려다보며 말했다.

"좀 비켜주겠나. 그곳에 서 있으면 해를 가리니까 말이야."

디오게네스는 '견유파(犬儒派)'로 번역되는 일파의 철학자였다. 물질 생활을 경멸하고 문화적이고 사회적인 가치를 조소하는 것을 신조로 하는, 이른바 세상과 등을 진 철학자였다. 세상을 등진 철학자의 말에 알렉산드로스는 "내가 알렉산드로스가 아니라면 디오게네스가 되고 싶다"라고 말했다고 하는데, 스스로 알렉산드로스라는 사실에 자부심을 갖고 있던 그가 그런 말을 했을 리 만무하다. 아마 유사 철학자가 꾸며낸 이야기를, 권력자에게 문화적 취향이 남다른 점을 즐기고 그것을 특필하는 습관이 있는 훗날의 지식인들이 널리 퍼뜨렸을 것이다. 헤파이스티온과 얼굴을 마주 보며 쓴웃음만 짓고 견유파 철학자의 앞을 그냥 지나쳤다는 게 진실에 가까울 것이다. 디오게네스에게 심취했다면 그것이 좋든 나쁘든 페르시아 원정과 같은 인간적인 대사업을 시작하지도 않았을 테니 말이다.

코린토스에서 돌아온 젊은 왕에게 디오게네스였다면 그런 일은 그만 둬, 그렇게 고생할 가치가 없어 라고 말했을 임무가 기다리고 있었다. 이 역시 필리포스의 죽음을 좋은 기회라고 여기고 불온한 움직임을 보이기 시작한 북방 야만족에 대한 대책이었다. 일리리아족과의 관계는 필리포스가 생전에 대부분 해결했다. 따라서 지금은 북쪽에서 남하를 도모하는 켈트족이 마케도니아의 미지의 적이었다.

젊은 왕은 눈앞의 문제를 해결하기 위해 코린토스에서 돌아오자마자 군장도 벗을 틈 없이 곧바로 북쪽으로 향했다. 군장을 벗지 못한 것은 마케도니아의 병사들도 마찬가지였다. 알렉산드로스의 지휘를 받으며 전원 북으로 가야 했다. 북쪽으로 가는 길은 쉽지 않았다. 발칸반도를 종단해 도나우강까지 가는 행군이었다.

이번에 모습을 드러낸 북쪽의 적은 막 대두하기 시작한 켈트족이었다. 50년 전에 일시적으로 이탈리아반도로 남하해 로마를 점거하고 더디지만 차근차근 상승 중이던 로마인에게 '켈트 쇼크'라고 불러도 좋을 타격을 준 사람들이었다. '켈트인'은 그리스인이 붙인 이름이며, 로마인은 이들을 '갈리아인'이라고 불렀다. 이 '갈리아 문제'를 로마인이 최종적으로 해결한 것은 그때부터 300년 뒤에 일어난 율리우스 카이사르의 '갈리아전투'였다.

알렉산드로스 시대의 '갈리아인'은 대단한 세력은 아니었지만 온난한 기후와 풍요로운 농산물에 대한 동경을 갖고 호시탐탐 남하를 노리는 북쪽에 사는 야만족 가운데 하나였다. 그러나 이 시대 켈트족이 보기에 젊은 왕이 거느린 체계적인 마케도니아 군대가 너무나도 강한 상대였을 것이다. 북방 민족을 상대로 시간을 낭비하고 싶지 않았던 알렉산드로스와 이해가 맞아떨어졌다.

알렉산드로스는 켈트족과 일종의 불가침 협정을 맺고 귀국했다. 그 사이에 그리스 전역에 가짜 정보가 퍼지고 있었다. 알렉산드로스는 마케도니아에 돌아와서야 그 소식을 들었다. 도나우강 주변에서 벌어진 켈트족과의 전투 중에 알렉산드로스가 전사했다는 정보였다.

이 정보를 믿었던 테베가 '타도 마케도니아'를 기치로 들고 봉기했다. 테베인은 3년 전에 있었던 '카이로네이아전투'에서 자국의 엘리트 군단인 '신성 부대'가 속공을 구사한 알렉산드로스에 의해 전멸하는 바람에 젊은 왕에게 깊은 원한이 맺혔다. 반反마케도니아 깃발을 든 테베는 시내에 배치되어 있던 마케도니아 군대의 기지를 습격해 그곳에 있는 병사들을 모두 살해했다.

이 소식을 들은 알렉산드로스는 곧바로 군대를 이끌고 남하했다. 지난번 코린토스에 갈 때와 달리 이번에는 보병의 주력인 팔랑크스를 이끌고 남하했다. 그리고 테베를 포위하고 코린토스 회의에 참가했던 도시국가 전체를 향해 서약을 위반하고 전쟁을 일으킨 테베에 대한 조치를 결정하라고 요구했다. 아테네를 비롯한 도시국가 전체가 테베에 엄벌을 가하는 것이 마땅하다고 대답했다. 대답을 들은 젊은 왕은 이번에도 신속하게 행동했다. 테베는 철저하게 파괴되었고, 주동자들은 처형당했으며, 주민들은 노예로 팔려나갔다. 그리스의 도시국가 가운데 중간 규모의 도시국가이지만 오랜 역사를 지닌 테베는 그리스 전체가 전율했던 참혹한 불행을 겪으며 사라졌다.

고대 그리스인과 로마인에 대해 책을 쓰면서 든 여러 생각 가운데 하나는 일본에서 쓰이는 '무사는 두말을 하지 않는다'라는 말이 서구에서도 그대로 통용되고 있다는 것이다. 상대를 100퍼센트 신용하는 것은 경우에 따라 매우 위험한 일이 된다. 그러나 의심만 하면 한 발자국도 앞으로 나아갈 수 없다. '서약'이란 맹세하고 약속하는 것이기에 상대를 믿어야 비로소 성립되는 인간관계이다. 비록 서명한 계약서가 없어도 서약을 깨뜨리는 것은 인간으로서 해서는 안 되는 비겁한 행위이다. 무엇이든 신격화하기를 좋아했던 로마인들은 '피데스 fides(신의)'까지 신으로 삼았는데, 이는 인간이 만든 법 위에 위치한 윤리였기 때문이다.

고대사회에서 배신자가 엄벌에 처해진 이유는 신뢰를 갖고 대한 상대를 배신했기 때문이다. 테베는 알렉산드로스를 비롯해 모두가 참석한 두 번째 코린토스 회의에서 서약을 한 도시국가 중 하나였다. 서약을 깨뜨렸기 때문에 마케도니아뿐 아니라 다른 도시국가들도 테베를 배신자로 처벌해야 한다고 판단했다. 한번 했던 말을 뒤집는 무사는 더 이상 무사가 아니다. 이런 종류의 배신이 국가반역죄라는 이름으로 정리된 시기는 근현대에 들어서이다.

아무튼 1년도 지나지 않은 사이에 알렉산드로스는 좁고 험한 테르모필레의 고갯길을 두 번이나 왕복해야 했는데 그 노력은 응당한 보상을 받았다. 여전히 코린토스 회의에 참석하지 않는 스파르타를 제외하고 모든 그리스의 도시국가는 알렉산드로스의 발밑에서 얌전해졌다. 21세가 된 알렉산드로스에게 이제 아버지가 주장했던 페르시아 원정을 실행할 때가 찾아왔다.

동방 원정

먼저, 남겨두고 가는 마케도니아의 안전과 그리스 내부의 정치적 안정에 대한 배려를 우선했다. 알렉산드로스는 그 중요한 임무를 안티파트로스^{Antipatros}에게 맡겼다. 안티파트로스는 필리포스 시대부터 고위 관료였다. 파르메니온이 군사 분야에서 알렉산드로스의 오른팔이었다면, 안티파트로스는 외교 분야에서 오른팔이었던 사람이다. 원정에 파르메니온을 데려가기로 결정한 젊은 왕은 아버지 세대의 한 사람인 안티파트로스에게 남겨두고 가는 마케도니아의 뒷일을 부탁했다. 군사적인 면은 안정되었으니 이제는 외교 문제를 처리하면 된다고 생각했던 것일까.

안티파트로스에게는 또 하나 어려운 일을 맡긴 듯하다. 어머니 올림피아스와 잘 지내라는 부탁이었다. 알렉산드로스의 어머니 올림피아스는 기가 셀 뿐만 아니라 무슨 말이든 입 밖으로 내뱉는 여자였다. 게다가 무슨 일이 있을 때마다 아들에게 편지를 보냈다. 뒷일을 맡은 안티파트로스의 외교 수완이 가장 필요한 상대는 어쩌면 올림피아스였을지 모른다.

올림피아스를 제외하면 무슨 일을 처리하든 군사력이 필요했다. 21세의 알렉산드로스는 뒷일을 맡긴 '대리'에게 모두 마케도니아인으로 이루어진 1만 2,000명의 보병과 1,500명의 기병을 남겨두었다. 그렇다고 본국의 잔류 군대였던 것은 아니다. 젊은 왕의 머리에는 원정 도중 병사 교대 시스템이 확립되어 있었기 때문이다.

1만 2,000명의 보병과 1,500명의 기병을 남기고 갔기 때문에 원정에 데려간 병력이 줄어드는 것은 당연했다. 원정군은 후하게 쳐도 3만 명의 보병과 5,000명의 기병이 최대였을 것이다. 게다가 이 숫자는 마케도니아 외의 지역에서 온 지원 병력을 포함한 것이다. 그래도 젊은 왕은 조금도 걱정하지 않았다. 숫자가 적으면 적은 대로 이점이 있다고 말했다.

아무튼 뒷일을 맡은 안티파트로스의 임무는 매우 어려웠다. 그중 가장 괴로운 것은 재정 문제였을 것이다. 마케도니아 왕국의 재정은 페르시아 원정 따위는 생각조차 하지 못할 정도로 바닥을 드러내고 있었다. 국고에는 70탈란톤밖에 남아 있지 않았다. 부채는 1,300탈란톤이나 되었다. 46세에 살해될 거라고 생각하지도 못한 필리포스가 아들에게 13탈란톤짜리 말을 사주는 등 돈을 많이 빌렸기 때문이다. 원정에 참가한 육군을 유지하는 데 매년 200탈란톤이 들었고, 해군을 유지하는 데도 매년 100탈란톤이 필요했다.

이런 상태로는 스승인 아리스토텔레스가 아니더라도 모두가 원정을 미루라고 충고했을 것이다. 그러나 21세의 알렉산드로스는 순발력이 떨어진다는 등의 이유로 그 말에 귀를 기울이지 않고 다음 해 봄에 출전하기로 결정했다. 역사적으로 유명한 알렉산드로스의 '동방 원정'은 자금의 운용이 확실하지 않은 상태에서 큰 사업에 진출하는 것에 비유할 수 있다. 역시 젊기 때문에 가능한 엄청난 모험이었다. 한번은 이탈리아인에게 알렉산드로스를 한마디로 평가한다면 어떻게 표현할 수 있겠는지를 물어보자 즉석에서 이렇게 대답했다.

"사랑스러운 인코센테."

'사랑스러운'이라는 말은 일단 젖혀두고, '인코센테^{incosciente}'라는 말을 이탈리아 사전에서 찾아보면 의식이 없는, 앞뒤 가리지 않고 행동하는, 그래서 매우 경솔하다는 의미를 갖고 있다. 그러나 '앞뒤 가리지 않고 행동하는' 사람이 거느리고 간 원정군의 진용을 보고 있노라면, '인코센테'는 그의 성격에서 기인한 것이 절반이고, 나머지 절반은 그렇지 않다는 것을 알게 된다.

그 내실

전체 규모가 3만 5,000명에 이르는 군대의 최고 사령관은 코린토스 회의에서 도시국가들의 승인을 얻어 21세의 어린 알렉산드로스가 맡았다. 그다음 자리는 아버지 세대로 나이가 60대 후반에 접어든 파르메니온이 있었다. 다만 알렉산드로스의 경우에는 '최고사령관'과 '2인자'의 관계가 여느 때와 달랐다. 이는 지위의 차이가 아니라 역할 분담을 위한 것이었다. 3만 명에 이르는 보병 전원의 지휘는 파르메니온이 맡고 알렉산드로스는 5,000명의 기병을 지휘했다.

물론 알렉산드로스는 보병 전원의 지휘를 베테랑인 파르메니온에게 통째로 맡기지 않았다. 전체 3만 명인 보병 가운데 1만 2,000명이 이른바 '팔랑크스'라는 이름으로 알려진 7미터에 가까운 사리사(장창)를 숲처럼 세우고 밀려오는 거대한 고슴도치 집단이었다. 그들은 전원 순수한 마케도니아인이었다. 처음부터 이 '팔랑크스'를 키운 부모는 파르메니온이었다. 최고사령관이 아버지에서 아들로 바뀐 이후 거대한 고슴도치도 몇 개의 분대로 나뉘었다. 유연성과 기동성을 높이기 위한 목적이었다. 이는 알렉산드로스의 머리에서 나왔다.

원정에 데려간 1만 2,000명 가운데 9,000명을 6개의 분대로 나누었다. 1,500명으로 이루어진 일개 대대의 지휘는 각각 크라테로스를 비롯한 6명이 맡았다. 모두 알렉산드로스와 함께 레오니다스의 '스파르타 교육'을 받았던 동료들로 20대 젊은이였다. 알렉산드로스는 1만 2,000명에서 9,000명을 뺀 나머지 3,000명의 '팔랑크스 대원'으로 '히파스피스타이^{hypaspistai}'라는 이름을 붙인 특수부대를 만들었다. 내가 '특수부대'라고 생각하게 된 것은 그들의 군장 때문이다. 마케도니아 식으로 개량했다 해도 '팔랑크스'는 중무장 보병이었지만 '히파스피 스타이'는 경무장 보병에 가까웠다.

주요 무기는 장창이 아니라 짧은 창이었다. 왼쪽에 든 방패도 소형 이었다. 덕분에 거대한 고슴도치를 연상시키는 '팔랑크스'의 위압적 인 모습은 사라졌지만 대신에 기동성이 뛰어나 쓰임새가 많았다. 중 무장 보병과 함께 활용할 수도 있고 기병대와 함께 활용할 수도 있었 다. 이 3,000명은 상황 변화에 재빨리 대응할 수 있는 기능집단이었기 때문에 일관성을 유지하면서도 임기응변의 전법을 좋아하는 알렉산 드로스에게 매우 쓰임새가 많았을 것이다.

도시국가 시대 그리스의 '호플리테스(중무장 보병)'가 맡았던 역할은 아테네나 스파르타 모두 적의 공격을 막은 다음 그 진형 그대로 공격 으로 전환하는 것이었다. 그 방식을 젊은 왕이 바꾸었다. 먼저 방위를 한 다음에 공격하는 것이 임무였던 중무장 보병의 일부를 빼내 기병 과 함께 활용하면서 처음부터 공격 요원으로 사용하는 쪽으로 바꾸 었다. '히파스피스타이'는 알렉산드로스의 전략과 전술 개혁을 상징 하는 존재였다. 알렉산드로스는 이 특수부대의 지휘를 파르메니온의 차남이며 자기보다 조금 연상인 니카노르^{Nicanor}에게 맡겼다. 그도 '스 파르타 교육' 시대의 동료였다. 이 부대에는 긴급하게 이동 명령이 내 려오는 경우가 많았기 때문에 설명하는 데 시간이 걸리는 인물을 지 휘관으로 삼을 수 없었을 것이다. 그리고 이 특수부대를 포함해 합계

1만 2,000명에 이르는 보병 전원은 알렉산드로스를 따라 동방 원정에 참가한 순수한 마케도니아 출신 병사들이었다.

코린토스 회의에서 결정된 원정의 목적이 '페르시아 지배 아래에 있는 그리스인의 해방'인 이상 동방 원정군에는 그리스의 도시국가에서 온 병사들도 참가했다. 그리스 각지에서 참가한 보병의 수는 마케도니아 병사와 동일하게 1만 2,000명이었다. 이들과 별도로 다른 병사도 동행했다. 그들은 트라키아를 비롯한 그리스 북부에서 온 병사였다. 이 지역은 이미 필리포스 시대에 정복당했기 때문에 마케도니아의 속국이라 해도 과언이 아니다. 이에 더해 크레타섬에서 온 병사를 포함한 6,000명은 경무장 보병이었고 전투에서는 보조 전력으로만 활용할 수 있었다. 그렇지만 중무장 보병이 힘을 발휘하려면 보조 전력이 지원을 잘해주어야 하기 때문에 중요도에서는 큰 차이가 없었다.

다음으로 알렉산드로스가 직접 지휘하는 기병을 살펴보자. 전체 5,000명 가운데 2,000명이 마케도니아인 기병이었다. 이 2,000명은 대부분 마케도니아 왕국의 지배층 출신 젊은이로 '콤파니온'이라고 불렸다. 요컨대 '왕의 동료들'이었다. 알렉산드로스는 기병이 전투를 결정한다고 생각하고 있었기 때문에 '왕의 동료들'이야말로 주요 전력이었다. 즉 선두에 나서서 적을 향해 돌진해가는 집단이기에 전사할 확률이 다른 어떤 부대보다 높았다. 도시국가 시대의 그리스 기병처럼 부유층의 도련님들이라면 맡을 수 없는 임무였다. 알렉산드로스는 이 2,000명의 지휘를 파르메니온의 장남이며 자기보다 네 살 연상인 필로타스에게 맡겼다. 필로타스 또한 '스파르타 교육'을 함께 받은 상급생이었다.

알렉산드로스는 팔랑크스를 6개의 대대로 나눈 것처럼 '왕의 동료들'도 8개의 중대로 나누었다. 1개 중대의 구성원은 250명이었다. 기병의 기동성을 높이기 위해 나누어 편성된 것이다. 중대마다 지휘관이 임명되었다. 제1중대의 지휘관은 클레이토스였다. 이 기병 중대만 '왕의 친위대'라고 불렸는데, 적을 향해 돌진할 때 늘 알렉산드로스가 1중대의 선두에 섰기 때문이다. 알렉산드로스의 경호 역할을 맡은 부대가 클레이토스가 거느린 제1중대였고, 이들은 무모하다고 해도 좋을 젊은 왕의 옆에 바싹 붙어 있어야 했다.

옆으로 긴 직사각형으로 진을 짜는 보병과 달리 기마 군대의 진형이 세로로 긴 마름모꼴인 것은 이치에 맞다. 적의 맹렬한 공격을 막은 다음 비로소 공세로 전환하는 팔랑크스와 달리 알렉산드로스가 생각한 기병의 역할은 적진에 쐐기를 박듯 파고들어 적을 갈라놓는 것이었다. 쐐기를 박듯이 돌격해야 하기 때문에 앞 끝이 뾰족한 마름모 형태가 효과를 발휘한다. 부케팔로스를 탄 알렉산드로스가 마름모의 선두에 서서 돌진하는 것이 마케도니아 군대의 특징이었다.

여기에 젊은 왕은 '콤파니온'도 8개의 중대로 나누었다. 이유는 두 가지였다. 하나는 팔랑크스의 경우와 마찬가지로 명확한 책임과 지휘 계통을 위해서였다. 또 하나는 기동성이 뛰어난 기병을 활용하여 적진으로 파고든 다음, 곧바로 좌우로 나뉘어 그대로 적을 에워싸기 위해서였다. 따라서 8개 중대의 지휘관 전원은 임기응변에 뛰어나고 전

● 각 기병 부대의 대장
▲ 알렉산드로스

● '다이아몬드가 달린 끝'

술적 이해가 높은 사람이어야 했다.

　제1중대의 클레이토스 외에도 헤파이스티온을 비롯한 어린 시절의 친구들이라 해도 좋을 동료들이 총동원되었다. 그중에는 알렉산드로스가 아버지와 다투고 가출할 때마다 함께 가출한 젊은이도 있다는 대목에서 웃음이 나기도 한다. 눈만 마주쳐도 서로를 이해할 수 있는 친구들이었을 것이다. 다만 기병 군단은 전투가 시작되자마자 돌격했기 때문에 사망률은 다른 어느 부대보다 높았다. 그러나 불평하지 않았다. 가장 위험한 상황에 몸을 맡기는 사람이 바로 알렉산드로스였으니까.

　이 2,000명의 '콤파니온'만이 원정에 동행한 마케도니아 출신 기병이었는데, 알렉산드로스가 신뢰하는 기병에는 테살리아에서 참가한 1,800명도 있었다. 이제 마케도니아의 속국이라 해도 좋을 중부 그리스에 위치한 테살리아 지방은 평야가 많은 지역이어서 말을 사육하는 데 적합했다. 당연히 우수한 기병의 산지이기도 했다. 이 밖에 코린토스 회의 참가국이었던 그리스의 여러 도시국가와 트라키아 지방에서 온 기병이 모두 1,200명이었다. 이 모두를 합친 기병은 5,000명이었는데 앞에서 말한 것처럼 전체 지휘는 파르메니온의 장남인 필로타스가 맡았다. 다시 말해, 아버지 세대인 파르메니온과 동행했지만 실제로 부대를 지휘한 사람들은 알렉산드로스의 세대였다. 이것이 알렉산드로스가 지휘하는 군대의 첫 번째 특징이다.

규모가 작은 부대로 나눈 것이 두 번째 특징이다. 유연성을 좋게 하여 기동력을 향상시키는 게 목적이었지만 다른 면에서도 뛰어난 효과를 발휘했다. 알렉산드로스의 군대가 전투를 치르는 동안 최고사령관이 내리는 명령이 각 대장에게 정확하고 빠르게 전해지는 모습을 보면 놀랍다. 이는 각 부대의 책임자를 명확하게 정했기 때문이라고 생각한다.

세 번째 특징은 3만 명의 보병과 5,000명의 기병이라는 보병과 기병의 비율이다. 도시국가 시대 그리스의 상식에서 벗어난 특징이었다. 그때까지 그리스에서는 기병이 많은 경우에도 보병과 기병의 비율이 10대 1을 넘지 않았다. 알렉산드로스 이전까지 기병의 특징인 기동성에 주목한 그리스인은 아무도 없었다.

그러나 다수를 차지하는 중산계급이 담당한 군대는 중무장 보병이라 해도 어쨌든 보병이었다. 도시국가 시대에는 보병에 비하면 소수에 불과하지만 기병은 부유층에게 부과된 병역이라고 생각했다. 이런 국가 체제 자체가 기병의 중요성을 자각하는 데 방해가 되었다고 말할 수 있다. 왕국에서 태어나 왕이 되었지만 한쪽 발은 아직 도시국가 시대에 두고 있다는 느낌을 주는 필리포스와 달리, 아들은 도시국가 시대의 그리스에서 두 발을 모두 뺐다. 그렇기 때문에 아무 미련 없이 기병의 중요성을 인식할 수 있었다.

바다를 건너 그리스에서 페르시아로 향했기 때문에 알렉산드로스의 동방 원정에서 해군을 빼놓을 수 없다. 해군은 육군을 유럽 쪽에서 아시아 쪽으로 옮기는 것에 그치지 않았다. 아시아 쪽으로 건너간 이후에도 적지에서 고립무원이 되지 않게 하려고 본국인 마케도니아와의 연락과 보급을 확보하는 게 절대적으로 필요했다.

마케도니아는 육군의 전력으로 강대국이 된 나라로 해군과 인연이 없었기 때문에 해군을 보유한 역사가 없다. 때문에 해군에 대해 알지 못했다. 생전에 필리포스가 아테네에 후한 대우를 했던 것도 아테네의 해군력을 높게 평가했기 때문이 아닐까. 아들은 아테네의 해군을 과대평가하지 않으면서 해군의 중요성도 이해하고 있었지만 당장 해군이라는 이름에 걸맞은 해군을 갖고 있지는 못했다. 그래서 코린토스 회의에 참가한 나라의 해군에 의지할 수밖에 없었다. 그럼에도 160척을 모으는 데 성공했다. 하지만 다른 누구보다 기대한 아테네에서는 삼단 갤리선 20척만 보내왔다.

실제로 알렉산드로스의 페르시아 원정에 가장 비협조적인 도시국가는 아테네와 스파르타였다. 아테네는 코린토스 회의에서 찬성표를 던졌기 때문에 20척이라도 보냈다. 그러나 뒤로는 페르시아의 수도 수사로 밀사를 파견하는 등 페르시아 황제와 연락을 계속 주고받았다. 아테네는 양다리를 걸친 셈이지만, 코린토스 회의에서 알렉산드로스는 도시국가의 자유와 독립을 완벽하게 존중하겠다고 천명했다. 그래서 아테네도 민주정치를 계속할 수 있었고 덕분에 언론도 자유를 누렸다.

필리포스를 '폭군'이라고 부르며 비난과 공격에 열을 올렸던 데모스테네스는 50세가 된 뒤에도 반反마케도니아의 태도를 조금도 바꾸지 않았다. 단 '폭군'이 아버지에서 아들로 바뀌었을 뿐이다. 데모스테네스는 알렉산드로스의 침공에 절대 반대하였고 전투를 하자마자 페르시아 군대에 패배하면서 원정이 끝날 것이라고 단언했다. 이런 아테네와 비교하면 스파르타의 비협조는 공공연했다. 코린토스 회의에 계속 출석을 거부했기에 알렉산드로스의 원정에도 협력할 의무가 없었다. 또한 지난 70여 년 동안 스파르타와 페르시아는 밀착 관계라 불러도 좋을 정도로 사이가 좋았다. 스파르타가 용병이라는 형태로 병력을 제공하고 그에 필요한 자금을 페르시아가 지불하는 형태였다.

아테네인 크세노폰의 논픽션 작품인 『아나바시스』에 나타나 있듯이, 페르시아 쪽에 고용된 그리스 병사의 지휘관 대부분을 스파르타인이 차지하고 있었고, 6,000킬로미터나 되는 길을 돌파한 크세노폰 부대의 생존자를 인도한 사람도 스파르타의 고위 관료였다. 이후 병사를 제공하는 쪽은 스파르타, 이를 고용하는 쪽은 페르시아라는 관계가 지속되었다. 그리스 본토에서는 30년 전에 가치를 상실한 '스파르타 브랜드'가 페르시아에서는 여전히 살아 있었던 것이다. 또한

70년에 걸쳐 자국 출신의 병사를 페르시아로 보내는 일을 계속해온 스파르타로서는 누가 지휘를 맡든 페르시아를 적으로 삼는 동방 원정에 협력할 이유가 없었다. 아무튼 그리스를 대표하는 아테네와 스파르타 양국에 외면당한 채 원정을 결행했다는 점에서 알렉산드로스는 역시 '앞뒤 가리지 않고 행동하는' 사람이었다.

21세의 알렉산드로스는 원정에 데려갈 군사 요원 외의 사람들을 선발할 때도 당시의 상식을 초월했다. 이들은 다음과 같은 그룹으로 나뉘었다.

제1그룹: 영화 촬영 때 스크립터라고 부를 수 있는 기록자로 이루어진 무리. 임무는 알렉산드로스의 뒤를 따라다니면서 뭐든 기록을 남기는 것이었다.

제2그룹: 통역 요원 무리. 페르시아어가 가능한 그리스인으로 구성된 그룹으로, 페르시아와 교섭할 때 통역하는 것 외에 포로를 심문할 때도 필요했다. 알렉산드로스는 예전의 테미스토클레스, 훗날의 로마인 카이사르와 비슷하게 사로잡은 포로를 직접 심문하는 경우가 많았다. 알고 있는 사람이 물었을 때 진짜로 도움이 되는 정보를 얻어낼 수 있다고 생각한 것 같다.

제3그룹: 기술자 무리. 알렉산드로스는 새로운 기술을 도입하는 데 열심인 지도자였다. 운반할 때는 분해할 수 있고 조립하면 전쟁터에서 이동이 가능한 다양한 공성 기계를 개발했다. 이들 모두 로마 시대에 개량되었고, 중세 유럽에서 활용된 것의 원형이 되었다.

제4그룹: 의사 무리. 의사들은 왕을 위한 어의가 아니라 야전병원과 같은 규모였다. 원정에 이끌고 간 병력이 3만 5,000명밖에 되지 않았기 때문에 인도적 입장이라기보다는 병사의 '관리와 유지'에 절대적으로 필요한 사람들이었다.

알렉산드로스의 동방 원정에는 지리나 역사, 동식물을 비롯한 많은 분야의 전문가들이 동행했다. 모든 것에 관심을 가졌던 스승 아리스토텔레스의 영향 때문이라고 생각된다. 철학자도 동행했다. 칼리스테네스^{Callisthenes} 라는 이름을 가진 철학자였다. 아리스토텔레스의 조카인 듯한데, 알렉산드로스는 백부의 인연으로 동행한 이 남자에게 자신 외에 고위 장군의 시중을 드는 소년들을 통솔하는 역할을 맡겼다. 그리스나 로마에서는 여자가 아닌 소년에게 시중을 들게 했다.

비전투 요원은 현대식으로 말하면 '전문직'이었다. 이들은 마케도니아뿐만 아니라 그리스 전역에서 모여든 지원자로 이루어진 집단이었다. 젊은 왕의 동료 가운데 동방 원정에 참가하지 않은 사람이 하나 있다. 이름은 카산드로스^{Kassandros}였다. 그가 홀로 남은 것은 본국 마케도니아에 남아 뒷일을 맡은 아버지 안티파트로스를 돕는 조수 역할을 해야 했기 때문이다.

어쨌든 젊은 왕이 지휘하는 원정군은 파르메니온과 그의 경호를 맡은 클레이토스 등을 제외하면 대부분 젊은 세대로 채워졌다. 역사적으로 유명한 알렉산드로스의 동방 원정은 앞뒤 가리지 않고 행동하는 대장과 혈기 넘치는 젊은이들의 모험이 아니었을까 생각해본다.

행군 속도는 빨랐다. 그도 그럴 것이 선두에 선 알렉산드로스가 빨랐다. 덕분에 뒤를 따르는 병사들의 행군 속도도 빨라졌다. 기원전 334년 봄에 마케도니아의 수도를 출발해 도중에 그리스의 다른 지방에서 온 병사들과 합류한 다음 헬레스폰토스^{Hellespontos} 해협에 도착하는 데 한 달밖에 걸리지 않았다.

아시아로 내딛는 첫걸음

오늘날 다르다넬스해협이라고 불리는 이 해협은 유럽과 아시아를 나누는 분기선이다. 이 해협에서 가장 폭이 좁은 곳이 유럽 쪽의 세스토스와 아시아 쪽의 아비도스가 마주하고 있는 지점이다. 이곳은 해협의 폭이 5킬로미터 미만으로 좁을 뿐만 아니라 조류도 완만했다.

기원전 480년 제2차 페르시아 전쟁 때 페르시아 군대가 이곳을 건넜다. 당시 군대만 20만 명에 이르렀고 황실이 총출동했기에 수행원을 포함하면 총 30만 명이 넘는 인원이 배를 연결해 만든 두 개의 배다리로 아시아에서 유럽으로 건너왔다. 146년 뒤에는 알렉산드로스가 페르시아 군대의 10분의 1을 거느리고 유럽에서 아시아로 건너갔다.

군대 규모가 3만 5,000명이었기에 굳이 배다리를 만들 필요가 없었다. 160척의 배 가운데 대형 선박을 이용해 상류에서 흐름을 완만하게 만들고 있는 사이 다른 배를 총동원한 '피스톤 운송(사람이나 물건을 계속 보내는 짓)'으로 충분히 건너갈 수 있었다. 아시아 쪽의 아비도스에 페르시아 군대가 있었다면 이 피스톤 운송이 쉽게 이루어지지 않았을 것이다. 그러나 필리포스가 이미 세스토스와 아비도스 양쪽을 마케도니아의 영토로 편입해놓은 상태였다.

피스톤 운송이라 해도 3만 5,000명의 사람을 배로 옮기는 것이었기에 선두에 서서 아시아로 건너간 알렉산드로스는 자기에게 얼마간의 시간이 생겼다고 생각했다. 해협을 감시하는 역할은 파르메니온에게 맡기고 알렉산드로스는 친구들을 데리고 아비도스에서 내려 남쪽으로 30킬로미터 떨어진 트로이의 옛 전쟁터로 관광을 떠났다.

소년 시절부터 열심히 읽었던 서사시 『일리아스』의 무대였다. 어릴 때부터 동경하던 아킬레우스가 트로이를 상대로 싸운 전쟁터였다. 21세의 알렉산드로스가 거기까지 가서 트로이의 옛 전쟁터를 방문하지 않는다는 것은 생각도 못 할 일이었다. 알렉산드로스가 상륙한 사실을 알고 있는 페르시아 군대가 언제 공격해올지 모르는 상황이었지만, 옛 전쟁터인 트로이 방문만은 꼭 하고 싶은 일이었을 것이다. 다행히 적의 습격도 없었고 아군의 군대도 무사히 해협을 건넜다. 알렉산드로스가 동경하던 트로이에서 그렇게 오랫동안 머물지 않고 바다를 모두 건넌 군대에게 돌아갔다는 점에서 앞뒤 가리지 않는 그도 책임감은 있었던 모양이다.

그렇다면 페르시아의 황제 다리우스는 그사이에 무엇을 하고 있었을까? 다리우스는 메소포타미아 지방에 있는 수도 수사에 머물러 있

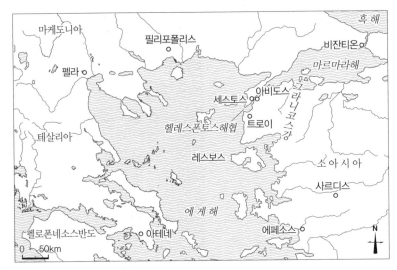

● 헬레스폰토스해협과 그 주변

었지만, 아테네와 스파르타의 정보를 통해 마케도니아 왕이 거느린 그리스 군대가 아시아로 들어온다는 것을 알고 있었다. 그러나 규모가 3만 5,000명에 불과하다는 것을 듣고 별반 위기감을 느끼지 않은 듯하다. 대국 페르시아의 황제가 보기에 왕이 거느린 군대의 규모라면 10만 단위는 되어야 한다고 생각했기 때문이다. 3만 5,000명이라면 자기가 직접 나설 필요도 없다고 생각한 다리우스는 이제 막 아시아로 들어온 알렉산드로스를 소아시아 각 지방에서 황제를 대신해 통치하고 있는 '사트라프Satrap'들에게 맡겼다.

충분히 안심할 만했다. '사트라프'라고 불리는 지방장관을 그리스인 용병이 군사적으로 지원하고 있었고, 그 용병을 통솔하고 있는 자

그리스인 이야기 Ⅲ

는 멤논Memnon이었다. 다리우스 황제는 멤논을 페르시아인 가신 이상으로 대우해주었다. 로도스섬 출신인 이 그리스인에게 페르시아 왕가의 여자를 아내로 주어 왕가의 일원과 비슷한 대우를 해주었다. 멤논도 돈으로 고용된 용병 대장 이상의 충성심을 다리우스에게 바쳤다. 그리스인 장군 멤논은 알렉산드로스가 페르시아와의 첫 전투에 맞닥뜨린 참된 의미에서의 적이었다. 즉 알렉산드로스는 페르시아 땅에서 벌어진 첫 전투에서 동포인 멤논과 그가 거느린 그리스인 용병들과 싸워야 했다.

'그라니코스전투'

소아시아는 중동에서 이집트까지 지배하는 페르시아제국이 보기에 제국 서쪽 끝에 위치한 변방 지역에 불과했다. 그렇지만 이 '변경'에서 대치하고 있는 적은 문명도가 높은 그리스인이었다. 황제를 대신해 이 지방을 통치하는 지방장관들도 특수한 사정을 잘 알고 있었다. 멤논을 포함해 급하게 소집된 지방장관들이 작전회의에서 멤논은 초토화 작전을 선행해야 한다고 주장했다. 알렉산드로스가 거느린 그리스 군대는 적지에 이제 막 들어온 상태이기 때문에 보급선의 정비가 충분하지 않을 것이다. 그래서 멤논은 적을 군량이 없는 상태로 만들어 체력이 약화될 때 전투를 벌여 괴멸시켜야 한다고 주장했다.

이에 페르시아인으로 구성된 지방장관 전원이 반대했다. 지방장관은 순수한 의미에서 페르시아제국의 관료가 아니었다. 황제로부터 위임받아 통치하는 것이 이들의 임무였다. 따라서 통치하는 지방에서 생기는 수익 가운데 사전에 정한 비율만큼 왕에게 납부하고 나머지는 자기 주머니에 챙겼다.

따라서 초토화 작전은 수확이 끝나지 않은 계절에 실행해야 하는데, 황제에게 납부해야 하는 금액은 예년과 동일하게 내야 한다. 그렇게 되면 자기 주머니로 들어오는 게 아무것도 없기 때문에 멤논의 제안을 받아들일 수 없었다. 절체절명의 순간이라면 받아들일 수밖에 없었을 것이다. 그러나 그들도 수도에 있는 황제처럼 젊은 왕이 거느린 3만 5,000명을 우습게 보았던 듯하다. 멤논의 영향력도 제한적이었다. 페르시아 지방장관들이 보기에 아무리 왕의 신뢰가 두텁다 하더라도 그는 어디까지나 그리스인 용병 대장일 뿐이었다.

이렇게 해서 막 적지로 들어온, 그래서 아직 기운이 왕성한 마케도니아 군대를 직선거리로 하면 60킬로미터밖에 떨어져 있지 않은 평원에서 맞서 싸우기로 결정했다. 멤논은 작전 회의의 결정을 받아들일 수밖에 없었다. 멤논의 지휘를 받는 그리스인 용병은 8,000명이었다. 모두 도시국가 시대 그리스에서 주요 전력인 중무장 보병이었다.

아시아로 건너온 알렉산드로스가 치른 첫 번째 전투를 '그라니코스 전투'라고 부른다. 북쪽에 펼쳐진 마르마라해협으로 유입되는 그라니코스라는 이름의 강 양편에 펼쳐진 평원에서 싸운 전투였기 때문이다. 이 지역을 전쟁터로 결정한 쪽은 페르시아였다. 때문에 알렉산드로스가 거느린 군대는 적군이 기다리고 있는 전쟁터로 들어간 셈이 된다. 알렉산드로스는 척후를 자주 사용한 무장이었다. 파상적으로 척후를 보내서 그들이 가져오는 정보를 통해 전쟁터로 향하는 도중에 이미 적의 진용을 정확하게 파악했다.

'그라니코스전투'는 기원전 334년 5월에 벌어졌는데, 알렉산드로스는 22세에서 두 달이 모자라 아직 21세였다. 이 젊은 마케도니아의 왕은 전쟁터에 가는 도중에 이미 길에서 전투 진형에 맞춰 행군을 한 것으로 보인다. 그러면 전쟁터에 도착하자마자 그대로 좌우로 나누면 되기 때문에 상대가 진형을 짤 시간이 필요할 것이라고 생각한 적의 허를 찌른 셈이다.

'그라니코스전투'는 알렉산드로스가 왕이 되어 치르는 최초의 전투다운 전투였다. 아직 21세였으므로 주위 사람들도 느낄 정도로 긴장했을 것이다. 그런 왕에게 2인자인 파르메니온이 가까이 다가와 나란히 말을 타고 가면서 말했다. 전쟁터에 들어가는 때가 저녁이니 야습을 하면 어떻겠냐고. 아버지의 오른팔이었던 노장의 충고에 21세가 대답했다.

"나는 승리를 훔치러 가고 싶지 않아요."

이 대답은 멋지게 들리지만 이치에 맞기도 했다. 야습은 방심한 적을 공격하는 것이지만 아군 병사도 혼란에 빠지기 쉬웠다. 야습이라는 공격법이 효과를 발휘할 때는 소수의 적을 소수의 병사로 공격할 때다. 강 맞은편에 넓게 퍼져 있는 만 단위의 적을 만 단위의 병사로 공격하는 일은 없다. 일단 밤이라 해도 강을 건너야 했기 때문에 소리를 내지 않고는 접근할 수 없었다.

이런 이유로 알렉산드로스가 거느린 그리스 군대가 전쟁터로 들어간 때는 충분한 휴식을 취한 다음날 아침이었다. 그때 병사들은 폭이 100미터나 되는 강 맞은편을 메우고 있는 페르시아 군대를 처음 보았다. 군대도 '그라니코스전투'에서 알렉산드로스가 거느린 군대는 공식적으로 '마케도니아 왕국과 그리스 도시국가의 연합군'이었고, 이와 대결하는 페르시아 군대도 '페르시아 지방장관들이 거느린 페르시아 군대와 멤논이 지휘하는 그리스인 용병'이었다. 실제로 그라니코스강 동쪽 강변을 메운 페르시아 군대는 페르시아인으로 구성된 우익과 그리스에서 온 용병으로 이루어진 좌익으로 확실하게 나뉘어 있었다. 페르시아 병사의 군장이 화려했기 때문에 멀리서 보아도 쉽게 판별할 수 있었다.

페르시아 쪽 우익에서 가장 돋보이는 것은 1만 5,000명이 넘었다고 전해지는 기마 군단이었다. 광대한 영토를 가진 페르시아는 예부터 말을 타고 활을 쏘는 기병을 중요하게 생각했다. 배후에는 기병이 쓸고 지나간 다음 승리를 확인하는 역할을 맡은 보병 1만 명이 위치하고 있었다. 오른쪽 옆과 배후에는 페르시아에서 소집된 2만 3,000명의 보병이 배치되어 있었다.

그 옆으로 펼쳐진 좌익은 멤논이 지휘하는 그리스인 용병 부대로 8,000명의 보병으로 이루어져 있었다. 그리스식으로 따지면 중무장 보병으로 여기에 멤논 이하의 지휘관 수준의 기병도 포함되어 있었다. '그라니코스전투'에서 페르시아 쪽의 병력은 페르시아인과 페르시아에 가담해서 싸우는 그리스인 용병을 포함해 4만 5,000명을 넘었다.

4만 5,000명에 맞선 알렉산드로스의 그리스 군대는 보병 3만 명과 기병 5,000명으로 합계가 3만 5,000명이었다. 마케도니아의 21세 왕은 많은 수의 적과 싸울 때 상식을 완전히 깨뜨렸다. 강을 따라서 전선을 가로로는 길게 두께는 얇게 포진했다. 그리고 파르메니온이 지휘를 맡은 좌익의 군대에게 적 우익에 포진하고 있는 기병 부대의 맹공을 견디고 전선을 고수하라는 명령을 내렸다.

1만 5,000명이 넘는 페르시아 기병 군단의 맹렬한 공격이 얼마나 무서운지는 사전에 충분히 예상할 수 있는 일이었다. 그래서 군대의 우익 끝에 테살리아에서 온 1,800명의 기병을 배치했다. 적의 기병 군단이 오른쪽으로 돌아오는 것을 막기 위해서였다. 그리스 도시국가에서 참가한 기병의 절반도 우익에 배치했다. 중앙에는 대대로 나뉘어 알렉산드로스의 동료들이 지휘하는 '팔랑크스'가 파르메니온의 지휘를 받으며 7미터에 이르는 장창을 숲처럼 세운 고슴도치 형태로 적을 노려보고 있었다.

그리고 문제의 우익. 이제 알렉산드로스는 왕이었기에 그가 선 자리는 '카이로네이아전투' 때와 달랐다. 이번에는 그리스 군대에서 전통적으로 최고사령관의 위치인 우익이 그의 자리였다. 그러나 이 '위치'의 사용 방법도 과거의 최고사령관과 달랐다.

우익을 지휘하는 것은 당연한 일이지만 그가 사용한 병력을 보면 기병 2,500명에 더해 궁병 등 경무장 보병과 명령에 따라 이동이 가능한 특수부대까지 포함하면 많아도 6,000명 정도였다. 그와 직접 부딪치게 될 멤논이 지휘하는 용병이 8,000명이었기에 기능 면에서는 우세지만 수로는 열세였다.

기병 5,000명 가운데 절반을 좌익의 수비를 위해 보냈기 때문에 알렉산드로스가 활용할 수 있는 기병은 2,500명밖에 되지 않았다. 2,500명 가운데 2,000명은 '콤파니온'이라 불리는 왕의 근위 군단이었다. 파르메니온의 장남 필로타스가 지휘하는 2,000명의 근위 군단으로 전투 전반전의 주도권을 장악하는 것이 알렉산드로스의 전략이었다. 전투의 시작은 나머지 500명에게 맡겼다. 소크라테스라는 대장이 거느린 이 500명의 역할은 한마디로 말하면 적에게 던져진 먹이였다. 가장 먼저 강을 건너 적진으로 뛰어드는 역할을 맡았는데, 적의 좌익을 지휘하는 멤논에게 그리스 군대가 정면에서 공격해온다고 생각하게 만드는 작전이었다.

알렉산드로스는 양쪽 군대를 가르고 있는 그라니코스강이 남서쪽에서 북동쪽으로 흘러가는 도중에 조금 휘어지는 곳이 있고 그 주변 일대에 수목이 밀집해 있다는 것에 주목했다. 아마 멤논도 알고 있던 듯했다. 그래서인지 그곳의 방위가 다른 데에 비해 허술했다. 알렉산드로스는 나무들이 가려주는 쪽으로 2,000명의 근위 군단을 이동시켰다. 더 이상 나무들이 없는 지점까지 이동하자마자 소크라테스에게 돌격 명령을 내렸다.

불쌍한 쪽은 소크라테스가 거느린 500명의 기병이었다. 그리스 기병 전체가 공격하는 것처럼 보이게 하려고 목청 높여 소리를 지르며 강을 건넌 것까지는 좋았지만, 기병의 총공격이라고 생각하는 적군도 결사적으로 맞섰기 때문에 곧바로 전멸할 상황에 놓였다. 알렉산드로

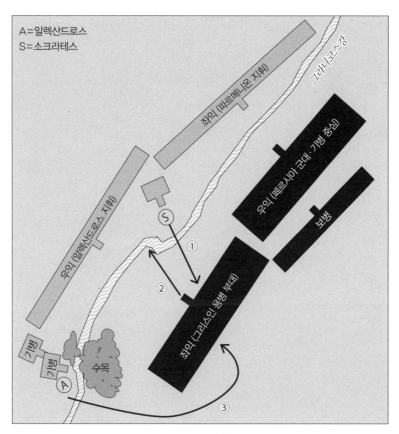

A=알렉산드로스
S=소크라테스

좌익 (파르메니온 지휘)

그라니코스강

우익 (알렉산드로스 지휘)

우익 (페르시아 군대: 기병 중심)

보병

좌익 (그리스인 용병 부대)

①

②

③

수목

기병

기병

A

S

- 그라니코스전투

스는 냉철하지만 아군을 버리지 않는 사람이었다. 이때 이미 강을 건넌 2,000명의 기병이 적의 옆구리를 급습했다.

소크라테스의 부대가 큰 소리를 지르면서 강을 건너는 것을 본 페르시아의 기마 군단도 돌격을 개시했다. 그러나 1만 5,000명 기병의 맹공격도 거대한 고슴도치인 팔랑크스를 무너뜨리기 쉽지 않았다. 파르메니온의 지휘 아래 각 대대를 맡은 젊은 장군들이 분투했다. 덕분에 페르시아 군대의 좌익은 한걸음도 앞으로 나아가지 못하고 있었다. 좌익 끝을 지키는 테살리아의 기병들도 옆으로 우회하는 페르시아의 기병 군단을 저지했다.

알렉산드로스의 전략과 전술을 간단하게 정리하면 다음과 같다. 먼저 기병의 돌격으로 적진에 쐐기를 박고 적의 진영을 분리시킨다. 다음으로 방어에서 공세로 전환한 보병과 그때까지 공격 일변도였던 기병과의 연대 작전을 통해 분리된 적군을 포위해 괴멸시킨다. 그사이 모든 것을 속전속결로 처리한다. "전쟁터에서는 주도권을 장악한 쪽이 승리한다"라는 말은 다른 누구도 아닌 알렉산드로스가 한 말이다.

그럼에도 그의 나이는 21세였다. '그라니코스전투'에서 알렉산드로스는 의욕이 지나쳤다. 2,000명으로 이루어진 기병 군단의 선두에 서서 적진으로 돌격한 것은 좋았지만 너무 지나치게 돌격했다. 지나친 탓에 아군과 멀어졌다.

그리스의 기병은 바람에 나부낄 정도의 긴 깃털로 투구를 장식하는 관습이 있었다. 그래서 알렉산드로스의 '콤파니온'도 모두 이 멋진 장식을 달았는데 다양한 색깔 가운데 하얀색은 알렉산드로스만 달았다.

아군 병사들이 어디서든 최고사령관이 있는 위치를 알 수 있도록 홀로 하얀색을 달았다. 그러나 아군이 볼 수 있으면 적도 볼 수 있다.

선두에 서서 돌격해오는 하얀 깃털 장식이 고립되어 있는 모습을 페르시아 쪽의 무장 하나가 놓치지 않았다. 아군으로부터 떨어져 홀로 남은 알렉산드로스는 적들에게 포위되었다. 이제 끝났다고 보이는 절체절명의 위기에서 탈출할 수 있었던 것은 클레이토스와 그가 거느린 250명의 기병이 달려왔기 때문이다. 이때 '인코센테(앞뒤 가리지 않는)' 알렉산드로스도 반성을 한 모양이다. 이후 다시는 지나치게 돌격하는 일은 하지 않았다.

속공으로 일관한 전투였기에 승패가 나는 데 그리 오래 걸리지 않았다. '그라니코스전투'도 태양이 뜨고 시작되었는데 태양이 아직 높이 있을 때 끝이 났다. 페르시아의 전사자는 4,000명이 넘었다고 전해진다. 그 가운데는 지방장관 2명도 포함되어 있었다. 멤논이 지휘하는 그리스의 용병 부대도 절반 이상이 전사했다. 멤논과 함께 도망친 병사를 제외하고 2,000명이 포로가 되었다. 알렉산드로스는 2,000명의 포로를 마케도니아 광산으로 보내 강제 노동을 시켰다. 코린토스 회의에서 그리스 군대를 상대로 하는 전투에 용병으로 참가하면 그리스 민족 전체의 배신자로 간주하고 그에 걸맞은 엄벌에 처하기로 결정했기 때문이다.

승리한 알렉산드로스 쪽의 전사자는 다음과 같다. '근위 군단'이라고 불러도 좋은 기병 군단의 전사자 25명. 이외의 기병 전사자는 60명. '팔랑크스'를 포함한 보병 전체의 전사자는 30명. 모두 합쳐

150명이 '그라니코스전투'에서 알렉산드로스가 잃은 병사였다. 기병의 전사자 비율이 보병보다 높은 것은 알렉산드로스의 군대에서 기병이 공격의 주력을 담당했기 때문이다. 또 거대한 고슴도치를 닮은 마케도니아의 '팔랑크스'는 오리엔트 전역에서 용맹을 떨치고 있던 페르시아의 기병 군단도 쉽게 무너뜨리지 못했다.

'그라니코스전투'는 알렉산드로스가 왕이 된 이후 치른 첫 번째 전투였다. 기원전 334년 초여름에 벌어진 이 전투에서 알렉산드로스는 대승을 거두었다. 테르모필레에서 옥쇄했지만 이후 살라미스와 플라타이아이라는 '홈'에서 대승을 거뒀던 그리스인이 '어웨이(원정)', 즉 적지에서 거둔 첫 번째 승리였다. 이에 감동했는지 알렉산드로스는 그다운 행동을 취했다. 그라니코스에서 전사한 페르시아 무장 300명의 군장을 다음과 같은 말과 함께 본국인 그리스로 보냈다.

"스파르타인을 제외한 전체 그리스인에게 알렉산드로스가 보냄."

300명은 테르모필레에서 페르시아의 대군을 상대로 스파르타의 왕 레오니다스와 함께 옥쇄했던 스파르타 병사의 수와 동일하다. 그리스인이라면 그 수가 무엇을 의미하는지 모두 알았다.

알렉산드로스는 '그라니코스전투'가 페르시아에서 치른 첫 번째 전투였기에 그 승리가 지닌 참된 의미가 각별하다는 것을 잘 알고 있었다. 소아시아 서해안 일대는 과거 그리스인의 세계였지만 페르시아인이 지배자가 된 지 70년이 지났다. 이런 페르시아의 힘을 마케도니아에서 원정한 젊은이가 깨트린 것이다. 지난 70년 동안 페르시아는 이 일대를 군사력으로 지배해왔다. 그 군사력을 무너뜨리면 지배자의 지위를 유지할 수 없게 된다. 이제 과거 그리스인이 '이오니아 지방'이라고 불렀던 그리스 문명의 발상지가 70년 만에 그리스인의 손에 들어올지 어떨지는 마케도니아의 젊은이가 지닌 역량에 달려 있었다.

승리를 활용하다

전투의 승리를 확실하게 만드는 것은 승리 후에 취하는 행동에 달려 있다. '그라니코스전투'가 벌어진 시기는 5월이었다. 군사 행동에 적합한 계절은 아직도 충분히 남아 있었다.

알렉산드로스의 군대는 최고사령관부터 술 마시는 연회를 좋아했다. 따라서 원정 도중에 매일 밤마다 술을 마시며 떠들썩하게 지냈다고 생각하기 쉽지만 실제로는 그렇지 않았다. 다만 승리한 날 밤은 병사 전원이 한자리에서 성대한 파티를 열었기에 그라니코스에서 승리한 그날 밤은 떠들썩하게 지나갔을 것이다. 그러나 알렉산드로스는 승리한 뒤에 무엇을 해야 하는지 누구보다 잘 알고 있었다.

다음 목표는 사르디스로 정했다. 페르시아의 세력 안에 있는 소아시아 서해안에 위치한 지방의 중심 거점이 사르디스였다. 게다가 사르디스에서 페르시아의 수도 수사까지 직행 도로가 깔려 있었다. 그래서 페르시아제국의 중심인 메소포타미아 지방에서 사르디스까지 대규모 군대가 이동하기 쉬웠다. '황제의 길'이라고 불리는 이 포장도로는 넓은 페르시아제국에서도 수도 수사와 사르디스를 연결하는 이 길 하나밖에 없었다. 이 길은 페르시아 역대 황제들의 그리스 정복에

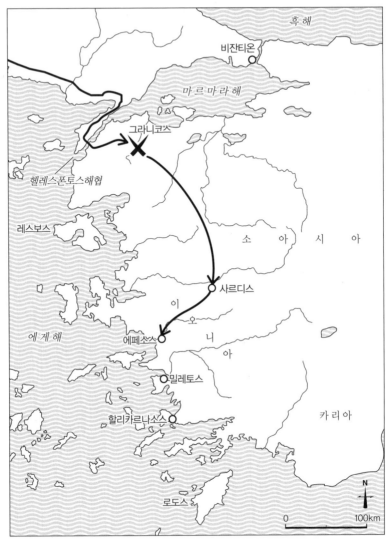

● 그라니코스에서 에페소스로

　　　　　　　　　　　　　　　　　　그리스인 이야기 Ⅲ

대한 집념을 보여주는 것이기도 했다.

　페르시아 쪽이 그라니코스에서 받은 타격을 극복하기 전에 사르디스를 공략할 필요가 있었다. 젊은 왕이 거느린 그리스 군대는 승리의 축하를 대충 마치고 사르디스를 향해 남하했다. 그리스 군대가 사르디스를 에워싼 성벽 앞에 도착했지만 알렉산드로스는 곧바로 공격을 명령하지 않았다.

　'그라니코스전투'에는 소아시아 서해안 일대를 지배하고 있던 페르시아의 지방장관 대부분이 참전했다. 지방장관이 참전했다는 것은 그들의 지배 아래 있는 페르시아의 병사들이 대부분 참전했음을 의미한다. 또한 이 전투에서 패배했다는 것은 오랜 세월에 걸쳐 페르시아 세력의 거점이었던 사르디스의 방위력이 크게 떨어졌음을 뜻한다. 그래서 알렉산드로스는 사르디스의 방위를 책임지고 있는 고위 관료에게 다음과 같은 선택을 강요했다. '그라니코스전투'의 결과를 알고 있는 페르시아인이 현실적으로 판단할 것이라고 기대했다.

　"남아 있는 병력을 모아서 철저한 항쟁을 선택할 것인가. 아니면 그의 지위를 보장하는 것은 물론 현상 유지를 보장해줄 테니 그리스 군대 앞에 평화롭게 문을 열어라."

　페르시아의 고위 관료는 후자를 선택했고 서약도 했다. 이렇게 오랜 세월에 걸쳐 페르시아인의 도시였던 사르디스는 그리스인에게 개방된 도시로 변했다. 알렉산드로스가 거느린 그리스 군대가 남하 속도를 늦출 필요도 없을 정도로 단시간 내에 사르디스 문제가 해결되었다. 다음 목표는 에페소스였다. 그 뒤로는 밀레토스, 할리카르나소스로 이어졌다.

그렇지만 무슨 까닭인지 그리스 문명의 발상지이면서 그리스 주민들이 살고 있는 이 세 도시는 페르시아 주민이 사는 사르디스와 달리 동일한 그리스인 알렉산드로스 앞에서 문을 열지 않았다. 두 가지 이유가 있었다.

첫째, '이오니아 지방'을 대표하는 세 도시는 과거와 달라지지 않았다. 세 도시는 에게해를 사이에 두고 그리스 본토에 있는 도시국가와 함께 그리스 세계를 구성한 도시들이었다. 그리스 본토에 있는 도시국가들은 바뀌었지만 세 도시는 아테네가 전성기를 누리며 주도한 '델로스동맹' 시절과 비교해서 달라진 것이 없었다. 아테네가 자랑하는 파르테논 신전 건축에 참여한 건축가 두 사람이 밀레토스 출신이었다. 페르시아와 벌인 전투를 기록한 역사가 헤로도토스도 할리카르나소스 출신이었다. 그리스 문화와 문명의 중심이 아테네로 옮겨간 이후에 이 이오니아 출신들이 활약 무대를 아테네로 옮겼을 뿐 인재를 제공한다는 점에서는 바뀌지 않았다. 아테네 최고의 정치가 페리클레스가 사랑한 여자도 밀레토스 출신이다.

위의 세 도시와 그리스의 끈끈했던 관계에 변화가 찾아온 것은 30년이나 지속된 '펠로폰네소스전쟁'에서 아테네가 패배한 이후였다. 당연히 '델로스동맹'도 아테네와 운명을 함께했다. '델로스동맹'의 일익을 담당한 유력한 이오니아 지방도 스파르타와 손을 잡고 아테네를 패퇴시킨 페르시아의 지배를 받게 되었다.

그런데 경제 감각도 뛰어난 그리스의 이오니아 주민에게 페르시아의 지배가 그다지 불만스럽지 않았다. 페르시아인은 영토를 확장하고 지배하면 그것으로 만족하는 민족이었다. 이들은 비즈니스에 거의 관여하지 않았다. 소아시아 서해안 일대에 사는 그리스인은 사전에 정한 세금을 지불하면 자유롭게 비즈니스를 할 수 있는 상황이 만족스러웠을 것이다. 이런 상태로 70년 동안 잘 지내왔는데 갑자기 알렉산드로스가 나타난 것이다.

교역을 통해 아테네에서 들어온 정보도 알렉산드로스에 대한 평가에 영향을 미쳤을 것이다. 아테네의 논객 데모스테네스는 마케도니아를 철저하게 증오했다. 마케도니아는 전제 국가이며 마케도니아의 왕은 폭군이기 때문에 시민의 적이며 원정을 하더라도 곧바로 페르시아 군대에 일소될 것이라고 마케도니아에 반대하는 논조를 집요하게 되풀이했다. 경제인은 정치가가 경제에 관여하는 것을 싫어한다. 알렉산드로스에 대해서도 이런 종류의 공포를 품고 있었던 것으로 보인다.

이오니아 주민이 마케도니아에 반대한 두 번째 이유는 멤논의 존재였다. 그라니코스에서 도망쳐 목숨을 구한 멤논은 전투의 패배로 8,000명의 부하를 거느린 사령관에서 일개 용병 대장으로 신분이 전락했다. 부하 대부분은 전사했고 도망치지 못하고 포로가 된 2,000명은 마케도니아 광산에서 강제 노동을 해야 했다. 알렉산드로스를 상대로 복수의 화살을 날리고 싶은 심정이었을 것이다.

멤논은 레지스탕스를 조직했다. 로도스섬 출신이었기 때문에 해군의 위력을 잘 알고 있었다. 해군을 갖지 못하고 자금 부족에도 시달리는 알렉산드로스에게 멤논은 벅찬 상대가 될 위험이 있었다. 알렉산드로스에게 자금 부족은 심각한 문제였는데, 그 때문에 160척의 배 가운데 아테네에서 온 20척을 제외한 나머지를 해고할 수밖에 없었다. 그 직후 멤논에게 전해진 소식은 페르시아 쪽에 있는 페니키아에서 400척의 배가 도착했다는 것이다. 이것만으로도 알렉산드로스에게는 '그라니코스전투' 이상의 어려운 문제가 될 가능성이 충분했다. 이오니아 주민은 멤논과 400척에 이르는 페니키아 해군이 도착하자 알렉산드로스에게 더욱 적대적으로 변했다.

이런 상황 속에서 에페소스가 고분고분하게 성문을 열어주었는데, 젊은 왕에게는 22세 생일도 잊게 만들 정도로 기쁜 소식이었을 것이다. 그러나 에페소스 주민의 선택은 알렉산드로스의 힘을 냉철하게 판단한 결과가 아니었다. 멤논과 페니키아의 400척이 에페소스를 버리고 밀레토스로 향했다는 사실을 알았기 때문이다. 사정이야 어찌되었든 알렉산드로스는 시간과 경비와 병력을 절약할 수 있었기에 크게 환영했다. 알렉산드로스는 에페소스와 동맹 관계를 맺는 것만으로 만족하고 그대로 밀레토스로 향했다.

밀레토스에 가까이 다가가자 적의 배들이 바다를 메우고 있었다. 페니키아 지방은 페르시아제국의 영토이기 때문에 400척에 이르는 페니키아의 배는 페르시아 황제의 해군이었다. 페르시아 황제의 신뢰가 두터운 멤논은 이들을 소집할 수 있었다. 400척의 배를 자기 눈으로 본 알렉산드로스는 크게 후회한 듯하다. 막 해고한 140척에게 돌아오라는 명령을 내려야 했다. 비용 따위는 문제가 아니라고 생각했는지도 모른다. 그래서 20척이 다시 160척이 되었지만 문제가 해결된 건 아니었다.

파르메니온이 알렉산드로스에게 다시 진언했다. 비록 160척이라도 400척을 상대로 해전을 진행해야 한다. 그렇지 않으면 멤논이 방위에 나서는 밀레토스를 간단하게 함락할 수 없다. 아마 이렇게 말했을 것이다. 그러나 22세 젊은이는 66세 베테랑의 진언을 이번에도 받아들이지 않았다. 아버지 세대라서 말을 듣지 않은 것이 아니다. 22세의 알렉산드로스는 파르메니온에게 육상 공격만으로 밀레토스를 함락하라고 말했다.

첫째, 160척과 400척의 차이를 무시할 수 없었다. 이 차이를 역전시키려면 살라미스 해전의 승리자인 테미스토클레스 정도의 재능이 필요했다. 육군 중심의 마케도니아에서 나고 자란 알렉산드로스에게는 그런 재능이 없었다. 알렉산드로스는 누구보다 그 사실을 잘 알고 있었다. 그런데 여기서 2,300년 이상이 지난 21세기를 살아가고 있는 우리에게 의문이 하나 생긴다. 육군 중심의 마케도니아의 힘을 활용하는 것은 좋지만 육지에서 공격하고 있을 때 상륙한 적의 400척 선원들이 등 뒤에서 공격해올 우려가 있지 않을까?

결론을 먼저 말하자면 알렉산드로스나 파르메니온은 전혀 걱정하지 않았다. 『일리아스』 이전 시대부터 그리스에서는 전통적으로 자유시민이 갤리선의 노 젓는 선원을 맡았다. 갤리선의 노 젓는 선원은 해전이 벌어지면 적의 배를 향해 다가가 노 대신 칼이나 창을 바꿔 들었고, 상륙전이 벌어지면 마찬가지로 노를 버리고 칼이나 창을 손에 쥐고 적에게 돌진하는 훌륭한 전투 요원이었다.

반대로 이집트나 페니키아를 포함한 오리엔트에서는 노예를 갤리선의 노 젓는 선원으로 활용했다. 해상에서 폭동을 방지하기 위해 노 젓는 선원은 쇠사슬에 묶여 있었고 당연히 무기도 가질 수 없었다. 따라서 해전이 벌어지든 상륙전이 벌어지든 갤리선의 노 젓는 선원이 병사로 변하는 일은 없었다. 이렇게 된 데는 다양한 원인이 있지만, 어쨌든 유럽의 갤리선과 오리엔트의 갤리선의 가장 큰 차이는 노 젓는 선원을 병력으로 활용하는지 여부에 있다.

유럽과 아시아, 또는 옥시덴트와 오리엔트의 이러한 차이는 중세와 르네상스 시대에도 계속되었다. 갤리선이 군선의 주력인 시대가 끝날 때까지, 즉 1571년에 벌어진 '레판토해전'까지 지속되었다. 따라서 고대인 알렉산드로스나 파르메니온은 400척이라면 적어도 4만 명 정도 타고 있을 페니키아의 노 젓는 선원이 배후에서 공격할 수도 있다는 걱정을 하지 않았다.

400척이 해상에서 우글거리고 있는 상태에서도 육지의 공격에만 전념할 수 있었다. 한편 밀레토스는 바다와 면한 도시였고 게다가 70년이라는 긴 세월 동안 육지 방어를 페르시아에 맡겨둔 상태였다. 아무리 전투 전문가인 멤논이 조직했다고 해도 전원이 전투 전문가라고 해도 좋을 마케도니아의 군대를 막아낼 수는 없었다. 의지했던 멤논조차 패색이 짙어지자 곧바로 전쟁터를 버리고 페니키아의 400척을 끌고 할리카르나소스로 달아났다. 결국 밀레토스도 22세 젊은이

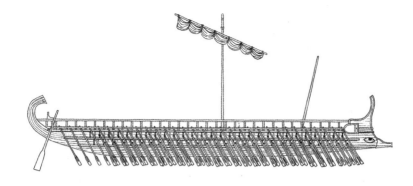

● 고대 그리스의 갤리선

앞에 성문을 열고 말았다.

알렉산드로스는 밀레토스가 저항한 뒤에 항복했음에도 불구하고 그 도시를 에페소스 정도의 관용적인 태도로 대했다. 밀레토스는 앞으로 페르시아에 기대지 않는 자유로운 그리스의 도시국가로 변모할 것과 페르시아의 지방장관에게 지불하던 세금을 마케도니아에 내는 것 외에는 크게 달라지는 것이 없었다. '관용'이라기보다는 '현실적'이라고 말하고 싶은 처리였다.

멤논이 지휘한 300명의 그리스인 용병들을 포로로 잡았지만 그들에게도 '관용'으로 대했다. '그라니코스전투' 직후처럼 마케도니아의 광산으로 보내지 않았다. 과감하게 싸운 병사에게는 그에 적합한 대우를 해주는 것이 당연하다고 말하고 자신의 군대에 들어오라고 했다. 코린토스 회의의 결정에 따라 조국에서 추방되었던 이들은 당연히 그 제안을 받아들였다. 그러나 22세의 알렉산드로스는 단순히 친절한 마음으로 그렇게 한 것이 아니다. 이번에도 도망친 멤논을 그를 따르던 병사들과 떼어놓기 위한 계책이었다. 멤논의 병사 300명은 이제 알렉산드로스의 충실한 병사가 되었다.

밀레토스를 제압한 이후 다음 목표는 할리카르나소스였다. 서양 중세 이후에 보드룸Bodrum이라 이름을 바꾼 이 도시는 소아시아 서남부의 중요한 도시였기 때문에 알렉산드로스가 그냥 지나칠 수 없었다. 게다가 밀레토스에서 도망친 멤논이 이 도시에서 방위를 맡고 있었다. 멤논도 할리카르나소스에서는 상당한 각오로 방어에 임했기 때문에 알렉산드로스 쪽도 기술자 그룹을 총동원해 공격을 퍼부었다. 양쪽의 공방은 일진일퇴를 거듭했고 그사이 가을이 지나가고 있었다.

성벽은 무너지지 않았지만 할리카르나소스 내부가 무너지기 시작했다. 철저한 항전을 주장한 쪽은 멤논과 페르시아인 지방장관이었고, 에페소스와 밀레토스처럼 온건한 해결을 주장한 쪽은 할리카르나소스의 기존 통치자인 카리아 왕가 사람들이었다. 왕가를 대표한 사람은 선왕의 여동생인 아다라는 이름을 가진 노부인이었다. 이 노부인은 알렉산드로스에게 유쾌한 제안을 했다. '나는 노령이고 자식도 없다. 마케도니아 왕이 나의 양자가 되어준다면 할리카르나소스를 마케도니아 왕에게 주겠다. 다만 내가 살아 있는 동안 내가 통치하고 싶다.' 이런 내용이 담긴 제안이었다.

끝을 알 수 없는 공방전이 신경 쓰였던 22세의 알렉산드로스에게는 생각지도 못한 낭보였다. 오케이, 양자든 뭐든 하겠다며 그 제안을 받아들였고 노부인과 양자의 연을 맺었다. 알렉산드로스는 유쾌한 해결 방법이 아주 마음에 들었는지 노부인에게 할리카르나소스의 통치권을 인정했을 뿐만 아니라, 노부인을 이 도시가 수도 역할을 하는 카리아 지방 전체를 책임지는 지방장관으로 임명했다. 이전부터 사람들의 존경을 한 몸에 받고 있던 노부인이 움직여서 결정한 것이었기에 철저하게 저항을 주장한 사람들은 국외로 달아날 수밖에 없었다. 멤논도 코스섬으로 도망쳤다.

이처럼 유쾌하게 소아시아의 서남부에 해당되는 할리카르나소스와 그 주변의 카리아 지방이 알렉산드로스의 우산 아래 들어왔다. 이해 봄에 헬레스폰토스해협을 건너 아시아로 들어와 '그라니코스전투'에서 승리한 알렉산드로스는 '소아시아 서해안 일대에 거주하고 있는 그리스인을 페르시아의 지배로부터 해방'시키는 애초의 목적을 달성했다. 기원전 334년 봄부터 시작해 겨울이 될 때까지 8개월 만에 달성한 성과였다. 그렇다고 목표 전체가 달성된 건 아니다. 알렉산드로스는 적어도 애초의 목적은 달성했다고 생각했을 것이다. 겨울이 찾아오기 전에 알렉산드로스는 다음과 같은 세 가지를 결정하고 곧바로 실행에 옮겼다.

첫째, 원정을 출발하기 전에 결혼한 병사에게 휴가를 주었다. 봄에는 돌아오겠다는 약속을 받고 마케도니아로 일시적인 귀국을 허용했다.

둘째, 그 병사들을 이끌고 그리스로 향하는 임무를 맡은 무장에게 또 하나의 임무를 주었다. 그리스 전역에서 신병을 모집해 휴가를 끝낸 병사들과 함께 돌아오라는 임무였다. 알렉산드로스의 군대는 전쟁터에서 병사의 손실이 적었기 때문에 전투를 위한 병사가 필요한 게 아니었다. 제압한 땅을 확보하기 위해 병사를 배치해야 했기에 병사가 더 필요했다. 따라서 병사의 보충은 앞으로 늘 생각해야 하는 문제가 되었다.

셋째, 겨울 동안의 행동을 파르메니온과 나누어 맡았다. 파르메니온이 거느린 전체 병력의 3분의 2에 해당하는 제1군에는 연장자를 배치하고 무겁고 부피가 큰 화물을 운반하게 했다. 대신에 적과 마주칠 위험이 적은 평탄하고 넓은 길로 가게 했다.

한편 알렉산드로스가 지휘하는 제2군은 젊은 병사들로 편성했는데, 짐을 실은 화차를 끌지 않고 모두 가벼운 차림이었기에 빨리 갈 수는 있었지만 적과 만날 확률이 매우 높았다. 알렉산드로스는 소아시아의 중앙부로 들어가야 했다. 하지만 아나톨리아 지방이라고 불리는 내륙 지방에 여기저기 흩어져 있는 작은 부족들이 쉽게 지나가도록 해주지 않을 터였다.

페르시아제국은 당시 크고 강한 나라였지만 명확한 조직을 통해 구축한 견고한 중앙 집권 국가가 아니었다. 많은 부족으로 나뉘어 있었고 유력한 부족장은 '사트라프(지방장관)'라는 관직을 맡았다. 사트라프와 부족장, 그리고 그 위에 황제로 이어지는 느슨한 지배의 그물이 펼쳐져 있었다. 이것이 페르시아제국의 실태였다. '그라니코스전투'에는 이 지방장관들이 총동원되었기 때문에 소아시아에서 페르시아의 지배를 무너뜨린 전투가 되었다. 그런 까닭에 이 시기에 소아시아 전체에 권력의 공백이 생기고 말았다. '그라니코스'에 소집되었지만 참가하지 않은 작은 부족들이 그라니코스의 승자에 대해 제멋대로 행동할 가능성이 충분했다. 이들 부족을 제어하지 않으면 그리스인이 사는 서해안 일대의 안전도 보장할 수 없었다. 따라서 알렉산드로스는 겨울이기는 하지만 가능한 한 빨리 이 문제를 해결할 필요가 있었다.

알렉산드로스와 파르메이온은 다음 해, 즉 기원전 333년 봄에 합류할 곳을 정했다. 오늘날 터키의 수도인 앙카라의 바로 남쪽 아래에 위치한 고르디온Gordion이라는 도시였다. 알렉산드로스의 부대는 소아시아 내륙부에 있는 고르디온을 향해 북상했다. 그렇다고 도중에 만나는 부족을 모두 척살하면서 북상한 것은 아니다. 대부분의 부족과 평화롭게 문제를 해결했다. 젊은 왕이 부족장에게 전했다. 현상 유지를 약속하지만 그 약속을 위반하는 행동을 하면 가만 두지 않겠다고. 요컨대 '그라니코스전투'의 결과밖에 모르는 그들에게 권력의 공백 상태가 아니라 지배자가 페르시아인에서 그리스인으로 바뀌었다는 사실을 알려준 것이다.

다음 해 봄이 되어 합류지에서 이처럼 작은 부족과 교섭하지 않고 행군한 파르메니온의 부대가 먼저 도착했다. 이 노장은 아직 눈이 남아 있는 지역을 지나 북상하고 있는 알렉산드로스에게 다음과 같은 사실을 알렸다. 첫째, 고르디온은 이미 장로들과 이야기해서 제압했기 때문에 안전한 도시가 되었다는 것. 둘째, 일시 귀국한 병사가 돌아왔다는 것과, 그들과 함께 신병도 도착했다는 것.

새롭게 참가한 병사의 내실을 보면 다음과 같다. 3,000명의 보병과 300명의 기병. 이들 모두가 마케도니아인 병사였다. 여기에 테살리아 지방에서 기병 200명과 펠로폰네소스반도에서 모집한 보병 150명을 더하면 신병은 모두 3,650명이었다. 3만 5,000명과 함께 아시아로 들어온 젊은 알렉산드로스는 이제 4만 명이 조금 안 되는 군대를 활용할 수 있게 된 셈이다.

한편 수도 수사에 있는 페르시아의 황제 다리우스는 나쁜 소식만 받았다. 먼저 소아시아는 서부뿐만 아니라 중앙부까지 마케도니아의 손안에 떨어졌다는 소식이다. 둘째, 코스섬으로 도망친 멤논이 그를 따르던 부하가 줄어든 상황에 절망한 것인지 병에 걸려 세상을 떠났다는 소식이다.

이렇게 되면 황제가 직접 나서는 수밖에 없었다. 당시 다리우스는 47세였다. 나이는 아직 한창때였지만 왜 그런지 모르게 늘 대처가 늦었다. 페르시아에서는 황제 스스로 지휘하는 경우 대군을 거느리는 것이 일반적이었다. 그 대군을 이제는 신뢰하던 멤논 없이 편성해야 했다. 물론 페르시아 쪽에는 아직 스파르타인 용병이 2만 명이나 남아 있었다. 다리우스가 무거운 기분으로 지쳐 있을 때 고르디온에 군대를 이끌고 입성한 22세 알렉산드로스는, 오늘날 유럽인이라면 아이들도 모두 알고 있는 흥미로운 에피소드를 만들어냈다.

'고르디우스의 매듭'

고르디온에는 예부터 '고르디우스의 매듭'이라고 불리는 것이 전해지고 있었다. 고르디우스의 매듭은 도시의 중앙

광장에 있었다. 1인용 전차와 말을 연결하는 나무로 만든 채가 있는데, 이 채와 전차를 연결하는 매듭이 심상치 않았다. 몇 가닥의 가죽 끈을 묶어서 만든 강인한 줄로 연결된 것이라면 어찌 해보겠지만 그 줄이 여러 겹으로 얽혀 있었다. 누가 만든 것인지부터 시작해 어디에 매듭의 끝이 있는 것인지 아무도 몰랐다.

마케도니아 왕의 지배를 받기로 하고 평화적으로 문을 열어 고르디온의 새로운 지배자가 된 알렉산드로스에게 장로들이 매듭에 얽힌 전설을 알려주었다. 마음을 숨긴 오리엔트인다운 도발이기도 했다. 그들이 말했다.

"이 매듭을 푸는 자가 오리엔트의 지배자가 된다는 전설이 있지만 아직까지 성공한 사람이 아무도 없습니다."

이쯤 되면 알렉산드로스도 물러날 수 없었다. 그렇다고 여러 겹으로 얽혀 있는 줄의 끝이 어디인지 찾을 수도 없었다. 마케도니아의 젊은 왕은 잠시 침묵하면서 매듭을 바라보고 있었지만 오래 망설이지는 않았다. 어떻게 하면 이 문제를 풀 수 있는지 해결책을 찾아내려고 했다. 그러더니 갑자기 긴 칼을 들고 단번에 내리쳤다. 가죽끈으로 묶여 있던 줄은 둘로 조각났다. 전차와 그것을 끄는 채도 둘로 나뉘었다.

매듭을 손으로 풀어야 한다는 이야기는 어디에도 없었다. 칼로 잘라서는 안 된다는 이야기 역시 어디에도 없었다. 금지되어 있지도 않은데 지금까지 도전했던 사람들은 매듭을 손을 사용해 풀려고 생각했던 것이다. 금지되어 있지 않다면 해도 된다고 생각한 사람이 지금까지 아무도 없었던 것이다.

오늘날 유럽에서는 이 '고르디우스의 매듭'에 다음과 같은 해석을 덧붙인다.

"복잡한 문제를 해결하기 위해서는 단호한 의지로 명쾌·단순·과감하게 처리하는 것이 가장 효과적인 방법이다."

고르디온의 에피소드와 함께 알렉산드로스의 원정도 2년째 접어들어 기원전 333년이 되었다. 마케도니아의 젊은이에게는 22세에서 23세가 되는 1년이 시작된 것이다.

이소스로 가는 길

이론적으로 유럽과 아시아를 나누는 지역은 에게해의 북동쪽 끝에서 입을 벌리고 있는 헬레스폰토스해협이다. 그러나 감각적으로는 소아시아를 지나 시리아로 들어가야 비로소 오리엔트에 발을 들여놓는 기분이 든다. 고대 소아시아, 특히 서해안에는 그리스인이 많이 살고 있었기 때문이기도 하지만 좁은 헬레스폰토스해협과 달리 소아시아에서 시리아로 가려면 타우루스^{Taurus}산맥이라는 험한 산길을 넘어야 했기 때문이기도 하다. 이 산맥은 '킬리키아의 문'이라고도 불렸다. 옥시덴트(서방)에서 오리엔트(동방)으로 가기 전에 지나야 하는 '문'이 타우루스산맥이었다.

만약 페르시아의 황제인 다리우스가 진심으로 알렉산드로스의 진로를 차단할 의지가 있었다면, 이 '문'에서 기다렸다가 산맥을 넘느라 지친 알렉산드로스의 군대를 두들겨야 했다. 그러나 다리우스는 그것을 생각할 능력은 있었지만 강인하게 실행으로 옮기는 지도자는 아니었다. 스스로 결정해놓고도 망설였다. 그래서는 부하 장군들도 움직일 수 없다. 움직여도 항상 늦는다.

그 결과, 빤히 지켜보면서도 좋은 기회를 놓치고 만다. 아직 소아시아의 내륙 지방을 제압하고 있던 알렉산드로스는 그것을 몰랐다. 그러나 '킬리키아의 문'에 들어선 직후가 가장 위험한 순간이라는 것은 알았다. 당시에 알렉산드로스의 머리에는 단 한 가지 생각밖에 없었다. 타우루스산맥 너머에 있는 도시 타르소스^{Tarsus}에 가능한 한 빨리 도착해야 했다.

소아시아 내륙 지방에 펼쳐져 있는 아나톨리아 지방은 동쪽과 인접하고 있는 카파도키아^{Cappadocia} 지방과 달라서 거칠고 아무것도 없었지만 지형적으로는 복잡했다. 복잡한 지형은 작은 부족들이 할거하기에 좋았다. 그래서 고르디온에서 앙카라를 거쳐 다시 지중해로 가기 위해서는 이런 작은 부족들을 하나하나 제압해야 했다.

당시 알렉산드로스는 수만 명의 군대를 거느리고 있었지만 약탈이나 살육이라는 강경책을 쓰지는 않았다. 그저 부족장들에게 현상 유지를 인정할 테니 마케도니아에 반대하지 않겠다는 서약을 받았다. 그리고 약속을 깨뜨리면 안 된다고 생각하게 만들고 명심하게 만드는 일에 집중했다. 그야말로 진정한 의미에서 '억제책'이었지만 알렉산드로스는 그것을 해냈다.

소아시아는 제국인 페르시아가 보기에 변경에 있는 영토에 지나지 않았다. 소아시아에 사는 부족장들도 지배자가 페르시아의 황제에서 마케도니아의 왕으로 바뀐다고 해서 문제될 게 없었다. 알렉산드로스는 곳곳에서 할거하고 있는 작은 부족들을 제압하며 산맥을 넘어야 했기 때문에 앙카라를 뒤로하고 지중해에 도착할 때까지 2개월 이상 걸렸다.

산맥을 무사히 넘고 '킬리키아의 문'을 나서면 마주하게 되는 타르소스에 도착했을 때 말단 병사까지 안도의 한숨을 내쉬었다고 전한다. 그사이 페르시아 쪽의 방해는 없었다. 계절은 여름으로 접어들었다. 무사히 산맥을 넘었다는 안도감과 다시 지중해를 눈앞에 둔 기쁨이 더해서 병사들은 근처에 흐르는 강물에 뛰어들어 오랜만에 목욕을 즐겼는데 거기에 젊은 왕도 가세했다고 한다.

그런데 그날 밤 알렉산드로스가 병으로 쓰러졌다. 목욕한 다음에 나체로 걸어 다닌 탓에 감기라도 걸린 것인지 확실한 원인은 알 수 없었다. 고열에 시달리는 왕의 침소로 곧바로 주치의가 달려왔다.

필리포스라는 이름을 가진 이 의사는 마케도니아 왕가의 주치의와 같은 존재로 어릴 때부터 알렉산드로스를 진찰해온 인물이다. 가벼운 상처라며 치료를 거부하는 왕자를 강제로 앉혀서 약을 바른 적도 한두 번이 아니었다. 그런 인연으로 원정에도 동행했던 것이다.

의사 필리포스는 침대에 누워 있는 왕을 진찰한 다음 그 자리에서 약을 조제했다. 그때 한 병사가 들어와 긴급 소식이라며 파르메니온이 보낸 편지를 알렉산드로스에게 전했다. 젊은 왕은 편지를 읽기 시작했다. 의사가 조제한 약을 잔에 넣었을 때 왕도 편지를 모두 읽었

● 이소스까지의 여정

다. 편지에는 페르시아의 황제 다리우스가 알렉산드로스를 독살하기 위해 거액의 보수를 주기로 하고 주치의인 필리포스를 매수하는 데 성공했다는 소문이 돈다고 적혀 있었다.

알렉산드로스는 의사가 내민 약을 오른손으로 받고는 왼손으로 파르메니온의 편지를 의사에게 건넸다. 왕이 약을 마시는 동안 의사는 편지를 읽었다. 약이 든 잔을 모두 마신 왕과 편지를 읽으면서 창백해진 의사. 이는 두 사람 사이에서 말없이 진행된 한 편의 긴박한 드라마였다.

수면제가 섞여 있었는지 약을 마신 알렉산드로스는 깊은 잠에 빠져들었다. 의사는 왕의 곁에서 한숨도 자지 못하고 밤을 지새웠다. 아침이 되어 눈을 뜬 왕이 멋진 미소를 지었을 때 의사는 마음속 깊이 안도했다. 이제야 의사 필리포스에게 친숙한 알렉산드로스가 돌아왔다.

이후에도 필리포스는 알렉산드로스에게 무슨 일이 생기면 달려가 주치의 역할을 계속했다. 젊은 왕은 거짓 의심이 담겨 있는 정보를 전해준 파르메니온을 비난하지 않았을 뿐만 아니라 그에 관한 농담도 하지 않았다. 거짓 의심이라도 모든 정보를 보고하는 것이 아랫사람의 의무였다. 올라온 정보를 어떻게 처리할 것인지는 윗사람이 판단할 문제였다.

아무튼 알렉산드로스는 씻은 듯이 나았다. 병으로 쓰러졌다고 파랗게 질린 장군들도 한숨을 내쉬며 안심했다. 활기를 되찾은 왕을 보고 병사들도 활기를 되찾았다. 동방에서 페르시아의 황제 다리우스가 편성을 끝낸 대군을 거느리고 서방을 향해 움직이기 시작했다는 소식이 전해졌다. 다리우스가 거느린 페르시아 군대는 알렉산드로스의 군대보다 5배나 많은 대군이라고 했다.

오히려 알렉산드로스에게 좋은 소식이었다. 페르시아제국의 중추부분은 그리스인이 메소포타미아 지방이라고 이름을 붙인 유프라테스와 티그리스 두 강 사이에 있는 중동이었다. 메소포타미아 지방까지 공격해야 한다면, 적진 깊숙한 곳까지 들어가야 한다는 말이 된다. 여러 가지 점에서 알렉산드로스에게 불리했다.

그런데 페르시아 군대가 오고 있다고 했다. 본거지인 중동에서 나와 중근동까지 와주는 셈이었다. 다리우스가 보기에 타우루스산맥을 넘어 칼리키아 지방으로 들어온 알렉산드로스가 자기의 집 정원까지 밟고 들어온 불손한 존재로 보였을 것이다. 허락 없이 침입한 자는 곧바로 두들겨 패서 쫓아내야 한다고 생각했을지 모른다.

알렉산드로스는 다리우스를 기다리기로 했다. 이제까지 계속 앞으로 전진만 했던 젊은 왕이 이번에는 기다리기로 한 것이다. 파르메니온과 분담해서, 즉 군대를 둘로 나누어서 막 손에 넣은 킬리키아 지방의 수비를 강화하는 군사 행동을 진행했다. 다리우스와 정면 승부를 해야 할 때 배후의 안전을 보장하기 위한 것이었다. 동시에 신병이 추가된 병사 전원에게 유연하고 기동성이 뛰어난 전법을 익히게 하는 목적도 있다. 요컨대 7월을 맞이한 알렉산드로스는 적을 기다리면서 킬리키아 지방의 확보와 병사의 훈련을 동시에 진행했다.

대규모 군대의 행군 속도가 느린 것은 각지에서 모여든 병사와 합류하면서 행군을 했기 때문이다. 이집트에서도 참전했기 때문에 황제가 거느린 페르시아의 군대가 중근동으로 들어온 시기는 이미 겨울이 가까운 무렵이었다.

여기서 다리우스는 다시 잘못을 저질렀다. 합류를 끝낸 군대를 안티오키아Antiochia라고 불리는 지역에 집결시킨 것까지는 좋았지만, 사실 그 부근에서 알렉산드로스와 대결했어야 했다. 안티오키아 주변은 평야로 이루어져 있어 대군을 거느리고 싸우기에 유리했다. 그런데 그 땅을 버리고 북으로 군대를 이동시켰다. 자기의 정원 깊숙한 곳으로 들어오기 전에 적을 두들겨 쫓아내야겠다는 생각에 너무 집착한 건지도 모른다.

엇갈림

이 때문에 웃기는데 웃을 수 없는 사태가 벌어졌다. 역사의 한 획을 그은 전투라고 하지만 제3자가 보면 종종 웃음이 나는 전개로 시작되기도 하는데, 역사적으로 유명한 '이소스전투'도 그런 사례 가운데 하나이다. 다리우스는 당황했다고 전해지는데 알렉산드로스도 당황하지는 않았지만 확실히 마음이 조급했다.

자기가 왕이라는 사실을 강하게 의식하고 있던 알렉산드로스는 지금까지 적으로 상대한 지방장관이나 용병 대장, 부족장과 달리 이번에는 황제를 상대로 싸워야 했다. '그라니코스'처럼 페르시아제국의 지방 세력과 싸우는 것이 아니라 페르시아의 중앙 세력과 치르는 전투였다. 혈기왕성한 23세의 알렉산드로스는 상당히 흥분한 듯했다.

다리우스가 안티오키아에 들어온 것을 알고 알렉산드로스도 군대를 이끌고 안티오키아를 향해 남하했다. 도착해보니 페르시아의 군대는 그림자도 보이지 않았다. 주민들이 북쪽으로 갔다고 제보했다. 정보 하나로 정세를 파악하는 알렉산드로스가 아니었기에 어선에 부하 장군을 태워 확인하게 했다. 돌아온 부하도 페르시아 군대가 북상한 것이 사실이라고 보고했다.

해안선을 따라 남하한 알렉산드로스와 북상하는 다리우스 사이에 산맥이 가로막고 있어 양쪽 모두 상대의 행군을 알아차리지 못하는 사이에, 한쪽은 북상하고 한쪽은 남하했기 때문에 길이 엇갈리고 말았다. 그래도 알렉산드로스는 고민하지 않았다. 그대로 유턴해서 강행군을 했다. 선두에 선 사람은 알렉산드로스였다. 이런 이유로 '이소

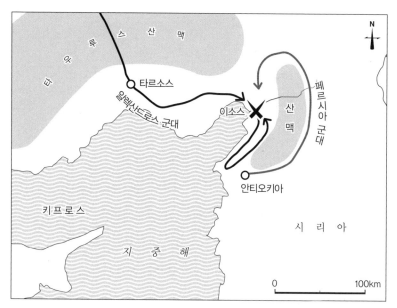

● 이소스평원과 그 주변

스전투'는 북쪽에서 온 알렉산드로스의 군대와 남쪽에서 온 다리우스
의 군대가 격돌할 예정이었지만 실제로는 그 반대가 되었다. 아무튼
이소스를 전쟁터로 선택한 쪽은 그곳에 먼저 도착한 다리우스였다.

　나는 47세의 성숙한 어른이자 유일한 '황제'라고 불린 다리우스가
왜 이소스를 전쟁터로 선택했는지 이해할 수 없다. 근처에 있는 마을
의 이름을 따서 '이소스'라고 불리는 평원은 그때의 전투가 없었다면
역사에 이름을 남기지 못할, 어디서나 흔히 볼 수 있는 평범한 평원이
었다. 서쪽은 지중해와 면해 있고 동쪽에는 낮은 언덕이 이어져 있으
며 바다와 언덕 사이가 사방 3킬로미터 정도밖에 되지 않는 평원이다.

중앙에는 언덕에서 지중해를 향해 흘러드는 강이 있지만 그 강도 그라니코스와 마찬가지로 강폭이 좁고 물살도 약했다. 게다가 그라니코스전투가 벌어진 때는 5월이었는데, 당시는 11월이었다. 수량이 감소해 보병도 물을 튀기면서 단숨에 건너갈 수 있었다. 고대 역사가들에 따르면 다리우스는 이소스에 60만 대군을 거느리고 도착했다고 한다.

다만 오리엔트인은 늘 숫자를 과장하는 경향이 있다. 현대의 연구자들은 20만 명 정도로 추정한다. 그 가운데 실제로 전쟁에 투입되는 인원은 15만 명 정도라고 생각하는 것이 현실적이다. 150년 전인 기원전 480년에 페르시아의 황제 크세르크세스가 군대를 이끌고 그리스를 침공했을 당시 병력도 20만 명이었다. 페르시아에서는 황제가 전장에 나서는데 병사가 20만 명이 되지 않으면 '황제'의 체면이 깎였다. 아무리 적게 잡아도 15만 명이었다. 이에 비해 알렉산드로스의 군대는 3만 명이 채 되지 않았다.

'그라니코스전투'에서 3만 5,000명이었던 병력이 '이소스'에서 본국 보충병을 더해도 3만 명이 되지 않은 것은 소아시아를 제압할 때 희생자가 많았기 때문이 아니다. 전사자는 적었다. 병력이 줄어든 이유는 다른 곳에 있었다. 양자를 맺는다는 유쾌한 방법으로 손에 넣은 카리아 지방에 주둔 기지를 설립하는 등 다른 전략적 요충지에도 기지를 설치하면서 그곳에 병력을 남겨두었기 때문이다. 적지에서는 줄어든 숫자만큼 병력을 보충할 수 없었다.

'이소스전투'에서 알렉산드로스가 활용한 병사 수는 보병 2만 4,000명과 기병 5,000명으로 합계 2만 9,000명이었다. 잡병을 포함해도 3만 명이 되지 않았다. 다리우스는 15만 명인 데 비해 알렉산드로스는 3만 명이었다. 게다가 '그라니코스'에 이어 '이소스'에서도 전쟁터를 결정한 쪽은 알렉산드로스가 아니었다. 그러나 마케도니아의 젊은이는 자기 군대에 유리한 것을 철저하게 활용했을 뿐만 아니라 불리함도 유리하게 바꾸는 재능이 탁월했다.

젊은 왕은 다리우스가 이소스에 도착한 사실을 알자 곧바로 이소스가 페르시아 황제와 첫 대결을 벌일 전쟁터가 되리라 확신했을 것이다. 11월은 전투에 적합한 계절이 아니었다. 겨울에 눈이 내리지 않는 중근동에서도 군대를 일단 해산하고 다음 해 봄에 재회를 약속하며 각자 고향으로 돌아가 겨울을 보내는 것이 일반적이었다.

그러나 페르시아 황제의 군대는 제국 각지에 사는 지방장관이나 대부족장이 끌고 온 병사를 모아서 편성한 군대였다. 일단 해산하고 고향으로 돌아가면 다음 해 봄에 다시 모인다는 보장이 없었다. 아니, 페르시아의 황제 다리우스에게 그런 자신감이 없었다. 다리우스는 이소스에서 모든 것을 결정해야 한다고 생각했다.

이 점만 놓고 보면 페르시아 황제보다 소국인 마케도니아의 알렉산드로스가 유리한 상황이었다. 알렉산드로스의 군대는 겨울과 야영, 거친 식사 등 모든 것에 왕부터 병사까지 모두 만족해하고 있었다. 반면 다리우스의 군대는 수도로 돌아가 왕궁에서 겨울을 보낼지도 모른다고 기대했을 것이다. 무엇이든 감수하는 3만 명은 이미 페르시아 황제의 정원에 들어와 있었다. 다리우스는 이중 삼중으로 '이소스'에서 결판낼 필요가 있었다.

모든 병사의 운명을 어깨에 짊어지고 있는 최고사령관은 적의 심리 상태를 꿰뚫어볼 수 있는 능력이 있어야 한다. 그래야 비로소 머릿수가 적어도 승리를 가져올 수 있다. 마케도니아의 젊은이는 그 능력이 있었다. 다른 말로 하면 상상력이 될 텐데, 알렉산드로스 역시 그리스인이었다.

젊은 왕은 다리우스가 이소스에서 승부를 내려 한다고 확신하자, 왔던 길을 돌아서 이소스로 향하는 도중에 전략과 전술을 생각해 각 부대의 지휘관에게 알렸다. 지휘관들도 이소스에 가까워지자 도로 폭이 넓어지는 것을 이용해 명령받은 대로 진형을 정비하면서 행군했다. 이소스평원에 도착하기 전에 전쟁터에 들어서면 곧바로 좌우로 나누는 군대 포진을 미리 준비한 상태가 되었다.

알렉산드로스는 헬레스폰토스를 건너 아시아로 들어온 이후 전투라고 불릴 수 있는 것을 네 차례 치러냈다. '그라니코스' '이소스' '가우가멜라' '히다스페스' 등 네 차례인데, 나는 알렉산드로스에게나 역사적으로나 가장 중요한 전투는 '이소스'였다고 생각한다. 그래서 이 전투가 시작되기 전에, 양쪽의 최고사령관인 다리우스와 알렉산드로스의 자세 또는 스타일의 차이를 정리해보는 것이 꽤 유용하리라고 생각한다. 전략과 전술의 차이뿐만 아니라 전황의 진전까지 리더의 성력誠力이나 태도가 영향을 미치기 때문이다.

다리우스는 대제국의 우두머리였다. 게다가 오리엔트인 특유의 성격 때문에 늘 많은 고문관을 포함한 간언하기 좋아하는 신하에게 에워싸여 있었다. 온화한 성격을 지니고 있어서인지 다리우스는 무엇을 하든 결정하기 전에 모두의 의견을 들었다. 물론 들은 뒤에 결정을 내리는 사람은 다리우스였다. 하지만 확고한 생각 없이 의견을 청취했기 때문에 결단 직후부터 망설이기 일쑤였다.

황제가 고민에 빠지면 아래에 있는 장군들도 '상황을 지켜보는' 자세를 취할 수밖에 없었다. 명령이 언제 바뀔지 예상할 수 없고 그렇다고 적극적으로 나섰다가 실패하면 재판도 없이 사형에 처해질 수 있었다. 더욱 나쁜 것은 병사에게 미치는 영향이었다. 지휘관이 상황을 지켜보고만 있고 그의 명령에 따라 움직이는 병사도 자신감을 가질 수 없었다. 전략과 전술은 고사하고 전투 의욕마저 공유할 수 없게 된다.

알렉산드로스는 그 반대였다. 무엇이든 독단적이었다. 마케도니아의 젊은 왕도 종종 사령관과 지휘관을 모아서 작전 회의를 개최했다. 그러나 그때 부하 장군의 의견을 듣기보다는 전략과 전술을 설명하고 회의를 끝내는 일이 많았다. 그렇지만 부하 장군에게 왜 그렇게 해야 하는지 논리적으로 설명했다.

67세의 파르메니온과 그보다 나이가 아래인 클레이토스 외에는 대부분 알렉산드로스와 동세대에 속한 젊은이였다. 따라서 서로 이해하는 데 별로 시간이 걸리지 않았을 것이다. 알렉산드로스는 독단적이었지만 유연성도 겸비했다. 전쟁터를 직접 눈으로 본 뒤에 갑자기 각 부대의 배치를 변경하는 일이 종종 있었다.

속공으로 승부한다는 기본 전략은 일관되게 유지했다. 그러나 전

● 알렉산드로스

술은 임기응변으로 결정했다. 알렉산드로스는 생각은 했지만 고민하지 않았다. 전술 변경도 그 자리에서 생각해서 결정한 결과이지 고민한 끝에 내린 결단이 아니었다. 급하게 부대 배치를 명령받은 부대장들의 움직임이 불필요하지 않았다는 것에서 확인할 수 있다. 변경할 때는 이유를 설명할 필요가 없었다. 군단을 지휘하는 사령관 수준에서 소부대의 부대장까지 알렉산드로스가 충분한 이유가 있어서 변경했을 것이라고 믿었다. 이런 상층부의 분위기는 병사들에게도 전해졌다. 최고사령관에서 말단 병사까지 승리에 대한 의욕을 공유했다.

고민은 승리의 발목을 잡지만 확신은 승리로 이끈다. 이 또한 다리우스의 15만 명과 알렉산드로스의 3만 명의 차이점이었다. 노골적으로 말하면 전투에서 이기는 방법은 하나밖에 없다. 아군이 공포에 빠지지 않게 하면서 적을 공포로 몰아넣으면 된다. 어떻게 하면 이와 같

• 다리우스

은 상태를 만들 수 있을까? 이것이 전략과 전술이다. 전쟁터에서 병사는 육체로 싸우는 데 반해, 총사령관은 두뇌로 싸우는 것은 승리를 위한 전략과 전술이 이 한 점으로 집약되기 때문이다.

왕이나 장군, 병사 모두 이소스평원에 도착해서야 비로소 적의 대군을 눈으로 보았다. 강변을 메우고 있는 페르시아 군대는 병력이 5배 많았지만 공격보다 방어에 치중하는 듯 보였다. 강 건너편에는 적의 기마 군단이 위치하고 있는 우익을 제외하고 전선 모든 곳에 방책이 세워져 있었다. 특히 무거운 방책으로 에워싸여 있는 곳은 전선의 중앙부였다. 페르시아에서는 황제의 위치가 군대의 중앙으로 정해져 있었다.

이를 본 알렉산드로스는 전체 군대를 교대로 하루씩 쉬게 했다. 왕복 200킬로미터의 강행군을 했기에 휴식을 주는 게 당연했지만 적군이 빤히 보이는 곳에 있었다. 그러나 병사들은 보이는 적을 잊고 잠에 빠졌고 배도 충분히 채웠다. 알렉산드로스가 전투 전날 밤을 어떻게 보냈는지 기록한 사료는 남아 있지 않다. 알렉산드로스가 한숨도 자지 않고 막사를 왔다갔다 하며 밤을 새운다는 것은 상상도 할 수 없는 일이다. 그러므로 상태를 보러온 파르메니온이 잠에 빠져 있는 왕을 보고 기가 막히다는 표정을 지었다는 고대 역사가의 서술은 진실에 가까울 것이다.

'이소스전투'

기원전 333년 11월 초반에 마침내 '이소스전투' 당일을 맞이했다. 공기는 쾌청했다. 11월에 들어섰기 때문에 햇살도 여름처럼 강하지 않았다. 갑주를 입는 것만으로 땀이 흐르는 일은 없었다. 전쟁터에 먼저 들어와 기다리고 있던 페르시아 군대의 포진은 완벽했다.

내가 '페르시아 군대는 강의 맞은편을 가득 메우고 있었다'라고 쓴 것은 페르시아 군대는 4단으로 된 층을 만들어 포진하고 있었기 때문이다. 사방 3킬로미터 정도의 평원은 강으로 둘로 나뉘었기 때문에 15만 명의 병력을 배치하기 위해서는 4단으로 나누지 않으면 수용할 수 없을 정도로 좁았을 것이다. 안쪽 깊이가 깊은 이 진용은 전황이 유리하게 진행되면 계속해서 병력을 보낼 수 있기 때문에 공격력을 강화할 수 있다.

그러나 전황이 불리해지면 순식간에 괴멸 상태에 빠져들 위험도 있었다. 아마 다리우스는 자기 군대의 수적인 우세를 믿고 마지막까지 밀어붙일 속셈이었을 것이다. 이를 위한 방법도 충분히 준비해두었다고 생각했을 것이다. 승부는 먼저 1단에서 결정하고 두 번째, 세 번째 무리를 보내 승리를 굳히겠다고 생각했을 것이다. 이 경우 네 번째 무리는 예비 병력이었다.

첫 번째 군대는 2만 명이 넘는 기병 군단으로 지중해를 우측으로 바라보는 우익에 배치되었다. 이들은 페르시아 제국의 자부심이었다. 기병은 제국 각지에서 모여든 페르시아 사회의 엘리트로 이루어져 있었다. 유럽과 아시아 모두 소나 양의 젖으로 크림과 버터를 만드는 지방에서는 사회의 엘리트를 '크림'이라고 부르는 관습이 있었다. 이소스의 전쟁터에서 페르시아 군대의 우익에 포진한 것은 페르시아제국의 '크림'이었다. 군장도 화려해서 실제 숫자보다 많아 보였다.

이 엘리트 집단의 왼쪽부터 시작되는 '중앙'에는 2만 명이 넘는 그리스인 용병으로 배치되었다. 대부분이 스파르타 출신이었기 때문에 군장도 과거의 스파르타 용사와 동일했고 그들을 감싸고 있는 투구와 흉갑, 갑주, 방패까지 그리스 도시국가의 중무장 보병보다 크고 강하게 만든 것이었다. 이들이 집단을 이루어 다가오면 작은 탱크 집단이 다가오는 듯한 위압감을 주었다. 전쟁 전문가들로 이루어진 집단이었다. 황제가 있는 중앙의 최전선에 배치되었다는 것은 페르시아에서 '스파르타 브랜드'가 여전히 살아 있음을 보여주는 사례이다.

용병 집단 바로 뒤에는 '불사신의 남자들'이라 불리는 페르시아의

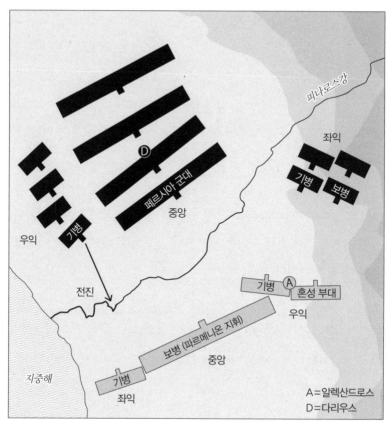

피나로스강

좌익

기병　보병

페르시아 군대

중앙

D

우익

기병

전진

기병　A　혼성 부대

우익

보병 (파르메니온 지휘)

지중해

중앙

기병

좌익

A＝알렉산드로스
D＝다리우스

● 이소스전투 1

정예 1만 명이 다리우스가 탄 전차를 에워싸듯 포진하고 있었다. '불사신'이라고 불린 것은 전투에서 죽지 않기 때문이 아니라 누군가 전사하면 곧바로 그 자리를 메워 늘 1만 명을 유지했기 때문이다. 1만 명이 바로 페르시아 황제의 근위 군단이었다. 황제가 출전할 때는 이들이 반드시 동행했다.

페르시아의 황제는 좌익에 보병과 기병이 뒤섞인 혼성 부대를 배치했다(이소스전투 1). 지난해에 벌어진 '그라니코스전투'의 전개에 대해 다리우스도 들어서 알고 있었을 것이다. 그때 알렉산드로스가 거느린 마케도니아 기병 군단의 돌격으로 전선이 무너졌을 뿐만 아니라 그것으로 승패가 결정되었다. 그리스 군대는 최고사령관이 우익에 위치한다는 사실도 알고 있었다. 즉 알렉산드로스가 우익에 있었다.

다리우스는 알렉산드로스가 거느린 우익의 돌격을 저지할, 아니 저지까지는 아니더라도 그들의 돌격을 방해할 방법이 필요했다. 자기 군대의 좌익 가운데 일부에게 미리 강을 건너게 만들어서 그리스 쪽 우익의 측면에 배치했다. 그리스 군대의 우익이 돌격하는 것을 저지하는 사이에 자기 군대의 우익에 있는 기병 군단이 맹공을 퍼부어 그리스 쪽 좌익을 붕괴시킬 작정이었다. 다리우스의 전략과 전술은 나쁘지 않았다. 다만 상대가 만만치 않았을 뿐이다.

충분한 수면을 취한 뒤에 적이 기다리고 있는 전쟁터로 들어간 23세 젊은이는 안쪽 깊이가 깊은 적의 진용을 보고 자기 군대의 포진을 그와 반대되는 진용으로 변경했다. 적의 5분의 1도 되지 않는 병력이지만 적보다 가로로 길고 넓게 포진했다. 개전 직후 공격이 마음먹은 대로 진행되지 않을 경우에 숫자가 많은 적에게 쉽게 무너질 위험이 있지만 승리는 모험을 걸어야 얻을 수 있다.

그리고 자기 군대의 배치도 바꾸었다. 자기가 우익을 맡고 파르메니온의 팔랑크스를 주력으로 하는 중앙이나 좌익에는 그리스 각지에서 온 기병을 배치했다는 점에서는 달라진 것이 없다. 그러나 마케도니아 기병에 이어 실력을 인정받은 테살리아 기병 전부를 좌익으로 돌렸다. 적의 기병 군단이 맹공을 펼칠 것이 분명한 상황에서 좌익을 강화시키기 위한 방법이었다. 동시에 자기가 거느린 우익에도 손을 보았다. 특수부대라고 해도 좋은, 공격용 보병과 기병으로 이루어진 1개 부대를 급하게 편성해 마케도니아 기병만으로 이루어진 우익의 오른쪽 끝에 배치했다.

'그라니코스'에서 전투의 시작을 알린 것은 알렉산드로스가 거느린 마케도니아 기병 군단이었지만, 이곳 '이소스'에서는 보병과 기병이 섞인 혼성부대였다. 이 부대에는 마케도니아 기병 군단이 돌격할 때 방해가 되는 적의 부대를 제거하라는 명령이 내려졌다. 속공으로 승부를 결정하는 전법에는 변함이 없지만 그전에 장애물을 제거할 필요가 있었다.

평원을 무대로 펼쳐지는 전투는 예외 없이 처음에는 천천히 시작된다. 이소스에서도 양쪽 군대 모두 강을 사이에 두고 느린 속도로 전진했다. 전진 속도는 활의 사정거리인 200미터에 이를 때까지 변화가 없었다. '이소스'에서는 느리지만 전진한 쪽은 그리스 군대였고, 페르시아 군대에서는 우익의 기마 군단만 전진했다. 목책을 지키고 있는 중앙과 좌익은 대기 상태였다. 병력의 숫자가 5배였기에 언제든 기회만 되면 뭉갤 수 있다고 생각했을지도 모르겠다. 오리엔트인의 물량에 대한 신뢰는 거의 신앙 수준이었다.

기원전 333년, 초겨울의 햇살 아래 '이소스전투'의 불꽃이 타올랐다. 급하게 배치를 바꾸었음에도 불구하고 가장 오른쪽에 배치된 그리스 쪽의 혼성부대는 장애물 제거라는 임무를 충분히 수행했다. 페르시아 쪽의 전초부대를 언덕으로 쫓아냈을 뿐만 아니라 괴멸 상태로 만들어서 전투 능력을 잃게 만들었다.

이것을 본 알렉산드로스는 3,000명의 마케도니아 기병 군단에 돌격 명령을 내렸다. 돌격 명령을 내렸다기보다는 애마 부케팔로스를 타고 스스로 '돌격, 돌격'을 외치면서 뛰어나갔다고 해야 할 것이다. 왕이 뛰쳐나가면 명령을 내리지 않아도 마케도니아 기병이 뒤를 따랐다. '그라니코스' 때처럼 선두에 서서 달리던 왕이 적지에 고립되는 사태는 절대로 반복하지 말아야 했다. 이렇게 마케도니아 기병 전체가 돌격하면서 진정한 의미에서 '이소스전투'의 서막이 올랐다.

동시에 전쟁터 반대쪽에 있는 바다에서 페르시아 기병 군단의 맹렬한 공격이 시작되었다. 중앙은 아직 격돌하지 않았다. 알렉산드로스는 파르메니온이 지휘하는 중앙에 적의 공격을 끝까지 견디라는 명령을 내렸다. 마케도니아가 자랑하는 팔랑크스도 거대한 고슴도치가 되어 페르시아 쪽에서 싸우는 스파르타의 용병들이 강을 건너 조금씩 거리를 좁혀오는 것을 기다리고 있었다. 가로로 길게 늘어선 팔랑크스의 진형이 무너지면 곧바로 패배로 가는 길이었다.

젊은 왕은 이번에도 강물을 튀기면서 강을 건너 돌격했지만 앞서 나가지 않도록 주의했다. 처음부터 끝까지 기마 군단의 선두에 서서 싸웠지만 기마 군단과 왕은 절대로 떨어지지 않았다. 이 마케도니아 기마 군단이 페르시아 쪽 진용에 쐐기를 박는 데 성공했다. 즉 서로 지켜야 하는 페르시아군의 중앙과 좌익이 분리되고 말았다(이소스전투 2).

진형이 붕괴되면 다음은 괴멸이다. 괴멸을 목표로 마케도니아 기병 군단이 맹렬한 공격을 퍼붓는 사이에 페르시아 쪽 좌익은 어쩔 도리가 없었다. 좌익이 전투 능력을 상실하자 다리우스가 있는 중앙부의 왼쪽 옆구리가 무방비 상태가 되고 말았다. 그 중앙으로 알렉산드로스가 이끄는 3,000명의 기병이 공격을 집중했다.

전황은 이때부터 제2막이 올랐다. 언덕 쪽에서는 적의 좌익의 전투 능력을 없애는 데 성공한 마케도니아 기병 군단이 다리우스가 있는 중앙에 대한 공격을 강화하고 있었다. 젊은 왕은 오른쪽에서 왼쪽으로 적의 병사를 쓰러뜨리면서 적군의 중앙에 있는 단 한 명, 대형 전차를 타고 있는 다리우스에게서 시선을 떼지 않았다. 황제를 쓰러뜨리면 승부는 그걸로 끝이었다. 23세의 알렉산드로스는 자기가 지휘하는 기병을 모두 다리우스 공격에 투입했다. 물론 선두에 선 사람은 알렉산드로스였다. 하지만 황제를 에워싸고 있는 '불사신의 남자들'이라는 벽은 두꺼웠다.

전쟁터 중앙에서는 분노한 고슴도치 같은 마케도니아의 팔랑크스와 소형 탱크 집단 같은 그리스인 용병 군단이 마침내 격돌했다. 7미

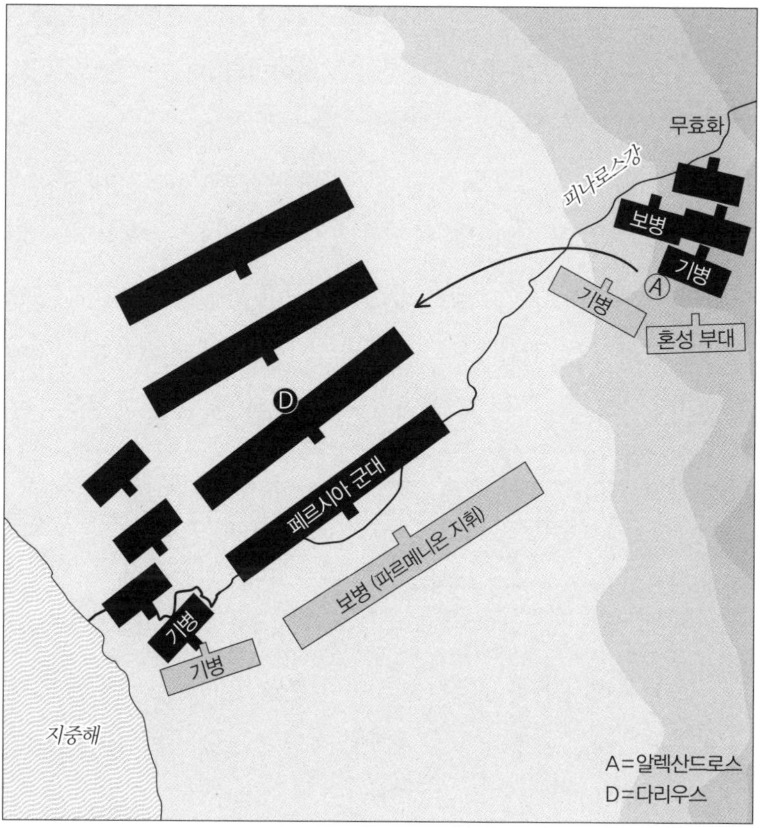
무효화
피나로스강
보병
기병
A
기병
혼성 부대
D
페르시아 군대
보병 (파르메니온 지휘)
기병
기병
지중해
A=알렉산드로스
D=다리우스

• 이소스전투 2

터에 이르는 긴 창의 숲을 붕괴시키는 것은 힘들었다. 쓰러지는 쪽은 소형 탱크와 같은 스파르타의 중무장 보병이었다. 파르메니온은 이렇게 왕의 엄명을 지키는 데 성공했다.

바다 쪽에서는 강을 건너 적진으로 뛰어든 페르시아의 기병 군단과 조금씩 후퇴하면서도 반격을 멈추지 않는 그리스의 기병 사이에서 전투가 벌어지고 있었다. 10배가 넘는 페르시아 기병 군단이 우세를 보였지만 그리스의 테살리아는 기병 왕국이었다. 적의 맹렬한 공격에 끈질기게 반격하면서 한 명의 기병도 등을 돌리지 않았고 진형도 무너지지 않았다.

'이소스전투'가 전혀 다른 양상으로 제3막을 올린 것은 페르시아의 황제 다리우스가 공포에 사로잡혔기 때문이다(이소스전투 3). 왼쪽에서 알렉산드로스가 선두에서 이끄는 마케도니아의 기병 군단이 밀려왔다. 적으로부터 황제를 보호하는 것이 임무인 '불사신의 남자들'도 정예였지만 그래도 보병이었다. 차례로 적의 말발굽 아래 희생되었다. 이날 전투에서 1만 명 가운데 6,000명이 전사했다.

이를 본 다리우스는 47세의 나이에도 불구하고 자신에게 닥쳐온 위험에 대한 공포에 사로잡혀 자기가 황제라는 사실을 잊었다. 다리우스의 머리에는 도망쳐야 한다는 생각밖에 없었다. 타고 있던 전차로 달아나려고 했지만 주위에 아군 병사가 너무나 많았기 때문에 전차를 움직일 길을 만들 수 없었다. 그래서 데리고 있던 말에 올라타 뒤도 돌아보지 않고 그대로 전쟁터에서 달아났다. 그 황제의 뒤를 따른 것은 중앙에 배치되어 있는 페르시아 기병이었다.

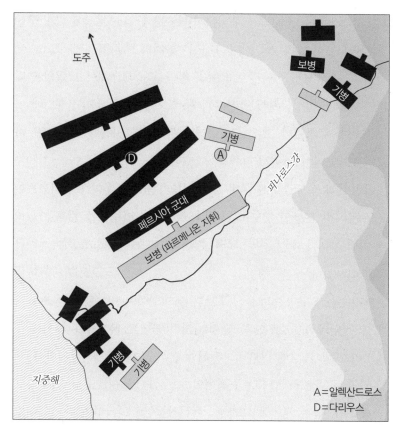

도주

기병
(A)

(D)

페르시아 군대

보병 (파르메니온 지휘)

피나로스강

보병

기병

기병

기병

지중해

A=알렉산드로스
D=다리우스

● 이소스전투 3

중앙에서 일어난 사태를 우익에서 싸우고 있던 페르시아 기병 군단도 알아차렸다. 대형 전차에 타고 있는 황제의 모습을 멀리서도 볼 수 있었다. 이런 정보는 바람보다 빨리 전해진다. 페르시아 사회의 엘리트인 기병도 전쟁터에서 달아나는 황제를 보고 더 이상 전쟁터에 머무를 이유가 없었다. 그대로 유턴해서 달아나기 시작했다. 그것도 아군인 보병을 걷어차면서 말이다.

이렇게 해서 페르시아 군대 전체가 붕괴했다. 그렇다고 엘리트들이 모두 무사히 도망친 것도 아니다. 테살리아의 기병대를 선두로 그리스 기병 부대가 추격하기 시작한 것이다. 도망치는 데 성공한 기병은 절반 이하였다고 전해진다.

다리우스가 도망친 것을 누구보다 빨리 알아차린 사람은 가까운 곳에 있던 알렉산드로스였을 것이다. 그는 곧바로 달아나는 황제를 추격하려고 했다. 그때 파르메니온이 보낸 병사가 급하게 달려왔다. 적의 중앙부를 공격해달라는 요청이었다.

알렉산드로스 개인의 생각으로는 달아나는 다리우스를 추적하고 싶었을 것이다. 알렉산드로스나 파르메니온 모두 황제가 달아날 것이라고는 전혀 예상하지 못했다. 예상하지 못했기에 애초에 적의 좌익을 붕괴시킨 이후 적의 중앙으로 공격을 옮기고 그것을 신호로 파르메니온도 팔랑크스를 완전히 공격으로 전환시키는 전략을 세워둔 상태였다.

이를 생각해냈는지 알렉산드로스는 돌아가겠다고 대답했고 실제로 돌아갔다. 앞은 팔랑크스, 뒤는 마케도니아의 기병 군단 사이에 낀 페르시아 군대의 중앙은 말 그대로 괴멸되고 말았다(이소스전투 4). 3만 명과 15만 명이 싸운 '이소스전투'는 3만 명의 압승으로 막을 내렸다.

고대 역사가들에 따르면 페르시아 쪽의 희생자는 보병 10만, 기병 1만 명이었다. 전사자가 많은 것은 그리스 병사의 창에 찔려 죽기보다 도망치는 아군 병사에게 밀려서 깔려 죽은 사람이 많았기 때문이다. 페르시아 군대가 공황 상태에 빠지자 오히려 병력의 숫자가 많은 것이 독이 되어 압사자가 늘어나고 말았다.

2만 명이 넘는 그리스인 용병 가운데 전쟁터에서 도망친 인원은 8,000명이었다. 동방으로 달아난 페르시아 병사와 달리 이들은 서쪽으로 달아났다. 대부분 스파르타 출신이었기 때문에 어떤 경로를 거쳤는지는 모르지만 모국 스파르타까지 달아났다.

코린토스 회의에 참석하지 않았던 스파르타는 그곳에서 결정된 그리스 외 국가의 용병이 되어 그리스를 상대로 하는 전투에 참전한 그리스인은 조국에서 추방된다는 결정에 따를 의무가 없었다. 따라서 스파르타인 용병만이 조국으로 돌아갈 수 있었다. 그리스의 다른 지역에서 온 용병은 전쟁터에서는 달아날 수 있더라도 돌아갈 조국이 없었다. 그들은 다음 직장을 찾아서 뿔뿔이 흩어졌다고 전한다.

알렉산드로스가 이끄는 그리스 군대는 450명의 전사자만 냈을 뿐이다. '그라니코스'에서는 150명이었는데, 5배 이상의 차이가 나는 적과 싸운 '이소스'에서는 전사자도 늘어났다. '이소스전투'도 23세의 알렉산드로스가 압도적인 승리를 거두었다.

유프라테스강을 건너고 나서야 비로소 안심한 다리우스에게 '불사

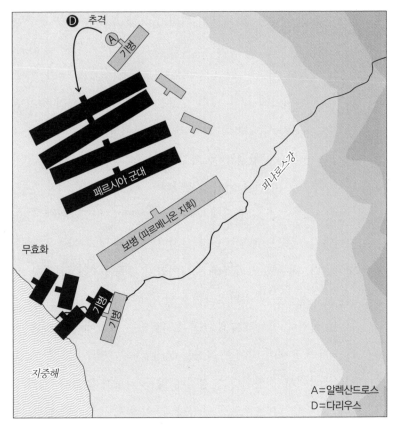

- 이소스전투 4

신의 남자들' 가운데 살아남은 4,000명이 쫓아왔다. 페르시아 황제 다리우스는 이 4,000명을 거느리고 메소포타미아 지방을 횡단하고 티그리스강도 건넌 뒤에 마침내 수도인 수사에 도착했다. 병사들을 버리고, 호화롭게 만든 황제 전용 전차도 버리고, 용병을 위해 지불한 3,000탈란톤의 큰돈도 버리고, 전쟁터에 데려간 가족까지 버린 도주였다. 하지만 정작 다리우스는 작은 상처 하나 입지 않았다.

격전 도중 넓적다리에 적병의 창에 찔려 부상을 입은 23세 젊은이는 의사 필리포스의 응급처치를 받고 곧바로 활동을 재개했다. 먼저 전사자의 매장이 행해졌다. 그리스 군대는 전사자를 전쟁터에서 화장해 그 전쟁터에 묻는 것이 관례였다. 관행적으로 죽은 자의 매장은 그를 이끌던 최고사령관이 맡았다. 페르시아에서는 이런 일을 하지 않았지만 그리스는 그렇게 했다. 로마도 마찬가지였다. 최고사령관에게 병사는 전우였다. 훗날 로마의 카이사르는 병사에게 말할 때 늘 '전우 여러분'이라고 불렀다.

알렉산드로스가 병사들을 어떻게 불렀는지는 알려져 있지 않다. 그러나 누구보다 부하인 병사들을 전우라고 생각했고 병사들도 이 젊은 왕을 자신의 전우라고 생각했다. 죽은 자의 매장을 끝낸 뒤에는 죽지는 않았지만 상처를 입은 전우들을 문병했다. 이 또한 최고사령관이 해야 하는 전투 직후의 행사였다. 최고사령관에게는 노고를 치하하는 일 외에 중상을 입어서 더 이상 참전이 불가능한 병사들을 고국으로 보내야 하는 의무도 있었다.

그러나 알렉산드로스가 지휘한 전투에서는 전사자의 숫자가 적었을 뿐만 아니라, 일반적으로 전사자보다 많은 부상자의 숫자도 적었다고 전해진다. '이소스전투'가 끝난 뒤에도 특별히 배를 준비해 귀국시킬 정도의 숫자는 아닌 듯하다. 사전에 조직해 동행시킨 의사 그룹의 적절한 치료도 효과가 있었던 것 같다. 알렉산드로스는 전투 이후 부상자를 방문할 때 언제나 의사 그룹과 함께했다.

이 모든 일을 끝낸 뒤, 그날 알렉산드로스는 친한 동료 헤파이스티온과 첫 식사를 했다. 그 자리에 부하가 들어와 알렉산드로스에게 페르시아 황제의 모후와 황후가 울부짖고 있는데 어떻게 하면 좋을지 물었다. 23세의 젊은이답게 호기심이 왕성한 알렉산드로스는 전력을 투입한 격전 이후였지만 그들을 방문하기로 하고 곧바로 실행에 옮겼다. 물론 이번에도 어디를 가도 늘 함께하는 헤파이스티온과 동행했다.

페르시아 황실에는 승리로 끝날 것으로 예상되는 전투에는 가족을 동행하는 관습이 있었다. 150년 전 대군을 이끌고 그리스를 침공했던 페르시아 황제 크세르크세스도 동생들과 자식들을 동행시켰다. 다리우스의 경우에는 그리스라는 '어웨이'로 원정하는 것도 아니고 이소스라는 '홈'에서 벌어지는 전투였다. 그래서 여자들도 동행시켰던 것이다. 알렉산드로스가 찾아간 곳은 전쟁터의 후방에 있는 황실 여자들을 위한 천막이었다. 안에서 울음소리가 들려왔다.

다리우스가 버리고 간 황제 전용 전차와 마찬가지로 황실 여자들을 위한 천막도 페르시아의 부를 뽐내듯 아름답고 화려했다. 안으로 들어온 알렉산드로스와 헤파이스티온을 보자 페르시아의 모후는 두 사람 가운데 한 사람의 발밑에 엎드려 울면서 살려달라고 했다.

그런데 모후는 오늘날의 표현을 빌리자면 '외교적인 중대한 과실'을 저질렀다. 무릎을 꿇고 빌어야 할 대상을 착각했다. 알렉산드로스와 헤파이스티온은 어릴 때부터 쌍둥이 같다는 말을 들을 정도로 신체와 복장이 비슷했다. 다만 헤파이스티온이 약간 더 컸기 때문에 페르시아의 모후는 그 사람이 마케도니아의 왕이라고 생각했다.

이 '외교적인 중대한 과실'은 곧바로 황실의 여자들을 모시고 있던 그리스인에게서 지적을 받았다. 모후의 절망은 극한에 이르렀다. 상대를 착각하는 것만큼 실례되는 행위도 달리 없었다. 알렉산드로스는 예부터 어머니의 아들이었다. 그래서 타인의 어머니에게도 부드럽게 대했다. 그때도 노부인의 손을 잡고 일으켜 세워주며 말했다. 타인의 어머니에 대한 존칭인 '자당慈堂'이라고 부르면서.

"자당께서 신경 쓰실 일은 없습니다. 이 사람도 또 한 명의 알렉산드로스니까요."

통역을 통해서 계속 말을 이었다. 페르시아의 황제 다리우스가 도망쳤기 때문에 아직 살아 있을 가능성이 충분하다는 것. 그리고 모후에게는 아들, 황후에게는 남편, 딸들에게는 아버지인 다리우스의 소식이 알려지면 곧바로 알려주겠다고 약속했다. 부인들에 대한 대우도 과거와 다를 바 없을 것이고 병사들에게 엄명을 내려 명예나 지위를 훼손하는 행위는 절대로 하지 않겠다고 약속했다. 하녀까지 함께했던 비탄의 대합창은 이것으로 잦아들었다.

하지만 알렉산드로스는 얼마 후에 도착한 다리우스의 강화 제안을 딱 잘라 거절했다. 제안에는 다음과 같은 내용이 포함되어 있었다.

첫째, 타우루스산맥 서쪽의 소아시아는 마케도니아 왕의 영유지로 양도할 수 있다. 둘째, 황실 여자들의 몸값으로 1만 탈란톤의 돈을 지불할 용의가 있다. 마지막으로 페르시아제국과 마케도니아 왕국의 적대 관계가 해소되었다는 증거로 왕녀 하나를 알렉산드로스에게 시집보낼 수 있다.

23세의 알렉산드로스는 크게 웃으면서 말했다. 먼저 타우루스산맥 서쪽의 소아시아는 이미 내 손안에 있다. 둘째, 황실의 부인들도 억류할 필요가 없어지면 몸값을 받지 않고 자유롭게 풀어줄 것이다. 셋째, 내가 마음만 있으면 지금이라도 왕녀를 아내로 삼을 수 있다.

어쨌든 페르시아 황제와 알렉산드로스 사이에서 벌어진 첫 번째 대결이 끝났다. 젊은 왕이 헬레스폰토스해협을 건너 아시아로 들어온 지 2년이 지났다. 다음 해 봄부터는 현대의 연구자들이 말하는 '이소스 이후'가 젊은 왕을 기다리고 있었다. 그의 앞에는 두 가지 선택지가 놓여 있었다.

'해상 교통로'를 확립하다

지난해 5월에 벌어진 '그라니코스전투'에서 알렉산드로스는 소아시아에서 페르시아 세력을 일소하는 데 성공했다. 이 지방을 페르시아제국이 지배한다는 사실을 상징적으로 보여주던 지방장관 가운데 절반 이상이 그라니코스에서 전사했고, 살아남은 사람들은 젊은 승리자 앞에서 문을 열고 마케도니아의 지배를 받아들였다. 실제로 소아시아의 지방장관 가운데 다음 해 11월에 벌어진 '이소스전투'에 참가한 사람은 아무도 없었다.

'이소스전투'에서는 페르시아 황제가 직접 거느린 군대를 상대로 압승을 거두었다. 페르시아제국의 중추를 적으로 삼아서도 이겼던 것이다. 게다가 페르시아 쪽은 황제 스스로 전선을 이탈했다는 오점을 남겼다.

당연한 말이지만 그 결과 전쟁을 피해 이소스 지역에서 달아났던 많은 지방장관과 호족은 황제를 바라보는 시선이 예전과 달라졌다. 그들은 알렉산드로스가 소아시아에서 페르시아인 지방장관들에게 관용을 베풀었다는 것도 알고 있었고, 그 사실을 매력적으로 느끼기 시작했을 것이다. 이렇게 되면 다리우스가 설욕하려고 할 때 그가 의지할 수 있는 사람은 제국 동쪽에 영지를 가진 유력자들뿐이었다.

드넓은 페르시아제국을 크게 둘로 나눠 오늘날 국가별로 나타내면 다음과 같다. 소아시아는 제국의 서북쪽에 있는 변경이었다. 오늘날 터키에 해당하는 이 지방은 성가신 그리스인 세계와 접하고 있었다. '그라니코스' 이후에는 알렉산드로스의 지배 아래 들어갔다.

제국의 남서쪽을 차지하고 있는 지역은 이집트였다. 이집트는 메소포타미아 지방에서 패권을 장악한 민족이 반드시 탐낼 정도로 풍요로운 국가였다. 그렇기에 페르시아의 지배가 느슨해지면 곧바로 반란을 일으키는 피곤한 지방이기도 했다. 일단 페르시아의 지배를 받았고 이소스전투에도 페르시아인 장관을 따라 이집트 군대가 참전했다. 그 지방장관은 이소스에서 전사했다. 이는 '이소스' 이후 이집트에서 페르시아 군사력의 지배가 공백 상태가 되었음을 의미한다.

그다음으로 페르시아제국의 중추를 살펴보자. 지중해의 동쪽 끝에서 시작해 유프라테스강을 넘어 티그리스강의 동쪽에 이르는 넓은 지역이다. 오늘날의 국가로 보면 중근동의 여러 나라, 즉 시리아, 이라크, 이란의 서쪽을 차지하고 있다. 유프라테스와 티그리스라는 두 강 사이에 있는 메소포타미아 지방이야말로 역사적으로 늘 중동의 중추였다. '이소스전투'의 승리가 지닌 참된 의미는 이 중추를 상대로 이겼다는 것이다.

페르시아제국의 동쪽은 티그리스강에서 동쪽으로 펼쳐져 있었다. 오늘날의 국가로 보면 이란의 동쪽과 아프가니스탄, 파키스탄 그리고 북쪽으로 투르크메니스탄, 우즈베키스탄, 타지키스탄에 이르는 지역으로 대부분이 산악 지대였다. '이소스전투'에는 이 지방을 실제로 지배하고 있던 유력자 대부분이 참전하지 않았다. 다리우스가 권토중래를 원한다면 알렉산드로스와 다시 싸워야 했고 그러려면 이들을 소집해야 했다.

이쯤에서 '이소스전투' 후에 알렉산드로스 앞에 놓인 두 가지 선택지로 돌아가보자. 첫째, 이 기회에 메소포타미아 지방까지 공략해 단숨에 페르시아제국을 붕괴시킨다는 선택지. 둘째, 그와 달리 중근동을 제압하고 이집트를 먼저 손에 넣는다는 선택지.

첫 번째를 선택했을 때 얻을 수 있는 이익은 군대의 재편성이 아직 이루어지지 않은 다리우스를 공격할 수 있다는 것이다. 그러나 불리

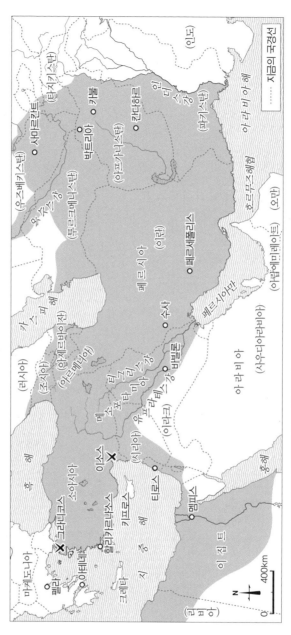

● 알렉산드로스가 동방 원정을 떠나기 전 페르시아 제국 판도

----- 지금의 국경선

한 점도 있었다. 보급선이 길어진다는 것이다. 두 번째 선택지의 이익은 중근동에서 제압을 시작하기 때문에 '이소스전투'의 영향력을 최대한 활용할 수 있다는 것이었다. 또한 지중해의 제해권을 페르시아에서 탈취할 수 있다는 이점도 있었다. 왕국의 해군을 갖지 못한 알렉산드로스는 실제로 아테네에서 온 20척밖에 보유하지 못했다. 이와 달리 페르시아 쪽에는 400척에 이르는 페니키아 해군이 있었다. 페르시아는 여전히 동지중해는 물론이고 에게해까지 제해권을 장악하고 있었다. 이런 상황에서 마케도니아뿐 아니라 그리스 본토와의 연락과 보급을 보장한다는 것은 꿈과 같은 일이었다.

병참을 중요하게 생각하지 않는 사령관은 전쟁터에서 아무리 용감해도 절대로 승리자가 될 수 없다. 즉 전투에서는 이길 수 있어도 전쟁에서는 이길 수 없다. 알렉산드로스는 '그라니코스'와 '이소스' 등 육상의 전투에서는 압승을 거두었지만 해전에서 승리한 것은 아니었다.

전쟁터에서 끝없는 속공으로 승리한 23세의 알렉산드로스는 그 후 방침을 바꾸었다. 단숨에 적의 본거지를 공격하자는 목소리가 병사들 사이에서 강하게 흘러나왔지만 그는 두 번째 선택지를 선택했다. 먼저 중근동과 이집트를 제압하기로 했다. 이 남자는 전쟁터에서도 빨랐지만 배움도 빨랐다.

알렉산드로스는 계절이 겨울로 접어들었지만 군대를 둘로 나누었다. 그러고는 파르메니온에게 군대의 절반을 이끌고 다마스쿠스로 가게 했다. 이소스에서 사로잡은 포로를 심문해 이소스로 향하기 전에 다리우스가 황제의 재물 대부분을 다마스쿠스로 보냈다는 사실을 알아냈기 때문이다.

한편 알렉산드로스는 이소스를 뒤로하고 중근동을 제압하기 위해 남하했다. '이소스전투'가 있었던 해라고 해도 좋을 기원전 333년이 끝나고 기원전 332년으로 접어들 무렵이었다. 알렉산드로스가 거느린 군대는 당시의 상식이었던 동계 휴전을 하지 않았다.

역시 '이소스'의 영향력은 컸다. 지중해 동해안을 따라 이어져 있는 대부분의 항구도시가 페르시아를 버리고 알렉산드로스의 지배를 받아들였다. 북쪽에서 남쪽으로 라오디키아Laodicea, 트리폴리Tripoli, 베이루트, 시돈Sidon, 그리고 가까운 바다 위에 떠 있는 키프로스섬까지 차례로 마케도니아의 젊은 왕에게 성문을 열었다. 이들은 모두 항구도시였기에 규모는 작지만 해군을 보유하고 있었다. 알렉산드로스는 도시내의 현상 유지는 인정했지만 해군만은 자기 지배 아래 두었다.

그때 다마스쿠스로 갔던 파르메니온이 다량의 금과 은을 갖고 돌아왔다. 알렉산드로스는 곧바로 금화와 은화를 만들었다. 다리우스가 두고 간 금괴와 은 막대는 병사에게 줄 급여와 상여금으로 바뀌었다.

● 알렉산드로스 금화

나도 지금 그 금화 하나를 가지고 있는데 표면에는 투구를 쓴 알렉산드로스의 옆얼굴이 묘사되어 있고 뒷면에는 승리의 여신 니케가 조각되어 있다. 내가 아는 범위 내에서 자기의 옆얼굴을 통화에 새긴 인물은 알렉산드로스가 처음이다. 훗날 헬레니즘 시대의 왕들이 이를 흉내 냈고 로마 시대가 되면 카이사르를 비롯해 로마의 황제들도 흉내 냈다.

이처럼 다리우스가 두고 간 재물은 병사의 급여와 상여금으로 활용되었고, 병사에게 지급한 금과 은이 또 있었다. 알렉산드로스에게 저항하지 않고 문을 연 도시가 새로운 지배자에게 순종의 증거로 선물한 황금 왕관이다. 알렉산드로스는 그것도 모두 녹여 금화로 만들었다. 군자금이 충분하지 않아 부채를 안고 원정에 나선 알렉산드로스는 재정의 불안에서 일단 해방되었다.

애초부터 알렉산드로스는 사치에는 관심이 없는 남자였다. 이소스의 전쟁터에서 다리우스가 버리고 간 화려한 물건 가운데 오리엔트의 기예가 들어간 아름다운 작은 상자가 하나 있었다. 상자 안에는 진주와 루비, 에메랄드가 들어 있었다. 그것을 본 알렉산드로스는 화려하게 만들어진 상자를 물끄러미 보면서 말했다.

"나라면 상자 안에 『일리아스』를 넣어둘 텐데."

이쯤 되면 금괴나 보석이 병사의 봉급으로 바뀐 것도 무리가 아니다. 전쟁터에서도 알렉산드로스의 군장은 다른 사령관과 다르지 않았다. 투구 위에서 바람에 날리는 하얀 깃털 장식만 달랐다. 그것도 부하 장군과 차이를 두기 위한 것이 아니라 최고사령관이 어디서 싸우고 있는지 병사들이 쉽게 알아보게 하려고 그런 것이다.

이렇게 중근동을 제압하는 행군은 시돈까지 생각한 대로 이루어졌다. 그 다음 알렉산드로스의 앞을 막아선 것은 티로스^{Tyros} 였다.

티로스 공방전

티로스는 지중해를 향해 열려 있는 중근동의 항구도시 가운데 하나였다. 육지에도 시가지가 있었지만, 얼마 전부터 500미터 정도 떨어진 해상에 떠 있는 섬으로 도심지를 옮긴 상태였다. 항공기가 출현하기 이전에는 육지에서 떨어진 섬이 방위에 유리했다. 게다가 새로운 티로스가 된 섬에는 북쪽과 남쪽에 대량의 배를 정박시킬 수 있는 항구까지 있었다.

이 두 항구가 페니키아 해군의 기항지 역할을 했다. 페르시아제국의 해군인 페니키아의 군선은 알렉산드로스의 동방 원정이 진행됨에 따라 기항지를 하나씩 잃고 있었다. 처음에는 '그라니코스전투' 이후 소아시아 서해안에 있는 밀레토스와 할리카르나소스를 잃었고, '이소스전투' 이후에는 중근동의 베이루트와 시돈을 잃었다.

알렉산드로스의 지배를 받는 항구도시에 기항할 수 없게 된 페니키아 해군에게 티로스는 얼마 남지 않은 기항지 가운데 하나였다. 기항지가 없는 해군은 해군이 아니었다. 기항지를 확보해야 그 주변 해안의 제해권을 손안에 넣을 수 있었다.

알렉산드로스는 처음 티로스를 손에 넣으려 할 때 해상에 떠 있는 섬인 티로스의 특수성을 충분히 이해하지 못했던 것으로 보인다. 그도 어쩔 수 없는 육군의 나라 마케도니아 출신이었다. 티로스도 지금까지 성공 사례에 따라 평화롭게 손에 넣을 수 있을 것이라고 생각했다. 사자를 보내 섬에 있는 헤라클레스에게 바친 신전에 참배하고 싶으니 문을 열어달라고 말하게 했다. 티로스 쪽은 헤라클레스 신전은 육지에 있는 구시가지에도 있으니 그곳에서 참배하라고 대답했다. 이쯤 되면 군사력으로 문을 열 수밖에 없었다.

해상에 떠 있는 항구도시에 불과하기 때문에 그대로 통과해도 무리가 없을 것이라고 생각할 수도 있다. 그러나 그냥 지나칠 수 없는 분명한 이유가 두 가지나 있었다.

첫째, 페르시아 쪽으로 돌아갈 가능성이 있는 도시를 절대로 등 뒤에 남겨두지 않는다는 알렉산드로스의 전략에 어긋났다. 둘째, 티로스를 그대로 둔다는 것은 페니키아 해군을 그대로 둔다는 것을 의미했다. 두 번째 이유가 특히 중요했다. 그리스와의 해상 교통로, 오늘날의 말로 표현하면 '시 레인sea lane'의 확보가 달려 있는 일이었다.

내륙 출신인 젊은 왕도 티로스의 성의 없는 대답을 듣고 '바다'라는 현실에 눈을 뜬 것이 아닐까. 이런 이유로 '티로스 공방전'이 시작되었다. 기원전 332년 1월부터 시작된 이 공방전은 7월이 되어서야 끝이 났다. 전투에서 하루 만에 승부를 낼 정도로 속공을 좋아하는 젊은 이에게 참고 인내하며 승기를 찾아내야 하는, 그래서 긴장의 끈을 놓을 수 없는 7개월이었다.

바다에 떠 있는 티로스의 새로운 시가지와 육지에 있는 옛 시가지는 500미터 정도 떨어져 있었다. 얕은 여울이 이어져 있다고 생각한 알렉산드로스는 500미터를 돌제突堤를 쌓아 이으려고 했다. 그런데 모래사장에서 조금 더 가자 갑자기 바다가 깊어졌다. 그래서 목재로 만든 울짱을 잔뜩 바다에 박아서 바닷물을 차단하고 거기에 대량의 암석을 쏟아부어 메운 다음 돌제를 만들려고 했다. 하지만 섬에 있는 티로스인이 가만히 보고 있을 리가 없었다. 항구도시였기에 그들은 배를 갖고 있었다. 배 위에서 활을 쏘거나 돌을 던지며 집요하게 돌제 공사를 방해했다.

알렉산드로스도 적의 방해 작전을 그대로 두고 볼 사람이 아니었다. 젊은 왕은 곧바로 반격에 나섰다. 건축 중인 돌제 양쪽 끝에 두 개의 탑을 쌓고 그곳에 투석기를 설치해 거만한 표정으로 방해 작전에 열중하고 있는 배를 격침시키려고 했다. 이때부터 시작된 알렉산드로스와 티로스 사이의 공방전은 체스 게임과도 같았다. 한쪽이 공격에 나서면 다른 한쪽은 새로운 수를 들고 나와 반격하는 형태였다.

높은 탑에서 공격하자 허가 찔린 티로스 쪽도 새로운 공격 방법을 고안해냈다. 두 척의 예인선으로 불에 잘 타는 가연성 물질을 가득 실은 삼단 갤리선, 아니 그보다 더 큰 대형 선박을 끌고 항구를 나섰다. 돌제 위에 서 있는 탑에 접근하면 가연성 물질에 불을 붙여 불타는 배를 탑으로 향하게 해서 탑을 불태우겠다는 작전을 실행했다. 물론 불타는 배가 돌제 위의 탑에 격돌하기 직전까지 배를 끌던 두 척의 예인선은 좌우로 갈라져 도망쳤기 때문에 배는 희생하더라도 인명 피해는 없었다.

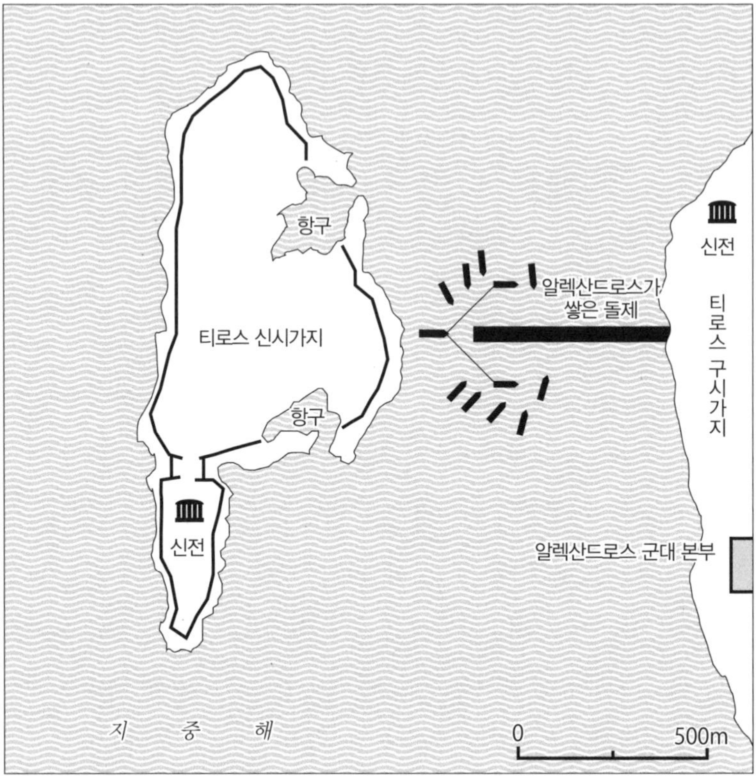
항구
신전
알렉산드로스가
쌓은 돌제
티로스 신시가지
티로스 구시가지
항구
신전
알렉산드로스 군대 본부
지 중 해
0
500m

• 티로스 시가지

티로스 쪽의 작전은 완벽하게 성공했다. 탑 하나는 그 위에 설치되어 있던 투석기와 함께 불타올랐다. 돌제 위에 있는 병사는 적을 공격하기보다는 소화 작업에 전념해야 했다. 게다가 공격이 한 번으로 끝나지 않았다. 작전이 성공한 티로스 쪽은 기세가 올라 그 후에도 이 작전을 되풀이했다. 알렉산드로스의 본진은 바다가 보이는 육지 쪽의 옛 시가지에 있었다. 티로스 쪽은 그 앞의 바다에 선단을 보내 위협하기도 했다.

젊은 왕이 느끼는 첫 위기였다. 그것도 바다라는 미지의 세계에서 덮쳐온 위기였다. 23세의 젊은이는 희생이 크더라도 공격을 계속하라는 명령을 내리지 않았다. 애초에 그런 생각을 하지도 않았다. 그렇지만 위기는 극복해야 했다. 그럼 어떻게? 발상의 전환을 시도했다. 상대가 배로 공격해온다면 이쪽도 배로 공격하면 되지 않을까? 그러나 그는 해군을 갖고 있지 않았다. 그리스의 여러 도시국가에서 보내온 선단도 아테네의 20척을 제외하고 경비 절약을 위해 이미 고국으로 돌려보낸 상태였다.

병사들에게 돌제 공사를 속행할 것을 명령하고 알렉산드로스는 소부대를 이끌고 50킬로미터 북쪽에 있는 시돈으로 향했다. 시돈은 이미 평화롭게 마케도니아 왕의 지배를 받아들인 도시였다. 게다가 중근동의 항구도시 가운데 유력한 시돈과 티로스는 이전부터 라이벌 관계였다. 시돈은 찾아온 알렉산드로스를 크게 환대했을 뿐만 아니라 마침내 증오의 대상인 라이벌의 배제를 실현할 수 있을 것이라 기대하고 이를 위해 노력을 아끼지 않았다. 물론 알렉산드로스도 이런 사정을 알고 있었기 때문에 새로운 전략을 실행할 기지로 시돈을 선택했다.

시돈의 항구에서 알렉산드로스로부터 빠른 시간 내에 군선을 보내라고 명령을 받은 배가 동지중해의 각지로 흩어져 출발했다. 역시 '그라니코스'와 '이소스'에서 얻은 승리의 효과는 컸다. 명령을 받은 곳은 소아시아의 연안 도시부터 로도스섬, 키프로스섬 그리고 중근동의 시돈까지 대부분 항구도시였다. 아시아에 들어온 지 2년 밖에 되지 않았지만 마케도니아의 젊은 왕의 위대한 이름은 전역에 영향을 미쳤다.

티로스에서 돌아와 기다리고 있는 알렉산드로스 앞에 시돈을 비롯한 중근동 항구도시에서 보낸 80척의 배가 나타났다. 로도스섬에서도 삼단 갤리선 10척이 도착했다. 삼단 갤리선은 본격적인 군선이기 때문에 10척이라고 해도 2,000명의 병력이 타고 있었다. 소아시아 연안 도시에서도 13척의 군선이 찾아왔다. 마지막에 도착한 것은 키프로스섬에서 온 120척이었다.

군선이라는 이름에 어울리는 배를 갖지 못했던 알렉산드로스는 단숨에 아테네의 20척을 포함해 243척이나 되는 배를 활용할 수 있게 되었다. 물론 각 선단에는 베테랑 해군 장군이 탑승해 있었다. 아마도 바다를 앞에 둔 알렉산드로스의 본진에서는 해군 장군과 작전 회의가 계속 열렸을 것이다. 이 시기를 기점으로 '티로스 공방전'이 2단계로 접어들기 때문이다.

1단계에서는 돌제를 쌓으면 그것을 방해하고, 한쪽이 배를 이은 로

프를 자르면 다른 한쪽은 그것을 쇠사슬로 교체하면서 싸웠다. 이번에는 바다로 무대를 옮겼다. 알렉산드로스가 바다를 알고 있는 남자들의 조언을 듣고 받아들인 결과일 것이다.

알렉산드로스 쪽에 200척이 넘는 배가 도착한 사실이 알려졌지만 티로스의 전의는 조금도 약해지지 않았다. 티로스는 적군의 점심시간에 맞춰 소규모 선단을 출발시켜 급습하고 돌아가는 등 게릴라 전법을 지속했다. 그렇지만 알렉산드로스 쪽이 원하는 해상 전투에는 절대 응하지 않았다.

알렉산드로스의 작전 회의에서는 적의 게릴라 전법에 다음과 같은 작전으로 대응하기로 했다. 남쪽과 북쪽에 있는 항구에 웅크리고 있으면서 게릴라 공격 때 말고는 바깥으로 나오지 않는 티로스의 해군을 항구에 몰아넣고 배 한 척도 바깥으로 나오지 못하게 하는 봉쇄 작전이었다. 섬 북쪽에 있는 항구는 키프로스에서 온 120척이 맡았고, 남쪽의 항구는 그 외의 지역에서 온 선단이 봉쇄 작전을 실행하기로 했다.

알렉산드로스는 그것을 지켜만 보고 있었을까? 대답은 '노'이다. 그는 최전방에 나서지 않으면 성이 차지 않는 사람이었다. 소부대를 이끌고 적극적으로 봉쇄 작전에 참여했다. 한편으로 전쟁터 전체를 눈을 빛내며 꼼꼼하게 살폈다. 봉쇄 작전이 진행됨에 따라 알렉산드로스 쪽에서 싸우는 243척은 서서히 섬의 해안 전역에서 공격을 시작했다.

이런 상황의 변화는 티로스 쪽이 병사를 보내 방어해야 하는 지역

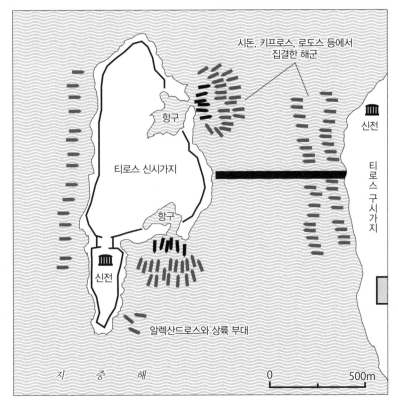

시돈, 키프로스, 로도스 등에서
집결한 해군

신전

티로스 구시가지

항구

티로스 신시가지

항구

신전

알렉산드로스와 상륙 부대

지 중 해

0   500m

- 티로스 봉쇄 작전

이 늘어난다는 것을 의미했다. 게다가 티로스 쪽은 두 개의 항구를 품고 있는 도심부에 방위의 주력을 집중해야 했다. 결과적으로 신전이 있는 남쪽 일대의 방위를 위해 병력을 보낼 여유가 없었다. 다른 말로 하면 방어막이 얇아졌다. 남쪽의 잔잔한 바다에도 섬의 다른 지역과 마찬가지로 성벽이 세워져 있었다. 그러나 성벽은 수비하는 병사가 없으면 단지 높은 벽에 지나지 않는다. 알렉산드로스는 그곳을 돌파해야겠다고 생각했다. 그곳에 승리를 위한 기회가 숨어 있다는 것을 찾아냈다.

티로스섬에서 남쪽에 위치한 이 일대까지 무거운 투석기를 운반해 해변에 설치하는 작업은 꼬박 3일이 걸렸다. 4일째 되던 날, 알렉산드로스는 모든 배에 섬 북부를 공격하라는 명령을 내렸다. 이 명령을 받은 선단들은 북쪽과 남쪽 항구의 봉쇄를 풀고 일제히 항구 내로 공격해 적병을 쓰러뜨리며 상륙전을 전개했다.

한편으로 티로스 쪽의 방어가 얇아진 섬의 남쪽 성벽을 향해 투석기가 일제히 돌을 날리기 시작했다. 벽이 파괴되자 곧바로 알렉산드로스는 보병 정예부대를 투입했다. 나는 '히파스피스타이'라고 불리는 이 공격용 보병이 현대의 미국 해병대와 비슷한 역할을 했을 것으로 생각한다. 알렉산드로스는 한꺼번에 보병 정예부대 전원을 투입했다.

바다 위에 떠 있는 티로스섬 전체가 전쟁터로 변했다. 알렉산드로스의 '해병'은 남단부의 괴멸에 만족하지 않고 섬의 도심부까지 공격에 나섰다. 2개의 항구에서 상륙한 군대와 남쪽의 '해병'으로부터 공격을 받은 티로스 쪽에 시체의 산이 쌓였다.

이날의 전투에서 티로스 쪽은 8,000명의 전사자를 냈다. 알렉산드로스도 7개월에 걸친 '티로스 공방전'에서 마케도니아 병사만 400명을 잃었다. 그중에는 이날 전투에서 전사한 '해병' 20명이 포함되어 있었다.

티로스 함락 이후 알렉산드로스의 적에 대한 처리는 매우 냉혹했다. 살아남은 티로스의 남자와 여자 모두 노예로 팔려나갔다. 다만 섬 안에서 마지막까지 저항했던 티로스인에게 해당되었으며, 육지의 옛 시가지에 살고 있는 티로스인은 제외되었다. 바다에 떠 있는 섬 티로스는 주민이 일소된 뒤 마케도니아의 해상 성채, 즉 해군기지로 바뀌었다. '티로스 공방전'은 '시 레인'을 확보하기 위한 전투였다.

7개월에 걸친 공방전이 끝나고 한숨을 돌리고 있는 알렉산드로스에게 페르시아의 황제가 보낸 두 번째 소식이 도착했다. 다리우스가 제시한 두 번째 강화 제안이었다. 첫 번째 제안 때 제시한 세 가지 조건 가운데 두 가지는 변함이 없었다. 즉 왕가의 여자들을 자유롭게 해주면 1만 탈란톤의 몸값을 주겠다는 것과 왕녀 한 사람을 알렉산드로스의 아내로 주겠다는 것은 달라지지 않았다. 달라진 내용은 다음과 같다. 첫 번째 제안에서 다리우스 황제는 마케도니아 왕에게 소아시아 전체를 양도하겠다고 했지만, 두 번째 제안에서는 유프라테스강 서쪽의 땅 전체를 양도하겠다고 했다.

다리우스가 마음을 바꾼 계기는 티로스 공방전 중에 일어난 일이 충격을 주었기 때문이 아닐까 생각해본다. 당시 알렉산드로스의 요청에 따라 소아시아와 중근동의 항구도시와 로도스섬, 키프로스섬까지 군선을 보냈고 공방전에도 적극적으로 가담했다. 아테네가 몰락하고 70여 년의 세월 동안 이 도시나 섬에 군선을 보내 전투에 참가하라는 명령을 내린 사람은 역대 페르시아 황제였다. 이 지역의 지배자는 페르시아 황제였고 이 지방 전체는 페르시아제국의 영토였기 때문이다.

하지만 마케도니아의 젊은이가 헬레스폰토스해협을 건넌 이후에는 상황이 달라졌다. '그라니코스'에서 한 번 달라졌고, '이소스'에서 완전히 달라졌다. 지금은 마케도니아의 젊은 왕이 군선의 파견을 명령하고 있고 동지중해 세계는 그 명령에 순종하는 쪽으로 바뀌고 있었다.

페르시아의 황제 다리우스는 이런 변화에 충격을 받았을 것이다. 아직 알렉산드로스의 발길이 닿지 않은 시리아 내륙 지방과 이집트까지 이 젊은이의 전진을 저지할 수 없다면 차라리 버리는 편이 낫다고 생각했다. 당시 알렉산드로스는 강화가 이루어지면 페르시아와 마케도니아의 국경이 될 유프라테스강을 아직 보지도 못했다.

페르시아 황제가 보낸 강화 제안을 읽은 파르메니온이 알렉산드로스에게 말했다.

"여러 상황을 고려해볼 때 이번 제안을 받아들이는 것이 좋겠다."

그러자 알렉산드로스가 곧바로 대답했다.

"파르메니온이라면 그렇게 하겠지. 하지만 난 파르메니온이 아니다."

현대의 연구자들 가운데 이것이 두 사람 사이에 생긴 마찰의 시작이라고 보는 사람들이 많다. 그러나 나는 그렇게 생각하지 않는다. 이

● 알렉산드로스

전에도 그랬고 이후에도 그런 것처럼, 아버지 시대부터 마케도니아의 중신인 파르메니온은 알렉산드로스에게 늘 모든 것을 보고하고 자기 생각이 있으면 모두 말하는 태도를 바꾸지 않았다. 그리고 자기 생각이 받아들여지지 않아도 기분 나빠하지 않았고 다음에도 여전히 동일한 태도로 알렉산드로스를 대했다.

어디까지나 내 생각이지만, 파르메니온은 44년이나 나이 차이가 나는 젊은 알렉산드로스에게 아버지와 같은 마음을 품고 있지 않았을까? 어쩌면 전왕 필리포스와 이인삼각으로 마케도니아를 강국으로 만든 파르메니온은 필리포스가 살아 있었다면 이 건방진 아들을 어떻게 대했을까 생각하면서 알렉산드로스를 대했을지도 모른다.

잊지 말아야 할 사실은 필리포스의 암살 직후에 그 누구보다 먼저 알렉산드로스가 왕위를 계승해야 한다고 찬성한 사람은 파르메니온이었다는 것이다. 마케도니아에서는 왕의 아들이라고 해도 가신들이 찬성표를 던지지 않으면 왕위를 계승할 수 없었다. 그러므로 파르메니온이 던진 찬성표가 지닌 영향력은 매우 컸다.

생전의 필리포스가 인정했던 것처럼 파르메니온도 20세밖에 되지 않은 알렉산드로스가 마케도니아, 나아가 그리스 전체를 통솔하기에 적합한 기량을 가진 사람이라고 인정했다. 알렉산드로스는 왕이 된 이후 파르메니온의 기대를 저버리지 않았다. 죽은 필리포스도 아들을 보면 자부심을 느낄 것이라고 생각하면서 파르메니온은 알렉산드로스를 대했을 것이다.

아버지인 필리포스와 그가 세상을 떠난 뒤 여전히 최고 중신의 자리를 지키고 있는 파르메니온의 차이는 단 하나였다. 생각이 충돌할 때마다 필리포스는 건방진 아들에게 화를 냈지만 파르메니온은 그렇게 하지 않았다는 것이다. 충고나 조언을 받아들이지 않아도 기분 나빠하지 않고 그 이후에도 변함없이 조언을 계속하는 파르메니온에게 알렉산드로스도 중요한 임무를 계속 맡겼다. '자부慈父'라는 표현이 있는데, 어떤 이탈리아인은 파르메니온이 알렉산드로스를 마음속으로 양자라고 생각한 것이 아닐까 하고 말한 적이 있다. 파르메니온에게는 3명의 아들이 있었다. 그 가운데 차남을 '그라니코스전투'에서 잃었다.

아무튼 마케도니아의 젊은 왕은 다방면에서 재능을 타고 났지만 이런 종류의 섬세함은 별로 없었던 것이 확실하다. 44세 연장의 중신일

뿐만 아니라 충신이기까지 한 파르메니온을 향해 조금 더 부드럽게 대답해도 좋았을 텐데 하는 생각이 든다. 물론 '건방'은 젊은이의 특권이기도 하다. 파르메니온이 뭐라고 하든 알렉산드로스는 "나는 파르메니온이 아니다"라고 밉살스러운 말 한마디로 페르시아 황제가 제안한 두 번째 강화 신청을 걸어찼다. 그러고는 지중해의 파도가 밀려오는 중근동으로 남하를 재개했다.

알렉산드로스 앞을 가로막는 도시는 없었다. 단 하나 가자^{Gaza}가 막아섰다. 가자라고 하면 현대를 살아가는 우리는 팔레스티나인의 본거지를 떠올리게 되는데, 그 누구도 예루살렘을 중요하게 생각하지 않았던 2,300년 전에도 가자의 지명도는 매우 높았다. 중근동에서 이집트로 가려면 반드시 지나가야 하는 도시였기 때문이다.

기원전 332년 9월, 페르시아인 고위 관료가 가자를 통치하고 있었다. 이 사람은 평화롭게 문을 열라는 알렉산드로스의 제안을 거부했다. 페르시아 황제에 대한 충성심이 두터워서가 아니었다. 알렉산드로스의 힘을 바르게 인식하지 못했기 때문이다. 무지는 종종 완고한 저항이라는 형태로 표면화된다. 아랍인 병사를 많이 고용한 사실도 가자가 철저한 항전을 결정한 요인 가운데 하나였다. 이렇게 해서 2개월에 걸친 '가자 공방전'이 시작되었다.

티로스와 달리 육지에 있는 도시를 함락시키는 데 2개월이나 걸린 것은 평소처럼 최전방에서 싸우던 알렉산드로스가 중상을 입었기 때문이다. 그는 티로스 공방전에서도 부상을 입었다. 티로스 쪽이 던진 돌덩어리가 왼쪽 어깨를 강타했다. 가자전투에서는 왼쪽 어깨에 적군 병사가 쏜 화살이 깊이 박혔다. 24세가 된 알렉산드로스는 의사를 기다리지 못하고 가까이에 있던 병사에게 화살을 뽑으라고 명령했다. 명령을 받은 젊은 병사는 눈을 딱 감고 힘주어 단번에 화살을 빼냈다. 피가 분수처럼 쏟아져 나왔다. 젊은 왕은 그 자리에서 기절했다.

이소스와 티로스, 그리고 가자까지 포함하면 알렉산드로스가 부상을 당한 횟수는 세 번이었다. 그래도 최전방에 서는 것을 단념시킬 수 있는 사람은 아무도 없었다. 알렉산드로스는 건방질 뿐만 아니라 완고하기도 했다. 자신이 최전방에 서는 것이 병사들의 마음에 영향을 준다는 사실을 충분히 알고 있었기 때문에 완고하게 고집을 피웠다.

알렉산드로스의 진로를 막아섰다는 이유만으로 함락 이후 가자가 지불한 대가는 엄청났다. 요인 전부는 사형을 당했고 주민들은 노예로 팔려나갔다. 가자 공방전이 끝난 뒤 알렉산드로스는 이집트로 향했다. 기원전 332년도 끝을 향해 달려가고 있었다.

이집트 정복

이집트인들은 페르시아의 지배에 늘 불만을 품고 있었다. 그런 이집트는 페르시아에게 승리한 마케도니아의 젊은이를 구세주처럼 환영하며 맞이했다. 알렉산드로스는 이집트에서 반년 동안 체재했다. 그 반년은 전투가 없었다. 동방에서 다리우스가 대규모 군대를 편성했다는 소식에도 별로 신경을 쓰지 않은 듯하다. 오히려 전혀 걱정하지 않았다는 점에서 유쾌함까지 느껴진다.

먼저 나일강 하구에 펼쳐져 있는 델타지대에 들어가 편안하게 겨울을 보냈다. 이 겨울은 역사적인 인물에 감정을 이입하지 않아야 하는 학자들도 '당연한 휴식'이라고 쓸 정도로 오랜 휴가였다. 게다가 왕의 임무와 개인의 유쾌함이 공존한 반년이었다. 이집트에는 호기심이 왕성한 알렉산드로스가 찾아가거나 구경해야 할 것이 산처럼 많았다.

헬레스폰토스해협을 건너 아시아로 들어온 이후 3년이 지났다. 나이도 21세에서 24세가 되었다.

기원전 334년은 '그라니코스전투'의 해.

다음 해인 기원전 333년은 '이소스전투'의 해.

그다음 해인 기원전 332년은 중근동을 제패하고 '시 레인'을 확립한 해.

그다음 해인 기원전 331년에는 이집트에 있었다.

3년 동안 전투만 한 듯 보이지만 한편으로는 군사적으로 제패한 지역을 그의 지배 아래 두기 위해 재편성하는 것도 잊지 않았다. 알렉산드로스가 일관되게 펼친 전략은 앞으로 나가면서 뒤에 남겨진 지역이 페르시아 세력으로 돌아갈 가능성을 완전히 없애는 것이었다.

전투마다 압승을 거두었기 때문에 그가 추구하는 평화적인 항복 권고를 받아들인 도시와 지방이 많았다. 알렉산드로스는 페르시아의 지배를 받아온 도시들에 현상 유지를 약속했다. 그러나 마케도니아의 젊은 왕은 어제까지 페르시아 쪽에 섰던 사람들을 신뢰할 정도로 어수룩한 사람이 아니었다. 현상 유지라고는 하지만 죽이거나 추방하지 않는다는 것을 뜻하지, 페르시아 시대의 제도를 그대로 온존한다는 것을 의미하지는 않았다.

페르시아 황제는 드넓은 제국 각지의 통치를 '사트라프'라고 불리는 지방장관에게 일임했다. 그들은 실로 막대한 권력을 행사해왔다. 행정에서 군사, 재정까지 권력이 지방장관 한 사람에게 집중되어 있었다. 그렇기 때문에 '그라니코스'나 '이소스'에서 각각 자기 지역 출신의 병사를 거느리고 참전한 지방장관이 많았다. 이처럼 페르시아제국 내에서 지방장관과 대부족장은 큰 차이가 없었다.

지방장관: 페르시아 황제로부터 임명을 받아 취임했지만 이후 세습화되어 영주처럼 바뀐 사람들.
부족장: 원래 그 지방의 유력자였던 사람을 페르시아 황제가 신하로 받아들이고 그때까지 갖고 있던 권한을 인정받은 사람들.

이들이 페르시아제국의 지배층을 형성했는데, 그 지위를 그대로 유지시켜주면 언제든 배신할 수 있었다. 이상이 높지만 현실적이기도 했던 알렉산드로스는 현 상태를 개혁했다.

지방장관과 부족장에게 집중되어 있는 권한을 셋으로 분할해 각각 다른 사람이 담당하게 만들었다. 행정 업무는 유임을 인정한 페르시아인에게 맡겼다. 방위를 담당한 군사 업무는 마케도니아인에게 맡겼다. 세금의 징수와 같은 재정 업무는 마케도니아인이 아닌 그리스인에게 맡겼다.

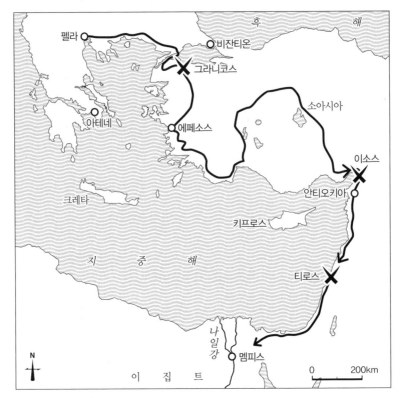

● 티로스에서 이집트로

알렉산드로스는 이런 생각을 토대로 자기가 제패한 도시와 지방을 재편성했다. 군사를 동원하든 평화롭게 제압하든 상관없이, 제패한 다음에는 곧바로 개혁을 시작했다. 즉 전투와 재편성을 동시에 진행했다. 페르시아로부터의 해방을 환영한 이집트에도 이 3분할 정책을 적용했다.

고대부터 알렉산드로스를 시대를 뛰어넘는 명장이라고 부른 것은 연전연승을 했기 때문만은 아니다. 전투에서 전사자를 적게 낸 것도 이유 가운데 하나였다. 그럼에도 늘 마케도니아나 그리스 각지에서 병사의 충원을 필요로 했던 것은 제패한 도시와 지방마다 장병을 배치해야 했기 때문이다. 이집트에 있을 때도 그의 부름에 응한 보충병 1,000명이 도착했다. 그리하여 7개월이 걸려도 티로스 함락이 꼭 필요했다. 기항지를 상실하고 전투력을 잃은 페니키아 해군을 대신해 에게해와 동지중해의 제해권을 그리스인의 것으로 만들려면 반드시 필요했다. '시 레인'의 확립은 대규모의 해군을 갖는 것보다 더 중요한 의미가 있었다.

그러나 3분할 정책이 늘 좋은 결과를 이끌어낸 건 아니다. 개혁이 처음부터 매끄럽게 진행되지도 않았다. 행정권만으로는 성에 차지 않는다며 뇌물을 이용해 다른 분야로 손을 뻗치는 페르시아인도 있었다. 모은 세금을 가지고 달아나는 그리스인도 있었다. 알렉산드로스는 이런 사실이 알려지면 곧바로 손을 썼다. 무엇보다 부도덕한 짓을 한 당사자를 곧바로 교체했다.

전쟁터에서도 속공 위주였지만 평화로울 때 대응도 신속했다. 이 사람을 한마디로 평가하라면 '스피드'라고 대답해야 할 정도였다. 3분할 정책으로 아시아 서부는 그리스인의 세계로 바뀌어갔다. 알렉산드로스가 세상을 떠난 뒤에 찾아온 '헬레니즘 시대'는 그가 살아 있을 때부터 이미 시작되고 있었다.

'헬레니즘 시대'로 접어들자 곧바로 강대국이 된 이집트는 특수한 사정이 있었다. 이집트의 실제 지배자는 신을 섬기는 것이 임무인 신관이었다. 이집트의 서민은 멀리 메소포타미아 지방에 있는 페르시아 황제의 명령이나 페르시아를 무너뜨렸다고는 하지만 아직 신참인 마케도니아 왕의 명령에 쉽게 굴복하지 않았다. 이집트인은 신관을 통해서 들을 수 있는 신의 목소리에만 진실로 굴복했다.

따라서 이집트를 지배하려면 신관 계급을 아군으로 만들어야 했다. 어떻게? 그들의 존재 이유를 인정해주는 것이다. 즉 그들이 섬기는 신을 이쪽도 존중한다는 태도를 분명하게 취하면 된다. 그렇게 하면 신관은 지배자가 외국인이든 누구든 상관하지 않고 그 지배를 수용한다. 신관들은 스스로 국가 전체를 통치하겠다는 정치적인 야심은 없었다.

알렉산드로스는 이런 이집트의 특수한 사정을 재빨리 알아차린 듯하다. 마케도니아의 젊은 왕은 지중해 세계에서 차지하는 이집트의 중요성을 가장 빨리 간파한 유럽인이기도 했다. 이집트가 서방과 동방을 연결하는 다리가 될 수 있으리라 생각했을 것이다.

군사력을 사용하지 않고 어떻게 이집트를 지배할 수 있을까? 이 정략을 위해 신관 계급을 포용하는 것은 하나의 수단에 불과했다. '하나의 수단'이라고 말한 것은 알렉산드로스가 살았던 고대가 아직 별다른 세력을 갖지 못한 유대교를 제외하면 압도적인 다신교의 세계였기 때문이다. 일신교를 대표하는 그리스도교와 이슬람교는 고대가 종언을 고한 이후에 나타난 종교임을 잊어서는 안 된다.

일신교와 다신교의 차이는 신의 숫자에 있지 않다. 본질적인 차이는 다음과 같다. 자기가 믿는 신 외에는 인정하지 않는 것이 일신교이고, 자기가 믿지 않아도 다른 사람이 믿고 있기 때문에 그 신도 인정하는 것이 다신교이다. 싫은데도 불구하고 인정하는 것이 아니라 존중하기 때문에 인정하는 것이 다신교이다.

일본의 상황에 비유하면, 자신은 이나리신을 믿지 않지만 이나리신을 신앙하고 있는 사람의 생각을 존중해 그 사당 앞에 자리하고 있는 돌로 만든 여우를 발로 차는 행위를 하지 않겠다는 태도이다. 이나리 신사가 중요 문화재가 될 만큼 아름다운 건축물이라면 기꺼이 견학하러 가는 마음가짐이기도 하다. 알렉산드로스도 이집트에서 이처럼 행동했다. 자신도 다신교의 백성이 빚어낸 그리스 문명 속에서 자란 그리스인이었다.

이런 이집트의 특수한 사정을 그 시대에 살았던 사람처럼 이해하고 싶다면 다음과 같은 두 가지를 참고하면 된다.

첫째, 이집트인이 왜 페르시아 황제의 지배에 알레르기를 일으켰을까 하는 문제. 유대교나 그리스도교, 이슬람교처럼 엄격하지 않고 상당히 관용적이었지만 페르시아인도 조로아스터교를 믿는 일신교도였다. 따라서 이집트인이 신앙하는 신의 '아들'이 될 수 없었다. 이집트인이 보기에 페르시아인은 자기를 통치할 정당한 권리를 갖지 못한 지배자라는 말이 된다. 페르시아의 이집트 지배는 군사력으로 찍어 눌렀기 때문에 가능한 일이었다.

둘째, 300년 후에 시작된 로마의 이집트 지배이다. 이집트는 클레오파트라를 무너뜨리고 이집트의 지배자가 된 아우구스투스를 어째서 정당한 지배자로 받아들였을까? 로마제국의 초대 황제가 사후에 신격화된 율리우스 카이사르의 아들이었기 때문이다. 즉 신이 된 사람의 아들이라는 이유로 그도 '신의 아들'이었다.

여러 면에서 그리스 문명을 계승한 로마는 사후 인간의 신격화까지 계승했다. 그리스인이 영웅 헤라클레스를 사후에 신격화했던 것처럼 로마인은 생전에 뛰어난 업적을 이룬 사람을 신으로 삼는 데 저항감을 느끼지 않았다. 일본의 800만 명에는 미치지 못하지만 패자가 믿고 있던 신까지 수용한 로마에는 20만 명의 신이 있었다. 신의 숫자가 많으면 새롭게 신을 추가하는 데 저항감이 생기지 않는다.

실제로 드넓은 로마제국에서 이집트만이 제국의 정통 주권자로 간주되었다. 로마 원로원과 로마 시민의 지배에도 포함되지 않았다. 이집트는 공식적으로 대대로 황제의 사유지였다. 로마의 황제들은 특별한 불상사만 일으키지 않으면 사후에 신격화되었기 때문에 그 뒤를 계승한 황제도 '신의 아들'이 되었다. 드넓은 나라의 통치는 군사력과 경찰력만으로는 절대로 오래 가지 못한다. 그 지역의 특수한 사정을 고려하지 않으면 대국의 통치는 불가능하다. 알렉산드로스는 그것을 재빨리 이해했다.

나일강 하구에서 2개월 동안 겨울을 보낸 24세의 알렉산드로스는 오랜만의 휴가를 끝내고 행동을 재개했다. 먼저 대하인 나일강을 거슬러 올라가 헬리오폴리스Heliopolis로 향했다. 이후 나일강을 건너 맞은 편에 있는 멤피스를 방문했다. 이집트의 중심부 일대를 방문한 공식적인 이유는 전통적인 이집트 신들에게 경의를 표하겠다는 것이었다. 물론 개인적인 호기심을 만족시키기 위한 관광이기도 했다.

멤피스에서 다시 나일강의 흐름을 따라 하구인 델타로 돌아왔지만 왔을 때와 같은 길로 가지 않았다. 이집트를 더 살펴보기 위해 드넓은 삼각주의 서쪽 끝으로 향했다. 그곳에 도착해 다시 지중해를 보았을 때 이 마케도니아 젊은이의 머리에 무언가 스치는 것이 있었다. 바다와 면한 그곳에 과거 지중해 세계에 없던 규모가 크고 본격적인 항구도시를 건설하겠다고 결정했다. 모래사장 위에 칼로 이러이러한 형태라고 그려가며 사람들에게 보여주었다고 전한다.

새로운 도시의 이름도 그의 이름을 따서 '알렉산드리아'라고 붙였다. 그는 속도감을 매우 좋아했다. 실제 도시계획과 공공건물 건설을 담당할 기술자 선발까지 이미 마쳤다. 속도를 좋아하는 사람답게 시간 낭비를 싫어했기 때문에 신도시 '알렉산드리아'의 건설공사를 곧바로 시작했다.

그런데 이 아이디어맨은 자기 아이디어가 조금씩 모습을 드러내는 광경을 옆에서 가만히 지켜보는 성격이 아니었다. 공사 현장은 다른 사람에게 맡겨두고 지중해를 오른쪽으로 바라보면서 계속 서쪽으로 갔다. 오늘날의 리비아까지 간 것이다. 그러나 그곳에 이르렀을 때 지중해뿐 아니라 사람의 아들이 하나도 없는 땅에 질렸던 모양이다. 아몬 신전 등에 가보지 않겠냐는 말이 나왔다. 동행했던 동료들도 모두 찬성했다. 그곳까지 따라온 이들은 동료들과 경호를 위한 소부대였는데, 그 소수 인원으로 사막으로 들어가겠다는 것이었다. 지중해 세계에서 유명한 아몬 신전이었지만 이 또한 이집트인의 기호를 반영해 사막 속에 있었다.

'결심하면 바로 실행하는' 알렉산드로스였기에 아몬 신전을 향해 사막에 발을 들여놓았다. 유명한 신전이었으므로 그곳까지는 길이 나 있었을 것이다. 신관들은 신전에 도착한 일행을 놀란 기색도 없이 맞이했다. 아마 그들도 신관 루트든 뭔가를 통해서 마케도니아의 젊은 왕을 알고 있었을 것이다. 이 아몬 신전에서 알렉산드로스는 '신의 계시'를 들었다.

신전 안에서 24세의 알렉산드로스는 신을 향해 물었다.

"아버지를 암살한 주모자가 아직 살아 있으면 그 사람의 이름을 알려주십시오. 아들로서 그 죄에 합당한 처리를 할 의무가 있습니다."

이에 아몬 신은 신관의 입을 통해 대답했다.

"알렉산드로스의 아버지는 죽어야 할 운명을 가진 인간이 아니다."

이 대답은 진짜 아버지는 필리포스가 아니라 불사의 존재, 즉 신이라는 말이 된다. 알렉산드로스는 놀랐을 것이다. 신의 아들이라는 말을 듣고 놀라지 않는 것이 오히려 부자연스럽다. 동시에 이것으로 이집트 지배의 정당성을 획득했다고 생각했을 것이다. 이집트에서는 정당한 지배자의 자격은 그리스처럼 능력과 역량의 정도가 아니라 '신의 아들'이어야 했다.

신관을 매수해 원하는 대로 '계시'를 얻어내는 것은 그리스인 세계에서는 드문 일이 아니었다. 하지만 알렉산드로스는 이런 종류의 공작을 극도로 싫어하는 사람이었다. 매수는 절대로 하지 않았을 것이다. 따라서 아몬 신을 섬기는 신관은 '신의 아들'이라고 계시해 알렉산드로스에 의한 지배의 수용을 이집트식으로 표명한 것이 아닐까 생각한다. 그리스에서는 통용되지 않지만 이집트에서는 멋지게 통용되는 '환영 인사'였다.

그렇다면 알렉산드로스는 신관의 입을 통해 나온 계시를 믿었을까? 이후의 말과 행동을 보면 있는 그대로 믿지 않았다는 것이 확실하다. 그러나 '기분은 나쁘지 않았어' 정도로 믿은 게 아닐까 생각한다. '내가 신의 아들이라네' 정도쯤 되려나. 어찌 되었든 그는 연전연승을 거두며 그곳까지 온 아직 24세의 젊은이였으니까.

기분이 나쁘지 않았던 젊은 왕과 동세대의 친구들로 이루어진 양기 넘치는 일행은 아몬 신전을 뒤로했다. 왔던 길을 돌아서 가면 안전하겠지만 그곳에서 곧바로 동쪽을 향했다. 400킬로미터나 되는 사막을 횡단하기로 한 것이다. 모래 열풍이라도 만나면 단번에 끝날 수도 있었지만 무모하다고 해야 할까 저돌적이라고 해야 할까, 아무튼 한여름에 사막을 횡단하는 모험에 나선 것이다. 이 또한 유럽인 최초의 일이다.

다행히도, 아니면 아몬 신의 가호가 있었던 것인지 무사히 멤피스에 도착했다. 곧바로 안도의 한숨을 내쉬며 그를 맞이한 파르메니온에게 출전 준비를 명령했다. 마침내 페르시아의 황제 다리우스가 기다리는 동방으로 출발할 참이었다.

물론 '신의 아들'이라는 말을 듣고 기분이 들떠서 다리우스를 공격하겠다고 마음먹은 것은 아니다. 신도시 알렉산드리아의 건설을 생각하기 전에 이미 파르메니온에게 다리우스와의 두 번째 결전에 나설 시기를 알려주었고, 이를 위해 만반의 준비를 하라는 명령을 내린 상태였다. 그는 예정되지 않았던 일도 예정된 일 속에 포함시키는 재능이 뛰어난 사람이었다. 리더가 적극적이면 그 밑에 장군도 적극적이고 병사도 기운을 얻는다. 이와 달리 대제국 페르시아는 존망을 건 전투에 나서면서도 소극적이었기에 잘할 수 있는 일도 잘하지 못했다.

나일강의 델타지대에 집결한 군대는 멤피스에서 도착한 알렉산드로스를 맞이했다. 이집트를 떠난 뒤에는 중근동을 북상해야 했는데, 해안을 따라 남하했던 지난해와 달리 그때는 내륙으로 행군했다. 먼저 티로스까지 북상했다. 그곳에서 다마스쿠스를 통해 북동쪽으로 방향을 틀어 유프라테스강을 목표로 행군을 시작했다. 다리우스가 거느린 페르시아제국의 대군이 유프라테스의 동쪽에서 흘러가는 또 하나의 대하인 티그리스강 근처에서 기다리고 있다는 정보가 들어왔다. 기원전 331년, 알렉산드로스는 행군 도중에 25세의 생일을 맞이했다.

그가 이끄는 군대는 4만 1,000명의 보병과 7,250명의 기병으로 합계 4만 8,250명의 마케도니아 병사를 주축으로 하는 그리스 군대였다. 한편 49세를 맞이한 다리우스가 거느린 페르시아 군대는 20만 명이 넘는 보병에 3만 5,000명의 기병으로 합치면 25만 명에 육박하는 대군이었다. 여기에 더해 다리우스는 200대의 전차와 15마리의 코끼리까지 참전시켰다. 페르시아 황제 다리우스에게는 더 이상 물러설 수 없는 전투였다.

'가우가멜라'로 가는 길

기원전 331년 알렉산드로스는 이집트를 뒤로하고 메소포타미아 지방으로 가서 다리우스 황제가 거느린 페르시아 군대와 두 번째 대전을 하게 되었다. 기원전 333년에 일어난 '이소스전투'와 2년 후에 벌어진 '가우가멜라전투'는 명확히 달랐다. 유럽 축구의 챔피언을 결정하는 챔피언스리그에 비유하면 다음과 같다.

챔피언을 결정하는 것은 한판으로 결정짓는 결승전이지만 준결승까지는 두 번씩 대전을 해서 승부를 가린다. 첫 번째에 대량 실점을 해서 패하더라도 두 번째 대결 때 그것을 상회하는 점수를 내서 이기면 승자가 될 수 있다. 즉 '이소스전투'는 '제1차전'이었고 이제부터 벌어지는 '가우가멜라전투'는 '제2차전'이었다. 그 때문에 '이소스'에서 완패했던 다리우스는 절대로 패해서는 안 될 '제2차전'이었다. 알렉산드로스 역시 '이소스'에서 압승을 거두었지만 이번에도 반드시 이겨야 한다고 생각했을 것이다. '가우가멜라'야말로 황제가 이끄는 적국을 상대로 그것도 적의 본거지라고 할 수 있는 메소포타미아 지방에서 싸우는 '결승전'이었다.

기원전 331년 7월, 막 25세가 된 알렉산드로스는 이집트를 뒤로하고 일단 티로스로 향했다. 티로스에서 중근동과 중동을 나누는 산악지대를 횡단해 다마스쿠스로 들어갔다. 다마스쿠스는 결승전에 거느리고 갈 군대의 집결지였다.

알렉산드로스는 '속공'을 좋아했지만 무조건 앞으로 전진하는 것만 생각하지는 않았다. 그가 생각한 기본전략인 '속공'은 배후의 안전을 확보한 뒤에 비로소 실행에 옮기는 것이었다. 티로스나 다마스쿠스에 들른 것도 본국 마케도니아와의 '시 레인', 즉 연락과 보급을 위한 교통로가 기능하고 있는지 확인하기 위해서였다. 다마스쿠스를 나온 뒤에 향한 곳은 대하인 유프라테스강이다. 유프라테스를 건너면 페르시아제국의 중추라고 해도 좋을 메소포타미아 지방으로 들어가게 된다.

알렉산드로스는 확인한 뒤 속공으로 전환했기에 다마스쿠스를 뒤로한 다음 유프라테스강이 눈앞에 나타나는 데는 1개월이 걸리지 않았다. 직선거리라면 500킬로미터지만 여름철 행군이므로 사람과 말에게 부담을 줄이기 위해 우회하더라도 녹음이 많은 지대를 골라 행군했다. 그래도 4만 8,000명의 사람과 말과 식량, 그리고 무거운 공성무기를 모두 실은 화물차가 함께하는 행군이었다.

만약 유프라테스로 빨리 가려고 시리아사막을 횡단하는 짧은 거리를 골랐다면 유명한 시리아사막의 모래 열풍을 만났을지도 모르고, 그랬다면 알렉산드로스의 동방 원정도 막을 내리고 말았을 것이다.

마케도니아의 젊은 왕은 다음과 같은 세 가지가 뛰어났다.

첫째, 현지인 가이드를 교묘하고 적절하게 활용한 점. 군대로는 처

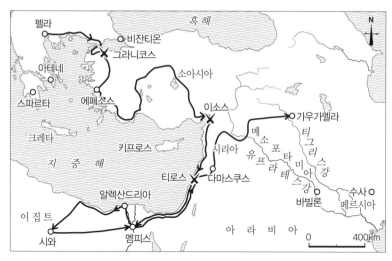

● 이집트에서 중동으로

음으로 서방의 민족이 동방으로 발을 들여놓았다. 늘 복수의 가이드를 활용한 것은 다양한 정보가 있어야 비로소 정확한 정보를 얻을 수 있는 확률이 높아진다고 생각했기 때문이다. 적지로 들어가야 했기에 당연한 배려였다.

둘째, 자기 병사를 활용한 정찰 활동을 완벽하게 조직한 점. 고대 역사가들의 기록을 읽고 있으면 거의 30분 단위로 척후가 돌아와 보고한 것이 아닐까 생각할 정도이다. 또 상황에 변화 없음이라는 보고가 계속되어도 보내는 척후의 숫자는 줄이지 않았다. '변화 없음' 또한 정보였다.

셋째, 이미 앞에서 썼지만 사로잡은 포로의 심문을 그가 병사이든 높은 지위에 있는 기병이든 가리지 않고 알렉산드로스가 직접 실시한 점. 이는 인터뷰의 성공 여부가 물음을 받고 대답하는 쪽보다 묻고 듣는 쪽의 능력에 달려 있다는 것과 원리적으로는 동일하다.

이렇게 병사와 말에 주는 부담을 최소화하더라도 이들을 선도하는 최고사령관의 부담은 전혀 줄지 않았다. 아무튼 4만 8,000명의 알렉산드로스 군대는 모두 무사히 유프라테스강에 이르렀다.

유프라테스강과 티그리스강

페르시아의 황제 다리우스는 여기서 알렉산드로스의 발을 멈추게 했어야 했다. 여름철이라 수량이 줄었다고 해도 유프라테스는 대하였다. 강을 건너오는 4만 8,000명이 대형을 정비한 채 건널 수가 없었다. 대형이 무너진 상태에서 맞은편에 도착했을 때 공격해야 했다.

그런데 다리우스의 의도는 '멈춤'이 아니었다. 단지 알렉산드로스가 가는 길을 바꾸어놓고 싶었다. 다리우스가 두려워한 점은 유프라테스를 건넌 후 알렉산드로스가 그 물결을 따라 하류로 향하는 것, 즉 진로를 남동쪽으로 바꾸어 페르시아제국의 가장 중요한 도시인 바빌론과 수사를 공격하는 것이었다. 이를 피하기 위해 굳이 바빌론에서 북쪽으로 500킬로미터나 떨어진 티그리스의 동쪽 강변 근처인 가우가멜라를 결전의 무대로 선택했다.

이것이 다리우스의 참된 의도였기 때문에 유프라테스강 맞은편으

로 페르시아인 마자이오스Mazaios가 이끄는 수천 명의 병사밖에 보내지
않았다. 마자이오스도 다리우스의 참된 의도를 알고 있었다. 아군보
다 10배나 많은 알렉산드로스의 군대가 유프라테스를 건너오는 것을
보고 도저히 대적할 수 없다고 생각해 곧바로 철수했다. 마자이오스
는 가우가멜라에 있는 페르시아 황제에게 돌아갔다. 이런 이유로 알
렉산드로스는 유프라테스강도 무사히 건넜다. 이후에도 진로를 남동
쪽으로 돌리지 않았다. 바빌론이나 수사는 뒤로 미뤄놓고 메소포타미
아 지방을 횡단해 티그리스강으로 향했다.

이쯤 되면 49세나 된 다리우스의 사고력이 얼마나 취약했는지 알
수 있다. 고대 도시인 바빌론이나 수도 수사에도 상당한 방위 체제가
갖추어져 있었을 것이다. 그런 대도시를 공략하려면 당연히 상당한
시일이 걸린다. 그사이에 가우가멜라에 있는 페르시아 군대를 남하시
켜 바빌론이나 수사를 공략 중인 알렉산드로스를 배후에서 공격할 수
있다는 것을 머리에 넣어둘 필요가 있었다.

한편 평원에서 전개되는 전투는 경우에 따라서는 하루 만에 결론
이 나기도 한다. 페르시아가 모든 병력을 투입한 이 전투에서 패배하
면 바빌론이나 수사에도 알렉산드로스가 무혈입성할 가능성이 높았
다. 유프라테스강 맞은편에서 일부러 방향을 전환하게 만들지 않아도
25세는 49세가 기다리는 가우가멜라로 곧바로 향했을 것이다. 이것
은 확신에 가깝다.

그리스인은 유프라테스와 티크리스 두 거대한 강에 에워싸인 지방
이라는 의미에서 '메소포타미아 지방'이라고 이름을 붙였다. 이 지역

은 오늘날의 이라크에 해당한다. 수도인 바그다드나 두 번째 도시인 모술도 이 지역에 위치하고 있다. 이슬람교가 등장한 이후에 생겨난 이 도시들이 아직 존재하지 않았던 고대에도 이 일대에는 바빌론과 수사가 있었다. 고대의 가우가멜라는 지금의 모술 바로 근처에 펼쳐져 있는 평야였다. 알렉산드로스의 군대는 유프라테스강을 건넌 이후 아무런 방해도 받지 않은 채 메소포타미아 지방을 횡단했고, 9월에 티그리스강의 흐름을 눈으로 볼 수 있는 곳까지 도착했다.

다리우스는 티크리스강에서도 알렉산드로스의 군대를 멈추려는 움직임을 전혀 보이지 않았다. 아마도 자기가 거느린 대군에 자신감을 갖고 있었던 듯하다. 게다가 티그리스강을 건너는 것은 유프라테스와 달리 어려운 일이었다. 알렉산드로스가 도하 지점으로 결정한 곳은 강폭은 좁지만 물살이 빨라 처음에는 말과 병사가 겁을 냈다. 알렉산드로스가 시범을 보이겠다는 듯이 앞장서서 말을 타고 뛰어들자 이를 본 병사들도 뒤를 따랐고 군대 전체가 도하에 성공했다. 우두머리뿐만 아니라 모두가 뛰어든 결과 티그리스강을 별다른 희생 없이 건널 수 있었다.

아무튼 오늘날 시리아의 수도 다마스쿠스에서 이라크의 두 번째 도시인 모술까지 중동 전역을 4만 8,000명의 군대를 별다른 손실 없이 행군시킨 것을 보면 알렉산드로스의 지도력은 상당히 뛰어나다고 볼 수밖에 없다.

티그리스 동쪽 강변에 도착한 무렵부터 알렉산드로스에게 전해지는 정보는 다종다양했고 동시에 정확도도 높았다. 어떤 때는 정보가 한꺼번에 대량으로 쏟아져 들어와 젊은 왕과 동료 장군들을 기쁘게 만들기도 했다. 그 '때'는 티그리스강을 모두 건너고 잠시 쉬고 있는 알렉산드로스에게 척후 하나가 달려와서 말했을 때였다. 전방 언덕에 페르시아 기병 부대가 있다는 전갈이었다.

적의 전초부대라고 생각한 젊은 왕은 곧바로 싸울 준비를 하라고 명령을 내렸다. 전초부대의 뒤에서 적의 주력부대가 공격해올 것이라고 생각했다. 그러나 뒤이어 다른 척후의 보고에 따라 그런 위험은 없고 기마 부대 또한 1,000명뿐이어서 상황을 살피러온 것임을 알게 되었다.

그래도 알렉산드로스는 1,000명의 기병을 곱게 돌려보낼 마음이 없었다. 기병과 궁수로 이루어진 부대를 그곳으로 보냈다. 그의 명령은 적을 괴멸하라는 것이 아니라 말을 쏘아 포로로 잡으라는 것이었다. 일부는 달아났지만 다수는 포로가 되었다. 알렉산드로스는 포로를 한 명 한 명 심문해 다리우스가 이끄는 페르시아 군대의 전모와 다리우스가 전쟁터로 선택한 가우가멜라평원의 모습을 정확하게 알게 되었다. 이후 포로들을 끌고 가야 한다는 번거로움은 있지만 적의 모습을 정확하게 알아내는 것만큼 좋은 수확은 없었다. 통역 그룹을 데려간 것도 이런 이유 때문이다.

한편 포로의 증언을 이끌어내기 위해 벌거벗기거나 고문을 자행하지는 않았다. 인간의 나체야말로 아름다움의 극치라고 생각한 그리스에서는 신들의 입상도 나체로 표현할 정도로 벌거벗은 몸을 부끄럽게 생각하지 않았다. 반면 오리엔트에서는 벌거벗는 것은 최고의 치욕이었다. 나체는 노예 신분으로 전락했음을 의미했다. 오리엔트에서는 남자가 나체가 되는 것만큼 부끄럽고 수치스러운 일도 없었다.

알렉산드로스는 포로에게 그런 치욕을 맛보게 하지 않았다. 기병은 페르시아 사회의 엘리트였다. 젊은 왕은 그들을 정중한 말투로 대했다고 전한다. 덕분에 페르시아의 기병도 결국 정직하게 알고 있는 모든 것을 털어놓았을 것이다. 아무튼 알렉산드로스는 단번에 다양하고 귀중한 정보를 손에 넣었다.

다리우스가 이끄는 페르시아 군대는 대제국의 황제가 나라에 총동원령을 내린 탓에 아케메네스 왕조 페르시아가 시작된 이후 가장 큰 규모의 군대였다.

20만 명을 충분히 넘는 보병.

4만 명에 육박하는 기병.

200대의 낫이 달린 전차.

15마리의 코끼리까지 포함해 합계 25만 명이 전쟁터에 투입되었다.

사륜 전차의 양쪽 바퀴에 달려 있는 1미터짜리 예리한 낫은 전차가 달리기 시작하면 좌우를 베어 넘겼다. 여기에 등 위에 설치된 목책에서 창을 던지거나 활을 쏘는 코끼리까지 포함해 '이소스전투'에서는 볼 수 없던 새로운 병기를 갖춘 대규모 군대였다. 그 모습은 이 전투에 모든 것을 건 다리우스의 의지를 드러내 보여주었다. 또한 '가우가멜라전투'에 참가한 페르시아제국의 동쪽 지방의 특색을 잘 보여주는 것이기도 했다. 코끼리는 인도에서 왔다. 페르시아제국의 동쪽 경계는 인더스강을 사이에 두고 인도와 인접하고 있었다.

알렉산드로스가 이끄는 그리스 군대는 페르시아 군대의 5분의 1에 불과했다. 4만 명이 조금 넘는 보병과 7,250명의 기병 등 합계 4만 8,000명밖에 되지 않았다. 게다가 전쟁터도 알렉산드로스가 아니라 다리우스가 선택한 곳이었다. 물론 '그라니코스전투'나 '이소스전투' 모두 페르시아가 선택한 곳에서 벌어진 전투였다. 마케도니아의 젊은 왕은 적이 결정한 전쟁터로 가서 전투에 승리했기 때문에 적에게는 매우 싫은 상대였을 것이다. 이번에야말로 건방진 침입자에게 한방 먹이기 위해 다리우스도 만반의 준비를 하고 기다리고 있었다.

'가우가멜라전투'

'가우가멜라'는 근처에 있는 작은 마을의 이름에서 유래했지만 역사적으로 유명한 평원이 되었다. 다리우스는 그곳을 전쟁터로 결정하고는 그를 따르는 모든 보병에게 평원 전체 땅을 고르라는 작업 명령을 내렸다. 높은 곳은 깎고 낮은 곳은 메워서 평탄하게 만드는 작업이었다. '그라니코스'나 '이소스'와 달리 '가우가멜라'에는 강이 없었다. 그래서 낫이 달린 전차와 코끼리를 철저하게 활용하기 위해 땅을 고르라고 한 것이다.

멀리서 알렉산드로스의 군대를 보고 온 마자이오스를 통해 다리우스도 알렉산드로스가 거느린 그리스 군대의 병력이 페르시아 군대의 5분의 1밖에 되지 않는다는 사실을 알고 있었다. 게다가 알렉산드로스가 지금껏 경험해보지 못한 200대의 낫이 달린 전차와 15마리의 코끼리라는 새로운 병기까지 있었다.

다리우스는 이길 수 있다고 생각했을 것이다. 그러나 49세가 된 이 남자의 단점은 마음을 결정한 다음에도 계속 고민을 한다는 것이었다. 반대로 적이 전쟁터를 선택하는 것을 문제 삼지 않았던 25세의 젊은 왕은 싸울 곳이 결정되면 더 이상 고민하지 않았다. 티그리스를 건너면 가까운 거리에 있는 가우가멜라평원을 향해 군대를 움직였다.

알렉산드로스는 척후 그룹이 지속적으로 가져오는 정보를 통해 군대를 행군시키면서 적의 동태를 상당한 정도로 정확하게 파악한 듯했다. 거기에 페르시아 군대의 포진이 며칠 전 포로들의 증언과 거의 다르지 않다는 것도 알아차렸다.

다리우스는 땅 고르기를 끝내고 평탄해진 평원에 우익·중앙·좌익으로 포진한 상태로 며칠 동안 움직이지 않았다. 더군다나 척후를 통한 정보 수집에 열을 올리지 않았는지, 알렉산드로스가 거느린 그리스 군대가 어디까지 접근했는지도 모르고 있었다. 즉 페르시아 군대의 병사들은 임전 태세로 며칠을 보냈던 것이다.

알렉산드로스는 평원에서 10킬로미터 정도 떨어진 곳까지 갔을 때 정지 명령을 내렸다. 그곳에 낮은 언덕이 만든 그늘이 있었기 때문에 적이 척후를 보낸다 해도 알아차리기 힘든 곳이었다. 25세의 알렉산드로스는 목책을 둘러친 작은 규모의 요새를 만들게 했다. 포로로 잡은 페르시아 기병을 수용하고 공성 무기와 같은 무거운 물건이나 당장 필요하지 않은 물건을 두기 위해서였다. 전쟁터에는 무기 일체와 배를 채울 수 있는 간단한 먹을거리 외에는 가져가지 않기로 했다.

모든 것을 끝낸 뒤 몸이 가벼워진 병사들에게 행군을 재개하라는 명령을 내렸다. 엷은 어둠이 내리기 시작할 무렵 4만 8,000명이 다시 행군을 시작했다. 해가 떨어졌을 때는 출발지와 평원의 중간쯤에 도착했다. 거기서 다시 행군을 멈췄다. 병사들은 쉬게 하고 사령관과 지휘관을 소집해 작전 회의를 열었다.

파르메니온은 젊은 왕에게 야습을 제안했다. 이때도 알렉산드로스는 '노'라고 대답했다. 태양 아래에서 당당하게 싸우고 싶다는 것이 이유였지만 파르메니온은 순순히 납득했다. 아니, 그 이유에 납득했다기보다는 적이 보이지 않는 상황보다 보이는 상황에서 싸워야 병사들의 용기를 끌어내기 쉽다는 것을 이해했다. 보이지 않는 적만큼 무서운 것도 없다. 그래서 개전 전야였지만 알렉산드로스의 병사들은 무기를 주변에 둔 채 충분한 수면을 취할 수 있었다. 한편 페르시아 쪽은 야습을 겁낸 다리우스의 엄명으로 전원이 한숨도 자지 못한 채 밤을 밝혔다.

알렉산드로스와 사령관들은 잠에 빠진 병사들을 그대로 두고 어둠을 헤쳐 가우가멜라평원의 끝에 있는 언덕까지 가서 적의 동태를 살폈다. 페르시아 쪽의 막사 앞에서 타오르고 있는 불이 평원 전체를 가득 메운 듯이 보였다. 날이 밝으면 기원전 331년 11월 1일이 된다. '가우가멜라전투'를 앞둔 알렉산드로스는 멀리서 적을 살핀 다음 다시 병사들이 있는 곳으로 돌아와 함께 잠이 들었다.

기본적인 전략과 전술은 갖추어져 있었다. 사령관과 지휘관도 모두 그것을 머릿속에 숙지한 상태였다. 다음날 아침 햇살 아래에서 적을 명확하게 살펴보고 필요한 것을 미세하게 조정만 하면 될 터였다. 알렉산드로스의 장군들도 모두 왕의 명령을 적확하게 실행에 옮길 수 있는 능력을 갖추고 있었다. 원래부터 능력을 갖고 있었다기보다는 알렉산드로스와 함께 싸우면서 자연스럽게 몸에 익혔다고 하는 게 적절하다.

알렉산드로스의 군대는 지휘 계통이 명확했는데, 그것을 잇는 '끈'은 사령관과 지휘관을 통해 말단 병사까지 이어져 있었다. 병사들은 모두 자기가 무엇을 해야 할지, 어떻게 싸워야 할지, 명령이 없을 때는 어떻게 움직여야 할지 확실하게 알고 있었다. 이것이 알렉산드로스가 병사 모두를 자기 손발처럼 활용할 수 있는 진짜 이유였다. '가우가멜라전투'는 단순히 25만 대 5만의 전투가 아니었다. 병사들을 '손발처럼 자유롭게 다룰' 수 있는가 없는가에 승패가 달린 대결이었다.

기원전 331년 11월 1일, 25세의 알렉산드로스는 아침 햇살 아래에서 처음으로 적군을 확실하게 보았다. 한 번 보고 곧바로 알았을 것이다. 다리우스가 '이소스'의 실패를 되풀이하지 않겠다고 결심했다는 사실을 알아차렸을 것이다. '이소스'의 다리우스는 양쪽 군대 사이에 있는 강의 맞은편에 목책을 둘렀다. 그때 페르시아의 황제는 알렉산드로스가 어떻게 나올지 보고 공세를 취하려고 '기다리는' 진을 쳤다.

하지만 '가우가멜라'에는 양쪽 군대를 나누는 강이 없었다. 개전 직후라고 해도 기다리는 자세를 보여주는 목책도 쌓아두지 않았다. 대신 최전방에는 인도에서 온 15마리의 코끼리와 낫을 단 전차 200대가

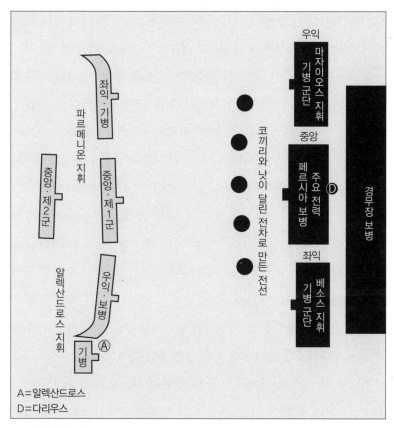

A=알렉산드로스
D=다리우스

● 가우가멜라전투 1

5대씩 나뉘어 배치되어 있었다(가우가멜라전투 1). 이 모습은 다리우스가 개전 직후 재빨리 공세를 취하려고 했다는 사실을 보여준다.

후방에는 페르시아 군대가 대기하고 있었다. 우익에는 페르시아인 장군 마자이오스가 이끄는 페르시아 기병 군단이 자리하고 있었다. 숫자는 3만 명 정도였다. 페르시아제국의 엘리트들이었다. 가우가멜라에서는 페르시아인이 아닌 기병이 많이 섞여 있었다. 페르시아제국의 자랑이기도 한 기병의 절반 이상이 '이소스'에서 전사했기 때문이다.

우익의 왼쪽에는 페르시아 군대의 '중앙'이 배치되어 있었다. 그리스인 용병 2,000명을 제외하면 모두 페르시아 병사였고 1만 명의 '불사신의 남자들'도 이 '중앙'에 배치되어 있었다. 황제는 전군의 중앙에 위치해야 하는 페르시아제국의 관례에 따라, 다리우스도 눈에 돋보이는 화려한 전차를 탄 채 '중앙'에 자리하고 있었다. 즉 다리우스는 페르시아제국의 정예 보병이 지키는 곳에 있었다.

'이소스'의 잘못을 되풀이하지 않기 위해 다리우스는 좌익에 신경을 많이 썼다. 알렉산드로스가 거느린 그리스 군대의 우익과 격돌해야 하는 좌익을 과연 누구에게 맡겼을까? 다리우스는 좌익을 박트리아Bactria의 지방장관인 베소스Bessos에게 맡겼다. 고대의 박트리아는 오늘날의 아프가니스탄과 겹친다. 거의 전원 페르시아인으로 채워져 있던 '이소스전투'와 달리 '가우가멜라전투'에서 페르시아 군대의 좌익은 오늘날 이란 동부에서 시작해 동쪽의 아프가니스탄과 북쪽의 우즈베키스탄에 이르는, 즉 페르시아제국의 동쪽에서 온 병사로 채워졌다.

부족사회를 지속해온 이 지방 출신 병사는 문명이라는 면에서 페르시아인보다 훨씬 뒤떨어졌다. 부족 사이의 다툼이 일상적이었기에 사납다고 할 정도로 용맹한 전사였다. 이 군대의 배후에는 나머지를 모아놓은 느낌으로 경무장 보병이 배치되어 있었다. 예비역이라고 해도 좋을 정도로 아무런 임무를 받지 못한 병사였다. 이 또한 최전방과 그 뒤에 있는 주력 부대로 승리를 손에 쥐겠다는 의지를 보여주는 것이었다.

페르시아 쪽 진형을 본 알렉산드로스는 평소처럼 전략과 전술을 미세하게 조정했다. 물론 공격을 담당하는 우익과 개전 후 전반전에 적의 공세를 견디는 것이 임무인 중앙, 이 두 가지 기본적인 구성에는 변화를 주지 않았다. '가우가멜라'에서는 가로로 진형을 유지하면서 적에게 접근했던 방식을 우익과 좌익을 뒤로 조금 물려서 활의 형태로 만들었다.

그렇게 한 첫 번째 이유는 머릿수로 압도적인 적이 좌우로 돌아서 접근하는 것을 막기 위함이었다. 두 번째는 첫 번째와 모순이 되지만 페르시아 군대의 우익과 좌익의 공격을 유발시키기 위한 것이었다. '이소스'에서는 초반부터 공세로 나섰지만, '가우가멜라'에서는 아군의 도발로 적이 공격해오면 비로소 공세에 나서는 전술로 바꾸었다. 병력이 적에 비해 열세였지만 이를 위해 일부러 군대의 '중앙'을 둘로 나누어 마케도니아의 팔랑크스로 이루어진 제1군 뒤에 그리스의 여러 도시국가에서 온 병사로 구성된 제2군을 편성했다.

적의 변화에 다리우스는 고민에 빠졌을 것이다. 어째서 공격을 하지 않는 걸까, 왜 움직이지 않는 걸까. 이런 생각을 하며 진형을 유지한 채 며칠을 기다린 페르시아 군대는 더 이상 기다릴 수 없었다.

마침내 다리우스는 낫이 달린 전차와 코끼리에 출격을 명령했다. 그런데 낫이 달린 전차와 코끼리라는 '가우가멜라'의 새로운 병기는 곧바로 쓸모없는 것이 되고 말았다. 코끼리는 체구가 거대하기 때문에 돌격할 때 강력한 인상을 주어 적의 진지를 붕괴시키는 데 최적이라고 생각하기 쉽다. 하지만 유럽에서 코끼리를 중요한 전력으로 생각하지 않은 이유는 코끼리의 산지가 아니라는 것 외에도 다른 이유가 있었다.

훗날 북아프리카를 포함한 대제국을 만들어낸 로마인이 손쉽게 얻을 수 있는 아프리카 코끼리를 군대에 활용하지 않은 것에서 알 수 있듯이, 인간이 이 거대한 동물을 조종하는 건 너무 힘들었다. 적을 향해 달려드는 것을 싫어해 폭주하는 일이 많았는데, 방향을 유턴하는 경우도 많았고 그래서 뒤에서 쫓아오는 아군 병사를 향해 돌진하는 일도 많았다. 이런 문제가 '가우가멜라'에서도 일어났다. 15마리 코끼리 모두 6미터가 넘는 창을 세워 고슴도치처럼 보이는 팔랑크스를 향해 돌진하기를 거부했다.

또 다리우스가 땅을 고르게 했지만 낫이 달린 전차 200대는 그의 기대를 저버렸다. 이와 닮은 전차를 영화 〈벤허〉에서 볼 수 있다. 그것은 화면 효과를 노린 것에 불과하다. 실제 전투에서 사용된 전차는 그렇게 빈약하지 않았다. 목적은 화면 효과가 아니라 적병을 쓰러뜨리는 것이었다.

● 페르시아 군대의 낫이 달린 전차

두 마리의 말이 끄는 전차의 좌우 바퀴에 한 사람이 휘두를 수 없을 정도로 무겁고 길고 날카로운 낫을 단 전차였다. 마부와 병사 2명이 타는 전차의 폭은 1미터가 넘기 때문에 그 양쪽에 달려 있는 1미터 길이의 낫은 차바퀴가 돌 때마다 적병을 쓰러뜨리는 무서운 병기였다. 그러나 이 공포의 병기에도 결함이 있었다.

밀집대형을 이룰 수 없다는 게 결함이었다. 다리우스는 낫이 달린 전차 200대를 그가 거느린 '중앙' 좌우 양쪽에 100대씩 배치했는데, 그 100대도 대형을 이루어 공격할 수 없었다. 우선 말이 전차를 끌기 때문에 거기에 전차를 더하면 1대의 길이는 5미터가 족히 넘었다. 폭도 좌우로 돌출된 낫과 전차의 폭을 합하면 적어도 3미터가 넘었다.

낫이 달린 전차는 1대만 해도 5미터×3미터라는 큰 공간을 필요로 하는 병기였다. 서로의 낫을 부딪치지 않게 하려면 가로 세로로 상당한 차간거리를 둘 필요가 있다. 결과적으로 200대라고 하더라도 집단적인 공격이 아닌 1대씩 '개별적'인 공격밖에 가능하지 않았다. 25세의 알렉산드로스는 이 점을 착안했다.

알렉산드로스가 군대의 중앙을 지키는 병사들에게 내린 지령은 자기도 모르게 웃음이 날 정도로 어린아이의 장난과도 같았다. 낫이 달린 전차가 다가오면 재빨리 몸을 비키고 지나가면 다시 원상태로 돌아오고, 두 번째 전차가 다가오면 다시 재빨리 몸을 피했다가 지나가고 나면 원래 위치로 돌아오는 일을 반복하라는 명령을 내렸다. 그러나 어린아이의 놀이가 아니었다. 병사들은 이를 되풀이하는 사이에 적군이나 적의 말을 향해 창을 던지고 화살을 쏘았다. 전차를 끄는 말이 쓰러지면 타고 있던 마부나 병사를 죽이는 일은 간단했다.

코끼리와 낫이 달린 전차라는 새로운 병기가 곧바로 무력화되는 것을 본 다리우스는 상당히 동요했을 것이다. 그는 좌익과 우익에 있는 기마 군단에 총공격하라는 명령을 내렸다. 우익의 페르시아 기병과 좌익의 박트리아 기병 모두 무리를 이루어 공격에 돌입했다. 그리스 쪽은 얼마든지 공격해보라는 듯 여전히 만곡 형태의 대형을 취하고 있었다.

이때에도 알렉산드로스는 움직이지 않았다. 그리스 쪽의 좌익을 맡은 주요 전력은 알렉산드로스가 마케도니아 기병 다음으로 신뢰한 테

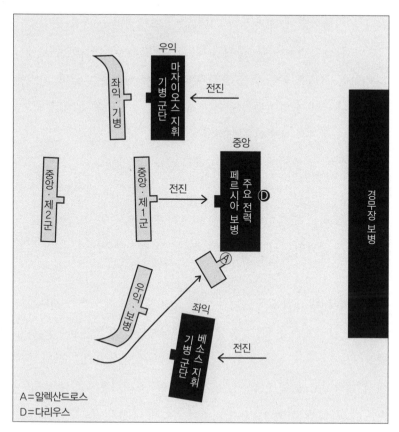

우익
좌익·기병
마자이오스 지휘
기병군단
← 전진

중앙·제2군

중앙
중앙·제1군
전진 →
주요 전력
페르시아 보병
Ⓓ

Ⓐ

우익·보병

좌익
베소스 지휘
기병군단
← 전진

경무장 보병

A=알렉산드로스
D=다리우스

● 가우가멜라전투 2

살리아 기병이었다. 페르시아 기마 군단의 맹렬한 공격을 받았지만 그들은 끈질기게 버텼다. 하지만 박트리아 기마 군단이 맹렬한 공격을 가해온 그리스 쪽 우익은 좌익과 다른 전투 양상을 보였다. 좌익에서는 기마 군단끼리 전투가 벌어지고 있었지만, 반대쪽 전쟁터에서는 적의 기마 군단을 보병이 상대했다.

활을 쏘는 궁병 하면 곧바로 '크레타'라는 대답이 나올 정도로 크레타 출신 궁병은 유명했다. 알렉산드로스는 궁병에게 기병을 쏘지 말고 말을 쏘라고 명령했다. 사나운 박트리아 기병도 말이 쓰러지면 어쩔 도리가 없었다. 그들을 이끌던 베소스도 철수를 명령할 수밖에 없었다.

페르시아 쪽 좌익에서 일어난 이 움직임 때문에 베소스가 지휘하는 '좌익'과 다리우스가 있는 '중앙' 사이에 틈이 생겼다(가우가멜라전투 2). 알렉산드로스는 그틈을 놓치지 않았다. 그때까지 우익의 가장 오른쪽에서 기다리고 있던 알렉산드로스와 그의 '콤파니온', 즉 '동료들'이 거느린 마케도니아의 3,000명 기병이 공격에 나섰다.

'공격!'이라는 명령을 내릴 필요도 없었을 것이다. 늘 알렉산드로스가 선두에 서서 돌격했기 때문에 '동료들'과 그들이 지휘하는 마케도니아 기병 모두 뒤를 따를 수밖에 없었다. 마케도니아의 기병 3,000명은 이렇게 세로로 긴 마름모꼴 형태로 애마 부케팔로스를 탄 알렉산드로스의 투구 위에서 나부끼는 하얀 깃털 장식만 보면서 적의 '중앙'과 '좌익' 사이에 난 틈바구니로 돌입했다.

알렉산드로스는 한 번 결정하면 돌아보지 않았다. '이소스'에서는 오른쪽에서 우회해 적의 중앙을 공격했지만, '가우가멜라'에서는 적의 중앙에 있는 다리우스를 목표로 삼았다. 동시에 파르메니온이 거느린 거대한 고슴도치도 공격을 시작했다. 즉 알렉산드로스가 지휘하는 그리스 군대의 모든 병사가 전쟁터로 투입되었다.

같은 시각 전쟁터의 반대쪽에서는 전황의 변화가 생겼다. 테살리아 기병이 주력인 그리스 군대의 좌익은 페르시아 기병 군단의 맹렬한 공격을 견디고 있었지만 조금씩 뒤로 물러나기 시작했다. 이 전선이 무너지면 그리스 군대의 '중앙'이 포위되고 만다.

알렉산드로스가 자기 군대의 보병 주력인 팔랑크스의 배후에 중무장 보병으로 구성된 제2군을 배치한 것은 이런 경우에 대비하기 위해서였다. 그리스의 도시국가에서 파견되어 온 그들은 이미 적의 '중앙'을 목표로 돌격하고 있는 알렉산드로스의 공격 명령이 필요하지 않았다. 사전에 젊은 왕에게 이런 경우 대응하라는 명령을 받았기 때문이다.

현대의 전쟁사 연구자들은 제2군의 움직임이 좌익의 전황을 결정지었다고 말한다. 실제로 제2군의 응원을 받고 그때까지 좌익을 지키고 있던 테살리아 기병도 재정비를 했을 뿐만 아니라 오히려 공세로 나섰다. 적 우익의 기병 군단에도 이변이 일어났기 때문이다.

페르시아제국의 자랑으로 여겨지는 페르시아의 기병은 이미 '이소스'에서 많은 전사자를 냈다. 따라서 '가우가멜라'에 출전한 기병 군단에는 동쪽에서 온 기병이 적잖게 포함되어 있었다. 오늘날의 아프가니스탄이나 파키스탄에서 온 기병은 그리스 쪽 좌익을 향한 공격을 멈추고 멀리 후방에 있던 마케도니아의 기지로 약탈을 하러 떠났다.

즉 3만 명의 위력적인 페르시아 쪽 우익은 전투를 계속하는 페르시아인 기병과 약탈을 하러 간 동방에서 온 기병으로 양분되었다. 결국 약탈 그룹은 그 움직임을 알아차린 그리스 쪽 제2군이 재빨리 추격했기 때문에 약탈품을 손에 넣기도 전에 살해되고 말았다. 이런 상태가 되었어도 페르시아 사회의 엘리트로 구성된 페르시아 기병은 테살리아 기병을 상대로 분투했다.

이때 황제가 달아났다는 소식이 전해졌다(가우가멜라전투 3). '이소스' 때처럼 알렉산드로스가 가까이 다가온 것도 아니었다. 다리우스와 알렉산드로스 사이의 거리는 충분했고 그곳에는 페르시아 군대의 정예 1만 명과 전투 전문가인 그리스인 용병 2,000명이 황제를 지키고 있었다.

이때까지 다리우스가 본 것은 개전 직후에 코끼리와 낫이 달린 전차가 비참한 최후를 맞이한 모습, 베소스가 이끄는 좌익이 철수하는 모습, 마침내 움직인 알렉산드로스가 이끄는 마케도니아 기병 군단이 자기가 있는 '중앙'을 향해 맹렬한 공격을 퍼붓기 시작한 모습, 움직임을 시작한 파르메니온이 지휘하는 거대한 고슴도치가 다가오고 있는 모습이었다. 우익의 페르시아 기병 군단은 적의 좌익을 상대로 분투하고 있었다. 게다가 다리우스가 있는 '중앙'은 그때까지 조그마한 타격을 입었을 뿐이다. 하지만 그것만으로 다리우스는 도망칠 구실을 찾아낸 것이다. 무엇이 그를 무너지게 만들었을까?

다리우스는 자기 병사들을 헤치고 도망쳤다. 페르시아 황제 다리우스 3세는 '이소스'에 이어 또다시 병사들을 버리고 전쟁터에서 달아

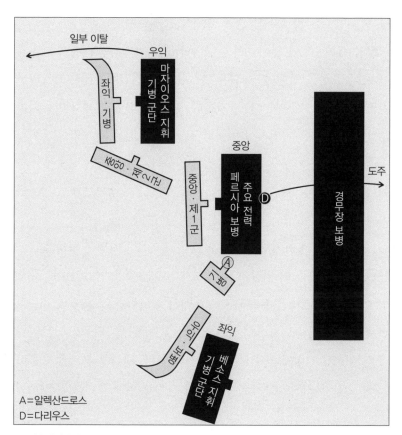

일부 이탈

우익

마자이오스 지휘 기병군단

좌익·기병

중앙·제2군

중앙

페르시아 주요 전력 보병

중앙·제1군

중앙·기병

도주

경무장 보병

A

좌익

베소스 지휘 기병군단

우익·보병

A=알렉산드로스
D=다리우스

• 가우가멜라전투 3

났다. 도망치는 게 습관이 된 듯 황제의 걸음은 빨랐다.

만약 다리우스가 달아나지 않았다면 '가우가멜라전투'에서 페르시아가 이길 수 있었을까? 대답은 '노'다. 전투는 길어졌을지 모르지만 결국 알렉산드로스가 이겼을 것이다. 병력은 적의 5분의 1밖에 되지 않았지만 병력을 자기의 손발처럼 사용할 수 있는 25세의 젊은이가 승리자가 되었을 것이다. 다리우스가 달아나지 않았다면 적지에서 목이 잘려 죽었을지도 모른다. 만약 그렇다면 그는 아케메네스 왕조의 마지막 황제로서 명예롭게 최후를 맞이할 수 있었을 것이다.

그리스 군대의 좌익과 교전하고 있던 페르시아 기병은 황제가 달아난 소식을 듣고는 더 이상 싸울 필요가 없다는 것을 알았다. 마자이오스 이하 모든 기병은 유턴해 전쟁터에서 달아나려고 했지만, 패주하면 통솔력이 급속도로 약해진다. 알렉산드로스는 다리우스가 달아난 것을 알고도 이번에는 추격하려 하지 않았다. 대신에 분노를 풀겠다는 듯 등을 보이며 달아나는 페르시아 기병을 향해 달려들었다(가우가멜라전투 4)

페르시아의 엘리트 기병은 알렉산드로스가 선두에 선 마케도니아 기마 군단의 맹렬한 공격에서 벗어나기 쉽지 않았다. 대다수가 그 자리에서 살해되었다. 그래도 가장 먼저 달아난 마자이오스를 비롯해 소수의 기병은 바빌론까지 달아났다. 이미 베소스가 거느린 박트리아 기병은 모습을 감춘 상태였다. 훗날 그들은 도망간 다리우스의 뒤를 따라갔다.

황제뿐만 아니라 기병으로부터 버림받은 페르시아 군대의 '중앙'에

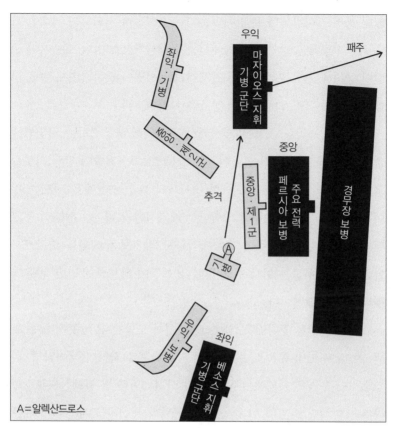

● 가우가멜라전투 4

있던 보병도 비참했다. 전방에서는 파르메니온이 지휘하는 거대한 고슴도치의 공격을 받았다. 후방에서는 알렉산드로스가 이끄는 기마 군단이 공격해왔다. 오른쪽에서는 페르시아 기병이 달아나면서 싸울 상대가 없어진 그리스의 좌익이 공격을 가했다.

수적으로 월등한 적을 괴멸시키려면 포위해서 공격하는 작전밖에 없다. 포위한 다음에 원을 줄여가는 방법으로, 이 전술의 참된 의도는 적의 병사를 쓰러뜨리기보다 적 병사끼리 싸우는 상황을 만드는 것이다. 황제와 기병으로부터 버림받은 페르시아의 병사는 완전히 공황 상태에 빠졌다. 일단 무너지기 시작하자 적에게 살해되는 병사보다 아군에게 밟혀 죽는 병사가 더 많았다. 이것이 역사상 유명한 '가우가멜라전투'의 결말이다.

페르시아의 황제 다리우스는 전쟁터에서 도망친 뒤 남쪽에 있는 바빌론이나 수도인 수사로 향하지 않고 동쪽으로 끝없이 달아났다. 다리우스의 추격을 포기하고 포위 괴멸 작전을 우선한 알렉산드로스가 작전을 마치면 반드시 이 두 도시를 공략할 것이라고 예상했기 때문이다. 대부분 빗나갔던 다리우스의 예상은 이때만은 적중했다.

다이아몬드가 달린 끝

서양에서 알렉산드로스 이후에 나타난 고대의 명장을 꼽는다면 다음의 세 사람일 것이다. 두 차례에 걸친 포에니전쟁에서 16년 동안 로마군을 능멸했던 카르타고의 장군 한니발. 그 한니발을 마지막 전투에서 무너뜨린 로마의 장군 스키피오 아프리카누스. 그리고 인도까지 '동방'을 제압한 알렉산드로스처럼 '서방'을 제압하고 훗날 윈스턴 처칠이 영국의 역사는 카이사르가 도버해협을 건넌 뒤에 시작되었다고 말하게 만든 로마의 장군 율리우스 카이사르.

전략과 전술에서 절대적인 자신감을 갖고 있었던 이 세 사람도 최고의 무장을 알렉산드로스로 꼽은 점에서는 완전히 일치했다. 그럼에도 세 사람은 전쟁터에서 알렉산드로스의 방법을 그대로 따르지 않았다. 부분적으로는 도입했지만 전면적으로 따르지는 않았다. 왜일까?

이탈리아어로 '푼타 디 디아만티Punta di Diamante'라는 말이 있다. 다이아몬드가 달린 끝을 의미하는데, 연마 도구의 끝에 달려 있는 다이아몬드를 가리킨다. 가장 단단한 광석인 다이아몬드를 앞에 달면 쉽게 절단되지 않는 것도 자를 수 있다. 이 3명의 명장은 세로로 긴 마름모꼴 진형을 이루며 돌격하는 마케도니아 기마 군단의 위력과 효력을 충분히 이해했다. 하지만 알렉산드로스라고 하는 '푼타 디 디아만티'이기에 가능하다는 사실도 잘 알고 있었다.

그렇다고 이들이 '다이아몬드가 달린 끝'이 될 용기가 없었던 것도 아니다. 선두에 서서 돌진해야 하므로 '끝'은 위험에 처할 가능성이 가장 높았다. 최고사령관의 몸에 무슨 일이라도 생기면 중앙과 좌익에서 아무리 우세하게 싸운다 하더라도 무너지고 그러면 이기다가도 순식간에 패하고 마는 것이 알렉산드로스의 전투 방식이 지닌 현실이었다.

한니발이나 스키피오, 카이사르는 종종 최전방에 서서 지휘를 맡았다. 카이사르는 홀로 바람에 나부끼는 큰 붉은색 망토를 입고 있어서 아군도 알아보지만 적군도 알아볼 수 있는 위험을 안고 지휘했다. 그러나 3명의 명장은 스스로 '다이아몬드가 달린 끝'이 된 적은 한 번도 없었고 그 전술을 시도한 적도 없었다. 세 사람은 때로 패배를 경험하기도 했지만 알렉산드로스는 마지막까지 연전연승이었다.

'카이로네이아' '그라니코스' '이소스', 그리고 '가우가멜라' 등 늘 알렉산드로스는 '다이아몬드가 달린 끝'이 되었기 때문이다. 가장 큰 위험을 스스로 부담했다. 그의 밑에서 싸우는 사령관이나 지휘관도 이 사실을 모르지 않았다. 실제로 연장자들은 떨떠름한 얼굴로, 연하자들은 눈물까지 흘리면서 당신의 안전은 우리의 안전과 관련이 있으니 더 이상 '다이아몬드가 달린 끝'을 그만두어달라고 간원했다. 알렉산드로스도 마음이 움직였는지 간원하는 부하 하나하나를 평소 이상으로 친밀한 정을 담아 포용했지만 자기의 생각은 확실하게 밝혔다.

"너희는 누구보다 충실하고 누구보다 헌신적인 부하일 뿐만 아니라 누구보다 신뢰할 수 있는 친구이다. 너희에 대한 감사의 마음은 말로 표현할 수 없을 정도로 크다. 너희는 따뜻한 동정의 마음은 물론이고 이 전쟁이 시작된 이후 나에 대한 애정을 명확한 실적으로 보여주었다. 고백하건대 너희와 함께 이곳까지 온 나는 과거에 이렇게까지 내 인생을 사랑한 적이 없었다. 그러나 이처럼 나를 행복하게 해준 너희의 뜨거운 마음도 내가 보여준 용기가 있었기 때문에 생겨난 감정일 것이다."

로마 시대에 알렉산드로스의 전기를 쓴 쿠르티우스 루푸스^{Curtius}

Rufus는 알렉산드로스가 이 말을 많은 사람 앞에서 했다고 기록했다. 다만 병사들을 향해 말했다고는 쓰지 않았다. 알렉산드로스는 장군과 병사를 차별하지 않았다. 그래서인지 그만큼 병사들로부터 사랑을 받은 최고사령관이 없을 정도이다. 전쟁터에 늘 선두에 서서 누구보다 큰 위험을 안고 싸웠기 때문에, 알렉산드로스의 상징이 된 투구 위에 나부끼는 하얀 깃털 장식을 보면서 장군뿐만 아니라 일개 병사까지도 왕을 따르겠다는 일념으로 싸우게 만들었다.

알렉산드로스가 생각하는 리더는 부하의 모범이 되어야 하고 솔선해서 위험을 무릅쓰는 모습을 보여주어 자신의 모델이라고 생각하게끔 만드는 존재여야 했다. 따라서 사령관이나 지휘관을 향해 "너희가 나를 사랑해준 것도 내가 이제까지 보여준 용기 때문이다"라고 말할 수 있었던 것이다. 그 말은 앞으로도 '다이아몬드가 달린 끝'을 그만둘 생각이 없다는 의지를 확실하게 표명한 것이다.

기록에 따르면, 제2차 포에니전쟁에서 각각 적군과 아군으로 나뉘어 싸운 카르다고 장군 한니발과 로마 장군 스키피오는 전투가 끝나고 몇 년 뒤에 만나 무장을 평가한 적이 있다. 그들보다 활동 시기가 150년 정도 늦은 카이사르였기에 직접 만날 일은 없지만 로마의 최고 명장이 젊은 시절부터 알렉산드로스를 의식했다는 것은 여러 역사적 사실에 나타나 있다.

그래서 세 사람이 만나 무장에 대해 이야기꽃을 피우는 모습을 상상해보았다. 세 사람 모두 자신보다 알렉산드로스가 최고라고 인정했을 것이다. '다이아몬드가 달린 끝'으로 적진에 쐐기를 박는 전술이

● 알렉산드로스(알렉산드로스의 것으로 추정되는 석관의 부조, 이스탄불 고고학박물관 소장)

그리스인 이야기 Ⅲ

유효하다는 생각에도 모두 동의했을 것이다. 그 전술이 가능할 수 있었던 것은 알렉산드로스가 지휘했기 때문이라는 점에 대해서도 세 사람 모두 공감했을 것이다. 마지막으로 세 사람 모두 웃으면서 이렇게 말하지 않았을까.

"뭐니 뭐니 해도 그는 젊었으니까."

알렉산드로스의 재능이 만개한 시절은 20대였다. 한편 알프스를 넘어 로마의 영토인 이탈리아반도에 난입한 해부터 시작해 마지막 전투에서 스키피오에게 패배할 때까지 한니발은 30대에서 시작해 40대 중반까지 활약했다. 한니발에게 승리하고 제2차 포에니전쟁을 끝낸 스키피오의 최전성기는 30대에 들어선 이후였다. 그리고 카이사르. 훗날 유럽의 형태를 만든 갈리아전투를 시작한 것은 40세가 되던 해였다. 위의 세 사람과 비교하면 알렉산드로스는 누구보다 젊었다. 알렉산드로스는 세 사람이 활약하기 시작한 나이였을 때는 이미 세상을 떠난 뒤였다. '다이아몬드가 달린 끝' 전법도 젊으니까 가능했고 성공할 수 있었다.

바빌론, 수사, 그리고 페르세폴리스

알렉산드로스는 '가우가멜라전투'가 끝난 뒤에는 '이소스전투'가 끝났을 때처럼 장군과 병사가 뒤섞인 연회를 열지 않았다. '이소스전투'가 끝난 다음 그에게는 두 가지 선택지가 있었다. 그대로 페르시아의 본거지인 메소포타미아 지방으로 진격할지,

아니면 '시 레인'의 확보를 위한 중근동과 이집트 제패를 우선한 다음에 메소포타미아 지방으로 진격할지. 그러나 '가우가멜라' 이후에는 선택지가 하나밖에 없었다. 메소포타미아 지방으로 진격해서 승리했기 때문에 페르시아제국의 본거지이며 그 위세의 상징이기도 한 바빌론과 수사, 페르세폴리스를 손에 넣는 것이 다음 목표였다. 달아난 다리우스를 쫓는 일은 이를 끝낸 다음에 해도 늦지 않았다.

알렉산드로스는 당일 결론을 내는 방식으로 싸워서 이긴 다음 그것을 통해 얻은 성과를 굳히는 일을 잊지 않았다. 전투 덕분에 태어나서 처음 본 코끼리와 낫이 달린 전차를 상대로 싸운 병사들에게 허락된 것은 하룻밤의 휴식뿐이었다. 젊은 왕은 평소처럼 전사자의 매장에 참석했고 관례에 따라 의사 그룹을 동행하고 부상자들을 방문했다. 평소처럼 친구인 헤파이스티온과 그날 첫 식사를 해결한 뒤에 몇 시간 잠을 잤을 뿐이다.

다음날 아침 일찍 행군이 시작되었다. 방향은 남쪽이었다. 유프라테스강 근처에 있는 고대 도시 바빌론으로 향했다. 거리는 400킬로미터 정도였는데 모두 페르시아만으로 흘러드는 티그리스강과 유프라테스강 사이에 난 평야를 지나는 길이어서 행군 속도는 빨랐다. 게다가 예상치 못한 행운 덕분에 바빌론을 간단하게 제압할 수 있었다.

이 고대 도시를 에워싼 성벽 앞에 알렉산드로스가 도착하자 성문을 열고 나온 페르시아인이 젊은 왕에게 항복하겠다고 말했다. 마자이오스라는 이름을 가진 이 페르시아인은 알렉산드로스와 처음 만난 사이였다. 어떤 의미에서는 2년 전부터 알렉산드로스와 깊은 관계를 맺은 사람이기도 했다. 소아시아의 남동부에 있는 킬리키아 지방의 지방장관이었던 해에 마자이오스는 그 지방의 방위를 황제로부터 위임받았지만, 마케도니아 젊은이의 빠른 행동을 따라가지 못해 킬리키아 지방을 쉽게 적의 손에 넘겨주고 말았다.

그것으로 다리우스 황제의 분노를 사는 바람에 이후의 '이소스전투'에는 참가조차 허용되지 않았다. 그럼에도 그가 '가우가멜라전투'에 불려나간 것은 다리우스가 '이소스'에서 부하 장수를 많이 잃었기 때문이다. 다리우스는 한때 내쳤던 마자이오스의 복귀를 허용했지만 그에게만 다른 임무를 맡겼다.

메소포타미아 지방으로 향하는 알렉산드로스의 군대를 유프라테스강변에서 기다렸다가 수도인 수사가 있는 남쪽이 아니라 가우가멜라가 있는 북쪽으로 향하게 유도하라는 임무였다. 다리우스가 그 임무를 위해 마자이오스에게 준 병력은 수천 명에 불과했다. 10배가 넘는 그리스 군대를 본 마자이오스는 어떤 시도도 불가능하다고 생각하고는 한 번도 싸워보지 않고 그대로 철수했다. 그러나 마자이오스는 달아나지 않고 다리우스가 기다리고 있는 가우가멜라로 돌아갔다. 다리우스는 마자이오스를 우익에 배치된 기마 군단의 사령관으로 임명하고 적을 공격하는 임무를 맡겼다.

따라서 '가우가멜라'에서는 알렉산드로스가 지휘하는 마케도니아 기마 군단과 직접적으로 부딪칠 일이 없었다. 테살리아 기병이 지키는 그리스 군대의 좌익이 뒷걸음질을 칠 수밖에 없었던 것은 마자이오스가 이끄는 페르시아 기병 군단이 분투했기 때문이다. 그런데 황제가 도망쳤다는 소식이 알려졌다. 살아남은 부하들을 이끌고 혼전 속에서 빠져나온 이 페르시아 장군은 바빌론으로 돌아갔다.

마자이오스와 그를 따라 가우가멜라에서 도망친 기병 모두 또다시 아군을 버리고 전쟁터를 떠난 황제를 더 이상 따를 이유가 없다고 생각했다. 그리하여 신변의 안전을 약속받지도 않은 상태에서 무조건 항복을 표명했던 것이다. 알렉산드로스는 마자이오스가 제안한 항복과 바빌론의 무혈입성을 받아들였다. 알렉산드로스는 거기서 그치지 않고 마자이오스를 바빌론과 그 주변 일대를 직할하는 지방장관으로 임명했다.

이와 같은 마자이오스의 사례는 알렉산드로스의 성격을 잘 보여준다. 큰 사업은 홀로 할 수 없다. 다른 사람과 협력하지 않고서는 절대로 이룰 수 없다. 이를 위해서는 타인을 신뢰하고 명확한 목적을 지닌 임무를 일임할 필요가 있다. 신뢰할 가치가 있는지 여부를 정밀하게 조사해야 한다면 무엇 하나도 시작할 수 없기 때문에 어떤 의미에서는 직감에 따라 대담하게 일임할 수밖에 없다.

알렉산드로스가 '배신'을 가장 싫어했던 것은 이렇게 주었던 신뢰가 배반당했기 때문이다. 그는 '배신'이 인간이 저지르는 가장 비열한 행위라고 생각했다. 페르시아의 고관 마자이오스는 주군인 황제를 배신하지 않았다. 다만 황제라는 책무를 두 번이나 포기한 다리우스를 포기했을 뿐이다. 알렉산드로스도 그것을 '배신'이라고 생각하지 않았다. 오히려 마자이오스를 '배신'과 가장 거리가 먼 인간이라고 보았을지도 모른다.

마케도니아의 젊은이는 그리스인이 '야만족'이라고 일괄해서 부른 페르시아인 가운데서 말이 통하는 상대를 찾아냈다고 생각했을 것이다. 마자이오스도 아들과 함께 알렉산드로스의 충실한 가신이 되었다. 마자이오스의 사례는 다른 페르시아의 엘리트 사이에서 파문을 일으켰고 그 영향력이 넓게 퍼져나갔다.

그 후 패배자인 페르시아인의 등용이 눈에 띌 정도로 많아졌는데, 알렉산드로스가 따로 모집해서 그런 게 아니다. 그리스인에 의한 추천이 있어서 그런 것도 아니다. 대부분은 알렉산드로스의 직감에 따른 것이었다. 그래서 어긋나기도 했다. 어긋나면 젊은 왕은 결정했을 때와 동일한 속도로 다른 사람으로 교체했다. 이렇게 해서 페르시아 황제의 고관인 사람 가운데 그리스인 왕의 고관으로 말을 갈아타는 경우가 많았다.

'지방장관'이라는 관직명은 바뀌지 않아도 내용은 달라졌다. 페르시아제국의 '사트라프'는 행정·군사·경제를 한손에 장악했지만 알렉산드로스의 '사트라프'는 행정만 담당했고, 군사는 마케도니아인, 재정은 다른 사람에게 맡겨 권력을 셋으로 나누었다. 알렉산드로스는 '다이아몬드가 달린 끝'을 매우 좋아하는 남자였지만 현실적인 통치자이기도 했다.

알렉산드로스의 방식은 스승 아리스토텔레스의 가르침과 정반대였다. 소크라테스, 플라톤 다음으로 그리스 철학의 거인으로 인정받는 아리스토텔레스는 소년 알렉산드로스에게 이렇게 가르쳤다.

"그리스인은 나를 인도하는 상대로 대하고, 야만족에 대해서는 주인으로 행동해라. 그리스인은 친구이며 친족이라고 생각해도 좋지만, 야만족은 노예이자 동식물로 생각하며 대하라.”

그리스 철학의 거장 입에서 나온 말이기 때문인지 현대 연구자들 중에는 ‘야만족’이란 그저 그리스어로 말하지 못하는 민족을 가리키는 것에 불과한, 그래서 차별적인 말이 아니라고 여기는 사람들이 적지 않다. 그러나 이 말은 누구 입에서 나오든 차별적인 발언이다. 이것은 당시 그리스인의 상식적인 생각이었다. 따라서 상식과 달리 행동한 알렉산드로스는 동방 원정을 계속하는 과정에서 스스로 배운 것이라고 생각할 수밖에 없다.

‘바빌론의 영화榮華’라는 말이 있을 정도로 고대 도시 바빌론은 화려했다. 바빌론에 체류했던 알렉산드로스도 눈이 휘둥그레졌을 것이다. 그리스의 신흥국 마케도니아에서 온 젊은이는 오리엔트의 사치스러운 거리를 다니면서 헤파이스티온에게만은 놀라운 감상을 털어놓았을 것이다. 세계 7대 불가사의 가운데 하나로 꼽히던 유명한 옥상정원도 견학했을지 모른다.

당시 페르시아는 문명의 정도는 말할 것도 없고 문화적인 면에서도 그리스의 아테네에 결코 뒤지지 않았다. 아테네의 아름다움이 ‘웅장함’라면 페르시아의 아름다움은 ‘화려함’이라는 차이가 있을 뿐이었다. 그러나 알렉산드로스는 궁극적인 목표를 절대로 잊지 않는 남자였다. 고대 도시의 아름다움이 주는 유쾌함과 즐거움을 만끽하며 시간을 보낼 여유가 없었다. 페르시아제국의 수도인 수사를 가능한 한 빨리 손에 넣어야 했다.

바빌론에서 수사까지 메소포타미아 지방을 동쪽으로 가로질러 가면 약 400킬로미터 정도의 여정이었다. 유프라테스강변에 위치한 바빌론과 달리 수사는 티그리스강 너머에 있었다.

아마도 바빌론에 체류하면서 이미 수도의 무혈입성을 위한 교섭을 시작했을 것으로 보인다. 바빌론의 지방장관에 취임한 마자이오스와 수사의 방위 책임자 사이에서 사전 교섭이 진행되었을 것으로 생각된다. 수사는 수도였기 때문에 상당한 방위력을 갖추고 있었다. 방위력을 사용하지 못하게 하고 평화롭게 들어가야 했기에 어설프게 군사력을 동원하는 것은 금물이었다. 페르시아 고관들에게 맡겨두는 방법이 현명했다. 그것은 제대로 먹혔다.

알렉산드로스는 소년 시절에 얻은 애마 부케팔로스를 가장 중요한 시기에만 활용했다. 아무 때나 부케팔로스를 타고 다닌 게 아니다. 전쟁터에서만 탔다. 전쟁터에서 목숨을 맡기는 말로만 활용했다. 제압한 도시로 입성할 때나 퍼레이드를 할 때는 보기에 좋은 백마가 적합하다고 생각했다. 페르시아제국의 수도인 수사에 입성할 때도 백마를 탔다. 전쟁터라면 군장도 여러 장식이 달린 호화로운 것을 걸쳤다. 승리자로 입성할 때는 전시효과도 무시할 수 없었다.

수사의 주민들은 25세의 승리자를 꽃잎을 뿌리며 화려하게 환영했다. 사전 교섭이 효과를 발휘했는지 환영식 중에도 사고가 한 건도 일어나지 않았다. 왕궁으로 들어가 다리우스가 늘 앉아 있던 옥좌에 알렉산드로스가 앉자, 그 앞에 몰려온 페르시아 고위 관료들이 일제히 엎드려 신하의 태도를 보였다. 이 모습에 알렉산드로스도 놀랐고 마

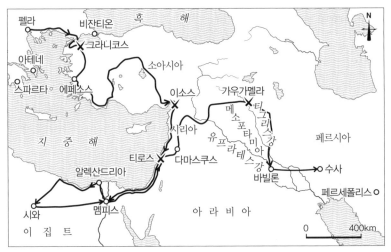

● 가우가멜라에서 페르시아의 중심으로

케도니아의 장군들도 놀랐다. 오리엔트에서는 무릎을 꿇고 머리를 바닥에 대는 것이 왕이나 황제에 대해 신하의 예를 표현하는 행위였다. 이것이 훗날 문제가 되었다.

이렇게 페르시아제국의 수도를 제압하는 일도 무사히 끝났다. 물론 다리우스가 갖고 있던 1만 8,000탈란톤이라는 거금도 몽땅 손에 넣었다. 그 돈은 곧바로 병사의 급료와 포상으로 지급되었다.

알렉산드로스는 수사에서도 페르시아인을 '지방장관'으로 임명했다. 무혈입성을 위한 교섭에서 마자이오스를 상대한 사람이었을 것이다. 그리고 그 사람에게 다음과 같이 명령했다. 다마스쿠스에 두고 온 다리우스의 어머니와 딸들을 수사로 데려와 이전에 살던 궁전에서 살게 하라고 명령했다. 다리우스의 아내는 '이소스전투' 때 이미 임신한 몸이었기에 얼마 뒤에 출산했다. 그러나 출산 직후 갓 태어난 아들과 함께 세상을 떠났다. 따라서 도망 중인 다리우스의 육친은 어머니와 딸 둘밖에 남아 있지 않았다.

알렉산드로스는 이처럼 해야 할 일을 모두 끝낸 뒤에 수사를 뒤로 하고 페르세폴리스로 향했다. 물론 바빌론과 마찬가지로 수사에도 마케도니아인으로 구성된 병사들을 남겨두었다. 전투에서 희생자를 최소화하는 것으로 알려진 알렉산드로스는 전략 요충지에 병사들을 배치하는 것도 고려해야 했기 때문에 늘 병사의 보충이 필요했다.

페르세폴리스도 무혈입성했다. 제국의 중심부에 있는 페르시아인들은 두 번씩이나 적 앞에서 도망친 다리우스를 더 이상 황제로 인정하지 않았을 것이다. 역사적으로 그리스어인 '페르세폴리스'로 알려진 이 도시는 예부터 중요 도시인 바빌론과 달리 키루스부터 시작된 아케메네스 왕조의 역대 페르시아 황제들이 고대 도시 바빌론과 경쟁이라도 하겠다는 듯 온갖 사치를 다해 꾸민 도시였다. 그래서 페르세폴리스는 아케메네스 왕조에 속한 페르시아 황제의 도시였다. 황제가 세상을 떠나면 당연히 페르세폴리스에 묻혔다.

이 도시를 아케메네스 왕조에 속한 페르시아 황제의 도시로 만들겠다고 처음으로 생각한 사람은 다리우스 1세였다. 아케메네스 왕조의 전성기를 이끌었던 다리우스 1세는 그리스 본토의 정복을 생각한 첫번째 페르시아 황제이기도 했다. 기원전 490년, 아테네와 가까운 곳에 있는 마라톤에 군대를 상륙시켰고 제1차 페르시아전쟁이 시작되었다. 다만 당시 아테네에 보낸 중무장 보병이 완패를 당하자 곧바로 군대를 철수시켜 제1차 페르시아전쟁은 근대 올림픽에 마라톤이라는 경기의 이름만 남기고 끝났다.

10년 뒤인 기원전 480년, 이번에는 다리우스의 아들 크세르크세스가 20만 대군을 거느리고 그리스를 공격해왔다. 하지만 제2차 페르시아전쟁에서도 일패도지하고 철수해야 했던 쪽은 페르시아였다. 아테네인 테미스토클레스가 지휘해 압승을 거둔 '살라미스해전', 스파르타인 파우사니아스가 지휘해 완승으로 끝난 '플라타이아이전투'가 그것이다.

아케메네스 왕조의 페르시아 황제들은 그리스를 침공할 때마다 아픈 상처를 입고 후퇴할 수밖에 없었다. 특히 자신이 지휘한 대군의 괴멸을 눈으로 확인해야 했던 크세르크세스는 수도인 수사로 돌아온 이후 황제의 공무까지 내팽개쳤다. 성격 파탄자가 된 크세르크세스가 모든 것을 잊기 위해 페르세폴리스를 가장 아름다운 도시로 만드는 데 전념했다. 그중에서 왕궁의 아름다움은 그리스에도 알려져 있을 정도였다. 이는 크세르크세스가 절망과 자기혐오를 잊기 위해 몰두해서 이룬 성과였다.

그 후 페르시아 황제들은 그리스에 손을 대지 않았다. 손을 내밀면 큰 화상을 입는다는 것을 잘 알고 있었기 때문이다. 그렇다고 완전히 손을 뗀 것도 아니다. 완전히 손을 떼고 있던 시기는 테미스토클레스의 뒤를 이어 페리클레스가 통치하는 아테네가 '델로스동맹'을 활용해 에게해를 그리스인의 바다로 만들었던 30년 동안이었다. 페리클레스가 세상을 떠나자 페르시아는 다시 손을 뻗었다.

다만 이 시기에 페르시아가 그리스에 미친 힘은 군사력이 아니라 자금력이었다. 스파르타에 경제원조를 제공해 그리스의 2대 강국인 아테네와 스파르타를 서로 싸우게 만들었다. 30년 가깝게 진행된 '펠로폰네소스전쟁'은 기원전 404년 아테네의 패배로 막을 내렸다. 이와 함께 에게해를 그리스인의 바다로 만들었던 '델로스동맹'도 붕괴했다.

그 결과 '델로스동맹'이 살아 있을 때 그리스인의 항구도시였던 소아시아 서해안 일대는 다시 제1차 페르시아전쟁 이전으로 돌아가 페르시아의 지배 아래 놓였다. 그리고 아테네가 패배한 기원전 404년부터 알렉산드로스가 헬레스폰토스해협을 건너 아시아 쪽으로 공격한 기원전 334년까지 70년 동안은 그리스 세계의 동쪽 절반도 페르시아의 지배 아래에 놓여 있었다. 이제 그리스 군대를 거느린 마케도니아의 왕 알렉산드로스가 에게해뿐만 아니라 페르세폴리스까지 손에 넣었다. 알렉산드로스는 바빌론과 수사보다 더 오래 페르세폴리스에 머물렀다.

다음 해 봄 행동을 재개하기 전에 병사들을 쉬게 하려는 의도는 이해가 되지만 체재 중에 아케메네스 왕조의 묘소를 참배한 그의 마음은 이해하기 힘들다. 언제 어디든 동행하며 무엇이든 함께하는 친구 헤파이스티온은 그들이 나눈 이야기를 기록하는 예의에 어긋나는 행위를 하는 남자가 아니었다. 그래서 헤파이스티온을 통해 알렉산드로스의 속내를 알 수도 없다.

페르세폴리스에 체재했던 25세의 가슴속에 무엇이 있었는지 상상해보자. 알렉산드로스는 자기가 제3차 페르시아전쟁을 수행하기 위해 왔다고 생각하지 않았을까? 제1차 페르시아전쟁 당시 아테네인 밀티아데스. 제2차 페르시아전쟁을 승리로 이끈 아테네인 테미스토클레스와 스파르타인 파우사니아스. 그리고 자기가 제3차 페르시아전쟁을 승리로 끝내려 한다고 생각하지 않았을까.

알렉산드로스는 페르세폴리스의 '지방장관'에도 페르시아인을 임명했다. 왕궁 내에 놓여 있던 아테네에서 만든 2개의 조각상도 아테네로 보냈다. 이 2개의 조각상은 제2차 페르시아전쟁에서 아테네를 공격했던 크세르크세스가 전리품으로 가져온 것이었다. 이 두 걸작은 150년 만에 고국으로 돌아갔다.

한편 알렉산드로스는 페르세폴리스의 왕궁을 불태우라고 명령했다. 파르메니온이 반대했지만 젊은 왕의 생각은 바뀌지 않았다. 제2차 페르시아전쟁 때 페르시아의 황제 크세르크세스는 아테네 도시 전체를 불태웠다. 자신이 불태우는 것은 페르세폴리스 도시 전체가 아니라 크세르크세스가 화려하게 꾸민 왕궁뿐이라고 생각했을지도 모르겠다. 왕궁을 불태우는 것은 아케메네스 왕조 페르시아의 멸망을 그리스인과 페르시아인에게 납득시키기 위해 반드시 해야 하는 일이기도 했다. 페르시아는 이후에도 존속했다. 그러나 아케메네스 왕조 페르시아는 그들이 거주한 왕궁과 함께 소멸했다.

알렉산드로스는 키루스를 비롯해 아케메네스 왕조 페르시아에 속한 황제들의 무덤에는 손을 대지 않았다. 파괴 행위는 전혀 시키지 않왔다. 그중에 제1차 페르시아전쟁을 시작한 다리우스 1세나 제2차 페르시아전쟁에서 아테네를 불태운 크세르크세스의 무덤도 있었지만 그대로 두었다. 생전에 어떤 행위를 했든 죽은 자를 모독하는 행위는 하지 않았다. 비록 적이라도 무덤은 죽은 자에게 남겨진 마지막 안식처라고 생각했기 때문이다.

알렉산드로스는 꽤나 자기중심주의자였지만 상대의 입장에 서서 생각할 줄 아는 남자였다. 기원전 330년 여름, 25세의 젊은이는 다시 군대를 이끌고 서북쪽에 있는 엑바타나Ecbatana로 향했다. 페르시아 황제들이 여름 별궁으로 사용하던 도시였다. 메소포타미아 지방으로 가는 것과는 다르게 산악 지대를 지나는 행군이었지만, 이 일대에서 젊은 정복자의 앞을 가로막는 부족은 아무도 없었다.

약간 높은 언덕 위에 세워진 엑바타나는 여름에도 서늘했다. 방어 시설도 갖추어져 있었고 라가에(현재 이란의 수도인 테헤란)를 통해 카스피해로 갈 수도 있었다. 알렉산드로스는 다른 도시들처럼 무혈입성한 엑바타나를 페르시아제국의 동쪽을 제패하기 위한 전초기지로 삼았다. 원래 전초기지는 다시 돌아오기 위한 곳이지만 알렉산드로스는 한번 떠나면 잘 돌아오지 않았다. 그래서 알렉산드로스의 경우는 전초기지라기보다는 후방에 배치한 보급기지라고 하는 편이 맞다.

알렉산드로스는 엑바타나에 파르메니온을 남기기로 결정했다. 각종 정보에 따르면 페르시아제국의 동쪽은 산악 지대가 연속되는 곳이었다. 70세가 된 파르메니온을 동행시키기에 무리가 따랐다. 물론 왕을 동행하지 않더라도 그에게는 중요한 임무가 있었다. 알렉산드로스는 군대의 절반 이상을 남기고 파르메니온에게 지휘를 포함해 후방 기지의 책임자로 삼았다. 알렉산드로스는 엑바타나에 체류하는 동안 그 이상의 중요한 결정을 내리고 곧바로 실행해야 했다. 실행에 옮길 수 있었던 것은 엑바타나에 있을 때 알게 된 기쁜 소식 때문이다.

스파르타의 몰락

그리스에서 마케도니아 제패에 유일하게 반대했던 스파르타가 마침내 무너졌다는 소식이었다. 이소스의 전쟁터에서 도망쳐 고국으로 돌아간 용병을 중심으로 스파르타 군대가 펠로폰네소스반도의 메갈로폴리스^{megalopolis} 부근에서 마케도니아 군대와 전투를 벌여 5,000명 이상의 사상자를 내고 왕도 전사하는 패배를 맛보았다는 것이다.

스파르타의 몰락은 이제 중앙아시아로 들어가려고 하는 알렉산드로스에게 매우 기쁜 소식이었을 것이다.

첫째, 이미 그의 모국이라고 해도 좋을 그리스 전역을 완전히 마케도니아가 지배할 수 있었다.

둘째, 이제까지 페르시아와 내통하고 있던 그리스 내의 세력이 스파르타의 몰락과 함께 사라지고 말았다. 잊지 말아야 할 점은 페르시아의 황제 다리우스가 아직 죽지 않고 도망 중이라는 사실이다.

셋째, 용병 대국인 스파르타의 몰락으로 그리스 세계에 타국의 용병이 된 자들이 어떤 운명에 놓이는지 깨닫게 하는 효과를 얻을 수 있었다. 알렉산드로스는 당시 그리스 세계에서 고국을 버리고 외국의 용병이 되려고 하는 경향을 싫어했다. 그리스 민족의 용병화가 그리스 세계에 해를 가져왔다고 굳게 믿고 있었다. 메갈로폴리스전투에서 전사한 스파르타 병사 대부분은 이소스전투에서 페르시아 쪽에 서서 싸우고 패전 후에는 스파르타로 달아난 용병이었다. 실제로 그 이후 페르시아 쪽에 서서 싸우는 그리스 병사는 사라졌다.

이렇게 해서 알렉산드로스가 생각하고 있던 중요한 결정을 실행으로 옮길 수 있는 상황이 되었다. 마케도니아 병사 외의 그리스 병사 전원을 귀국시키는 것이었다.

'그라니코스' '이소스' '가우가멜라' 등 페르시아 군대를 상대로 한 전투에서 모두 승리했다. 바빌론, 수사, 페르세폴리스, 엑바타나 등 페르시아제국의 주요 도시도 손에 넣었다. 알렉산드로스는 페르시아제국이 붕괴했다고 생각했다. 그는 6년 전에 그리스의 도시국가 대표들을 소집해 개최한 코린토스 회의에서 그리스 병사를 이끌고 페르시아로 가는 원정군의 최고사령관으로 선출되었다.

따라서 이제까지 4년 동안 그는 비록 주축은 마케도니아 병사였지만 그리스 군대를 지휘했다. 코린토스 회의에서 결정한 목표를 달성했기 때문에 이제 알렉산드로스에게는 마케도니아 이외의 그리스인을 이끌 자격이 없어졌다. 마케도니아 병사는 왕인 알렉산드로스를 따를 의무가 있었지만, 아테네나 코린토스 등 다른 도시국가에서 참가한 병사는 그런 의무가 없었다. 그들은 마케도니아와 동맹 관계를 맺은 도시국가에서 파견된 병사였다. 그들을 귀국시키는 것은 알렉산드로스 입장에서 당연한 행위였다.

하지만 마케도니아의 젊은 왕은 테살리아 지방에서 온 기병에게는 지원병으로 남아달라고 부탁했다. 테살리아인들은 지난 4년 동안 알렉산드로스에게 신뢰를 느끼고 있었기에 전원 남기로 결정했다. 그외의 다른 도시국가에서 참가한 병사 가운데서도 적지 않은 숫자의 지원병이 나왔다. 자기가 속해 있는 도시국가에서 파견한 병사가 아니라 알렉산드로스의 지휘를 받는 병사로 싸우고 싶은 남자들이었다.

지금까지 4년 동안 병사들은 알렉산드로스를 존경했다. 마케도니아 출신 병사뿐만 아니라 그리스 여러 도시국가에서 온 병사도 마찬가지였다. 이렇게 해서 알렉산드로스가 이끄는 군대에는 용병이 증가했다. 물론 코린토스 회의에서 금지한, 그리스 군대에 적대하는 외국 편에 서서 싸우는 스파르타인과 같은 용병은 아니었다. 알렉산드로스의 옆모습이 새겨진 금화나 은화로 급료를 받지만 그리스인의 적과 싸우는 용병이었다. 급료는 마케도니아 병사에게도 지급되었기 때문에 차이는 단 하나였다. 우리의 왕이라는 칭호로 부를 수 없다는 점 하나뿐이었다.

오랜만에 편안하게 휴식을 취한 덕분인지, 아니면 스파르타의 몰락으로 그리스에 대한 걱정이 일소된 탓인지, 엑바타나를 뒤로하고 재개된 행군에서 알렉산드로스는 고대의 역사가뿐만 아니라 현대의 연구자까지 '경이적'이라고 표현할 정도로 빠르게 앞으로 나아갔다. 엑바타나의 파르메니온에게 남겨둔 병사는 연장자 세대가 많았고 25세의 젊은이가 이끌고 산악 지대로 들어간 병사들은 젊은이가 많았다. 당연한 일이다. 눈앞에 있는 유일한 목표는 달아난 다리우스를 쫓는 것이었다.

11월 1일에 벌어진 '가우가멜라전투'가 끝나고 11월, 12월 그리고 다음 해 1월, 2월, 3월까지, 전쟁터에서 달아난 다리우스는 뒤쫓는 알렉산드로스와 거리를 벌릴 수 있는 충분한 시간이 있었다. 페르시아 제국의 중심부를 모두 손안에 넣은 알렉산드로스는 추격을 시작한 기원전 330년 봄, 척후들이 가져온 정보를 통해 다리우스가 엑바타나에서 그리 멀리 떨어지지 않은 카스피해 근처에 있다는 사실을 알았다. 왜? 왜 그런 곳에서 꾸물대고 있었던 것일까?

다리우스는 '이소스' '가우가멜라'에서 패배를 맛보았지만 도망치면서 권토중래를 꿈꾼 듯했다. 제국의 '지방장관'에게 총동원령을 내려 대군을 편성해 알렉산드로스에게 설욕하고 싶은 마음을 버리지 못했을 것이다. 이를 위해서는 그를 따르고 있는 베소스를 비롯해 동쪽의 '지방장관'뿐만 아니라 제국 중심부에 있는 '지방장관'까지 동원해야 했다. 그러므로 다리우스는 제국의 중심이 모여 있는 메소포타미아 지방에서 멀리 떨어질 수 없었을 것이다.

다리우스는 50세가 되었고 정보도 얼마든지 얻을 수 있는 상황이었지만, 바빌론과 수사, 페르세폴리스, 엑바타나와 같은 제국의 중심 대도시가 모두 알렉산드로스에게 순순히 문을 열었다는 것이 의미하는 바를 냉철하게 인식하지 못했다. 자기 가신들이 이렇게 변화된 원인을 전투의 패배라고 생각했다. 옛 가신들이 자기를 버렸다는 것은 꿈에도 생각하지 못한 듯하다. 게다가 당시 황제를 따르던 제국 동쪽의 '지방장관'들도 이제 그를 신뢰하지 않았다.

'사트라프'는 관직명이지만 본질은 황제를 섬기는 고위 관료가 아니라, 황제의 권위에 복종하고 있지만 한편으로 지방호족들의 우두머리였다. 페르시아제국의 문명 수준은 높았지만 제국 중심부의 상층에 있는 사람들에 국한된 것이었고 동방의 부족을 지배하는 우두머리들은 그렇지 않았다. 따라서 문명인이었던 다리우스는 베소스와 그의 동료들을 신용할 수 없었을 것이다.

황제의 내심을 알기 시작한 베소스와 동쪽의 사프라트들이 도주하는 황제와 관계가 악화된 것은 어쩌면 당연한 일이다. 다리우스는 병력은 갖고 있지만 문명 수준이 낮은 그들을 통솔할 힘이 없었다. 이런 사정에 더해 알렉산드로스는 추격을 시작하기 전에 그 일행이 있는 장소를 상당히 정확한 수준으로 파악하고 있었다. 따라서 추격을 시작한 뒤 행동이 빨랐던 것이다.

다리우스 쪽도 알렉산드로스가 엑바타나에 와 있다는 사실을 알고 있었던 듯하다. 이제 메소포타미아 지방에서 떠나지 않겠다는 생각은 버릴 수밖에 없었다. 베소스가 '지방장관'을 맡고 있는 박트리아 지방을 향해 동쪽으로 향하는 도피행을 시작했다.

중앙아시아로

고대 박트리아 지방은 오늘날 이란 동부에서 시

작되는 지역이다. 고대뿐만 아니라 현대에도 이란의 동부와 서부는 서로 다른 사고방식을 갖고 있다. 수도 테헤란이 속해 있는 이란의 서부에 해당되는 지방 그리고 오늘날의 이라크와 그대로 겹치는 메소포타미아 지방에 살았던 고대 페르시아인은 '가우가멜라'가 결정전이었다는 것을 정확하게 인식했다. 오늘날의 중앙아시아로 총칭되는 박트리아의 동부에 있는 페르시아제국 동부에서는 전투에서 졌을 뿐이라고 생각했다.

그런 베소스와 아직 메소포타미아 지방에 미련을 갖고 있는 다리우스의 관계는 악화 일로를 걸었다. 베소스가 뭐라고 할 때마다 다리우스의 표정은 옆에 있는 사람이 알아차릴 정도로 굳어졌고 그 표정은 부하 장군들에게도 전염되었다. 도피조차 원활하게 진행되지 않았다. 게다가 알렉산드로스가 동세대의 젊은이들을 거느리고 빠른 속도로 쫓아왔다.

추격에 나선 병력은 먼저 '콤파니온'이라고 불리는 500명의 기병과 창을 던지는 병사와 궁병이 1,000여 명 정도였다. 기병 한 명마다 종자가 붙는다고 해도 2,000명 전후로 구성된 소수정예 부대였다. 한편 쫓기는 다리우스는 베소스를 비롯해 부족장들이 거느린 1만 명이 넘는 병력을 이끌고 있었지만 다리우스나 베소스 모두 맞서 싸울 생각을 하지 않았다. 무조건 달아나야 한다고 생각했다. 계절은 이미 여름에 접어들었다.

역사가들이 모두 '경이적인 속도'라고 평가한 추격이 시작되었는데, 하루 돌파 거리가 60~80킬로미터 정도였다고 한다. 정말 경이적인 속도였다. 그것도 수면과 식사, 휴식 시간까지 포함한 속도였다. 일단 오늘날 테헤란이 된 라가에로 향했다. 그곳에서 다리우스가 이미 '카스피의 문'이라고 불리는 이 지방의 '험지'를 넘어서 도망쳤다는 것을 알았다.

그날 밤은 라가에서 머물렀지만 다음날 아침 일찍 추격을 재개했다. '카스피의 문'까지 80킬로미터를 쉬지 않고 단숨에 돌파하려고 했다. 그러나 '카스피의 문' 가까이 도착했을 때 바빌론의 '지방장관'으로 임명된 마자이오스의 아들이 숨을 몰아쉬며 달려왔다. 아버지가 보낸 편지를 건넸다. 편지에는 1년 전까지 페르시아의 고위 관료였던 사실을 증명이라도 하듯 귀중한 정보가 담겨 있었다.

베소스와 그의 동료들인 '지방장관' 3명이 다리우스를 체포해 포로가 된 황제를 데리고 동쪽으로 도주하고 있다는 내용이었다. 게다가 황제를 폐위하고 베소스가 페르시아의 황제를 칭하고 있다는 내용도 들어 있었다. 알렉산드로스는 주저하지 않았다. 곧바로 '카스피의 문'을 넘어 지금보다 더 빠른 속도로 추격했다.

마자이오스가 알려준 황제가 사로잡힌 곳까지 가려면 며칠이 걸렸지만 이틀, 실제로는 36시간 만에 돌파했다. 알렉산드로스 일행이 도착했을 때는 이미 포로가 된 다리우스와 베소스 일행이 떠난 뒤였다. 알렉산드로스는 다시 16시간을 더 행군했다. 그러나 거기서도 베소스가 하루 전에 떠났다는 것만 확인했을 뿐이다.

이쯤 되면 아무리 알렉산드로스라고 해도 이틀 걸리는 곳을 하루만에 추격하는 동일한 패턴을 반복할 수 없었다. 시간을 줄이기 위해

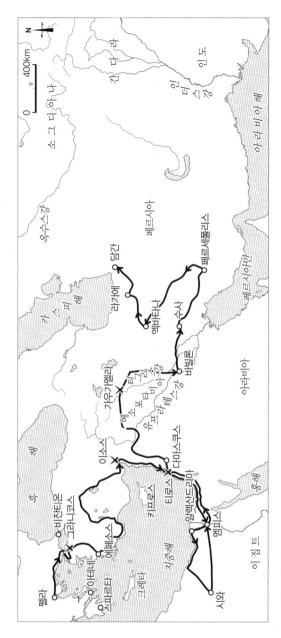

기병 전원으로부터 예비로 데려온 말을 보병에게 빌려주라고 명령했다. 이렇게 알렉산드로스의 병사들은 모두 기병이 되었다. 알렉산드로스는 이 추격에서 전투가 벌어질 것을 예상하고 애마 부케팔로스를 타고 왔는데 그도 예비용 말을 보병에게 빌려주었다.

도망치는 베소스 일행이 반드시 들를 수밖에 없는 이 지역의 유일한 도시인 담간Damghan까지 최단 거리의 길을 선택했다. 최단 거리의 길은 도로가 나 있지 않은 사막을 지나는 길이었다. 이집트에서 사막 지대를 돌파한 경험이 있는 그들에게 사막이라고 주저할 이유는 없었을 것이다. 그런데 어쩐 일인지 물을 준비하는 것을 잊었다. 사막을 가는 동안 알렉산드로스를 비롯한 전원이 갈증의 고통을 겪었다. 그래도 하룻밤에 80킬로미터를 주파했다.

이 속도에 추격을 당하는 쪽도 놀랐다. 그들도 알렉산드로스에게 붙잡히지 않기 위해 도주에 불필요한 것을 모두 버리고 도망치고 있었다. 버린 것에는 다리우스도 포함되어 있었다. 지방장관 3명은 칼에 찔린 다리우스를 길옆 풀밭에 버리고 달아났다. 전속력으로 쫓고 있던 알렉산드로스는 알아차리지 못하고 지나쳤지만 뒤에서 쫓아오는 병사 하나가 그것을 알아차렸다. 병사는 앞에서 달리고 있는 알렉산드로스에게 알리려고 동료를 보낸 다음 화려한 옷을 입고 쓰러져 있는 다리우스에게 다가갔다. 병사는 아직 숨이 붙어 있는 다리우스에게 물을 마시게 했지만 급보를 받고 알렉산드로스가 돌아왔을 때는 이미 다리우스가 세상을 떠난 뒤였다.

마케도니아의 왕은 아무 말도 하지 않고 잠시 다리우스를 내려다보왔다. 그러고는 몸에 걸치고 있던 망토를 벗어 유체를 덮은 다음 모여 있는 부하들에게 명령했다. 황제의 유체는 생전에 그가 누린 지위에 어울리는 방식으로 수사에 있는 모후에게 보내라고 명령했다. 장례도 페르시아 황제 다리우스 3세의 자격으로 거행할 것을 명령했다.

다리우스를 쫓아온 것이었기에 다리우스를 건네주면 추격을 중지할 것이라는 세 '지방장관'의 기대는 어긋났다. 알렉산드로스는 추격 자체를 포기하지 않았다. 중상을 입은 황제를 버리고 달아난 '지방장관' 세 사람을 추격하는 일은 1년 후에 재개되었다. '경이적'인 속도는 더욱 빨라졌다. 매일 쫓기는 자와 쫓는 자의 거리가 줄어들었다. 이런 상황에서 베소스와 다른 두 '지방장관'의 사이도 갈라졌다.

이번에 도피에 방해가 된다고 버려진 것은 사로잡혀 밧줄에 묶인 베소스였다. 알렉산드로스는 버림받은 베소스를 만나려고도 하지 않았다. 오리엔트의 남자에게 죽음보다 더 치욕스러운 벌거벗은 상태로 묶으라고 명령했다. 알렉산드로스는 길옆에서 벌거벗은 상태로 꿇어앉아 있는 베소스를 흘끗 한 번 보았을 뿐이다.

그 후 베소스를 엑바타나로 호송하라는 명령을 내렸다. 알렉산드로스가 임명한 그 도시의 지방장관에게 페르시아의 법에 따라 재판에 처하라고 명령했다. 페르시아제국의 법에 따르면 황제를 배신한 자는 사형이었다. 박트리아 지방장관으로 '가우가멜라전투'에서 좌익을 거느렸던 베소스의 생애는 이렇게 끝이 났다.

베소스까지 버리며 알렉산드로스의 추격을 비껴가려고 했던 두 '지방장관'은 그 후 반년 동안 도망치는 데 성공했다. 그러나 그들은 알렉산드로스가 일단 시작한 건 도중에 포기하는 남자가 아니라는 사실을 몰랐다. 결국은 사로잡혔고 베소스와 마찬가지로 '배신'의 죄를 물어 사형에 처해졌다.

제국 동쪽의 '지방장관' 세 사람의 행로 가운데 박트리아의 지방장관인 베소스의 행로가 가장 중요했다. 다리우스가 죽고부터 베소스가 사형에 처해질 때까지 1년 가까이 걸렸다. 일단 시작하면 끝을 보는 알렉산드로스에게 매우 보기 드문 공백 기간이었다. 왜 1년의 공백 기간이 생겼을까? 페르시아의 황제 다리우스가 죽은 뒤에 알렉산드로스가 한 번도 경험해본 적이 없는 비극이 그를 덮쳤기 때문이다.

이제까지 알렉산드로스는 그의 결정을 기다리는 수많은 문제들을 신속하고 훌륭하게 처리해왔다. 그러나 이번 문제만큼은 26세의 마음에 상처를 주었고 깊은 고민을 안겨주었다. 처음으로 알렉산드로스에게 반대하는 움직임이 나타났다. 그것도 어릴 때부터 함께 배우며 자랐던 '왕의 콤파니온'이라 불리는 동료 사이에서 발생했다.

페르시아의 다리우스 황제는 전쟁터에서 달아나도 살아 있는 한 군대를 재편성해서 알렉산드로스에게 대항할 자격이 있었다. 그것을 알고 있던 알렉산드로스의 '동료들'로 구성된 마케도니아 고관들도 불안했다. 그 불안 때문에 알렉산드로스를 중심으로 하나로 뭉쳤다. 그러나 황제의 죽음으로 그 불안이 해소되었다. 불안이 해소되고 안심이 생기자 그들 사이에서 긴장이 조금 풀린 듯하다. 아무튼 26세가 되어 처음으로 직면한 어려운 문제였다.

타인보다 앞서가는 자의 비극

마케도니아 상층부에서 자라기 시작한 왕에 대한 불만은 다음과 같은 다섯 가지 이유에서 생겼다.

첫째, 패자인 페르시아인을 '지방장관'으로 임명하는 등 그들을 우대한 것.

둘째, 왕 앞에 엎드려 공손함을 맹세하는 페르시아인의 관습을 승자인 마케도니아인에게도 강요한 것.

셋째, 호화로운 비단으로 만든 페르시아풍 의복을 몸에 두르거나 금은이나 보석으로 장식된 옥좌에 앉는 등 실질적이고 강건한 마케도니아인임을 잊고 페르시아의 나약한 생활방식에 매료된 듯 보이는 것.

넷째, 이집트에서 '신의 아들'이라는 신탁을 받은 것을 알렉산드로스가 실제로 믿고 있는 게 아닐까 하는 의심. 이제까지 연전연승한 것도 신의 아들이기 때문이라고 생각하고 있기 때문이 아닐까 하는 의심. 우리도 용감하게 싸웠기 때문에 승리할 수 있었는데, 혼자의 힘으로 한 게 아니라는 사실을 잊은 것은 아닐까 하는 의심.

다섯째, 다리우스가 죽고 아케메네스 왕조가 멸망했다. 페르시아제국을 괴멸시키는 것이 그리스의 여러 도시국가가 모인 코린토스 회의의 결의라는 점에서 알렉산드로스에게 전제 지휘를 맡긴 동방 원정의 목표가 이미 달성되었다는 것.

실제 알렉산드로스도 그리스의 여러 도시국가에서 참가한 병사들을 각각 고국으로 돌려보냈다. 그런데 알렉산드로스는 마케도니아 병사와 자원해서 남은 그리스 병사를 이끌고 황제를 살해한 사람을 살해해야 한다는 이유로 다시 동방 원정을 하려 한다. 그렇다면 우리는 언제 마케도니아로 귀국할 수 있단 말인가.

만약 내가 알렉산드로스의 변호인이라면 최종 변론을 다음과 같이 할 것이다.

첫째, 알렉산드로스는 동방 원정을 성공리에 진행하면서 마케도니아인이나 그 외의 그리스인만으로는 대제국을 통치할 수 없다는 것을 깨달았다. 패배자가 된 페르시아인까지 끌어들이지 않으면 아무리 전투에서 연전연승해도 그 후에 필요한 통치를 할 수 없다는 것을 알게 되었다. 그렇다고 페르시아제국 시대의 여러 제도를 그대로 계승하지는 않았다. 페르시아제국에 있었던 '지방장관'이라는 관직명은 남겨두었지만, 그 권한은 행정·군사·재정으로 분할하고 페르시아인인 '사트라프'의 권한은 행정에만 국한시켰다. 페르시아 시대처럼 '지방장관'이 군대를 이끌고 싸우는 것은 허용하지 않았다. 군사는 그의 부하인 마케도니아인에게 맡겼다.

소아시아에서 이미 시작된 이 통치 방식을 통해 중근동에서는 페니키아인과 팔레스타나인, 이집트에서는 이집트인에게 맡긴 것처럼 페르시아에서는 페르시아인에게 맡긴 것뿐이다. 왜냐하면 그 지방의 주민과 관계된 일을 해야 하는 '지방장관'에는 지방의 언어를 이해하고 지방의 생활습관을 아는 사람을 기용하는 것이 논리적으로 타당했기 때문이다. 패배자를 지배하기 위해서는 패배자에게도 존재 이유를 부여하는 것이 가장 합리적이고 지속적인 통치 기법이었다. 훗날 로마인이 이것을 완벽하다고 할 정도로 계승했다.

둘째, 바닥에 엎드려 머리를 대는 인사 방식을 엄격하게 비판한 것은 로마 시대의 역사가들이었다. 동방 원정을 했던 알렉산드로스와 달리 로마인은 서방 원정을 해서 성과를 냈다. 게다가 로마가 지배했던 유프라테스 서쪽의 오리엔트에 사는 사람이나 이집트에 사는 사람 모두 알렉산드로스에 의해 이미 상당 부분 그리스화된 세계의 주민이었다. 로마인은 유럽은 물론이고 이미 상당 부분 그리스화가 진행된 오리엔트에서 머리를 대고 절을 하는 모습을 볼 기회조차 없었다.

그러나 알렉산드로스는 그런 모습과 맞닥뜨렸다. 그는 신의 아들이 아니면 복종하지 않는 이집트인이나 엎드려 절을 하지 않으면 공손한 의사를 표현한 것이 아닌 페르시아인을 통치해야 했다. 젊은 왕은 패배자여서가 아니라 단지 현지식이기에 관습을 받아들였다. 처음에는 깊이 생각하지 않고 자기 장수들에게도 동일한 일을 시키는 게 당연하다고 생각한 듯하다. 그러다가 자신은 승리자이고 페르시아인은 패배자라고 생각하고 있던 장수들의 반발을 사고 만 것이다. 그렇다고 이후에 마케도니아인에게 페르시아식 인사법을 강요한 적도 없었다. 자연스럽게 사라졌을 것이다. 다만 나는 다음과 같은 장면이 영향을 미쳤을 것이라고 생각한다.

어느 날 헤파이스티온이 왕을 접견하기 위해 예복을 잘 차려입고 홀로 생각에 빠져 있는 알렉산드로스의 방에 들어섰다. 그 차림으로 페르시아식으로 엎드려 바닥에 머리를 대며 인사를 했다. 그는 그리스식 군장 차림이었기에 무릎을 꿇었을 뿐인데 거칠게 금속이 부딪치는 소리가 났다. 엎드리면서 소리는 한층 커졌고 시끄러울 정도의 소음이 되고 말았다. 바닥에 머리를 댄 것까지는 괜찮았지만 그대로 일어날 수가 없었다.

이런 친구의 모습을 멍하게 바라보고 있던 알렉산드로스는 손을 내밀어 일어나는 것을 도와주면서 쿡쿡 웃음을 터뜨렸다. 겨우 일어난 헤파이스티온도 함께 웃음을 터뜨렸다. 소년 시절로 돌아간 것처럼 두 사람은 남이 듣든 말든 유쾌하게 웃었다. 헤파이스티온은 알렉산드로스에게 그리스인에게 페르시아인의 흉내를 내게 하면 얼마나 괴로운지 보여주어 스스로 알아차리게 만든 것이다. 물론 머리를 바닥에 대지 않으면 공손한 예가 아니라고 생각하는 페르시아인의 문제는 그대로 남아 있었다.

이 또한 헤파이스티온이 움직인 결과이겠지만 왕을 접견할 때 페르시아인의 경우와 마케도니아인의 경우로 나누었다. 그러나 이처럼 정치적으로 미묘한 결정을 공식적으로 표명하지는 않았다. 따라서 마케도니아의 상층부에 속한 사람들은 자신도 언젠가는 바닥에 머리를 대고 절을 해야 할지도 모른다는 불안감을 느끼게 되었다.

왕에 대해 불만을 품은 세 번째 이유는 알렉산드로스에게 페르시아 양식에 대한 취미가 생겼다는 것이다. 이것 역시 알렉산드로스라는 인간을 이해할 것인가, 아니면 자기의 입장만 생각해서 타자의 입장을 고려하지 않는 상상력의 부족을 드러낼 것인가의 차이에서 생긴 문제였다.

코스튬 플레이에 취미가 없는 나도 중국에 가면 중국의 옷을 입어보고 싶다는 생각을 하고, 인도를 방문하면 인도의 전통 의상인 사리를 한 벌 산다. 이탈리아인 여자 친구들은 나에게 한 번이라도 좋으니 제대로 된 기모노를 입어보고 싶다고 말한다. 알렉산드로스는 종종 실제 나이보다 훨씬 성숙한 모습을 보여주지만, 한편으로는 20대의 젊은이다운 호기심도 지니고 있었다. 코스튬 플레이를 좋아한다고는 할 수 없으나 자기도 입어보고 싶다는 기분이 들었을 것이다.

게다가 호사스럽지만 무겁고 헐거운 페르시아풍의 의복은 무엇을 하든 빠른 속도를 좋아하는 그에게 맞지 않았다. 발목까지 덮는 긴 옷을 입으면 무엇보다 말을 탈 수가 없었다. '다이아몬드가 달린 끝' 따위는 흉내조차 낼 수 없었다. 만약 페르시아의 옷을 입었다면 다리우스가 그랬던 것처럼 전쟁터에서도 전차를 탈 수밖에 없었을 것이다. 이런 것을 알렉산드로스가 좋아할 까닭이 없다. 그가 페르시아식 옷을 입는 것은 궁전 내에서 휴식을 취할 때 정도였을 것이다. 행군 중의 막사에서는 소박하고 실용적인 마케도니아식으로 지냈을 것이다. 아니, 그렇지 않으면 정복자 따위가 될 수 없다.

다음으로 상급 장교들 사이에서 자라난 알렉산드로스에 대한 네 번째 불만은 '신의 아들'에 관한 이런저런 문제보다 알렉산드로스가 어떤 종교관을 가진 사람인가에 대한 문제이다.

고대사회에서는 그리스이든 로마이든 군대가 가는 곳에는 반드시 점쟁이가 동행했다. 이들은 앞으로 벌어질 전투가 길조인지 흉조인지 점쳤다. 총사령관이 병사들을 향해 행하는 격려 연설은 점치는 것이 끝난 다음에 이루어졌다. 언젠가 군대와 동행하는 점쟁이가 점을 쳤는데 알렉산드로스는 끝날 때까지 말없이 들었다. 점치는 것이 끝나

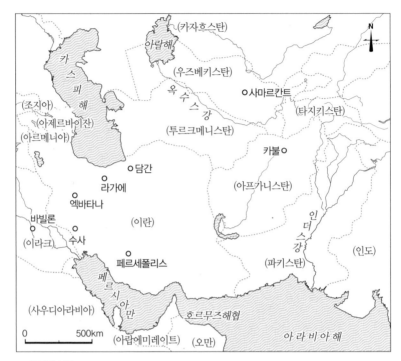

（카자흐스탄）

아랄해

（우즈베키스탄）

옥 수 스 강

○사마르칸트

（조지아）

（타지키스탄）

（아제르바이잔）
（아르메니아）

카　 스 　피 　해

（투르크메니스탄）

카불 ○

○담간

（아프가니스탄）

라가에 ○

엑바타나 ○

（이란）

인 더 스 강

바빌론 ○

（이라크）

○ 수사

페르세폴리스

（파키스탄）

（인도）

페 르 시 아 만

（사우디아라비아）

0　　　500km

호르무즈해협

（아랍에미레이트）　（오만）

아 라 비 아 해

• 중앙아시아

고 알렉산드로스가 병사들을 위한 격려 연설을 시작했을 때 점쟁이가 왕의 연설에 신에 대한 존경이 포함되어 있지 않다고 비판했다. 젊은 왕은 곧바로 받아쳤다.

"나는 헤라클레스 신으로 분장한 네가 의식을 거행하는 동안 방해하지 않았다. 따라서 내 연설을 방해하지 마라."

오늘날의 표현을 빌리면 정교분리의 모습을 보여준 것이다. 이런 사람이 '신의 아들'이라는 말을 듣고 그대로 믿었을까? 우리도 전력을 다해서 일을 성공했을 때 혹시 내가 천재인가 하고 생각할 때가 있다. 아마도 고대인 알렉산드로스도 훌륭하게 승리했을 때 혹시 내가 신의 아들일까 하고 생각한 정도일 것이다.

그는 자기가 신의 아들이라고 생각하지 않았다. 따라서 이를 비난하는 것은 혹시 내가 신의 아들인가 하고 한 번도 생각해보지 못한 사람들의 과민 반응에 지나지 않는다. 알렉산드로스 본인은 인간이 관여하는 일은 전투든 무엇이든 타자와 협력해야 성공할 수 있다는 사실을 누구보다 잘 알고 있었다. 알렉산드로스는 20세부터 '최고사령관'만 맡아온 남자였다.

그들의 마지막 불만을 살펴보자. 다리우스가 죽은 뒤에도 계속 동쪽으로 행군하는 것이 문제였다. 이 문제는 알렉산드로스와 부하 장수들의 전략에 대한 생각의 차이를 극명하게 보여준다. 분명히 페르시아제국의 중심부에 있는 메소포타미아 지방을 제패했고 다리우스의 죽음으로 페르시아제국도 붕괴했다.

그러나 메소포타미아 지방에서 패권을 차지했던 지금까지의 왕조는 티그리스강의 동쪽에서 시작되는, 오늘날로 치면 이란의 동부, 아프가니스탄, 파키스탄, 북쪽의 투르크메니스탄, 우즈베키스탄과 같은 산악 지대의 사람들의 습격에 의해 멸망했다. 2,000년 이상 지난 오늘날에도 중동의 안정은 여전히 이 동쪽에 위치한 여러 나라의 동향에 좌우되고 있다.

고대 페르시아제국의 동쪽이 바로 문제가 많은 '중앙아시아'였다. 다리우스를 살해한 이들은 이 지방에 세력 기반을 둔 베소스를 비롯한 3명의 '지방장관', 즉 3명의 유력자였다. 이 세 사람은 알렉산드로스의 추격을 피했다면 언젠가는 메소포타미아 지방을 위협할 것이 분명했다. 알렉산드로스는 이 문제를 그대로 내버려둘 수 없었다. 이 지방을 공격한 것은 그리스와 페르시아를 융합한 대제국을 꿈꾸었던 알렉산드로스가 단순한 정복욕이 아니라 냉철한 전략을 토대로 한 일이었다.

그러나 불만을 품기 시작한 동료들 앞에 왕의 입장을 변호하는 사람이 없었다. 만약 이 불쾌함이 표면화되었다면 반드시 누군가가 변호했을 것이다. 무엇보다 알렉산드로스 본인이 설득에 나섰을 것이다. 마케도니아 왕의 궁정은 상하의 차이가 확연했던 페르시아 황제의 궁정과는 달랐다. 특히 행군 중에는 '궁정'이라기보다 대학 운동부의 '합숙소'와 같은 분위기였다.

하지만 불만은 표면화되지 않았다. 이런 경우 가슴속에 묻어놓은 불만이 그대로 왕을 살해하는 음모로 비화되기 쉬웠다. 실제로 그런 일이 일어났다. 아마, 이렇게밖에 쓰지 못하는 것은 고대의 역사가부터 현대의 연구자에 이르기까지 이 사건의 진상을 해명한 사람이 아무도 없었기 때문이다. 왕의 암살로까지 비화된 불만은 언제나 '다이아몬드가 달린 끝'이 되어 돌격하는 알렉산드로스의 뒤를 따랐던 마케도니아 기병 군단 내에서 생겨난 것이었다.

물론 싹을 틔우기 시작했을 뿐이고 아직 구체적인 계획이 없었던 것도 사실이다. 문제는 심각했다. '왕의 콤파니온'이라는 알렉산드로스가 가장 신뢰하는 동료들이 관여했기 때문이다. 사전에 발각된 이 음모의 끈을 더듬어 올라가자 필로타스에게 닿았다.

알렉산드로스보다 4세 연장자였던 필로타스는 파르메니온의 장남이었다. 이제까지 알렉산드로스는 필로타스에게 기마 군단의 총지휘라는 대임을 맡겨왔다. 아버지 파르메니온이 선왕인 필리포스의 시대부터 중신이었고 알렉산드로스 시대에도 2인자의 자리를 지켰기 때문에 아들 필로타스가 대임을 맡은 것이 아니었다. 필로타스 본인이 우수한 장수였기 때문이다.

'그라니코스' '이소스' '가우가멜라' 등 모든 전투에서 선두에 서서 돌격한 사람은 알렉산드로스였지만, 필로타스는 그 뒤를 바짝 붙어서 기마 군단의 총지휘를 맡았다. 평원을 무대로 한 전투에서는 3,000명, 다리우스를 추격할 때는 500명 등 필로타스가 이끄는 기병의 숫자는 바뀌었지만 마케도니아 군대의 주요 전력인 기병 군단을 통솔한다는 점에서는 변함이 없었다. 알렉산드로스의 막사에 자유롭게 드나들 수 있는 몇 안 되는 사람이기도 했다.

그렇다면 30세가 된 필로타스가 알렉산드로스의 암살을 꾸몄을까?

대답은 완전 '노'이다. 그는 그런 짓에 관여하지 않았다. 다만 새어나오듯 들려오는 불온한 분위기를 알렉산드로스에게 전하지 않았을 뿐이다. 그렇다면 불만이 있는 사람들은 왜 필로타스에게 말하면서 헤파이스티온에게는 전하지 않았을까? 헤파이스티온과 왕이 특별한 관계라는 사실을 모두 알고 있었기 때문이다. 반면 필로타스와 왕의 사이에는 약간의 거리가 있었다. 또한 파르메니온의 아들이기 때문에 페르시아인의 등용을 좋아하지 않는 수구파에 속한 사람으로 간주되었기 때문이다.

사실 이 음모가 발각된 시기는 다리우스가 살해된 이후 필요한 여러 조치를 마친 알렉산드로스가 황제를 살해한 범인을 추격하기 위해 행군하던 중이었다. 게다가 이 시기는 베소스가 '지방장관'을 맡고 있는 박트리아 지방, 오늘날의 아프가니스탄으로 깊이 들어간 시기였다. 계속해서 나타나는 산을 넘어야 하는 행군 중에 이 문제를 해결해야 했던 알렉산드로스는 과연 무슨 생각을 했을까? 자기의 신뢰를 저버렸다고는 하지만 그들은 바로 옆에서 나란히 말을 달리던 남자들이었다.

당시 젊은 왕은 완벽하게 자신을 제어했다. 고위에 있는 사람을 재판하는 것은 동료인 군대의 고관들이 모인 곳에서 해야 한다는 마케도니아 왕국의 법을 충실하게 이행했다. 이렇게 필로타스의 운명은 동료들에게 맡겨졌다. 판결이 내려지는 동안 알렉산드로스는 홀로 막사 안에 남아 있었다.

재판을 받는 필로타스나 재판을 주도하는 헤파이스티온과 크라테로스 모두 소년 시절부터 스파르타 사람 레오니다스에게 알렉산드로스와 함께 교육을 받은 동료들이었다. 과거의 동료를 앞에 두고 이전부터 자존심이 높은 것으로 유명한 필로타스는 무죄를 주장하면서도 내내 의기양양한 태도를 무너뜨리지 않았다.

만약 왕을 살해할 의도가 있었다면 적어도 하루에 두 번은 왕의 막사에 무장한 채로 드나들 수 있으니 언제라도 가능했다고 말하기도 했다. 그러면서 '왕의 콤파니온'이라 불리는 기마 군단 내에서 불온한 분위기가 떠돌기 시작한 낌새는 알고 있었다고 시인했다.

재판을 주도하는 누군가가 필로타스에게 물었다. 왕과 그렇게 가까운 관계였는데 왜 그 낌새를 왕에게 알리지 않았는가? 필로타스가 말했다. 고자질하는 것은 성격에도 맞지 않고 왕에게 보고할 만한 가치가 있는 구체적인 계획도 아니라고 생각했기에 말하지 않았다.

여기에 필로타스가 저지른 잘못이 있었다. 모든 것이 갖추어진다고 해서 정보는 아니다. 아래에 있는 자가 가려낸 것을 위에 올리는 것은 참된 의미에서 정보가 아니다. 가려내는 것은 위에서 할 일이다.

예전에 의사 필리포스가 다리우스 왕에게 매수되어 그가 조제한 약에 독이 들어 있을지도 모른다는 파르메니온이 알린 정보를, 정확하게 말하면 소문을 알렉산드로스는 문제 삼지 않았다. 어릴 때부터 알았던 주치의에 대한 신뢰를 우선시했기 때문이다. 의사에게는 파르메니온이 보낸 편지를 읽게 하고 그는 의사가 조제한 약을 마셨다. 소문보다는 어릴 때부터 자기 집안을 담당한 의사를 믿는다고 알렉산드로스가 판단했기 때문이다. 아래에 있는 자는 판단, 즉 정보를 걸러내는 것 따위를 해서는 안 된다.

필로타스는 그 일을 저질렀다. 알고 있으면서 보고를 게을리한 죄를 범하고 말았다. 게다가 전투가 진행 중이어서 아군을 내부에서 완벽하게 통솔해야 하는 시기였다. 필로타스는 옛 동료 가운데 누구 하나 반대표를 던지지 않아 전원 일치로 사형에 처해졌다. 이 음모에 대해 무죄를 주장했던 필로타스는 자신이 처형당할 줄은 몰랐을 것이다.

알렉산드로스가 살해되었다면 그 뒤를 계승할 사람은 2인자인 파르메니온이었다. 이 노장은 이미 70세였다. 파르메니온도 죽으면 그 지위에 오를 사람으로는 마케도니아 귀족이라는 출신과 과거부터 현재까지 지켜온 지위, 그리고 능력 면에서 필로타스가 가장 자연스러웠다. 그런 생각이 필로타스의 머리 한구석에 있었을 것이다. 그래서 알고 있으면서 왕에게 알리지 않았을지도 모른다. 적어도 하루에 두 번은 얼굴을 마주했기 때문에 알릴 기회는 충분했다.

하지만 알렉산드로스가 직면한 문제는 필로타스의 죽음으로 해결되지 않았다. 그 외에도 여러 명의 관계자가 사형에 처해졌다. 이제 남은 사람은 파르메니온이었다. 이제까지 파르메니온은 많은 업적을 이루었고 여전히 마케도니아 군대 내에서 중요한 지위를 차지하고 있었다. 그럼에도 마케도니아에서는 아들이 죄를 지으면 아버지에게도 책임을 묻는 것이 관례였다. 하지만 파르메니온을 고급장교들이 판결하는 군사 법정에 끌어낼 수는 없었다. 무엇보다 병사들에게 미치는 영향이 너무 컸다. 이쯤 되면 이 문제는 왕인 알렉산드로스가 홀로 결정해야 했다.

고대의 역사가들은 알렉산드로스가 엑바타나에 남아 있는 파르메니온에게 서둘러 3명의 자객을 보냈다고 기록했다. 이 세 사람은 알렉산드로스 아래에 있는 장수였다. 그들은 파르메니온을 만나 그 자리에서 죽이지 말고 지참한 필로타스의 재판 기록을 먼저 읽어준 다음 스스로 목숨을 끊을 것을 권유하고, 만약 거부하면 그때 죽이라고 명령을 받은 것으로 보인다. 파르메니온은 그때 처음으로 아들의 신상에 일어난 전모를 알았다.

70세 노장의 가슴속은 생각하는 것만으로도 서글프다. 3명의 아들 가운데 차남은 '그라니코스전투'에서 전사했고, 삼남은 이집트로 가는 도중에 벌어진 전투에서 죽었다. 이제 하나 남은 장남, 그것도 3명의 아들 가운데 발군의 재능을 가졌던 필로타스마저 이미 세상을 떠난 것이다.

게다가 웃음거리가 될 정도로 무슨 일이 있으면 왕에게 보고했던 사람이 파르메니온이었다. 아버지는 알고 있으면서도 중요하지 않다고 생각해 보고하지 않은 아들이 자기의 입장을 분별하지 못했다는 것을 인정할 수밖에 없었을 것이다. 그러나 아버지는 아무것도 알지 못했다. 파르메니온의 죄는 단지 필로타스의 아버지라는 사실이었다. 파르메니온에게 자결을 권유한 알렉산드로스가 그 사실을 누구보다 잘 알고 있었을 것이다.

만약 노장이 왕의 권유를 거절하면 마케도니아 군대는 어떻게 될까? 파르메니온은 기마 군단과 함께 마케도니아 군대의 주요 전력인

'팔랑크스'를 선왕인 필리포스와 함께 키운 사람이었다. 그런 파르메니온이 알렉산드로스에게 반기를 든다면 적지 않은 숫자의 팔랑크스 병사가 그를 따를 수도 있었다.

그러면 페르시아제국을 멸망시키고도 마케도니아 역시 분열하게 된다. 이는 파르메니온에게 자신의 일생을 헛되게 만드는 일이었다. 게다가 그는 맹우였던 선왕의 뒤를 이은 알렉산드로스의 재능을 완전하게 인정했고 자기 아들처럼 사랑했다. 파르메니온이 어떻게 죽음을 맞이했는지 알려주는 확실한 사료는 없다. 그러나 파르메니온이 이때 보여준 희생이 헛되이 끝나지 않았다는 것만은 확실하다.

그의 죽음에 격앙되어 반란을 일으킨 팔랑크스는 아무도 없었다. 마케도니아 군대의 병사들은 파르메니온이 처형된 아들의 책임까지 지고 자결을 선택했다고 믿었다. 마케도니아 군대의 통일은 이 사건 이후에도 흔들림 없었다.

영국인 학자들도 말하는 '이 시기부터 시작된 알렉산드로스의 비극'은 동료 사이에서 반역자가 나온 것을 가리키는 말이 아니다. 알렉산드로스는 계속 성장했지만 동료들은 그만큼 성장하지 못했던 것이다. 아버지 필리포스로부터 욕을 먹으면서 동료들과 함께 제멋대로 가출하던 시절은 이미 지나갔다. 학자들까지 '가출 동료'라고 부를 정도인 그들과 농담을 주고받으면서 유쾌하게 웃고 즐기던 젊은 시절은 지나갔다.

헤파이스티온만 홀로 정신적으로 앞서간 알렉산드로스를 따라갈 재능을 가졌던 건 아니다. 헤파이스티온은 무엇이든지 홀로 판단하고 결정하며 실행에 옮길 것을 명령해야 하는 알렉산드로스를 이해하겠다는 심정을 누구보다 강하게 가졌을 뿐이다. 다른 사람보다 크게 성장한다는 것은 점점 고독해진다는 것을 의미했다.

생전에 파르메니온이 차지하고 있던 지위, 즉 마케도니아 군대 전체에서 알렉산드로스 다음가는 지위는 오랫동안 파르메니온의 부장을 담당하고 있던 크라테로스에게 돌아갔다. 크라테로스도 '스파르타 교육'을 함께 받은 동료였지만 동년배인 필로타스가 알렉산드로스와의 연령 차이를 잊지 않았던 것과 달리 크라테로스는 그것을 잊은 사람이었다. 어릴 때는 연장자인 그들을 툴툴거리며 따랐던 알렉산드로스였지만, 이제는 그들을 통솔하는 입장이라는 것을 솔직하게 인정하고 받아들인 남자였다. 크라테로스는 이후 알렉산드로스의 '2인자'가 되었다. 그것도 후방 기지인 엑바타나에 있지 않고 알렉산드로스의 동방 원정 전체 일정을 함께했다.

필로타스가 죽고 공석이 된 기마 군단을 통솔하는 지위는 헤파이스티온과 클레이토스 두 사람에게 돌아갔다. 2,000명의 기병 군단을 둘로 나누어 하나씩 맡겼다. 연구자들은 이에 대해 필로타스의 사건으로 알렉산드로스가 사람을 믿지 않게 되었기 때문이라고 말한다. 나는 그렇게 생각하지 않는다. 헤파이스티온의 충성심에는 의심의 여지가 없었다. 그러나 이 상냥한 친구는 전투보다는 교량 건설에 더 뛰어났다. 따라서 전투가 벌어지면 3,000명이 넘는 기마 군단을 맡길 수가 없었다.

또 한 사람인 클레이토스는 사령관이라기보다는 한 마리의 이리와 같은 장수였다. '다이아몬드가 달린 끝'이 되어 돌격하는 알렉산드로스 바로 뒤에서 200~250명의 기병을 지휘하는 것이 오랫동안 그에게 맡겨진 유일한 임무였다. 클레이토스와 알렉산드로스의 이런 관계는 선왕인 필리포스가 '카이로네이아전투'에서 선두에 서서 적진에 돌격하는 아들의 습성을 교정하기 힘들다는 것을 알고 클레이토스에게 알렉산드로스가 고립되지 않도록 뒤를 따라가라는 명령이 있고부터 시작되었다.

그 후 '그라니코스' '이소스' '가우가멜라'와 같은 전투에서 마름모꼴 형태인 기마 군단의 선두에 선 알렉산드로스의 바로 뒤를 따르는 것이 그의 가장 중요한 임무였다. 기마 군단 전체를 지휘할 능력은 충분했지만 그중 일부만 이끄는 대장이 된 것은 알렉산드로스를 지키는 역할에 충실했기 때문이다. 하지만 그 역할을 지속하는 동안 클레이토스는 사령관을 맡는 재능을 키울 수는 없었다. 그런데 지금은 필로타스가 죽은 다음 이제까지 해온 것처럼 200명이 아니라 적어도 1,000명을 거느려야 하는 상황이 되고 만 것이다.

필로타스 사건에 관여된 것으로 밝혀진 인물들이 사형을 당하면 공석이 생겼고 곧바로 다른 사람으로 채워졌다. 이 무렵 승진한 사람 가운데는 알렉산드로스가 세상을 떠난 뒤에 이집트의 왕이 된 프톨레마이오스도 있었다. 요컨대, 알고 있으면서 보고하지 않았던 필로타스 덕분에 마케도니아 군대는 상당한 규모의 개조가 이루어졌다. 그렇지만 알렉산드로스는 지나간 과거를 거의 돌아보지 않는 남자이기도 했다.

재개된 동방 원정

　　　　　기원전 329년, 4개월 뒤에 27세가 되는 알렉산드로스는 봄이 오기를 기다렸다가 동방 원정을 재개했다. 이번에는 단순히 다리우스를 살해한 3명의 '지방장관'을 추격하기 위한 것이 아니었다. 그대로 둘 수 없는 세 사람을 추격하면서 페르시아제국의 동방 전체를 제패하는 것이 참된 목적이었다. 따라서 지난번에 소수정예로 추격했던 것과는 달리 이번에는 군대 전체를 데려갔다. 공성 무기까지 운반해갔기 때문에 행군도 쉽지 않았고 시간도 많이 걸렸다.

　역할 분담은 사전에 결정한 상태였다. 전체 군대의 최고사령관은 당연히 알렉산드로스였다. 클레이토스는 필요하지 않은 경우에는 알렉산드로스를 옆에서 지원하고, 필요한 경우에는 제1군을 지휘하는 알렉산드로스와 함께 제2군을 지휘하며 종종 적을 토벌하는 임무를 수행했다. 알렉산드로스는 전투에 승리해 획득한 지역 가운데 전략적으로 요충지라고 생각되는 지역마다 '알렉산드리아'라는 새로운 도시를 건설했다. 도시라기보다 기지를 건설하고 길을 내거나 다리를 세우는 일을 하는 이른바 '인프라' 전반을 담당한 사람은 헤파이스티온이었다.

　앞으로 알렉산드로스가 가려고 하는 페르시아제국 동쪽은 오늘날로 치면 이란 동부에서 시작해 아프가니스탄, 파키스탄, 북쪽으로는 투르크메니스탄, 우즈베키스탄, 타지키스탄에 이르는 드넓은 지역이었다. 그리스인은 고대 도시인 바빌론이나 수도인 수사가 있는 메소포타미아 지방까지는 알고 있었지만, 지세가 복잡하고 수많은 부족이 할거하는 이 지역에 누구 하나 군대를 이끌고 발을 들여놓은 적이 없었다.

베소스는 거의 죽음에 이른 다리우스를 던져주면 알렉산드로스가 만족할 것이라고 생각했지만 여전히 추격해오는 것을 보고 도망치기를 포기했다. 마케도니아 군대가 지나가는 곳 주변을 불태워 적의 보급을 끊은 다음 8,000명의 박트리아 군대를 이끌고 맞서 싸우기로 결심했다. 그러나 알렉산드로스의 속도가 베소스의 예상보다 빨랐다. 알렉산드로스는 자기 군대가 먹을 것이 떨어지기 전에 결말을 지었다.

알렉산드로스가 거느린 제1군과 크라테로스가 거느린 제2군의 협공을 당한 박트리아 군대는 괴멸당하기 전에 항복했다. 베소스만 도망쳤다. 그의 병사들은 '가우가멜라전투'에도 참전했을 것으로 짐작된다. 그 전투에서 본 알렉산드로스를 떠올리는 것만으로 더 이상 저항하는 건 헛된 일임을 깨달았을 것이다. 그들은 항복에 그치지 않고 이후 알렉산드로스 밑에서 싸우겠다고 제안했다. 물론 젊은 왕은 이를 받아들였다. 박트리아 지방의 '지방장관'도 페르시아인을 임명했다.

박트리아 지방은 오늘날의 아프가니스탄과 중첩된다. 이 일대의 부족장 전원이 알렉산드로스에게 반기를 든 것은 아니다. 실제로 맞서 싸우겠다고 결심한 베소스에게 부족장 대부분이 동조하지 않았다. 알렉산드로스는 베소스만 제거하면 박트리아 지방의 제패를 이룰 수 있다고 생각했다.

한편 이번에도 알렉산드로스의 손에서 도망치는 데 성공한 베소스는 다리우스를 살해한 동료 2명 가운데 1명을 찾아갔다. 베소스는 그곳에서 자기를 '재앙신'으로 여기고 있다는 것을 알았다. 베소스가 찾아간 동료는 오늘날의 우즈베키스탄 일대로 고대에는 소그디아나 Sogdiana라고 불린 지역의 '사트라프'인 스피타메네스Spitamenes였다. 그는 베소스의 말을 듣고 다리우스를 살해했지만 여전히 알렉산드로스가 추격을 멈추지 않자 다음은 자기 차례라고 생각하며 불안에 떨고 있었다.

'지방장관'이라고 해도 실제로는 부족장이었기 때문에 문명 수준이 낮았다. 스피타메네스는 베소스를 사로잡아 알렉산드로스에게 인계하는 것 외에 그의 추격을 막을 방법이 없다고 생각했다. 그리고 실제로 그것을 실행했다. 밧줄에 꽁꽁 묶인 채 버려진 베소스의 운명은 이미 앞에서 살펴보았다. 알렉산드로스는 베소스를 오직 범죄인으로 취급했다. 이렇게 베소스 문제는 본격적인 추격을 재개하고부터 반년도 지나지 않아 해결되었다. 그럼에도 알렉산드로스는 추격을 멈추지 않았다. 다리우스의 살해범을 쫓는 일은 페르시아제국의 동쪽 끝까지 제패하기 위한 것이기 때문이다.

애를 먹인 게릴라전

살해범을 모두 처리할 때까지는 1년, 동방 전역을 제패할 때까지는 다시 2년이 걸렸다. 본격적인 동방 원정을 재개했다면 2년이면 끝났을 터다. 오늘날의 인도 북부, 투르크메니스탄,

우즈베키스탄, 아프가니스탄 그리고 파키스탄 북부까지 포함한 광대한 지역이었다. 당연한 말이지만 이 지역은 넓기 때문에 특별한 사정이 있었다.

먼저 지형이 복잡했다. 이는 지역 곳곳에 할거하는 부족의 수가 많다는 걸 의미한다. 그들을 통합할 힘을 가진 대국도 없었다. 페르시아 황제의 통합 통치는 표면적인 것에 불과했다. 그렇기에 평원에서 양쪽 군대가 마주하고 싸우는 형태의 전투가 벌어질 일이 없었다. 그렇다면 남은 것은 게릴라전뿐이다.

알렉산드로스의 마케도니아 군대는 전략과 전술의 재능을 충분히 발휘할 수 있는 전투였기에 지금까지 연전연승할 수 있었다. 하지만 이제는 산악 지대에 숨어 예상도 하지 못한 때 예상도 못한 방향에서 공격해오는 게릴라를 상대로 싸워야 했다. '가우가멜라' 이후 3년 동안 알렉산드로스는 마주하고 싸우는 전투를 해보지 못했다.

이런 경우 목표를 달성할 수 있는지 여부는 다음의 세 조건에 따라 결정된다.

첫째, 군대 전체를 지휘하는 사람의 의지가 일관성이 있고 변하지 않아야 할 것.

둘째, 병사 전원의 몸과 마음이 하나가 되어 그 사람을 따를 것.

셋째, 보급로가 확립되어야 할 것.

첫째부터 살펴보자. 알렉산드로스는 지도자의 조건 가운데 하나인 '지속하는 의지'의 모범이 되는 사람이었다.

다음은 둘째 조건. '속도감' 그 자체라는 느낌을 주는 알렉산드로스였지만 그것이 불가능한 상황에서는 또 하나의 특질인 강한 자제력을 통한 인내가 그를 대신했다. 그는 항상 '속공'만 한 것이 아니다. 역사적 사실을 살펴보면서 알게 된 것 가운데 하나는 그가 종종 병사들에게 휴식을 주었다는 점이다. 며칠 지나지 않아서 공세를 재개하는 경우에도 알렉산드로스는 부하들에게 휴식이 필요하다는 것을 알고 있는 지도자였다.

한편 알렉산드로스는 산양이 다니는 길밖에 없다는 말을 들으면 그 길은 인간도 지나갈 수 있다고 대답하며 선두에 서서 돌파하기도 했다. 식사할 때도 병사들과 같은 음식을 먹었고, 많은 천막을 칠 수 없는 장소에서는 장수들과 혼숙하는 것도 꺼리지 않았다. 그와 부하 장수를 나누는 것은 처우나 복장이 아니었다. 다른 것이 있다면 투구 위에서 바람에 날리는 하얀 깃털 장식뿐이었다. 부하 장수들도 깃털을 달고 있었지만 하얀 색은 알렉산드로스만 달았다.

눈 속에서 행군을 할 때도, 산의 정상에 세워진 성채를 공격할 때도 알렉산드로스는 그저 호령만 하지 않았다. 병사들은 늘 앞에 가는 하얀 깃털 장식을 보면서 뒤를 따라갔다. 알렉산드로스도 뒤를 따르는 부하들을 얼굴 없는 집단으로 보지 않았다. 행군하는 길을 잘못 선택하거나 전투 때 전술을 잘못 사용한 경우에는 솔직하게 자신의 잘못을 인정했다.

물론 잘못을 인정한 다음에 곧바로 다음은 어떻게 하겠다고 말했다. 이는 그의 특징이기도 했다. 그 말을 듣고 있는 병사들은 자신이 하나의 인간으로 인정받고 있다는 것을 느꼈다. 알렉산드로스의 평전

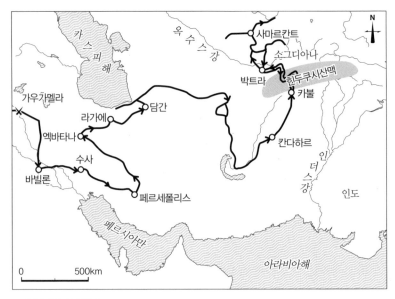

● 중앙아시아의 정복

을 쓴 고대의 역사가는 이 젊은 왕의 특징으로 '속공'과 '인내'에 이어서 '인간성(후마니타스)'을 거론했다. 후마니타스humanitas는 휴머니티의 어원이 된 라틴어이다.

　마지막으로 병사들에게 기분을 북돋우기 위해 반드시 필요한 것이 보급로의 확립이었다. 보급은 병사들이 감동할 정도로 잘 기능했다. 유럽에 있는 그리스에서 중앙아시아의 힌두쿠시산맥의 산속까지 알렉산드로스가 명령한 보급 물자가 보충병에 의해 하나도 빠짐없이 도착했다. 알렉산드로스는 빈번하게 편지를 쓰는 사람이었다. 특히 어머니에게 자주 편지를 보내는 아들이었다. 이런 사적인 편지부터 공적인 지시를 기록한 문서까지 분실하는 일 없이 도착하는 것을 보면 경탄할 수밖에 없다.

한편 동방을 제패하는 도중에 25개가 넘는 '○○지방의 알렉산드리아'라고 이름 붙인 새로운 도시, 정확하게 말하면 기지를 건설했기 때문에 그곳에 병사를 배치해야 했다. 따라서 병사를 보충하는 일도 빼놓을 수 없었다. 언제나 지정한 장소에 지정한 숫자의 병사가 도착했다. 오늘날처럼 페덱스와 같은 운송업체가 있었던 것도 아니다. 감탄이 절로 나온다. 참고로 '○○지방의 알렉산드리아'라는 이름이 붙은 새롭게 건설된 도시 가운데 오늘날에도 남아 있는 곳이 있다. 그 가운데 하나가 카불과 더불어 아프가니스탄의 중요 도시인 칸다하르 Kandahar 이다.

알렉산드로스는 로마 시대에 '메가스(대왕)'로 불렸다. 알렉산드로스가 연전연승했기 때문인지 예부터 그의 전투를 분석한 연구가 엄청나게 많이 존재했다. 하지만 그의 다른 능력, 즉 조직력과 병참 능력을 조명한 자료는 거의 보이지 않는다. 전투에서 너무 뛰어난 모습을 보여주었기 때문이라고 생각한다. 그러나 소규모의 전투든 여러 차례 반복되는 전쟁이든 병참을 중요하게 여기지 않으면 승리할 수 없다. 훗날 로마인은 '로마 군단은 병참으로 이긴다'라고 말했을 정도이다. 이는 알렉산드로스가 어떻게 게릴라를 상대로 한 전투에서도 승리했는지 풀 수 있는 열쇠가 된다. 아무튼 병참이 충분히 기능하고 있어 우두머리에게는 지속적으로 의지를 갖는 데 도움이 되었을 것이다. 병사에게는 우두머리를 따르겠다는 변함없는 마음을 갖게 하는 데 도움이 되었을 것이다. 배가 고프면 전쟁을 할 수 없다. 이는 동서고금을 막론한 진실이다.

지형도 복잡하고 사회형태도 다양한 중앙아시아를 제패하는 데 성공한 유럽인은 전에도 없었고 나중에도 없었다. 오직 알렉산드로스뿐이었다. 로마는 서쪽으로 확대해서 대제국이 된 나라였기 때문에 동쪽으로는 유프라테스강을 경계로 삼고 그 너머로는 확장하지 않았다. 오늘날의 터키, 시리아, 요르단, 아라비아, 이집트까지 제한하고 그 너머 동쪽으로는 영토 확장에 나서지 않았다.

근현대에 들어서도 영국과 러시아, 미국 등이 나섰지만 결국 철수하고 말았다. 성공한 알렉산드로스의 노고를 진심으로 이해하고 평가할 수 있는 사람은 이 지역에 발을 들여놓은 적이 없는 역사학자보다 아프가니스탄이나 파키스탄에서 싸워본 경험이 있는 영국이나 미국의 부대장이 아닐까 생각한다.

중앙아시아의 제패 외에 알렉산드로스가 최초의 유럽인이 된 것이 또 하나 있다. 그것은 석유를 처음 발견한 유럽인이라는 점이다. 그가 원정에 나섰던 지방은 산악도 많고 사막도 많았다. 마케도니아 군대도 종종 사막을 횡단해야 했는데, 행군 중에 악취를 풍기는 무엇인가가 사막의 한 부분을 검게 만들고 거기서 불꽃이 피어오르는 광경을 목격했다.

처음 본 광경에 그리스 병사들은 당황했다. 흉조라고 울부짖는 병사들을 진정시킬 수가 없었다. 그때 알렉산드로스도 점쟁이에게 도움을 청했다. 뭘 해도 좋으니 의례를 통해 병사들을 진정시켜달라는 요청이었다. 병사들은 그리스의 시골에서 온 남자들이었기에 논리적으로 설명하는 것은 아무 의미가 없었다. 알렉산드로스도 흉조라고 생각하지는 않았지만 석유라는 물체에 대해 아는 바가 전혀 없었다. 아무튼 병사들은 진정이 되었다. 불꽃을 피워 올리는 검은 구역을 피해 사막 행군을 계속했다.

한편 베소스를 사로잡아 넘기면 알렉산드로스의 추격을 피할 수 있을 거라고 생각했던 소그디아나 지방의 '사트라프'인 스피타메네스는 목숨을 1년도 부지하지 못했다. 알렉산드로스의 집요한 추격에 불만을 터뜨린 부하 장수들의 손에 살해되고 말았다. 그들은 스피타메네스의 목을 들고 알렉산드로스에게 항복했다. 박트리아 지방의 유력자인 베소스와 소그디아나 지방의 유력자인 스피타메네스의 퇴장으로 사실상 페르시아제국 동쪽의 제패가 이루어졌다.

이 성공은 알렉산드로스가 세 사람을 끝없이 추격하는 형태로 압력을 가해 얻은 것이다. 그것을 견디지 못한 세 사람은 서로 사이가 벌어졌고 마침내 그들 아래 있던 부하 장수까지 알렉산드로스의 끝없는 압력 작전에 놀아난 꼴이 되었다.

이제 동방 원정에서 알렉산드로스 앞에 남은 곳은 오늘날의 파키스탄 북부에 해당하는 산악 지대뿐이었다. 기원전 328년도 겨울로 접어들었다. 다음 봄을 기다리며 소그디아나 지방의 수도인 사마르칸트에서 겨울을 나기로 결정했다. 21세에 동방 원정을 시작한 알렉산드로스도 어느덧 28세가 되었다.

왜 그런지 모르지만 불행은 상황이 호전되었을 때 기다리고 있었다는 듯 덮쳐온다. 이후의 일정이 순조롭게 진행될 것이 분명했기 때문에 긴장이 풀렸는지도 모른다.

고대의 역사가들은 모든 것이 술의 신 디오니소스의 소행이라고 기록했다. 같은 포도주를 마셔도 그리스인은 금방 취하는데 로마인은 그렇지 않았다. 그리스인이 스트레이트로 마신 것과 달리 로마인은 물을 타서 마셨기 때문이다. 물론 로마인 가운데도 스트레이트로 마시는 것을 좋아하는 사람이 있었다. 좋은 예가 제2대 황제인 티베리우스^{Tiberius}와 오현제 시대의 황제 트라이아누스^{Traianus}이다. 두 사람의 체구를 보면 스트레이트로 마셔도 곤드레만드레가 될 일이 없을 것 같다.

사마르칸트에서 겨울을 나던 알렉산드로스와 부하 장수 모두 다음 해인 기원전 327년부터 페르시아제국 동쪽 제패의 마지막 단계로 돌입한다는 것을 알고 있었다. 행군 도중 알렉산드로스의 궁정은 궁정이라기보다 합숙소에 가까웠다. 중앙아시아의 혹독한 겨울을 한자리에 모여 술을 마시고 농담을 지껄이며 보냈다. 그날 밤도 '지방장관'의 집 한쪽에서 알렉산드로스와 부하 장수를 위한 연회가 열렸다.

알렉산드로스보다 20세 정도 연장자였던 클레이토스는 왕의 동료인 다른 장수들과 달리 마케도니아 왕국의 상층부 출신이 아니었다. 그의 누이동생은 알렉산드로스의 유모였다. 이런 친밀한 관계 때문에 클레이토스는 부왕 필리포스 때부터 전쟁터에 나선 알렉산드로스를 지키는 역할을 명령받았다. 선두에 서서 적을 향해 돌진하는 아들을 막을 수 없다면 적지에서 고립되지 않게 하라는 것이 왕이 부여한 임무였다. 클레이토스는 임무에 충실했다. '그라니코스전투'에서 적지에 고립된 알렉산드로스에게 칼을 휘두르던 적군을 쓰러뜨리고 구해낸 이도 클레이토스였다. 클레이토스는 필로타스가 처형당한 뒤 헤파이스티온과 함께 기마 군단의 지휘를 맡게 되었지만, 무엇보다 마케도니아의 무인이라는 것을 자랑스럽게 생각했다.

나이로 볼 때 클레이토스는 알렉산드로스로 대표되는 새로운 세대와 달리 선왕 필리포스나 왕의 오른팔인 파르메니온 세대에 속했다. 당연히 알렉산드로스가 페르시아인을 융합하려는 정책을 유쾌하게 받아들이지 않았다.

다음날은 행군을 떠나는 날도 아니었고 그날 밤 왕이 자리에 있어도 사실상 동료들끼리 즐기는 연회여서 편안한 술자리였다. 결국 모두 만취했다. 우연히 화제가 파르메니온으로 향했다. 파르메니온의 죽음은 알렉산드로스의 마음에 상처를 남겼다. 상처가 느껴지자 왕의 얼굴에서 웃음기가 사라졌지만 클레이토스는 그것을 알아차리지 못했다.

47세 무인의 입은 멈추지 않았다. 파르메니온이 얼마나 마케도니아를 위해 애를 썼는지 말한 다음 이야기는 선왕인 필리포스로 옮겨갔다. 그리고 두 사람이 키운 팔랑크스가 알렉산드로스에게 연전연승을 안겨주었다고 말했다. 사실 알렉산드로스가 승리할 수 있었던 요인은 거대한 고슴도치처럼 움직임이 느린 보병과 이와 반대로 기동성이 뛰어난 기병의 조합이었다. 그러나 구세대의 무인 클레이토스는 거기까지 이해하지 못했다. 클레이토스는 자기가 기마 군단을 지휘하고 있으면서도 기병이 보병보다 중시되는 현상을 견딜 수 없었다.

취한 클레이토스는 그 후에도 알렉산드로스에 대한 비난을 계속했다. 이집트의 신관이 신의 아들이라고 한 것이 대수인가, 필리포스의 아들이라는 것이 부끄러운 일인가 하고 외쳤다. 마케도니아인인 것이 나쁜가, 페르시아인이 바닥에 머리를 대고 절을 했다는 이유로 그들을 중용할 필요가 없다. 그건 마케도니아의 왕이 할 일이 아니다. 알렉산드로스는 마케도니아를 경멸하고 있었다. 그리고 내 덕분에 신의 아들이 '그라니코스전투' 이후에도 살아 있다고 말했다.

표정이 싹 바뀐 알렉산드로스가 자리에서 일어났다. 몇몇 장수가 알렉산드로스의 다음 행동을 저지하기 위해 다가갔다. 다른 몇 명은 클레이토스를 방 밖으로 끄집어낸 다음 여전히 소리치고 있는 그를 별실로 데려갔다. 알렉산드로스도 완전히 취한 상태였다. 더 이상 분노를 참을 수 없던 알렉산드로스는 클레이토스를 찾으며 고래고래 소리를 질렀다.

왕의 목소리를 들은 클레이토스가 동료의 손을 뿌리치며 되돌아왔다. 돌아온 클레이토스는 에우리피데스의 비극 한 소절을 낭송하면서 알렉산드로스 앞에 섰다. '승리는 병사들의 공적인데 장수는 종종 그것을 잊는다'라는 구절이었다. 알렉산드로스는 위병이 갖고 있던 창을 빼앗아 클레이토스를 향해 던졌다. 창은 가슴에 직격했다. 클레이토스는 소리 한번 지르지 못하고 쓰러졌다. 즉사였다.

취기가 가시고 멍하게 서 있는 알렉산드로스는 친구들이 끌다시피해서 침실로 데려갔다. 그날 밤부터 28세의 젊은이는 누구도 들어갈 수 없는 방에 처박혔다. 사건이 일어난 밤에 다른 지방에 있던 헤파이스티온도 달려왔지만 그 역시 입실이 허용되지 않았다. 식사도 하지 않았고 마실 것도 마시지 않았다. 그사이 방 안에서는 클레이토스와 그의 여동생이자 알렉산드로스의 유모였던 라니케Lanike의 이름을 부르는 목소리가 들려왔다.

알렉산드로스는 아마 그때 처음으로 자기혐오에 빠졌을 것이다. 도발한 쪽은 분명히 클레이토스였다. 그러나 거기에 넘어간 사람은 알렉산드로스였다. 그때까지 늘 장병들의 모범이 되어야 한다는 일념으로 살아온 알렉산드로스였다. 위에 서는 자에게 가장 중요한 책무는 자기통제이다. 알렉산드로스는 그것을 잊었다.

장수부터 병사까지 모두 알렉산드로스를 걱정했다. 미치지 않을까 걱정했다. 헤파이스티온마저 입실이 허용되지 않자 점쟁이까지 동원했다. 신의 심부름꾼이 방 밖에서 울부짖었지만 방문은 열리지 않았다. 점쟁이도 신앙심이 부족한 왕에게 내린 신의 벌이라고 혀를 내두르며 물러날 수밖에 없었다. 나흘째 아침이 되자 걱정하며 광장에 모여 있는 병사들 앞에 알렉산드로스가 모습을 드러냈다. 병사들은 처음에 초췌한 왕을 걱정스러운 듯 바라보았지만 그래도 살아 있는 모습을 보고 안도했는지 일제히 환호성을 질렀다. 병사들을 앞에 둔 알렉산드로스의 뺨에 눈물이 흘러내렸다. 병사들이 왕의 눈물을 본 것은 그때가 처음이었다. 28세의 왕은 그들에 대한 책임감 때문에 다시 일어선 것이다. 그날부터 예전의 알렉산드로스로 돌아갔다.

다음 목표는 오늘날의 파키스탄 동부 일대를 제패하는 것이었다. 인더스강이 흐르는 이 지방은 인도의 왕을 칭하고 있는 포로스의 지배를 받는 곳이었다.

알렉산드로스는 언제나 다음 목표로 가기 전에 이미 제패한 지방을 다지는 일을 우선시하는 사람이었다. 등 뒤에 적을 두지 않기 위해서였다. 군사력으로 부족장을 처리해도 그대로 방치해두면 곧바로 크고 작은 부족장이 머리를 치켜들 수 있는 현실을 고려한 전략이었다. 그들에게 머리를 치켜들 시간을 주면 고생해서 이룬 제패도 무위로 돌아가고 만다. 박트리아의 '지방장관'인 베소스와 소그디아나의 '지방장관'인 스피타메네스 두 사람을 쓰러뜨렸기 때문에, 오늘날의 아프가니스탄, 투르크메니스탄, 우즈베키스탄, 타지키스탄에 해당되는 중앙아시아에는 중소 부족장밖에 남아 있지 않았다.

이 중소 부족장은 알렉산드로스가 보여준 힘 앞에 저항하지 않고 항복했는데 언제 등을 돌릴지 알 수 없었다. 일단 약속을 하면 지켜야 한다는 생각을 갖지 않는 사람들이었다. 현실이 그렇다면 군사력을 사용해 하나하나 쓰러뜨리기보다는 그 사람들이 귀를 기울이고 경의를 표하는 누군가를 아군으로 삼는 것이 지름길이었다. 박트리아 지방의 중간 규모 부족장 가운데 옥사르테스^Oxyartes 라는 사람이 있었다. 인품이 원만하고 현실주의자처럼 보이는 이 사람은 젊은 정복자의 지배를 받아들였을 뿐만 아니라 데려온 딸을 헌상했다.

고대 역사가들은 록사네^Roxane 라는 이름을 가진 이 딸이 절세의 미녀였다고 전한다. 28세가 될 때까지 여자에게 마음 쓸 여유가 없었던 알렉산드로스였다. 300년 후의 역사가들도 그런 그가 첩으로 삼지 않고 결혼까지 한 것을 보면 록사네는 절세의 미녀가 맞을 것이라고 생각했다. 하지만 알렉산드로스는 애인이나 첩을 두는 것 자체를 싫어한 남자였다. 고대의 역사가들은 정략결혼으로 보기도 했다. 정복자에게 어울리는 힘을 가진 사람의 딸이라면 이를 인정할 수 있지만 중간 정도의 부족장 딸이라면 애매해진다. 그래서 고대뿐만 아니라 현대의 영화에서도 록사네를 절세의 미녀로 묘사하고 있다.

그녀가 어느 정도 미녀였는지는 모르지만 알렉산드로스가 식을 올린 이후에 남편의 의무를 다했는가 하면 그렇지 못했다. 28세였기에 곧바로 아이를 낳아도 좋았겠지만 그녀가 아이를 낳은 시기는 5년이 지난 뒤였다. 이 사실도 알렉산드로스가 여자에게 관심을 갖지 않았다는 증거가 된다.

옥사르테스를 아군으로 삼은 효과는 곧바로 결실을 맺었다. 박트리아인 옥사르테스는 동포들에게 알렉산드로스의 지배를 받는 것이 나쁘지 않은 선택이라 설득했고 그래도 받아들이지 않으면 알렉산드로스의 부장이 된 크라테로스와 협력해 군사적인 제압에도 참여했다. 알렉산드로스가 안심하고 다음 목표인 인도의 왕 포로스와의 대결을 준비하기 위해 '○○지방의 알렉산드리아'라고 이름을 붙인 도시의 하나인 박트리아의 도시로 돌아왔을 정도였다.

이 도시에서 알렉산드로스는 다시 마케도니아의 수구파에 의한 음모에 직면했다. 알렉산드로스가 지휘하는 마케도니아 군대에는 젊은 왕이 진행한 현지인과의 융합 정책에 동의하지 않는 자가 늘 있었다.

그 사람들이 보기에 왕이 마케도니아의 여자나 그리스의 여자가 아닌 패배자인 중앙아시아의 여자와 결혼한 것을 용납할 수 없었다. 아들이 태어나면 언젠가 마케도니아의 왕이 될 터였다. 이방인의 피를 이어받은 왕의 명령에 복종해야 한다는 것은 생각만 해도 견딜 수 없는 일이었다.

그래서 왕의 암살 음모가 진행되었다. 주모자라기보다 사상적인 지도자인 사람은 칼리스테네스Callisthenes였다. 그는 철학자인 아리스토텔레스의 조카였고 그 역시 철학자였다. 알렉산드로스의 동방 원정에 동행한 수많은 민간인 가운데 하나였다. 알렉산드로스는 소년 시절의 스승인 아리스토텔레스의 조카에게 자기를 포함한 고관의 신변을 돌보는 것이 임무인 소년 그룹의 감독을 일임했다. 신변을 돌보는 일을 맡은 이 소년들도 사회적으로는 지위가 높은 사람의 자제였다. 소년들은 고관을 가까운 곳에서 모시면서 고관이란 무엇을 해야 하는지 현장에서 배웠다. 오늘날의 표현대로 하면 '카데트Cadet', 즉 간부 후보생과 비슷하다. 칼리스테네스는 이 소년들을 선동했다.

왕의 암살 계획을 알게 된 알렉산드로스는 스승의 조카임에도 용서하지 않았다. 칼리스테네스는 체포되어 후방으로 보내졌고 감옥에서 죽었다. 하지만 이 사건으로 그리스에 있는 철학자, 즉 당시 지식인의 엄청난 반발을 사고 말았다. 알렉산드로스를 사상 탄압도 주저하지 않는 '폭군'으로 단죄했다. 그러나 불과 5년 뒤 이제까지 그들이 구가한 언론의 완전한 자유와 민주정치는 붕괴되고 만다. 그것을 인정해 주던 '폭군'이 죽었기 때문이다.

나는 그가 폭군이었다고 보지는 않지만 독재자였다고 생각한다. 사전을 보면 '독재'를 다음과 같이 설명한다. 첫째, 중요한 요건일수록 홀로 생각하고 결단한다. 둘째, 특정한 개인이나 조직, 계급 등이 전체 권력을 장악해 지배한다. 알렉산드로스는 첫 번째 의미의 독재자였다. 그것도 군사적인 점에서 특히 '독재'로 일관했다.

박트라Bactra로 돌아온 알렉산드로스는 인도의 왕 포로스와의 대결을 위해 군대 재편성에 착수했다. 클레이토스가 죽은 자리를 메우기 위한 것이었다. 일단 손을 댄 알렉산드로스는 단지 자리를 메우는 것에 그치지 않고 이를 기회로 유효성을 높이는 것을 목적으로 재편성을 추진했다. 그는 개개인의 희망을 듣고 임무를 맡기는 지도자가 아니었다.

알렉산드로스는 기마 군단에 마케도니아 군대의 공격을 주도하는 역할을 맡겼다. 기마 군단이 적의 좌익과 우익 사이에 난 작은 틈을 파고들어 좌익과 중앙을 분리시키고 그것을 신호로 거대한 고슴도치를 닮은 팔랑크스는 공세로 전환한다. 이를 통한 포위 작전이 지금까지 마케도니아 군대가 연전연승을 거둔 이유였다.

중요한 역할을 맡은 기마 군단, 달리 '왕의 콤파니온'인 3,000명의 전체 기마 군단을 처음에 지휘한 이는 필로타스였다. 그가 죽은 뒤에는 클레이토스와 헤파이스티온 두 사람이 담당했다. 물론 그사이에도 알렉산드로스가 세로로 긴 마름모꼴 형태인 기병의 선두에 서서, 즉 '다이아몬드가 달린 끝'이 되어 돌격한다는 점에서 달라진 것은 없었다. 알렉산드로스는 인도 왕과 대결할 때 이 기병 군단을 다섯으로 나누었다. 그리고 최대 600명인 각 부대마다 지휘관을 임명했다. 각 부대는 지휘관의 판단에 따라 전보다 유연하고 자유롭게 활동할 수 있었다.

제1대의 지휘관은 알렉산드로스였다. 이 부대에 붙여진 명칭을 의역하면 '왕의 친위대'였다. 이제 30세가 되는 알렉산드로스는 자기가 지휘하는 600명에 적지 않은 숫자의 페르시아 기병을 포함시켰다. 젊은 왕은 동방 제패를 수행하면서도 '지방장관'에 임명하거나 자기 부하로 삼은 페르시아인 자제의 교육도 잊지 않았다. '왕의 친위대'에 배속된 페르시아의 젊은이들은 기존의 페르시아식 군장이 아니라 그리스식 군장을 몸에 걸쳤다.

제2대에서 제5대까지 기병대의 지휘는 각각 헤파이스티온, 크라테로스, 페르디카스, 데메트리오스Demetrios에게 맡겼다. 이 지휘관들의 면면을 보면 알렉산드로스가 얼마나 기마 군단의 공격력을 중요하게 생각했는지 알 수 있다. 사실 군단 전체의 총지휘를 맡겨도 될 정도의 능력을 지닌 사람들이었다.

여기서 주목할 만한 점은 알렉산드로스가 거느린, 그것도 스스로 '다이아몬드가 달린 끝'이 되어 적을 향해 돌진하는 제1대의 바로 뒤를 따르며 공격해야 하는 나머지 4개 대대의 인적 구성이다. 대부분 마케도니아 출신으로 채워졌고 그리스인이나 오리엔트인은 매우 적었다.

야만족이라고 불린 이들과 말을 나란히 하며 공격하는 것에 알레르기를 느끼는 사람에 대한 배려였다. 물론 배려하는 사람이 알렉산드

로스였기에 다른 사람이 하는 배려와 달랐다. 다른 말로 하면 '강행'
이 된다. 바로 1년 전에 적이었던 박트리아 출신의 기병까지 받아들
였기 때문이다. 알렉산드로스가 거느린 군대는 원래 마케도니아·그
리스 군대였지만 이제는 다민족 군대가 되었다. 이 역시 그가 추진한
패배자 동화 전략의 하나였다.

 '팔랑크스'라는 이름으로 외국에서도 유명해진 거대한 고슴도치 집
단은 마케도니아 색깔이 짙게 남아 있었다. 3년 전까지 팔랑크스의 지
휘는 파르메니온이 맡았다. 이 충신이 역사에서 퇴장한 이후에는 크
라테로스가 지휘를 계승했는데, '해병'이라고 부를 수 있는 공격 전문
보병을 합치면 그 숫자가 3만 명에 이르렀다. 알렉산드로스는 이 3만
명을 10개의 부대로 분할하고 각각의 지휘를 셀레우코스를 비롯한 젊
은이들에게 맡겼다. 이들 또한 소규모 부대로 만들고 지휘관도 명확
하게 해서 전쟁터에서 임기응변이 가능하게 만들었다. 임기응변은 이
제까지 거의 알렉산드로스 홀로 맡았지만 지금부터는 자기보다 더 젊
은 세대에게도 경험시키고자 했다. 승부 감각은 항상 승부를 가리는
곳에 있어야 획득할 수 있다.

 헬레스폰토스해협을 지나 동방 원정을 시작한 기원전 334년, 알렉
산드로스는 기병 5,000명과 보병 3만 명으로 이루어진 군대를 이끌었
다. 7년 후인 기원전 327년, 병사의 숫자는 거의 변화가 없었다. 세 차
례에 걸친 대전투와 그 외의 소규모 전투에서 잃은 인원수와 동방 원
정 도중에 건설한 많은 기지에 방어 요원으로 남긴 인원수를 빼고 마
케도니아에서 보내온 보충병을 더하면 3만 5,000~4만 명의 병력이

꾸준히 유지되었다. 이 사례도 알렉산드로스의 역량을 잘 보여준다.

그런데 알렉산드로스 스스로 전체 군대를 지휘하는 것에 흥미가 없기도 했다. 군대의 규모가 커지면 움직임이 둔해진다. 또 병참의 문제도 증가한다. 오리엔트 병사들을 군대에 편입시킨 것은 병력을 강화하기 위해서가 아니라 패배자 동화를 위한 정책의 일환이었다. 그는 전쟁터든 전쟁터가 아닌 곳이든 '주도권을 손에 쥐는 쪽이 이긴다'라고 말했다. 주도권은 숫자가 많다고 장악할 수 있는 것이 아니다.

페르시아 황제처럼 숫자가 많으면 이길 수 있다고 생각하지 않았던 알렉산드로스는 대제국 페르시아가 멸망한 이후에도 양보다 질로 이길 수 있다고 믿고 있었다는 점에서도 그는 천생 그리스인이었다. 군단을 분할해 각각 책임자를 명확하게 한 것도 머릿수로 열세인 군대로 승리하기 위한 전략이었다. 알렉산드로스는 이 기본 전략을 조금도 바꾸지 않았다.

인도로 가는 길

기원전 327년 당시 그리스인은 인도에 관해 전혀 몰랐다. 유프라테스와 티그리스라는 두 강 사이를 '메소포타미아'라고 이름 붙일 정도로 바빌론이나 수사, 페르세폴리스에 관해서는 잘 알고 있었지만, 그 동쪽에 펼쳐져 있는 오늘날의 이란 동부에서 아프가니스탄과 그 북쪽 일대, 그리고 파키스탄에 이르는 지역에 관해서는 '전혀'라고 해도 좋을 정도로 알지 못했다.

29세가 된 알렉산드로스에게는 그것이 문제가 되지 않았다. 그는 다음에 할 일만 생각했고 동쪽으로 원정을 계속할 이유는 충분했다.

첫 번째 이유는 아케메네스 왕조의 전성기를 이끌었던 다리우스 1세가 인더스강까지 원정해 강 서쪽 모두를 페르시아제국의 영토로 만들었다는 점. 다리우스 1세는 그리스를 공격해 제1차 페르시아전쟁을 시작한 페르시아 황제이기도 했다.

두 번째는 파키스탄 북부를 지배하며 인도 왕이라고 칭하는 포로스가 '가우가멜라전투' 때 다리우스 3세가 제국 전역의 유력자들에게 참전을 요청했을 때 15마리의 코끼리를 보낸 전력이 있었다. 사실상 독립국의 왕인 포로스였지만 페르시아제국과 동맹 관계를 맺고 있었던 것이다.

알렉산드로스의 논리에 따르면, 이 포로스를 굴복시키지 않는 한 옛 페르시아제국 전역을 정복했다고 할 수 없다. 그러나 알렉산드로스는 늘 외교적 해결을 먼저 시도했다. 인도의 왕 포로스에 대해서도 마찬가지였다. 박트리아 지방을 제패할 때 알게 된 인도인을 사절로 파견했다.

서양의 역사에서 인도의 왕으로 기록된 포로스는 성인이 된 아들이 있었으므로 알렉산드로스보다 적어도 열 살 이상 연상이었을 것으로 추정된다. 그렇다면 40세 전후라는 말이 된다. 그는 이미 13년 전에 왕위에 올랐다. 물론 포로스는 15마리의 코끼리를 보낸 '가우가멜라전투'가 어떻게 끝났는지 알고 있었다. 이후 다리우스 3세가 어떻게 세상을 떠났는지도 알고 있었다. 그럼에도 그의 강고한 마음은 바꿔지 않았다. 그리스의 젊은이가 제시한 제안에 이렇게 대답했다.

"온다면 환영한다. 다만 무기를 손에 들고 와라."

환영한다는 뜻이 아니다. 이쯤 되면 알렉산드로스도 그대로 물러설수 없었다. 이렇게 해서 '그라니코스' '이소스' '가우가멜라'에 이어 알렉산드로스에게 마지막 대전투가 벌어진 '히다스페스Hydaspes'로 가는 길이 열렸다.

박트라를 떠난 때는 기원전 327년 여름이었다. 출몰하는 게릴라를 퇴치하며 전진했다. 그해 겨울은 아프가니스탄의 카불에서 보냈다. 포로스가 기다리고 있는 파키스탄 북쪽으로 향한 때는 다음 해 봄이었다. 그해 겨울 병사들은 휴식을 취했지만 알렉산드로스와 부하 장수들은 휴식을 취할 수 없는 상태로 겨울을 보냈다. 그 이유는 다음과 같다.

첫째, 마케도니아에 부탁한 보충병이 도착하기를 기다려야 했다.

둘째, 도착한 병사들을 각각 특기별로 편성해서 알렉산드로스 밑에서 싸우는 데 필요한 기동성과 유연한 움직임을 몸에 익히기 위한 훈련을 해야 했다.

셋째, 신병을 포함한 모든 병사를 다시 작은 부대로 나누고 그 작은 부대 몇 개를 합친 중대, 다시 중대 몇 개를 합친 대대, 그리고 몇 개 대대를 합친 군단으로 지휘 계통을 명확하게 했다.

최고사령관인 알렉산드로스가 내린 명령을 말단의 병사까지 보다 빠르고 정확하게 전달하기 위해서였다. '속도'는 '다이아몬드가 달린 끝'이 되어 돌격하는 알렉산드로스 개인의 것이 아니었다. 이 모든 것

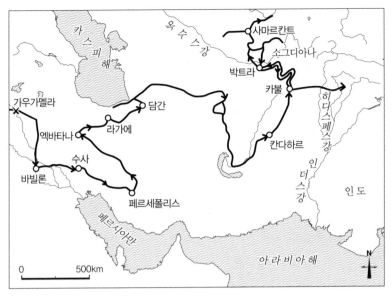

● 중앙아시아에서 히다스페스로

을 처리해야 했기에 겨울은 금세 지나갔다.

　기원전 326년 봄, 동방 원정이 재개되었다. 이제까지 모든 전투에서 알렉산드로스는 전쟁터를 선택하지 않았다. 그는 적이 선택한 전쟁터에서 싸워야 했는데 생각해보면 당연한 일이다. 공격한 쪽이 알렉산드로스이므로 그에 맞서 싸우는 쪽이 자기에게 유리하다고 판단한 전쟁터를 선택하는 게 당연했다.

　알렉산드로스는 척후들이 가져온 보고를 통해 인도의 왕 포로스가 인더스강의 지류인 히다스페스강 동쪽 강변에서 기다리고 있다는 것을 알았다. 직선거리로 따지면 동쪽으로 600킬로미터 떨어진 곳이었다. 오늘날의 파키스탄 북부에 해당한다. 아프가니스탄에서 파키스탄으로 가는 행군 도중에 포로스가 지휘하는 군대 규모도 밝혀졌다. 보병이 5만 명, 기병이 6,000명이었다. 양쪽 바퀴에 낫을 단 전차가 500대, 코끼리가 200마리였다. 알렉산드로스 쪽의 병력은 보병이 4만 명, 기병이 4,000명이었다. 전차와 코끼리는 없었다.

이 사실을 알게 된 알렉산드로스는 기분이 좋았다고 전한다. 병력의 숫자가 '가우가멜라'에서는 5배 차이가 났지만 '히다스페스'에서는 호각을 이루었기 때문에 기뻐한 게 아니다. 서로 비슷한 병력으로 도전해온 상대와 '싸우는' 것 자체가 기분 좋게 만들었다. 무엇보다 게릴라를 상대로 한 전투가 끝난 뒤에 오랜만에 벌어지는 전투였다. 어디서 습격해올지 모르는 적보다 평원을 무대로 전략과 전술을 구사할 수 있는 전투는 '가우가멜라' 이후 5년 만이었다.

알렉산드로스도 착오를 저질렀다. 상대가 인도인이기 때문에 코끼리의 참전은 예상할 수 있는 일이었다. 하지만 '가우가멜라'에서 15마리였던 코끼리가 '히다스페스'에서는 200마리로 늘어난 것을 단순한 숫자의 차이라고 생각했다. 인도는 코끼리의 산지이므로 당연히 많이 동원할 수 있었을 거라고 생각했다. 하지만 차이는 숫자가 아니었다. 페르시아 황제의 요청에 따라 코끼리를 보낸 '가우가멜라'와 달리 자기가 거느리고 싸우는 '히다스페스'의 포로스는 전투용 코끼리 가운데 베테랑을 200마리 준비했다.

먼저 체구부터 거대했다. 더군다나 전쟁터에 익숙했기 때문에 창에 찔리거나 화살에 맞아도 쉽게 자제심을 잃지 않았다. 즉 쉽게 화를 내고 폭주하는 코끼리들이 아니었다는 말이다. 이에 더해 코끼리를 부리는 기술도 훨씬 뛰어났다. '가우가멜라' 때처럼 코끼리를 부리는 사람이 거칠어진 코끼리를 단도로 급소를 찔러 무력화시키는 일은 없었다. 코끼리나 코끼리를 부리는 사람 모두 베테랑이었다. 200마리의 위력을 알렉산드로스가 깨달은 것은 실제로 직접 싸워본 이후의 일이었다.

마지막 대전투 '히다스페스'

기원전 326년 5월, 양쪽 군대는 히다스페스강을 사이에 두고 마주했다. 인더스강의 지류였지만 강폭이 1킬로미터에 달했다. 이 시기에는 아직 수량도 많고 유속도 빨랐다. 게다가 포로스는 강 맞은편에 200마리의 코끼리로 두꺼운 벽을 만들어놓았다. 맞은편에서 기다리고 있다가 그리스 군대가 강을 건너려고 하면 단숨에 짓밟을 생각이었다.

30세가 되려면 2개월이 남은 알렉산드로스는 이 광경을 보고 생각했다. 먼저 1킬로미터 떨어진 강 건너편의 코끼리 무리가 볼 수 있는 곳에 베이스캠프를 설치했다. 캠프라고 하지만 막사를 모아놓은 것에 지나지 않았다. 중요한 건 적에게 보이는 것이었다. 자기 군대가 적에게 들키지 않게 행동할 때도 막사를 그 위치에 그대로 두었다. 이것이 그가 실행한 첫 번째 양동작전이었다(히다스페스전투 1). 사전에는 '양동작전'을 다음과 같이 설명한다. "작전의 참된 의도를 알아차리지 못하

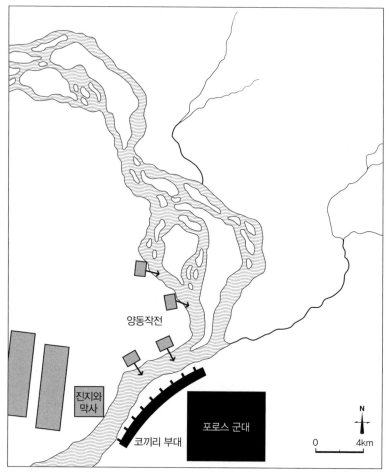

양동작전

진지와
막사

포로스 군대

코끼리 부대

0   4km

N

● 히다스페스전투 1

게 하려는 목적으로 그것과 관계가 없는 행동을 눈에 띄게 해서 적의 주의를 돌리는 작전."

두 번째 양동작전은 강을 건너 전투를 치르기 위해서 강의 수량이 줄어드는 가을까지 전투를 미룬다는 것을 적에게 알리는 작전이었다. 행군 도중에 포로로 잡은 인도인에게 그렇게 알린 다음 그들을 석방했다. 그들이 맞은편에 있는 인도 군대로 가는 것이 눈에 보였다. 포로가 되었던 자는 석방되어 동포가 있는 곳으로 돌아가면 반드시 적의 정보를 전하고 싶어 한다. 알렉산드로스는 그들을 이용해 가짜 정보를 퍼뜨린 것이다.

포로스는 정보 수집이라는 말도 몰랐을 것이다. 그는 가짜 정보를 그대로 믿었다. 알렉산드로스는 더욱 세밀한 작전을 펼쳤다. 한쪽에서 아군 병사에게 강을 건너 공격하려는 것처럼 행동하게 했다. 게다가 낮 동안 소란스럽게 환성을 지르게 만들었다. 포로스는 가을까지 강을 건너는 것을 연기한다는 '정보'와 눈앞에서 벌어지는 '소동' 가운데 어떤 것이 알렉산드로스의 참된 의도인지 알 수 없었다. 그렇다고 진을 걷고 후방으로 물러나 쉴 수도 없는 노릇이다. 눈앞에서 소동이 계속되고 있으니 말이다. 알렉산드로스는 가짜 도하작전을 매일 장소를 바꿔가며 지속했다. 그때마다 포로스는 자기 병사들을 소동이 벌어지는 곳으로 보내야 했다. 이 작전이 '가짜'라는 것을 몰랐기 때문에 맞서 싸울 준비를 해야 했다.

10일 정도 계속되자 포로스는 양치기의 '늑대가 나타났다'가 계속되는 것처럼 아무도 믿을 수 없는 심리 상태가 되었다. 이제 강을 건너려는 소동을 일으켜도 병사를 보내지 않았다. 포로스 쪽에서 맞서 싸우려는 태세가 약화되었다. 한편 소동을 계속하는 동안 알렉산드로스는 어떤 지점이 쉽게 건널 수 있는지 찾아다니고 있었다. 그리고 마침내 찾아냈다.

베이스캠프에서 상류로 20킬로미터 정도 거슬러 올라간 지점이었다. 강폭도 500미터 정도로 좁았다. 게다가 강이 동쪽으로 크게 휘어져 흐르기 때문에 포로스의 본진에서 50킬로미터 떨어져 있었다. 알렉산드로스는 강을 건널 때 적에게 들키고 싶지 않았다. 그곳을 건너겠다고 결심하고 작전 회의를 소집했다.

알렉산드로스는 사령관부터 작은 부대의 대장까지 지휘관 전원을 앞에 두고 평소처럼 한 명 한 명에게 구체적이며 명확한 임무를 주었다. 먼저 군대를 둘로 나누고 제1군은 알렉산드로스가 거느리고 강을 건너간다. 제2군의 지휘는 크라테로스가 맡는다. 크라테로스는 베이스캠프에 남아 있다가 맞은편에서 이쪽으로 머리를 향하고 있는 200마리의 코끼리가 90도로 몸을 틀어서 움직이기 시작하면 눈앞의 강을 건너기 시작한다. 강을 건너면 적군의 배후에서 공격하라는 지령을 내린다. 즉 제1군을 거느린 알렉산드로스가 20킬로미터 상류에서 강을 건너 적이 기다리고 있는 하류를 향해 공격을 시작해 '먹이'가 되겠다는 것이다. 제1군과 제2군의 포위 작전을 펼치기 위한 방법이었다.

협공에서 제1군의 임무는 처음에 먹이가 되어 적을 유인하고 전투가 본격화되면 공격의 주력이 되어야 한다. 알렉산드로스는 제1군에 기마 군단 4,000명 가운데 3,000명을 배치했다. 각 부대의 지휘관도 소년 시절의 동료라고 부를 수 있는 헤파이스티온과 페르디카스를 비롯한 젊은 세대였다. 알렉산드로스는 전투에서는 주도권을 쥐는 쪽이 이긴다는 말을 남겼다. 곧 30세가 될 알렉산드로스를 비롯해 기병과 공격 전문 보병으로 구성된 제1군은 지휘관부터 병사에 이르기까지 모두 젊은이로 채워졌다. 주도권을 손에 넣은 다음 전투를 결정하는 것은 바로 '속도'였다.

 땅거미가 내려앉는 때를 기다렸다가 제1군이 도하 지점을 향해 북상하기 시작했다. 막사는 그대로 두고 막사 앞에서 타오르는 불도 그대로 두고 어둠 속으로 행군했다. 도하 지점에 도착했을 때 아직 어둠이 물러나지 않은 상태였다. 그사이에 사전에 헤파이스티온이 만들어놓은 수많은 소형 배를 강변으로 옮겼다. 배들을 잇고 위에 판자를 깔아 배다리를 만들기 위해서였다. 알렉산드로스는 2년 전부터 헤파이스티온에게 작은 배를 만들라고 명령했다. 다시 말해 클레이토스를 죽인 기원전 328년에 이미 알렉산드로스의 머릿속에는 인더스강이 들어 있었던 것이다.
 알렉산드로스의 명령을 받은 헤파이스티온은 젊은 왕도 생각하지 못한 방법으로 배를 만들었다. 작은 배는 모두 조립식으로 만들어졌다. 배를 타고 뱃놀이를 하려는 게 아니었다. 위에 판자를 댈 수 있으면 그것으로 충분했다. 조립식이기 때문에 필요할 때 조립하고 운반할 때는 해체하면 되었다. 공병으로 변한 병사들이 조립한 배를 적당한 간격으로 배치해 서로 연결하고 그 위에 미리 준비한 판자를 깔아서 배다리를 완성했다. 그사이에 아침 햇살이 비쳐들기 시작했다. 도하작전이 시작되었다.

강폭이 500미터에 이르는 강을 아무 방해 없이 건넜다. 소리를 내지 말라는 알렉산드로스의 엄명에 병사들이 따르는 것은 당연하지만 말(馬)까지 따랐다고 하니 우스운 일이다. 그런데 강을 건너자마자 문제가 발생했다. 히다스페스강의 맞은편으로 건넜다고 생각했는데 도착한 곳은 강의 중앙에 있는 모래톱이었다. 진짜 맞은편이 알렉산드로스가 서 있는 곳에서 보이지 않았던 것이다.

아무도 아군이 모래톱에 도착한 것에 대해 말하지 않았다. 그리고 뒤로 돌아가야 한다고 생각한 사람도 없었다. 그렇지만 맞은편까지의 거리는 지금 건너온 거리와 비슷했고 수심도 깊어보였다. 천천히 흘러가는 강물을 보아도 충분히 짐작할 수 있었다. 그 강을 말없이 바라보고 있는 병사들에게 알렉산드로스의 큰 목소리가 들렸다. 헬레스폰토스해협까지 건너온 우리가 이 정도의 강 앞에서 발이 묶일 수 없다며 젊은 왕은 애마 부케팔로스와 함께 강을 건너기 시작했다.

병사들은 알렉산드로스를 홀로 두지 않았다. 기병은 타고 있는 말의 머리만 위로 내놓은 상태로, 보병은 양손으로 무기를 높이 쳐들고 모두 왕의 뒤를 따랐다. 스스로를 격려하며 강을 건넜다. 예정보다 강을 건너는 시간이 많이 소요되었다. 날이 완전히 밝았다. 한 명의 병사도 낙오하지 않고 도하에 성공했다.

제1군의 병력만 해도 2만 명에 육박했다. 이 정도의 숫자가 적에게

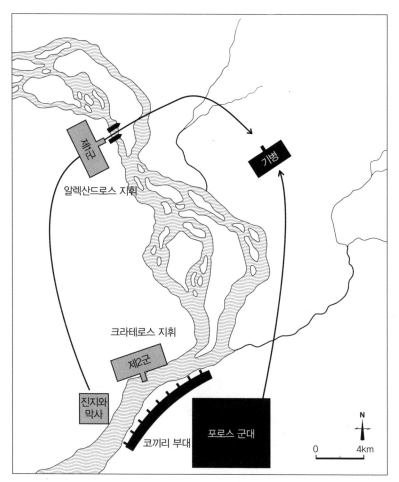

제군

알렉산드로스 지휘

크라테로스 지휘

제2군

진지와
막사

코끼리 부대

포로스 군대

기병

N

0   4km

● 히다스페스전투 2

들키지 않을 수 없었다. 알렉산드로스가 강을 건넜다는 정보가 곧바로 포로스에게 전해졌다. 포로스는 이것이 가짜 도하작전이 아니라는 것을 알았지만 1킬로미터 건너편에서는 여전히 그리스 군대의 막사가 펼쳐져 있었고 병사들이 오고 가는 것도 보였다. 포로스는 강을 건너온 알렉산드로스에게 자기의 군대를 보내야 할지 말지 결심이 서지 않았다.

일단 아들이 지휘하는 기병 2,000명을 알렉산드로스에게 보냈다. 군대를 둘로 나누어 반은 이전과 동일하게 맞은편에 있는 적의 동향을 감시하고, 나머지 반은 90도 각도로 방향을 전환해 알렉산드로스가 거느린 군대와의 전투에 대비했다(히다스페스전투 2). 200마리의 코끼리도 둘로 나누었기 때문에 크라테로스가 거느린 제2군의 도하가 지체되었다. 포로스 또한 적과 맞서 싸울 태세를 갖추는 것이 늦었다.

왕의 아들이 거느린 2,000명의 기병은 막 강을 건너 곧바로 대형을 정비하고 있던 알렉산드로스에 의해 괴멸되었다. 왕의 아들도 그때 전사했다. 이제 포로스는 스스로 군대를 이끌고 맞서 싸울 수밖에 없었다. 이때도 알렉산드로스가 더 빨랐다. 왕자가 지휘하던 2,000명의 기병을 괴멸시키고 곧바로 기병과 내가 '해병'이라고 부르는 공격용 보병이 섞인 혼성부대를 편성했다. 젊은 케노스Kenos에게 지휘를 맡기고 북상해오는 포로스 군대의 왼쪽으로 돌아가라고 명령했다.

전방은 자기가 맡고 후방은 크라테로스, 그리고 옆에서는 기병과 해병이 공격을 가하는 형태였다. 오른쪽 옆은 강이었고 게다가 강변 일대는 늪지였다. 만약 그곳으로 적의 낫이 달린 전차를 몰아넣을 수 있다면, 오늘날 농사에서도 사용하는 벼를 베는 대형 기계와 비슷한 낫 달린 전차를 무력하게 만들 수도 있을 터였다.

'히다스페스전투'도 전략과 전술을 기동력의 향상에 초점을 맞추었다는 점에서 알렉산드로스가 그동안 치른 모든 전투의 연장선상에 있다. 알렉산드로스가 계속 승리할 수 있었던 것은 전투 때마다 진보했기 때문이다. 페르시아인까지 동경했던 것이 스파르타 중무장 보병이라는 '브랜드'였다. 그것을 진화시켜 거대한 고슴도치를 닮은 '팔랑크스'를 만들어낸 사람은 그의 아버지인 필리포스였다. 그리고 알렉산드로스.

알렉산드로스가 보여준 군사 혁명은 기병과 보병을 유기적으로 활용하는 것 외에도 다른 것이 있었다. 기병과 보병을 각각 잘게 나누었다는 점이다. 물론 목적은 기동성의 향상이었다. 기동성을 높이기 위해서는 당연히 장비가 가벼워야 했다. 알렉산드로스의 군대는 중무장 보병의 상징이라고 할 수 있는 방패도 스파르타와 같은 대형이 아니라 소형을 선택했다.

창도 팔랑크스가 사용해 유명해진 7미터의 사리사에서 보통의 길이로 바꾸었다. 거대한 직사각형 형태로 모여서 느린 속도로 전진하며 위력을 발휘하는 보병 집단 팔랑크스도 많은 분대로 쪼갰다. 군장을 보다 가볍게, 무기는 보다 다루기 쉽게, 소부대이기 때문에 상황 변화에 빠르게 대처할 수 있게 만든 것이 알렉산드로스가 실행한 개혁이었다. 이것을 부분적으로 개량했을 뿐 거의 그대로 로마 군단이 계승했다.

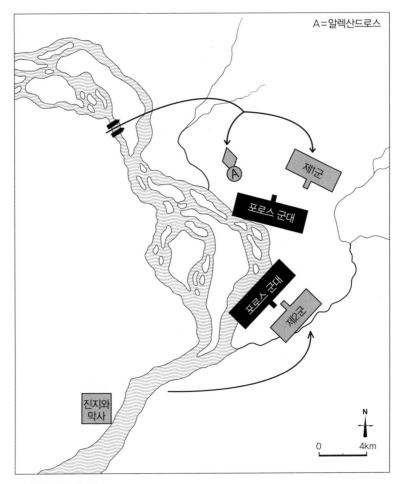

● 히다스페스전투 3

그리스인 이야기 Ⅲ

그렇다면 '히다스페스전투'는 어떻게 끝났을까? 실제 전투는 코끼리들의 분투라는 착오 빼고는 알렉산드로스가 생각한 그대로 전개되었다. 포로스는 차례차례 늪지로 밀려서 무력화되는 낫이 달린 전차를 보면서, 강변에 남아 있는 나머지 군대를 모두 동원해 싸울 수밖에 없었다.

전쟁터에서 코끼리들이 한 무리가 되어 전진할 때 코끼리의 위력은 충분히 발휘된다. 처음에는 절반이, 나중에는 나머지 절반까지 합류한 코끼리 군단은 무리를 이루지 못했다. 그사이에 크로테로스가 지휘하는 제2군이 강을 건너는 데 성공했다. 포위해서 괴멸시키는 작전이 시작되었다(히다스페스전투 3).

그러나 전쟁터에 익숙한 베테랑 코끼리들은 포위를 당해도 기가 꺾이지 않았다. 덩치가 컸기 때문에 화살이나 창으로는 가벼운 상처밖에 입힐 수 없었다. 한 마리씩 고립되어도 가까이 다가오는 적을 긴 코로 쳐내고 무거운 발로 뭉갰기 때문에 접근하는 것 자체가 어려웠다. 이런 이유로 페르시아 황제는 전차를 탔지만 인도의 왕은 코끼리를 탔다. 코끼리 무리 앞에서도 도전 정신을 잃지 않은 알렉산드로스. 그의 투구에 달린 하얀 깃털 장식은 거구의 코끼리 앞에서 팔랑팔랑 춤추는 나비처럼 보였다.

알렉산드로스도 여러 곳에 상처를 입었지만, 코끼리 위에서 군대를 지휘하고 있던 포로스도 마케도니아 병사들이 던진 창과 화살로 집중 공격을 당해 출혈 과다로 정신을 잃고 있었다. 그래도 포로스는 달아나지 않았다. 피투성이가 된 주인을 코끼리를 부리는 사람보다 코끼리가 먼저 알아차렸다. 왕을 태우고 있던 코끼리는 다른 코끼리보다 한층 덩치가 컸는데, 상처를 입은 주인을 아래로 내리겠다는 듯이 그 자리에서 멈춰 앞발을 굽혀 땅에 댔다.

이것이 신호였다. 인도에서는 왕을 태운 코끼리가 멈추고 앞발을 굽히면 다른 코끼리도 그것을 따라하도록 훈련시켰다. 코끼리는 개전 초기에 200마리였지만 전투 중에 살해되고 85마리만 남아 있었는데, 그 85마리의 코끼리가 모두 움직임을 멈추고 앞발을 굽히면서 '히다 스페스전투'도 끝이 났다. 전쟁터에는 마케도니아 군대의 화살과 창에 쓰러진 인도 병사들의 사체와, 숫자로 따지면 그 20분의 1 정도인 코끼리에 밟혀 죽은 마케도니아 병사들의 시체가 흩어져 있었다.

알렉산드로스도 처음에는 포로스가 죽었다고 생각했다. 왕의 유체를 수습하라고 부하를 보냈다. 그 병사들이 왕에게 가까이 다가오는 것을 본 코끼리가 갑자기 일어서서 긴 코로 왕의 몸을 들어올린 다음 뒤에 있는 왕의 거처로 돌아갔다. 적이 왕의 몸에 손가락 하나 댈 수 없게 하겠다는 듯이 보였다. 이를 본 알렉산드로스는 감격했다.

전투는 알렉산드로스의 압도적인 승리로 끝났다. 출혈 과다로 정신을 잃은 포로스는 포로가 되었다. 알렉산드로스는 코끼리를 부리는 사람에게 명령해 왕을 다시 땅 위에 내리게 한 다음 마케도니아 군대의 의사 그룹을 보내 응급처치를 시켰다. 응급치료가 끝난 다음 알렉산드로스는 처음으로 포로스와 대면했다. 젊은 왕이 포로스에게 말했다.

"어떤 대우를 원하는가?"

누운 채로 포로스가 대답했다.

"죽이든 살리든 왕으로서 대우해달라."

알렉산드로스는 포로스를 왕으로 대우했다. 첫째, 몸값을 받지 않고 석방했다. 살아 있는 병사도 모두 자유롭게 풀어주었다. 그리하여 '히다스페스전투'에서는 포로가 없었다. 둘째, 이제까지 포로스가 지배하고 있던 모든 영토를 앞으로도 포로스의 영토로 인정했다. 마지막으로 인도의 왕 포로스는 앞으로 마케도니아와 페르시아의 황제인 알렉산드로스와 동맹 관계를 맺었다.

나는 포로스와 알렉산드로스가 얼굴을 마주했을 때부터 서로에 대한 신뢰 관계가 생겼을 것이라고 생각한다. 알렉산드로스가 보기에 전쟁터에서 도망치지 않았다는 것 하나만으로도 포로스가 다리우스보다 더 '왕'에 어울리는 사람이었다. 포로스도 패배자가 되었지만 왕으로 대접해준 알렉산드로스에게 그 자리에서 보답했다.

만약 젊은 왕이 갠지스강까지 인도를 횡단할 마음이 있다면 다음과 같은 세 가지를 제공하겠다고 말했다. 첫째, 길잡이로 활용할 만한 신뢰할 수 있는 여러 명의 인도인. 둘째, 전투에서 분투하며 살아남은 85마리의 코끼리에 50마리를 추가해 135마리의 코끼리와 그에 필요한 코끼리를 부리는 사람과 시중꾼. 셋째, 포로스 군대에서 선발한 5,000명의 병사. 왕들끼리만 나눌 수 있는 이런 마음 씀씀이에 젊은 승리자의 마음도 밝아졌을 것이다.

알렉산드로스는 '히다스페스전투'에서 다시 승리자가 되었다. 포로스는 2만 3,000명을 잃었지만 알렉산드로스는 1,000명 정도의 전사자를 냈을 뿐이다. 그것도 다른 전투와 비교하면 많은 것이다. 전사자의 유족에게는 생존자와 동일한 면세 특전을 주었지만 그것만으로는 충분하지 않았다. 이제까지 전투에서 희생자는 늘 백 명 단위에 그쳤다.

더군다나 알렉산드로스는 '히다스페스'에서 애마인 부케팔로스를 잃고 말았다. '소의 머리'라는 뜻의 '부케팔로스'라는 말과 알렉산드로스의 관계는 소년 시절까지 거슬러 올라간다. 강건한 체격을 갖추고 있으면서 달릴 때는 다른 말이 쫓아올 수 없을 만큼 빨랐다. 알렉산드로스는 유럽에서 아직도 쓰이고 있는 관용어인 '전쟁터에 데리고 가는 말'로 삼았다. 알렉산드로스에게 부케팔로스는 '목숨을 맡긴 말'이었다.

18세에 처음 전투에 나섰던 '카이로네이아', 20세 때 '그라니코스', 23세 때 '이소스', 25세 때 '가우가멜라' 그리고 29세 때 '히다스페스'로 이어지는 모든 전투에서 그가 목숨을 맡겼던 말이 부케팔로스였다. 만남부터 지금까지 17년 동안 인마일체(人馬一體)와 같은 사이를 유지했다. '히다스페스전투'에서도 부케팔로스는 목숨을 맡긴 자를 위해 자신에게 맡겨진 책무를 수행하려고 했다. 전투가 끝나고 캠프로 돌아온 주인을 막사 앞에 내려준 다음 무너지듯 쓰러져 움직이지 않았다. 병사의 비명에 알렉산드로스가 뒤를 돌아보았을 때 이미 숨이 끊어진 뒤였다. 말은 노령의 나이였을 것이다. 그래도 맡은 책임을 다한 뒤에 죽었다.

적의 코끼리가 포로스에게 보인 충성심에 감격했던 알렉산드로스였다. 부케팔로스의 죽음은 감격으로 끝나지 않았다. 전투가 이루어진 땅에 새로운 도시를 건설하겠다고 결심했다. 그 도시는 평소처럼 'ㅇㅇ지방의 알렉산드리아'라고 이름을 붙이지 않고 '부케팔리아^{Bucephalia}'라는 이름을 붙였다.

젊은 왕은 애마의 죽음을 언제까지고 슬퍼할 수만은 없었다. 생각지도 못한 사건과 마주해야 했다. 포로스가 인도 횡단을 돕겠다고 제안한 사실을 안 병사들이 두려움을 느끼기 시작했다. 알렉산드로스의 병사들이 돌연 파업에 돌입했다.

종군을 거부당하다

파업에 돌입한 병사들을 대표해 알렉산드로스를 찾아온 사람은 케노스였다. 알렉산드로스는 '히다스페스전투'에서 케노스에게 기병과 공격용 보병, 즉 현대의 해병에 해당하는 혼성부대의 지휘자로 발탁해 왼쪽으로 돌아들어가 포로스의 부대를 공격하는 임무를 맡겼다. 이는 승리를 일군 요인 가운데 하나였다. 케노스는 알렉산드로스의 신뢰를 얻었을 뿐만 아니라 병사들 사이에서도 평판이 높아졌다. 케노스가 알렉산드로스에게 물었다.

"우리는 당신의 뒤를 따라왔습니다. 헬레스폰토스해협을 건너고 벌써 8년이 지났습니다. 8년 동안 계속 전투를 했습니다. 이제 저희도 지쳤습니다. 더 이상 동쪽으로 가는 건 피곤한 일입니다."

종군을 거부하겠다는 의사 표시였다. 이제까지 연전연승한 알렉산드로스가 전우라고 불렀던 병사들로부터 '노'라는 말을 들은 것이다.

젊은 왕은 싫다거나 페르시아인 병사로 교체하겠다는 말을 하지 않았다. 그래도 믿을 수 있는 건 마케도니아 병사들이었다. 병사들도 젊었지만 알렉산드로스도 젊었다. 젊은이끼리는 보조를 맞추기 힘들다. 양쪽 모두 한걸음도 물러나지 않은 채 상황이 심각해질 우려가 높았다. 케노스로부터 사정 설명을 들은 알렉산드로스는 '으음'이라는 낮은 신음소리만 내고 막사 바깥으로 나갔다.

그러나 알렉산드로스에게는 계획이 있었다. 소년 시절부터 동경한 영웅 아킬레우스의 흉내를 냈다. 호메로스의 장편서사시인 『일리아스』에서 영웅 아킬레우스는 트로이를 공격하는 그리스 군대의 총대장 아가멤논의 전횡에 분노해 자기의 막사에 틀어박혀 전쟁터에 나가지 않았다. 『일리아스』의 첫머리도 그의 심정을 이해하지 못하는 동료에 대한 아킬레우스의 분노와 탄식으로 시작한다. 알렉산드로스도 아킬레우스의 흉내를 내듯 막사에 틀어박혔다. 그러나 결과는 『일리아스』처럼 진행되지 않았다. 3일 동안 막사에 있었지만 병사들은 반성은커녕 강경한 태도를 조금도 누그러뜨리지 않았다.

나흘째 아침, 알렉산드로스는 모여 있는 병사들을 향해 말했다.

"너희는 어떤 전투도 어떤 적의 장수도 해내지 못한 일을 나에게 하도록 만들었다. 좋다. 돌아가고 싶다는 너희의 요구를 받아들이겠다."

병사들 사이에서 환호성이 일었다. 원하던 대답을 들었다고 생각한 모양이다. 그러나 그들은 수읽기가 부족했다. 왕은 돌아가는 것에 오케이 사인을 냈지만 그 뒤에 이렇게 말했다.

"다만 돌아간다고 해도 어디를 거쳐서 갈지는 내가 결정한다."

병사들은 잊고 있었다. 알렉산드로스는 호기심이 아주 많은 남자라는 사실을 말이다. 또한 이미 했던 일을 반복하는 걸 매우 싫어하는 남자라는 사실도. 하고 싶은 일이 있으면 어떤 고통이 따르더라도 끈덕지고 완고하게 해내고 마는 남자라는 사실을 잊고 있었다.

인더스강

알렉산드로스는 논리학의 창시자인 아리스토텔레스에게 배운 사람이었다. 병사들은 인더스강을 건너 동쪽으로 향하는 게 싫다는 것이었지 인더스강의 흐름을 따라 하류로 내려가는 것이 싫다고는 말하지 않았다. 따라서 하류로 간다면 종군 거부의 이유가 성립되지 않는다. 알렉산드로스는 인더스강이 당시 그리스인이 상상한 것처럼 호수로 흘러드는지 아니면 바다로 흘러드는지 개인적으로도 알고 싶었다.

왕이 이렇게 영악한 생각을 하고 있다는 걸 꿈에도 생각하지 못한 병사들은 알렉산드로스가 준 한 달의 휴가를 만끽했다. 전투도 없고 행군도 없는 한 달이었지만 기념비 건설로 바빴다. 마케도니아의 젊은이는 자기 발로 디딘 최초의 동쪽 땅에 제우스를 비롯한 올림포스의 신들에게 봉헌하는 화려한 비석을 건설하라고 명령했다. 병사들도 이 공사에는 기쁜 마음으로 동참했다. 귀향하기 전 왕이 여기까지 왔다는 증거를 남기려 한다고 생각했다.

병사들이 알렉산드로스의 참된 의도를 알아차린 것은 기념비가 완성되고 그 앞에서 희생 제물인 소를 바치는 신들에 대한 감사 의례를 마친 뒤였다. 알렉산드로스는 인더스강을 따라 남쪽으로 행군하겠다고 말했다. 왔던 길로 돌아간다면 서쪽으로 2개월만 행군하면 충분히 고향에 도착할 수 있었다. 반면 남쪽으로 가면 크게 우회하기 때문에 1년 이상 걸렸다. 돌아가는 것만 생각했던 병사들과 달리 알렉산드로스는 돌아가는 것만 생각하지 않았다.

그리하여 인더스강을 따라 하류를 향해 행군하게 되었다. 오늘날의 파키스탄 남부인 이 일대는 또 다른 인도인 왕의 영지였다. 포로스와 친족 관계였던 이 왕은 영지 내로 들어온 알렉산드로스의 군대를 침략자로 단정 짓고 철저한 항전으로 맞섰다. 그렇지만 포로스처럼 전투에 나서지 않았기 때문에 알렉산드로스는 왕이 농성하고 있는 도시를 공격하라고 명령을 내릴 수밖에 없었다. 성벽을 사이에 둔 공성전은 처음 생각한 것처럼 매끄럽게 진행되지 않았다. 기다림에 지친 알렉산드로스가 평소처럼 성벽 바로 아래까지 가서 최전방에서 싸웠다.

그 순간 성벽 위에서 날아온 화살이 알렉산드로스의 가슴에 명중했다. 하얀 깃털 장식을 단 사람은 알렉산드로스 밖에 없었기 때문에 그것을 과녁 삼아 쏜 것이다. 쓰러진 채로 움직이지 않는 그의 가슴에 화살이 깊이 박혀 있었고 얼굴은 창백하게 변해 있었다.

옆에서 싸우고 있던 병사들이 달려와 왕이 빈사 상태에 빠졌다는 사실을 알았다. 근처에 의사도 없었다. 당황한 병사 하나가 움직이지 않는 왕의 가슴에 발을 올리고 힘껏 화살을 뽑아냈다. 무조건 화살을 뽑아내야 한다고 생각한 것이다. 그러나 그것이 잘못되었다. 오리엔트에서 사용하는 화살은 작은 작살처럼 생겼다. 그래서 무리하게 빼내면 그 주변까지 몽땅 찢어진다. 흉갑 아래라고는 하지만 엄청난 양의 피가 쏟아졌다. 의사가 달려왔을 때 왕은 이미 완전히 정신을 잃은 상태였다.

피투성이가 된 왕이 들것에 실려 가는 모습을 본 병사들은 복수심에 불탔다. 누구 하나 총공격하라는 명령을 내리지 않았지만 전원 공격에 나섰다. 왕이라고 부르기는 했지만 부족장에 불과한 사람의 도시는 복수의 일념으로 불타는 마케도니아 병사들의 총공격을 받고 함락되었다. 함락 이후에도 병사들의 분노는 쉽게 가라앉지 않았다. 화살과 창으로 주민 전원을 살해했다. 닥치는 대로 살해하면서 죽은 왕

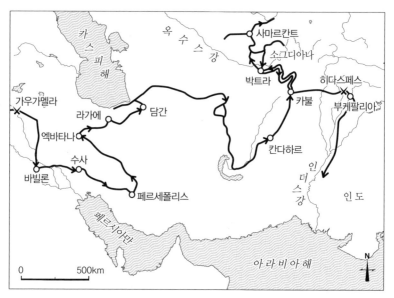

● 인더스강의 하구로 가는 길

의 원수를 갚고 있다고 생각했다.

　알렉산드로스는 죽지 않았다. 어떤 치료를 했는지는 알려져 있지 않다. 의사 그룹은 왕을 살리기 위해 필사적인 노력을 다했다. 포로스는 인도의 약을 보내주었다. 빈사에 이르는 중상이라고 해도 외상이었다. 다행히 화살이 내장 기관까지는 해치지 않았던 모양이다. 점쟁이가 신들에게 기원했지만 도움이 되지 않았다. 30세 육체의 힘으로 자연스럽게 치유될 때까지 기다리는 수밖에 없었다. 의사들도 왕에게 절대적인 안정을 취해야 한다고 부탁하는 것 외에 달리 방법이 없었다. 이제까지 알렉산드로스는 여러 차례 부상을 입었지만 이번만큼 중상은 아니었다. 의식은 돌아왔으나 아직 몽롱한 상태였다. 많은 출혈로 얼굴에는 핏기가 없었다. 침상에 엎드린 채 말할 기력도 없었다. 누가 보아도 중태라는 걸 알 수 있었다.

알렉산드로스의 막사 주위는 고요했고 막사에 드나드는 이들은 의사와 고위 장수뿐이었다. 걱정스러운 표정의 병사들은 멀리서 막사를 에워싸고 있었다. 아무도 왕의 증상을 설명해주지 않았기 때문에 병사들은 왕이 죽었다고 생각하기 시작했다. 장수와 의사가 왕의 죽음을 감추고 있다고 생각했다.

시간이 지나면서 병사들 사이에 퍼져 있던 불안과 공포가 폭발 직전에 이르렀다. 눈물을 흘리던 병사들은 왕이 죽었다고 외쳤고 결국 수습할 수 없는 지경에 이르렀다. 2인자인 크라테로스가 나서서 중상이기는 하지만 왕이 아직 살아 있다고 설명했지만 수습되지 않았다. 병사들의 울먹이는 소리가 막사 안에 누워 있는 알렉산드로스의 귀에도 들려왔다. 병사들의 수는 수백이 아니라 4만이 넘었다. 지나친 걱정 때문에 그들의 마음을 차지한 공포심은 쉽게 진정되지 않았다.

알렉산드로스는 배를 준비하라고 명령했다. 또 병사들을 강변에 모이라고 명령했다. 들것을 탄 채로 배에 오른 모습을 강변에 모인 병사들에게 보여주어 불안과 공포를 없애려고 했다. 배로 이동하는 건 아무 문제없이 끝났다. 왕을 태운 배도 조용히 강을 따라 내려가기 시작했다. 하지만 배 위에 누워 있는 알렉산드로스의 모습만으로는 병사들의 불안과 공포를 없애지 못했다.

말없이 자신을 보고 있는 병사들을 향해 알렉산드로스는 상체를 조금 일으켜 두 손을 흔들었다. 살아 있다는 것을 보여주기 위해서였다. 효과를 발휘했다. 배에 실린 침대 위에서였지만 손을 흔드는 왕을 보고 병사들은 겨우 안심했다. 병사들 사이에서 환호성이 일었다. "왕! 왕!" 하고 외치는 소리가 배가 흘러가는 흐름을 따라 강변에 물결쳤다. 정말 이 남자들이 불과 두 달 전에 알렉산드로스에게 종군 거부를 들이밀었던 바로 그 병사들이란 말인가?

병사들을 대표해 알렉산드로스에게 종군 거부의 이유를 밝혔던 대장 케노스도 그날의 시위가 끝난 뒤 다시 병사들을 대표해 피곤한 알렉산드로스에게 말했다.

"당신이 없으면 우리는 어떻게 해야 할지 모릅니다. 그러니 두 번 다시 최전방에서 싸우지 않겠다고 약속해주십시오."

하지만 케노스는 얼마 뒤에 자기의 말이 전혀 반영되지 않았음을 깨닫게 된다.

알렉산드로스는 이번만큼은 의사들의 충고를 받아들였다. 그러나 의사들이 말하는 절대 안정은 육체적인 면에 국한되었고 두뇌를 쓰는 일에는 해당되지 않았다.

미지의 땅을 탐색하다

기원전 325년이 되자 회복을 끝내고 자리에서 일어난 알렉산드로스가 어디를 어떻게 거쳐서 갈지 구체적인 계획을 밝혔다. 우선 4만 명이 넘는 군대를 셋으로 나누었다.

제1군은 연장자로 구성된 2만 명으로 크라테로스가 거느리고 서쪽으로 간다. 최초 목적지는 제패 도중에 알렉산드로스가 건설한 도시 '알렉산드리아 아라코시아Alexandria Arachosia'로 오늘날의 아프가니스탄 칸다하르에 해당한다. 제1군의 목적은 이제까지 알렉산드로스가 제패한 곳 가운데 가장 곤란한 지방인 아프가니스탄 일대의 지배 체제를 확인하고 필요하다면 수정하는 것이었다. 2인자에게 맡기는 충분한 이유가 있었다.

제패가 끝난 지방이고 그래서 이미 알고 있는 지역으로 행군하는 것이기에 안전 문제는 없을 터였다. 그래서 알렉산드로스는 제1군에게 조립식이지만 무거운 공성 무기처럼 갖고 다니기에 거추장스러운 물건을 모두 가져가게 했다.

제1군에게 칸다하르를 들른 다음 그대로 수사로 가도 좋다는 말은 하지 않았다. 아프가니스탄을 뒤로하고 이란 동남부로 들어가 다른 경로로 가는 알렉산드로스와 페르시아만 입구에 있는 호르무즈Hormuz 해협 근처에서 만나기로 했다. 수사로 향하는 건 그 이후의 일이었다. 알렉산드로스는 2인자에게도 전권을 맡기지 않았다. 모든 결정은 혼자 내렸다.

이런 면에서 상당히 독재적이었던 알렉산드로스에게 크라테로스는 이상적인 '2인자'였다. 레오니다스의 스파르타 교육과 아리스토텔레스의 교양 수업을 함께 받은 동료 크라테로스는 '2인자'의 책임을 충분히 수행할 수 있는 능력이 있었을 뿐만 아니라, '2인자'에게 부과된 임무가 무엇인지 충분히 인식하는 사람이었다.

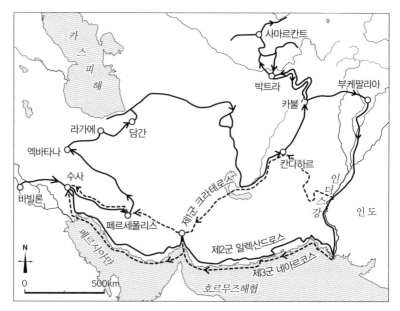

● 수사로의 귀환

제2군은 알렉산드로스가 지휘했다. 모두 1만 명의 젊은 세대로 구성되었다. 제2군은 제패한 곳을 확인하거나 그렇다고 새로운 땅을 제패하는 것도 아닌, 탐험이라고 부르는 것이 적절한 행군을 할 예정이었다. 오늘날의 파키스탄 남쪽에서 이란 남쪽으로 들어가 호르무즈해협 근처에서 제1군과 합류한 다음 페르시아만을 왼쪽으로 바라보면서 북동쪽으로 올라간 뒤, 티그리스강과 유프라테스강이 페르시아만으로 흘러드는 것을 보고 수사로 가는 여정이었다.

알렉산드로스의 시대에는 이곳이 유럽인인 그리스인은 물론이고 아시아인인 페르시아인에게도 미지의 땅이었다. 제패를 위한 행군이 아니라고 말한 것은 그 일대에 오늘날에는 파키스탄의 중심 도시가 된 카라치^{Karachi}가 있지만, 당시에는 한촌에 불과했고 제패할 가치가 있는 도시는 고사하고 마을조차 없었기 때문이다. 그곳을 지나가는 행군이라는 점에서 탐험 외에 다른 게 있을 리 없었다.

셋으로 나뉜 마지막 군대는 나머지 병사와 기술자 그룹으로 이루어졌다고 해도 좋을 제3군. 이 군대의 지휘는 크레타섬 출신인 네아르코스^{Nearchos}가 맡았다. 제3군을 네아르코스에게 맡긴 것은 형태적으로는 제2군과 평행하는 길이지만 인도양에서 페르시아만으로 들어가 그곳을 북상하는 바닷길로 가야 했기 때문이다. 누구도 가보지 못한 지방까지 원정했던 알렉산드로스는 돌아가는 길도 누구도 가보지 못한 육로와 해로로 갈 생각이었다.

강한 호기심 때문이라고 간단하게 설명할 수 있지만 한편으로 알렉산드로스는 헛된 일을 매우 싫어하는 사람이기도 했다. 그 증거로 돌아가는 길임에도 불구하고 아무도 밟지 않았던 그 땅에 '○○지방 알렉산드리아'라는 이름의 도시를 계속 건설했다. 뒤에 올 사람들을 위한, 이를테면 선행 투자와 같은 것이었지만 그 효과는 그가 죽은 뒤에 비로소 실증되었다.

기원전 325년 2월, 중상에서 회복한 알렉산드로스는 병사들을 한자리에 불러 모았다. 군대를 셋으로 나누어 행군을 준비하는 데 석 달이 소요되었다. 이미 말한 것처럼 각각의 군대가 맡은 역할이 달랐다. 출발 준비도 '각 군대'의 목적에 따라 달라졌다.

6월에 먼저 크라테로스가 제1군을 이끌고 출발했다. 한 달 뒤에 제2군과 제3군이 인더스강을 따라 남하하기 시작했다. 8월에 하구에 도착했다. 여기서 알렉산드로스와 네아르코스는 제삼자가 들으면 누구라도 웃음을 터뜨릴 대화를 주고받았다. 망망한 바다를 눈으로 본 알렉산드로스가 네아르코스에게 물었다.

"이것은 거대한 호수인가, 아니면 바다인가?"

알렉산드로스는 바다와 인연이 없는 나라인 마케도니아에서 태어나 자랐다. 그래서 에게해의 크레타섬 출신인 네아르코스에게 물은 것이다. 네아르코스는 손가락으로 물을 찍어 먹어본 다음 대답했다.

"바다입니다."

이 정도의 지식을 갖고 탐험에 나선 것이었기에 매사에 신중해야 했다. 당연히 계절풍에 대해서도 몰랐다. 따라서 제3군은 선단을 모두 꾸렸지만 계절풍이 그칠 때까지 기다렸다가 출항할 수밖에 없었다. 제2군이 먼저 출발했다. 알렉산드로스는 앞뒤를 가리지 않았지만 무모하지도 않았다. 미지의 땅으로 들어갈 때는 최대한 배려를 게을리하지 않았다.

첫째, 체력이 있는 젊은이들만 데리고 갔다. 둘째, 그들에게 규율을 엄격하게 지키게 했다. 문란한 병사의 강탈과 강간 등은 지역 주민의 적의에 불을 붙이는 일이었다. 셋째, 병사들을 모두 평등하게 대우했고, 알렉산드로스도 그들과 동일한 대우를 받았다. 마지막으로, 가능한 한 바다를 바라보면서 행군했다. 미지의 땅에 깊이 들어가게 되면 공포심을 불러일으킬 수 있었다. 인간은 바다를 보면 안심하지만 갇

히면 불안해지는 동물이다.

　탐험 여행이라 예상치 못한 불상사가 발생했다. 그중 하나는 사막 지대에서 길을 잃고 만 것이다. 그런 일이 일어날 줄 몰랐기 때문에 마실 물을 충분하게 준비하지 못했다. 길을 잃었다는 사실을 깨달은 순간 알렉산드로스는 나름대로 계획을 세워 곧바로 실행했다. 알렉산드로스를 포함한 모든 병사가 말에서 내렸다. 말에는 그때까지 보병들이 짊어지고 왔던 짐을 전부 실었다. 이렇게 해서 모두 보병이 되었다. 여름의 태양 아래서 가지고 있던 물도 바닥났다. 그렇지만 갈증을 참으며 계속 앞으로 나아갔다.

　잠깐 휴식을 취하고 있을 때 누군가 샘을 발견했다. 그렇지만 솟아나는 물이 적었기 때문에 모든 병사의 갈증을 해소시킬 수는 없었다. 그래도 병사들은 물을 투구에 담아 알렉산드로스에게 가져갔다. 모두 나눈다고 하면 각자 한 방울 정도밖에 마시지 못한다. 그렇다면 최소한 왕이라도 갈증을 가시게 해주자고 생각했다.

　젊은 왕은 그것을 받아들었다. 병사들은 그를 가만히 올려다보고 있었다. 알렉산드로스는 손에 쥔 투구를 뒤집었다. 투구 속에 있던 물이 발밑에 있는 모래로 떨어졌고 그 부분만 검게 변했다. 아무 말도 필요하지 않았다. 병사들 역시 굳이 말하지 않아도 이해했다. 말없이 그대로 걷기 시작한 왕의 뒤를 따랐다.

　미지의 땅인 파키스탄 남쪽 해안에서 이란의 남쪽 해안까지 주파하는 데 성공했다. 이 또한 유럽인 최초의 모험이었다. 고통이 끊이지 않는 여행이었지만 희생자는 단 한 명도 나오지 않았다.

그해 겨울이 가까워졌을 무렵 호르무즈해협의 이란 쪽에 있는 마을에 도착했다. 마을에서 크라테로스가 이끄는 제1군과 합류하기로 했다. 제1군도 2만 명이 넘는 규모였지만 희생자 하나 없이 무사히 합류했다. 다음 해인 기원전 324년 2월, 계절풍 덕분에 10월까지 인도에서 출발하지 못한 네아르코스의 해군도 호르무즈해협으로 들어왔다. 군대 전체가 페르시아만 입구에서 다시 만난 것이다.

그곳에서 페르시아제국의 중심부로 들어가기로 했다. 즉 1년 이상 소요된 미지의 땅을 향한 탐험도 이제 끝난 셈이다. 수사에 도착한 시기는 봄이 한창일 때였다. 기원전 334년에 헬레스폰토스해협을 건너며 시작된 '동방 원정'은 10년이 지난 이 해에 마침내 막을 내렸다. 알렉산드로스는 31세가 되었다.

패배자를 동화시켜 이루려고 했던 민족 융합의 꿈

6년 만에 쾌적한 생활환경을 누릴 수 있는 문명 도시 수사로 귀환했다. 병사들은 휴가를 만끽했지만 31세의 알렉산드로스 그렇지 못했다. 그는 우두머리였다. 긴급하게 해결해야 할 문제가 그를 기다리고 있었다. 부여한 임무에서 크게 일탈한 페르시아인 고관에 대한 처리 문제였다.

알렉산드로스는 6년 전에 다리우스를 추격하고 페르시아제국의 동쪽을 제패하기 위해 길을 나섰다. 그때 뒤에 남기고 간 페르시아 여러 지방의 통치자인 '지방장관'에 페르시아인을 임명했다. 몇몇 '사트라프'가 주어진 임무를 뛰어넘는 권력을 가지게 되었다. 호랑이가 없어졌다고 생각한 것인지, 아니면 중앙아시아로 간 알렉산드로스가 게릴라를 상대로 한 전투에서 죽기를 몰래 빌었는지 아무도 모른다. 아무튼 그들에게 부여된 행정상의 임무를 벗어나 사병을 고용해 군대까지 보유한 경우도 있었다.

이는 알렉산드로스의 생각을 완전히 뒤집은 것이다. 페르시아제국 시대에는 '지방장관'이 행정·군사·재정 전체를 한손에 장악하고 있었지만 알렉산드로스는 그것을 개혁했다. '사트라프'라는 관직명은 남겼지만 알렉산드로스의 지배를 받는 '지방장관'은 행정만 담당할 수 있었고, 군사는 마케도니아인에게, 세금 징수와 같은 재정은 그리스인에게 맡겨 권력을 셋으로 나누었다. 임무를 벗어난 자는 '사트라프'만이 아니었다. 재정을 담당한 사람 중에 징세를 공정하게 처리하지 않고 개인 재산을 축적한 자도 있었다.

결국 공공심公共心의 유무로 귀결된다. 공공심이라는 생각 자체는 오리엔트가 아닌 그리스인이 발명한 것이다. 아시아인이 공공심이 없었다는 말이 아니다. 그러나 일반적으로 말하면 부족했던 것이 사실이다. 민주정치도 공공심의 산물이다. 민주정치는 그리스에서 태어난 정치 이념이다.

알렉산드로스는 부정을 싫어했다. 대제국을 통치하는 데 부정이 가장 큰 적이라고 생각했다. 부정행위가 밝혀진 사람들은 곧바로 해임하고 엄벌에 처했다. 그 뒤에는 마케도니아인을 위주로 그리스인을 임명했다. 부정 축재의 장본인은 그리스까지 달아났지만 알렉산드로스가 보낸 추격자에 의해 살해되었다.

그들은 모두 알렉산드로스가 주었던 신뢰를 배신한 셈이다. 신뢰하고 임무를 맡긴 자에게 배신당하면 대부분의 사람들은 인간 불신에 빠진다. 그러나 알렉산드로스는 그렇지 않았다. 그는 다음과 같이 말했다.

"유럽과 아시아는 이제 하나의 나라가 되었다. 너희 모두 나와 같은 나라 사람이며 나의 병사이며 나의 친구들이다. 그곳에는 모두 동등한 권리를 누리고 동등한 의무를 져야 한다. 너희 모두 한 사람의 왕을 중심으로 평화롭게 살아갈 운명을 공유하게 되었다."

알렉산드로스는 사람들의 마음을 장악하는 데 능숙했다. 추상적이지 않은 구체적인 형태로 보여주는 것이 지닌 효용도 잘 알고 있었다. 봄이 한창인 수사에서 그밖에 생각할 수 없는 거대한 이벤트를 진행했다. 1만 명의 마케도니아 병사와 1만 명의 페르시아 처녀의 합동결혼식이었다. 알렉산드로스는 전투에서 늘 '다이아몬드가 달린 끝'을 담당했듯이, 합동결혼식에서도 선두에 섰다. 페르시아 아케메네스 왕조의 마지막 황제인 다리우스에게 두 딸이 있었는데, 알렉산드로스는 장녀와 결혼했다. 차녀는 헤파이스티온과 결혼했다.

2인자인 크라테로스는 알렉산드로스의 추격을 견디지 못한 아군에게 살해된 소그디아나 지방의 '사프라트' 스피타메네스의 딸과 결혼했다. 이하 장병들도 그 뒤를 이었다. 그 모습은 전투 때와 다르지 않았다. 선두에 서서 적을 향해 돌진하는 알렉산드로스 뒤로 왕이 고립되지 않도록 늘 뒤를 따랐던 기마 군단과 다르지 않았다. 단 하나 다른 점이 있다면, 전투에서는 적을 향해 돌격했지만 결혼식에서는 오리엔트 여자의 달콤한 가슴을 향해 돌진했다는 것이다.

엇? 알렉산드로스는 이미 록사네와 결혼하지 않았던가? 마케도니아 장병들도 동방 원정을 떠날 때 고국에 두고 온 아내가 있지 않은가? 이런 의문이 들지만 알렉산드로스는 전혀 개의치 않았다. 패배자의 동화와 이를 통한 민족 융합이야말로 가장 큰 정치적 전략이었기 때문이다. 실제로 비슷한 시기에 페르시아의 젊은이만 모아서 3만 명에 이르는 군단까지 편성했다.

아무튼 알렉산드로스가 아무리 마케도니아 왕과 이웃나라인 에피로스의 공주 사이에서 태어나 혼혈이라고 해도 어처구니없는 행동이었다. 먼저 명령에 따른 결혼이었다. 대부분의 남자들은 이중 결혼이었다. 더욱 어처구니가 없는 건 페르시아 처녀와 결혼한 마케도니아 장병에게 그가 한 말이었다.

"너희가 고국으로 돌아갈 때 아내뿐만 아니라 그사이에서 태어난 아이도 페르시아에 남겨두고 가라. 남자아이라면 마케도니아식 교육을 받을 수 있을 것이다."

이 말은 씨만 뿌리면 된다는 것과 다르지 않았다. 장병들이 그 의무를 수행했는지 여부는 밝혀지지 않았다. 알렉산드로스와 결혼한 페르시아 공주는 이미 성인이 되었지만 임신의 징조조차 보이지 않았다. 헤파이스티온도 마찬가지였다. 크라테로스는 책임을 다한 듯 보인다. 그로부터 시작된 혈통이 헬레니즘 시대에 등장한 강국 가운데 하나로 이어졌다.

물론 그것은 아주 드문 사례였다. 패배자 동화를 통한 민족 융합이라는 알렉산드로스의 꿈은 그의 죽음과 함께 무산되고 말았다. 그가 꾸었던 꿈이 현실이 된 건 훗날 로마 시대가 된 이후였다.

로마인은 매우 실용적인 민족으로 한 인간이 만들어낸 일시적인 이벤트보다는 법률로 정해서 제도화해가는 견실하고 착실한 길을 선택한 민족이었다. 올바른 정책은 지속되어야 한다. 로마인은 그 정책이 제안한 사람의 운명에 좌우되는 것을 피하기 위해 법률로 제도화했다. 로마인은 패배자의 동화와 민족의 융합을 다음과 같이 이루었다.

로마의 주요 전력인 군단의 병사가 되려면 무엇보다 로마 시민권의 소유자여야 했다. 로마제국의 주권자는 '임페라토르Imperator'라고 불린 최고사령관도 아니고 황제도 아닌 '로마 시민'이었기 때문이다. 따라서 로마 시민권을 가진 사람만이 로마제국의 안전 보장을 담당할 수 있었다.

군단 병사의 임기는 17세부터 시작해서 20년 동안이었다. 군단 병사로 복무하는 기간에는 기지 내에서 공동생활을 했기 때문에 결혼을 할 수 없었다. 하지만 현실적이었던 로마인은 그 기간 내에도 기지 바깥에 사는 여자와 교류하는 건 인정했다. 인정했을 뿐만 아니라 오히려 장려했다.

로마 군단의 기지는 오늘날에는 빈이나 부다페스트처럼 한 나라의 수도가 된 곳도 있지만 당시에는 '리메스Limes'라고 불리던 제국의 변방에 설치되었다. 군단 병사와 사이가 좋아진 현지 여자는 로마에 정복된 패배자의 딸이었다. 패배자인 여자와의 사이에서 아이도 태어났다.

37세에 만기 제대한 군단 병사 대부분은 오랜 파트너와 정식으로 결혼했다. 물론 그들 사이에서 태어난 아이도 로마 시민의 자식으로 인정받았다. 즉 아이가 어른이 되면 조상 대대로 로마 시민인 사람과 동등한 자격을 획득할 수 있었다. 물론 이 자격을 최대한 활용해 군단 병사가 될 자유도 있었다. 로마 군단이 있는 기지 주변에서 현역 병사나 현지 주민을 위해 마을이 만들어져 있었기에 비즈니스 분야에 진출하고 싶다면 그곳에 살면서 군단을 상대로 한 비즈니스에 전념할 수도 있었다. 『로마인 이야기』를 쓸 때 나는 이 시스템이 혼혈을 대량 생산하는 시스템이라고 생각했다.

로마의 패배자 동화 정책은 이것으로 끝이 아니었다. 로마 시대에 로마에 의해 정복된 '속주민屬州民'이라고 불린 사람들도 국가의 가장 중요한 요소인 '안전 보장'을 위해 활용되었다. 군단 기지에는 주요 전력인 군단 병사와 거의 비슷한 숫자의 보조 병사가 근무하고 있었다. 이 사람들은 속주 출신이기 때문에 로마의 입장에서 보면 패배자였다. 그들의 병역 기간은 군단 봉사보다 5년이 긴 25년이었다.

당시는 '팍스 로마나'가 한창 확대되던 시기였기에 이들 가운데 만기를 채우고 제대하는 사람들이 많았다. 로마는 만기 제대하는 사람에게 퇴직금과 같은 느낌으로 로마 시민권을 부여했다. 로마 시민의 피가 한 방울도 섞이지 않아도 이렇게 로마 시민이 될 수 있었다. 물론 이 남자의 아이도 로마 시민권을 가졌다. 국가의 방위에 종사한 사람에게 주어진 로마 시민권은 자손에게 물려줄 수 있는 세습 시민권이었다.

로마는 율리우스 카이사르가 입안한 법률에 의해 교사와 의사에게 로마 시민권을 부여하기로 결정했다. 패배자이거나 피부 색깔이 달라도 교육과 의료에 종사하는 사람에게는 직접세가 면제되는 로마 시민권을 주었던 것이다. 하지만 이 경우는 시민권을 세습할 수 없었다. 아들이 교사나 의사가 되면 시민권을 세습할 수 있었지만, 방위에 종사한 사람에게 주어진 세습 시민권이 아니었다. 로마 군단은 이처럼 혼혈을 대량으로 생산하는 시스템이었을 뿐만 아니라, 무엇보다 패배자를 동화하는 민족 융합의 거대한 공장이기도 했다.

로마인은 그리스인에게 많은 것을 배웠지만 배우지 않은 것도 있다. 그중 하나가 시민권에 대한 생각이다. 그리스에서는 아테네를 비롯한 대부분의 도시국가가 그곳에서 태어난 부모를 두지 않으면 시민권을 인정하지 않았다. 철학자 플라톤은 아테네인 부모를 두고 태어났기에 당시 대학인 '아카데미아'를 세울 때 주변의 땅을 매입해서 건립할 수 있었다. 반대로 고등학교를 개교해 아테네인의 일반교양을 키우는 데 공헌한 아리스토텔레스는 마케도니아 출신이었기 때문에 아테네 시민권이 없었다. 아테네에서는 외국인이 부동산을 보유할 수 없었다. 따라서 아리스토텔레스는 '리케이온'을 개교할 때 필요한 부지를 빌릴 수밖에 없었다. 그리스인이 생각한 시민권은 '기득권'이었다.

한편 로마인이 생각한 시민권은 '취득권'이었다. 로마를 위해 노력한 사람이라면 누구든 얻을 수 있는 '취득권' 말이다. 그리스인이었던 알렉산드로스는 로마인이 생각한 시민권과 동일한 생각은 하지 않았을 것이다. 그러나 감각적으로는 그와 유사한 정책을 추진하려고 했던 것이 아닐까 생각한다. 알렉산드로스가 존재했기 때문에 그리스와 로마는 '그리스·로마 문명'이라 불리게 되었으니까.

물론 로마에서도 패배자 동화에 의한 민족 융합 정책은 시작 단계에서 강한 반발을 불러일으켰다. 율리우스 카이사르는 제패한 갈리아 전체의 유력 부족장에게 원로원(오늘날의 국회)의 의석을 주었고, 그 때문에 원로원 내부의 수구파는 적으로 돌아섰다. 결국 브루투스와 그 일파 원로원 의원에게 암살당하고 말았다. 기원전 44년의 일로, 알렉산드로스가 이 정치 전략을 시작한 해부터 따지면 280년의 세월이 지난 뒤였다.

그리스인은 다른 민족을 바르바로이^{Barbaroi}, 즉 야만족이라고 부르며 차별했다. 철학자 아리스토텔레스조차 승리한 그리스인은 지배자이고 패배한 야만족은 피지배자가 되어야 한다고 생각했을 정도이다. 알렉산드로스는 이런 차별을 철폐하려고 했다. 로마는 철폐에 성공했다.

알렉산드로스는 암살까지 당하지는 않았지만 죽은 뒤 그의 생각을 이어나갈 계승자가 없었다. 카이사르는 암살당했지만 후계자가 있었다. 로마제국의 초대 황제가 된 아우구스투스와 제2대 황제가 된 티베리우스 두 사람이 카이사르가 생각했던 정치 전략을 법률화했고 일관되게 실행해 제도로 정착시켰다.

카이사르 이후 100년 뒤에 나타난 5현제 시대가 되면 패배자 동화를 통한 민족 융합은 로마제국 전역에서 공통적인 인식이 되었다. 이 시대에 태어난 『플루타르코스 영웅전』의 저자 플루타르코스는 다음과 같이 기록했다.

"로마를 강력하게 만든 요인은 패배자의 동화에 성공한 로마인의 생각이다."

참고로 플루타르코스는 그리스인이었다. 즉 앞의 구절은 로마인의 동화 정책의 대상인 패배자의 입에서 나온 말이다. 『플루타르코스 영웅전』 속에서 알렉산드로스와 나란히 논평한 로마인은 율리우스 카이사르였다.

알렉산드로스, 분노하다

다시 31세 알렉산드로스의 이야기로 돌아가자. 1만 쌍의 합동결혼식을 화려하게 거행한 젊은 왕은 여름이 시작될 무렵 중대한 문제에 직면했다. 병사들이 반기를 들었다. 그렇다고 지난번과 같은 종군 거부가 아니라 반란으로 진행될 수 있는 투쟁이었다. 알렉산드로스가 결정한 어떤 일이 불을 붙였다.

32세로 향해가는 알렉산드로스는 자기 군대를 젊은 층으로 바꾸려고 했다. 동방 원정을 시작하고부터 10년이 지났다. 10년 전에 그를 따라서 헬레스폰토스해협을 건넜던 마케도니아 병사 가운데 베테랑은 10년 후 50대가 되었다. 그 수가 거의 1만 명을 헤아렸다. 젊은 왕은 이 1만 명을 마케도니아로 귀국시키려 했다. 물론 넘칠 정도로 충분한 퇴직금을 주었고 지고 있던 부채까지 왕이 전액 지불한다는 특별 우대가 포함된 제대였다.

그런데 왕의 결정에 이 1만 명이 반기를 들었다. 그리스에서는 현역으로 병역을 이행해야 하는 나이는 20세부터 60세까지였다. 60세가 되면 현역을 떠나 예비역이 되는 것이 불문율이었다. 따라서 1만 명은 60세가 되기 전의 퇴역은 해고라며 불만을 터뜨렸다. 게다가 그들은 대의명분까지 갖고 있었다.

1만 명이 귀국한 다음 생긴 구멍을 알렉산드로스가 페르시아인 병사로 메울 것이라는 소문이 널리 퍼진 상태였다. 스스로 승자라고 생각하고 있던 마케도니아 병사에게는 참을 수 없는 일이었다. 이쯤 되면 원만한 퇴직인가 아니면 해고인가의 문제가 아니었다. 마케도니아의 왕이 마케도니아인을 배제하고 패배자인 페르시아인으로 군대를 바꾸려 한다는 민족적인 문제로 비화했다. 1만 명의 불만에 다른 병사들도 공감했다. 이대로라면 마케도니아 군대 자체가 붕괴될 위험이 있었다.

사정을 알게 된 알렉산드로스는 혼자의 몸으로 병사들 속으로 들어갔다. 하지만 설득은커녕 30대 젊은이다운 분노를 폭발시켰다. "너희는 스스로를 뭐라고 생각하는가?"라는 말을 퍼부었기 때문에 설득이 제대로 될 까닭이 없었다.

"내가 너희에게 직접 말하는 것은 이것이 마지막이다. 나는 너희가 떠나는 것을 말릴 생각이 전혀 없기 때문이다. 어디로 가든 관심이 없다. 그러나 떠나기 전에 이것만은 말하고 싶다.

먼저 내 아버지 필리포스에 의해 너희 입장이 어떻게 개선되었는지 말하겠다. 필리포스가 왕이 되기 이전에 너희는 산간 지방에서 양의 무리를 쫓아다니며 사는 가난한 농목민에 불과했다. 게다가 근처에 사는 일리리아나 트라키아에서 습격해오는 야만족의 공포에 시달리며 나날을 보내야 했다.

필리포스는 짐승의 가죽을 걸치고 있던 너희에게 갑주를 입혀 병사로 바꿔놓았고, 산간 지역에서 도시로 이주시켜 공포의 대명사인 야만족을 무찔러 공포를 모르는 어엿한 대장부로 만들었다. 너희는 근처의 야만족을 제패했을 뿐만 아니라 필리포스가 행한 광산 개발을 통해 보다 문명적인 생활을 누릴 수 있게 되었다. 이후 그리스 중남부까지 진격해 테살리아, 테베, 아테네, 스파르타를 무너뜨리고 그리스 전역의 제패를 이루었다. 그 결과 마케도니아 왕은 그리스의 도시국가 전체로부터 숙적 페르시아로 진격하는 군대의 총사령관 지위에 선출되었다.

필리포스는 그것을 모두 이루고 세상을 떠났다. 그가 거둔 위대한 업적에 누구도 이의를 제기하지 못할 것이다. 필리포스가 세상을 떠난 뒤에 우리가 무엇을 했는지 생각해보면 그것은 또 다른 이야기가 된다.

아버지가 그 나이에 세상을 떠날 줄 생각도 못했는데, 그가 나에게 남긴 국고는 참담한 상태였다. 국고에는 70탈란톤밖에 없었다. 하지만 빚이 1,300탈란톤이나 있었다. 이런 상황에서는 도저히 동방 원정을 떠날 수가 없었다. 그래서 800탈란톤을 다시 빚내야 했다. 그렇지 않았다면 3만 5,000명의 병사들에게 밥을 먹일 수 없었을 것이다.

그 상태에서도 동방 원정을 결행해 페르시아인이 오랫동안 제해권을 장악하고 있던 에게해를 탈환하기 위해 에게해 북쪽에 있는 헬레스폰토스해협을 건넜다. 그냥 건넌 것이 아니라 그라니코스에서 페르시아 '지방장관'들이 거느린 군대와 싸워서 이겼다. 소아시아에서도 서해안부터 내륙 지방까지 제패했다.

중근동도 이집트만이 아니라 시리아, 바빌로니아, 박트리아 등 우리가 제패하러 간 지역을 거론하면 끝이 없다. 그사이 너희도 열심히 싸웠지만 승리를 통해 손에 쥔 부를 누린 것도 너희 자신이었다는 사실을 잊어서는 안 된다. 정복한 땅의 왕으로부터 거둔 황금 왕관도 그대로 금화로 바꾸어 너희에게 나누어주었다는 것을 잊어서는 안 된다.

너희를 거느리고 싸운 나에 대한 보수는 자주색 망토와 왕관뿐이다. 너희와 똑같은 것을 먹고 똑같이 만든 막사에서 잤기 때문에 나는 재물을 모을 이유가 없었다. 그 기간에 너희가 나보다 더 쾌적하게 지냈을 것이다. 아무 생각 없이 잠에 빠져들 수 있었던 너희와 달리 나는 밤마다 다음날을 준비하며 고민해야 했다. 최전방에서 싸운 너희와 다르게 최고사령관인 내가 위험을 피해 있었다고 말하는 사람이 있는데 그 사람의 얼굴을 한번 보고 싶다.

너희가 전투에서 입은 부상을 보여준다면 나도 보여주겠다. 내 몸은 칼과 창, 돌에 맞아 입은 상처투성이이다. 그 상처들은 산을 넘고 사막을 가로지르며 강을 건너면서 얻은 나의 훈장이다. 너희에게 명예와 부를 안겨준 결과로 얻은 훈장인 것이다. 너희가 한 것처럼 나도 페르시아 여자를 아내로 얻었다. 이를 통해 우리의 자식은 서로 인연을 맺은 관계가 될 것이다. 너희가 지고 있는 부채도 내가 갚았다. 너희가 그 정도의 보수를 받고 어떻게 부채가 생겼는지 알 수 없지만 내가 이에 대해서 따지지도 않고 전액 갚아주었다.

그리고 이제까지 나와 함께 10년을 보낸 너희는 동방 원정이라는 누구 하나 시도하지 못한 엄청난 사업에 참여했고 그것을 통해 다른 사람이 얻을 수 없는 영예마저 얻었다. 물론 불행하게 전쟁터에서 쓰러진 사람도 그 명예에 어울리는 대우를 받아야 한다. 그들의 공헌을 기념해 동상을 만들어 고향에 세우고 남아 있는 가족에게 세금 면제를 해주기로 결정했고 착실하게 진행 중이다.

마지막으로 한마디만 더 하겠다. 너희 가운데 누구 하나 적에게 등을 돌리고 도망치는 일을 하지 않았다. 그런데 지금 너희는 나와의 관계를 모두 끊고 귀국하겠다고 말하고 있다. 이제까지 10년 동안 함께 싸웠던 병사나 부상으로 병역을 더 이상 수행하는 것이 어려운 병사를 귀국시키려는 나의 의도를 이해하지 못하고 모든 인연을 끊고 떠나겠다고 말하고 있다.

그렇다면 나도 말하겠다. 가라, 어디든 돌아가라고. 그리고 고국에 돌아가거든 이렇게 말하는 게 좋을 거다. 너희가 고국의 왕을 다른 민족에게 버리고 왔다고, 그렇게 말하라! 고국에서 너희가 무엇을 말하든 믿는 사람들 사이에서 너희는 영웅이 될 것이고 신들로부터 사랑을 받을 것이다. 그와 같은 병사는 더 이상 필요 없다. 돌아가라! 어디로든 떠나라!"

이렇게 가슴속에 있던 생각을 모조리 털어놓은 알렉산드로스는 자리를 떠날 때도 호위병에 에워싸여 떠나지 않았다. 격앙된 표정으로 홀로 병사 하나하나의 얼굴을 쏘아보며 지나갔다. 그런 알렉산드로스를 병사들은 침묵한 채 떠나보냈다.

병사들의 가슴 속에서 반성하는 생각이 솟아나기까지 많은 시간이 필요하지 않았다. 단순하고 소박한 그들은 마음속 깊은 곳에서 후회했다. 그 마음 때문에 눈물을 흘리는 자들도 있었다. 각각의 지휘관을 통해 왕에게 사죄의 뜻을 전하고 용서해달라고 간원했다. 그러나 알렉산드로스는 쉽게 머리를 끄덕이지 않았다. 후회의 감정에 휘말린 병사들은 알렉산드로스가 있는 왕궁 앞 정원에 모여 용서해줄 때까지 일어나지 않겠다며 농성에 돌입했다.

1만 명은 넓은 정원을 꽉 채웠을 것이다. 알렉산드로스는 기분을 바꾸는 것도 빨랐다. 정원에 나와서 병사들 앞에 선 젊은 왕은 좋다는 말 한마디를 했을 뿐이다. 병사들은 안도의 한숨을 내쉬며 환호성을 질렀다. 그런 그들에게 알렉산드로스가 말했다.

"우리의 관계가 다시 돌아온 것을 축하하는 의미로 오늘밤은 연회를 열자."

환호성은 한층 높아졌다.

그날 밤 왕궁의 정원은 병사 전원을 초대한 연회장이 되었다. 모두 왕과 잔을 부딪치고 싶었기에 젊은 왕의 주변은 대소동이 벌어질 정도였다. 그날 밤은 신분이나 지위의 고하를 가리지 않는 연회였다. 술도 그리스식인 스트레이트로 마셨을 것이다. 병사들은 새삼스럽게 알렉산드로스가 우리의 왕이라는 기쁨을 술과 함께 마셨을 것이다. 1만 명의 귀국도 원활하게 진행되었다.

젊은 왕은 이 1만 명을 이끌고 가는 지휘관으로 크라테로스를 임명
했다. 마케도니아 군대에서 왕 다음의 지위에 있는 사람이 나서서 인
솔하기로 하면서 1만 명의 귀국이 명예퇴직이 아니라 원만하게 퇴직
하는 사람들의 귀국이 되었다. 이것으로 병사들의 항의도 원만하게
해결되어 대량 이탈 사태를 막을 수 있었다.

그해 여름에서 가을까지 알렉산드로스는 엑바타나에서 보냈다. 페
르시아 역대 황제들이 여름을 보내던 지역이었기 때문이 아니다. 1만
명을 귀국시킨 알렉산드로스 주변에 남은 것은 나이 젊은 병사들이었
다. 즉 선왕인 필리포스를 알던 세대가 아니라 알렉산드로스와 싸운
경험밖에 없는 병사들이었다. 페르시아인에 대한 알레르기가 적은 젊
은이들이었다.

아무리 젊은 세대로 병사를 구성하겠다는 것이 참된 목적이라고 해
도 귀국시킨 병사의 숫자가 1만 명이 넘었다. 그리고 알렉산드로스가
한 일이라는 점에서 1만 명의 인솔 책임자로 임명해서 보낸 2인자 크
라테로스에게 인솔을 끝내고 빈손으로 돌아오라고 말하지는 않았을
것이다. 분명히 마케도니아를 위주로 그리스 전역에서 지원병을 모집
해 데리고 돌아오라고 명령했을 것이다.

동방 원정으로 보낸 10년 동안 페덱스와 같은 택배 회사가 있었던
것도 아닌데 지정한 곳에 확실하게 도착한 보충병을 보면 감동할 정
도이다. 규모는 2,000~3,000명이었고 5,000명이었던 적은 한 번도 없

다. 착실한 크라테로스가 모아서 데려와도 규모는 달라지지 않았을 것이다. 이는 귀국한 1만 명이 빠져나간 구멍은 그만큼의 숫자로 채워야 한다는 것을 의미했다. 역시 명예퇴직한 병사들이 느꼈던 우려가 현실이 되었다. 왕은 마케도니아 병사의 귀국으로 생긴 구멍을 페르시아의 젊은이로 메울 생각이었다.

그렇다고 전원 페르시아인으로 대체한 건 아니다. 케노스를 포함한 젊은이들이 남아 있었다. 크라테로스가 데려올 신병도 남아 있는 병사와 동일한 마케도니아 출신이고 마케도니아인이 아니더라도 그리스인이었다. 따라서 페르시아 젊은이를 마케도니아 군대에 편입시킨다고 해도 그 시점에서는 소수였고 마케도니아의 수구파를 자극할 정도의 규모는 아니었다. 그리스인 신병을 페르시아인 신병과 함께 훈련을 시키게 되면 수구파를 자극할 가능성이 있었다. 함께 훈련한다는 것은 생활 습관이 서로 다른 무리가 어울려야 한다는 것을 의미했다.

32세가 된 알렉산드로스가 그해 여름을 엑바타나에서 보낸 것은 수사의 더위를 피하기 위해서가 아니었다. 페르시아제국의 수도인 수사에서는 사람들 눈에 띄기 쉽지만 피서지인 엑바타나에서는 그 걱정을 줄일 수 있었기 때문이다. 알렉산드로스는 엑바타나 교외를 사전에 선발한 페르시아 젊은이들의 무술 훈련장으로 삼았다. 무술 훈련이라고 해도 주도하는 사람들이 그리스인이었기에 결국 경기의 연속이었다. 그리스인들은 4년에 한 번 올림피아에서 개최되는 올림픽을 비롯해 각 지방에서 열리는 경기 대회를 개최했다. 이런 경기와 무술 훈련의 차이는 관객이 있는지 없는지의 차이밖에 없었다. 엑바타나에서는 관객이 없는 경기 대회가 매일 행해졌다.

그리스인의 경기 대회에서 그리스인은 모두 벗는 전라나 아니면 반라로 참가했다. 노예만이 벌거벗는다고 생각했던 페르시아인에게 그리스식을 어떻게 받아들이게 했는지에 관한 언급은 없다. 고대의 역사가든 현대의 연구자든 다르지 않다. 어쩌면 알렉산드로스가 소집한 페르시아인이 젊었기 때문에 의외로 그리스식을 쉽게 받아들였을지도 모른다.

아무튼 페르시아식 긴 옷은 전쟁터에서 움직이는 데 불리했다. 기동성을 중시하는 알렉산드로스의 군대는 긴 옷을 입은 병사를 활용하기 힘들었다. 전쟁터에서도 긴 옷을 입고 싸웠기 때문에 매번 전투에서 패했다. 이 정도는 페르시아의 젊은이들도 알고 있었을 것이다. 다른 문화와의 융합을 위해서도 짧은 옷을 입었을 것으로 생각된다.

마음의 친구가 죽다

가을이 되었지만 무술 훈련은 계속되었다. 알렉산드로스도 매일 열심히 훈련장을 찾아갔고 스스로 훈련에 참가하는 일도 드물지 않았다. 얼마 전부터 늘 알렉산드로스의 옆에 있던 헤파이스티온의 모습이 보이지 않았지만 사람들은 그것을 알아차리지 못했다. 알렉산드로스가 병으로 쓰러진 친구의 병문안을 갔을 때 헤파이스티온은 큰 병이 아니니 걱정하지 말라고 말했다. 그때는 큰 병으로 보이지 않았다.

알렉산드로스도 숙소로 사용하고 있는 도시의 궁전에 아픈 친구를 두고 매일처럼 도시에서 몇 킬로미터 떨어진 교외의 신병 무술훈련장을 오고 갔다. 가을이 깊어진 어느 날, 평소처럼 페르시아 젊은이들을 훈련시키고 있을 때 한 마케도니아 병사가 숨을 헐떡거리며 알렉산드로스에게 달려왔다. 그는 헤파이스티온의 병세가 급격하게 나빠졌다고 보고했다.

젊은 왕은 땀도 닦지 않고 말에 뛰어올라 전속력으로 도시를 향해 달렸다. 말에 박차를 가해 달려갔지만 도착했을 때는 이미 헤파이스티온이 세상을 떠난 뒤였다. 알렉산드로스는 친구의 유해에 매달려 울부짖었다. 한참동안 누구도 알렉산드로스에게 다가가지 못했다. 친구의 이름을 부르면서 울던 알렉산드로스를 과거 동료들이 겨우 유해에서 떼어냈다. 왕의 동료들은 거의 미치광이가 된 알렉산드로스를 방으로 데려가는 데 성공했다. 그러나 왕은 문을 굳게 닫아걸었다. 먹을 것도 입에 대지 않고 실내에 처박혀 있었다. 흐느껴 우는 소리도 이제 더 이상 들리지 않았다. 사흘 낮 사흘 밤 동안 알렉산드로스는 바닥 모를 깊고 어두운 비애 속을 떠돌아다녔다.

소년 시절 알렉산드로스와 헤파이스티온의 스승인 아리스토텔레스는 두 제자를 이렇게 평가했다. 하나의 마음이 두 개의 육체로 갈라져 있다. 알렉산드로스는 마음의 절반을 잃고 만 것이다. 소년 시절부터 늘 옆에 있던 둘도 없는 단짝을 잃었다. 언제든 어디를 가든 친구는 옆에 있었다. 고대의 역사가들은 헤파이스티온만이 알렉산드로스의 마

● 알렉산드로스와 헤파이스티온

음속 전부를 알고 있었다고 전한다. 무엇이든 말했기 때문에 모두 알고 있었다. 헤파이스티온은 왕과 가까운 사이였지만 그것을 자기의 이익을 위해 사용한 적은 한 번도 없었다. 모두 두 사람의 특별한 관계를 알고 있었다. 하지만 특별한 관계 그 이상은 아무것도 없었다.

클레이토스가 죽은 다음 헤파이스티온이 클레이토스의 역할까지 맡아서 처리했다. 전투 중에 선두에 서서 적을 향해 돌격하는 알렉산드로스 바로 뒤에 붙어서 왕에게 무슨 일이 있으면 곧바로 도와야 했다. 그 역할을 맡게 되면서 헤파이스티온의 투구 장식도 파란색 깃털로 바뀌었다. 알렉산드로스의 투구 장식이 하얀색으로 정해져 있었기 때문에 혼전 중에도 하얀색과 파란색이 보이기만 하면 마케도니아 병사들은 안심하고 싸울 수 있었다. 그런데 파란색 깃털이 사라지고 만 것이다.

예전에 텔레비전에서 BBC에서 제작한 프로그램을 본 적이 있다. 영국인다운 냉철함으로 동방 원정 10년 동안 알렉산드로스가 입은 상처 전부를 인체 모형을 사용해 구체적으로 지적하고 해설하는 프로그램이었다. 그것을 보면서 만신창이라는 말을 떠올렸다. 그러나 모두 외상이었지 마음의 상처는 아니었다. 마음의 상처는 과학적으로 해명할 수가 없을 테니까. 젊은 마케도니아의 왕에 대해 여기까지 쓴 지금, 나는 거의 확신에 가까운 생각이 든다. 알렉산드로스는 헤파이스티온이 죽었을 때부터 스스로도 죽음을 향해 걷기 시작했다고.

BBC 프로그램에서도 알렉산드로스가 인더스강을 따라 내려갈 때 입은 상처가 거의 죽음에 이를 정도의 중상이었다고 지적했다. 그때 완쾌까지 2개월이 걸렸다.

하지만 마음을 의지하던 친구의 죽음이 남긴 상처는 완쾌되지 않았을 것이다. 그럼에도 알렉산드로스의 책임감은 이상할 정도로 강했다. 4일째부터 왕의 직무에 복귀했다. 알렉산드로스가 했던 일 가운데 하나는 의술의 신 아스클레피오스에게 바치는 제사였다. 알렉산드로스는 그 자리에서 사람들이 앞에 있었지만 신에게 이렇게 말했다.

"왕이라는 의무 때문에 제사를 지낸다. 그러나 신들 가운데서도 아스클레피오스는 내게 조금도 행복을 주지 않았다. 나에게서 이렇게 빨리 헤파이스티온을 빼앗아간 것만큼 아스클레피오스의 태만을 보여주는 일도 없을 것이다."

당연한 말이지만 신관이나 점쟁이는 신에 대한 경건함이 없다고 알렉산드로스를 비난했다. 모여 있는 사람들도 비난까지 하지는 않았지만 크게 놀란 표정을 지었다. 알렉산드로스는 그런 반응에 조금도 신경 쓰지 않았다. 헤파이스티온을 빼앗아간 자는 그가 신이라고 해도 알렉산드로스에게는 적이었다.

서방 원정을 꿈꾸며

해가 바뀌어 기원전 323년이 되었다. 주변에서 보기에 알렉산드로스는 완전히 평정을 되찾은 것처럼 보였다. 장수들을 모두 소집해 다음 원정을 위한 작전 회의를 시작했기 때문이다.

1차 목표는 아라비아반도의 정복이었다. 32세의 젊은 왕은 군대를 셋으로 나누어 육지와 해상을 통한 삼면 공략을 생각한 듯하다. 둘로 분리한 육군의 제1군을 크라테로스가 거느리고 서쪽으로 가서 북쪽에서 아라비아반도로 공격해 들어간다. 알렉산드로스가 이끄는 제2군은 페르시아만을 조금 내려간 지점에서 반도의 내륙부로 공략해 들어간다. 아라비아반도의 내륙부가 넓은 사막지대라는 사실을 몰랐던 것처럼 보이지만 사막이 있다는 것 정도는 알고 있었다.

페르시아만을 남하해 아라비아반도를 돌아서 홍해로 들어가는 출입구를 찾는 것이 임무인 해군은 크레타섬 출신인 네아르코스가 맡았다. 당시의 배로는 상당한 숙련자가 아니면 육지를 바라보며 연안 항해를 할 수밖에 없었다. 종종 기항이 필요했지만 그 결과 연안 지역

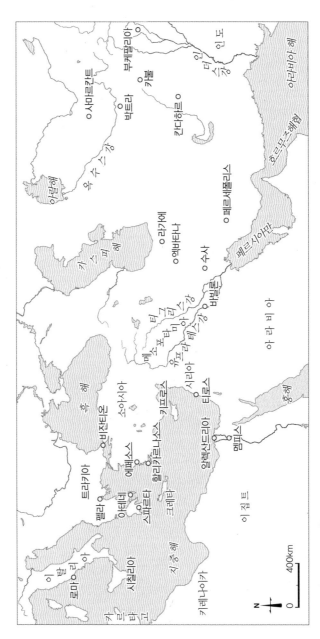

아라비아해

인도

인더스 강

호르무즈해협

부케팔리아

카불

간다히온

박트라

사마르칸트

아랄해

옥수스 강

페르세폴리스

카스피해

라가에

엑바타나

수사

페르시아만

바빌론

티그리스 강

메소포타미아

유프라테스 강

시리아 라타테스 강

아라비아

흑해

비잔티온

소아시아

키프로스

티로스

에페소스

할리카르나소스

알렉산드리아

멤피스

홍해

크레타

트라키아

펠라

아테네

스파르타

이집트

이탈리아

로마

시칠리아

지중해

카르타고

키레나이카

400km

N

● 동방 원정에서 서방 원정으로

제2부 새롭게 웅비하는 힘

485

의 제패도 가능해보였다. 이렇게 알렉산드로스가 명령한 바가 진행되었다. 그 결과 네아르코스는 오늘날의 파키스탄 남해안에서 오늘날의 이란 남해안까지 페르시아만을 항해한 개척자가 되었다. 이를 통해 아라비아반도에서 홍해에 이르는 항로의 개척도 이루어졌다.

알렉산드로스는 홍해의 존재를 9년 전 이집트를 제패할 때부터 이미 알고 있었다. 그것이 바다라는 사실도 알게 되었다. 따라서 아라비아반도를 돌아서 가면 된다고 생각했던 것이다. 그의 머릿속에서 아라비아반도의 제패는 독립된 목적이 아니었다. 이미 그가 손에 넣은 메소포타미아 지방과 이집트를 통합하고 서로 연결하는 것이 목적이었다. 물론 이곳은 고대에 많은 돈을 지불하지 않으면 구입할 수 없는 유향을 비롯한 향료의 원산지였지만 그것이 주된 목적은 아니었다. 아라비아반도의 제패를 마친 이후 본격적인 서방 원정을 꿈꾸었기 때문이다.

9년 전에 성취한 이집트 제패로 오늘날의 이집트에 더해서 키레나이카Cyrenaica라고 불리는 리비아 동부까지 알렉산드로스의 지배 아래 들어왔다. 이 리비아의 서부는 오늘날의 튀니지를 거쳐 알제리까지 펼쳐진 넓은 지역으로 지중해 세계의 서쪽에서 최고의 강국인 카르타고의 영토와 인접한 지역이었다. 알렉산드로스는 9년 전 중근동 일대를 제패하면서 유일하게 애를 먹었던 티로스 공방전 때 카르타고에 대해 들어서 알고 있었다.

티로스 공략에 애를 먹었던 것은 티로스가 바다 위에 떠 있는 섬이었고 당시 알렉산드로스에게는 충분한 해군이 없었기 때문이다. 방어하고 있던 티로스에 같은 페니키아 민족이라는 이유로 카르타고가 도움의 손길을 내민 적이 있었다. 만약 그것이 현실화되었다면 알렉산드로스는 더욱 고전했을지 모른다. 강대국인 카르타고가 자랑하는 주요 전력은 해상 전력이었기 때문이다.

그러나 당시 페니키아 민족과 그리스 민족의 대결은 실현되지 않았다. 지중해 서쪽의 또 다른 강국인 시라쿠사가 북아프리카에 군대를 상륙시키는 바람에 카르타고는 본국 방위에 전념해야 했고 지중해 동쪽까지 원군을 파견할 여유가 없었다. 바로 그때 젊은 왕의 머릿속에 카르타고의 존재가 새겨졌을 것이다. 따라서 '서방 원정'으로 방향을 바꾼 알렉산드로스가 목표를 카르타고까지 잡은 일은 당연한 귀결이다.

32세가 된 알렉산드로스의 머릿속은 여전히 포부가 장대하다고 말할 수밖에 없는 원정 계획이 차지하고 있었다. 하지만 인더스강까지 갔던 '동방 원정'이 병사들의 종군 거부로 불가능해지자 방향을 바꾼 것이 '서방 원정'이었기 때문에, 알렉산드로스를 따르는 장병들은 견디기 힘든 일이었을 것이다. 누군가 이렇게 말했다. 알렉산드로스를 따라가면 대단히 고생할 게 뻔하지만 지루하지는 않을 것이라고.

수사에서 바빌론으로 장소를 옮기는 회의에서도 알렉산드로스는 여전히 30대 젊은이답게 열을 올리며 말했다. 함께 공부했던 동료들도 그런 왕의 모습을 보고 알렉산드로스가 예전의 모습으로 완전히 돌아왔다고 생각했다. 만약 그들 가운데 사람의 마음 깊숙한 곳까지 꿰뚫어보는 감수성을 지닌 사람이 있었다면 알아차렸을 것이다. 왕이 예전과 달리 열심히 말하던 도중 갑자기 멈추고 잠시 침묵했다가 머리를 한번 흔들고는 다시 하던 이야기로 돌아온다는 사실 말이다.

젊은 왕은 여전히 헤파이스티온의 부재에 익숙하지 않았다. 전에는 시선을 돌리기만 해도 눈으로 대답해주는 사람이 있었다. 말을 주고 받지 않아도 이해해주는 사람이 있었다. 그처럼 당연한 존재가 지금은 없다. 알렉산드로스는 어릴 때부터 머리를 왼쪽으로 조금 기울이는 버릇이 있었는데, 그가 시선을 향하는 방향에는 늘 헤파이스티온이 있었다. 친구는 말없이 물음을 던지는 알렉산드로스에게 무언으로 대답했다.

아주 오랫동안 그렇게 지내왔기 때문에 알렉산드로스는 자기도 모르게 고개를 왼쪽으로 기울이고 시선을 돌렸다. 하지만 이제 의미 없는 행위라는 것을 시선을 돌릴 때마다 깨달아야 했다. 서방의 제패에 필요한 사항을 차례로 명령하는 알렉산드로스가 이전보다 훨씬 활발하고 적극적으로 보였는데, 이는 유일무이한 친구의 죽음을 잊으려는 생각에서 나온 것일지도 모르겠다.

아무튼 바빌론에 군대 전체가 집결하는 시기는 4월, 바빌론에서 출발하는 시기는 5월로 결정되었다. 배를 건조하기 시작했다. 알렉산드로스도 공사 현장에 종종 얼굴을 내밀었고 당시 해군 장군이었던 네아르코스와 열심히 토의를 거듭했다. 선왕 필리포스 시대에는 군선과 인연이 없었지만 알렉산드로스의 시대에는 육군은 물론이고 해군까지 군사 대국으로 성장하고 있었다.

그러나 출전을 며칠 앞둔 어느 날, 알렉산드로스는 장수들과 회의를 하다가 갑자기 무너지듯 쓰러졌다. 장수들의 부축을 받고 방으로 돌아온 왕은 그대로 침대에 쓰러졌다. 달려온 의사들도 그 원인을 찾아내지 못했다. 그날부터 일어났다가 눕기를 되풀이했다.

3일 동안 고열에 시달리다가 4일째 아침에는 건강한 모습을 되찾았다. 알렉산드로스도 별일이 아니라고 말하고 부하 장수들도 그렇게 느꼈기 때문에 출전 연기를 말하는 사람은 아무도 없었다. 그런데 며칠 뒤에 다시 고열이 찾아와 병상에 누워야 했다. 또 며칠 뒤에 다시 건강한 모습으로 모두 앞에 나타났다. 충실한 그리스인의 왕답게 목욕재계하고 신들에게 바치는 제사도 지냈다.

기력을 회복해도 다시 병상에 쓰러지기까지의 시간은 계속 줄어들었다. 알렉산드로스는 어쩔 수 없이 출전하는 날을 연기하겠다고 발표했다. 그 이후에도 기력을 회복하고 있는 시간을 늘이지 못했다. 고열에 시달리며 일어나지 못했다. 현대의 연구자들은 말라리아에 걸렸을 것으로 추정하고 있다. 말라리아라면 32세의 체력으로 충분히 회복할 수 있지만 이미 알렉산드로스는 체력을 많이 소진한 상태였다.

알렉산드로스는 병실이 된 자기 방으로 과거의 동료이자 자기 밑에서 요직을 차지하고 있는 장수를 모두 소집했다. 만약 자기가 세상을 떠나더라도 서방 원정을 실행하라고 명령했다. 그 자리에 있던 모든 장수는 왕의 명령에 복종하리라 맹세했다. 그 무렵 왕의 병세가 병사들에게도 알려졌다. 병사들은 직속 상사에게 잠깐이라도 좋으니 왕을 만나게 해달라고 부탁했다. 병사들의 간청을 전해들은 알렉산드로스는 요청을 들어주기로 했다. 침대가 왕궁 앞의 정원으로 옮겨졌다.

마지막 이별

넓은 왕궁의 정원에 왕의 모습을 보고 싶어 하는 병사들이 장사진을 쳤다. 알렉산드로스는 침대 위에서 병사들을 향해 두 손을 흔들어 아직 살아 있다는 것을 알릴 정도의 체력밖에는 남아 있지 않았다. 침대에 누운 채 정원으로 옮겨진 알렉산드로스는 상체를 일으킬 힘조차 없었다. 그래도 쿠션 여러 개를 등에 대고 상체를 조금 일으켰다. 왕의 앞을 일렬로 늘어선 병사들이 지나갔다. 어떤 사람은 소리 없이 눈물을 흘렸다. 어떤 사람은 입을 굳게 다물고 울지 않기 위해 안간힘을 쓰기도 했다. 젊은 왕은 병사 한 명 한 명에게 머리와 눈을 조금씩 움직이며 대답했다. 이제는 목소리조차 나오지 않았다.

오랫동안 함께 싸워온 알렉산드로스와 병사들은 이렇게 마지막 이별을 했다. 마지막 이별을 한 뒤에도 누구 하나 자리를 떠나는 사람이 없었다. 모두 정원에 머물러 있었다. 알렉산드로스는 마지막 병사 하나까지 말없이 작별 인사를 나누었다. 마지막 인사가 끝나고 다시 왕이 누워 있는 침대가 궁전 안으로 옮겨지는 모습을 모든 병사가 지켜보았다. 이것으로 참된 의미의 고별식이 끝났다.

이틀이 지난 밤에 알렉산드로스는 세상을 떠났다. 기원전 323년 6월 10일, 33번째 생일을 한 달 앞둔 날이었다. 그는 완전히 몸을 태운 초처럼 세상을 떠났다. 21세에 유럽을 뒤로하고 아시아로 건너온 뒤 한 번도 마케도니아나 그리스로 돌아가지 못한 채 메소포타미아 지방에 있는 바빌론에서 죽음을 맞이했다.

왕이 죽은 뒤 알렉산드로스 아래에서 요직을 차지하고 있던 사람들, 대부분 알렉산드로스 군대의 사령관이었던 사람들은 일단 한 가지 사실에 모두 합의했다. 서쪽을 제패하는 것을 목적으로 하는 '서방 원정'을 백지화하기로 결정했다. 현실적이지 않다는 게 이유였다. 이것을 보면서 애초에 '동방 원정'도 꽤 높은 비율로 현실적이지 않았다는 생각이 들었다. 죽음을 향해가는 중에도 알렉산드로스의 머릿속을 가득 채우고 있던 '서방 원정'은 훗날 로마가 실현시켰다.

역사를 서술하는 역사가나 다른 사람이 쓴 역사 서술을 연구하는 역사학자나 모두 마케도니아의 젊은 왕의 생애를 서술한 뒤에 정리한다는 느낌으로 알렉산드로스의 성격과 재능, 업적 등에 대해 논평을 추가하는 사람들이 많다. 하지만 나는 아무리 해도 나의 말로 그 일을 할 마음이 생기지 않았다. 대신에 알렉산드로스의 일생을 정리한 연표를 만들어보았다.

이제까지 이 책을 읽어준 여러분에게 원하는 바는 연표를 보면서 33세가 되지 못하고 세상을 떠난 젊은이의 일생을 찬찬히 음미해보았으면 하는 것이다. 인간이라면 누구나 자기 생애를 간단하게 정리하는 걸 흔쾌히 받아들이지는 않을 것 같다. 알렉산드로스도 짧지만 충실한 생애를 쉽고 간단하게 정리하는 걸 좋아하지 않을 것이다. 그보다 알렉산드로스의 생애를 차분하게 돌아보면서 우리 하나하나가 그를 떠올려주는 편을 좋아할 것이다.

그리고 생각해주기 바란다. 왜 후세 사람들이 그에게만 '대왕'이라는 칭호를 붙였는지. 왜 그가 그리스도교의 성인도 아닌데 오늘날 그리스도교 신자 부모가 아이에게 알렉산드로스(영어로는 알렉산더, 이탈리아어로는 알레산드로, 약칭으로는 알렉스)라는 이름을 끊임없이 붙이는지를. 그 이유가 단지 넓은 지역을 정복한 사람이었기 때문일까? 아니면 유달리 사랑하는 자식에게 그 이름을 붙여줄 충분한 이유가 있는 것일까? 왜 알렉산드로스는 2,300년이 지난 오늘날에도 여전히 많은 사람들의 사랑을 받고 있을까?

알렉산드로스의 생애

기원전 356년 7월	마케도니아의 왕 필리포스와 에피로스의 공주 올림피아스 사이에서 알렉산드로스가 태어남.
343년경~340년경 (13~16세)	레오니다스의 스파르타식 교육과 아리스토텔레스의 교양을 습득한 시기
338년(18세)	첫 출전. '카이로네이아전투'. 마케도니아가 그리스 전체의 패권자가 됨.
336년 7월(20세) 가을(20세)	아버지가 암살당함. 알렉산드로스, 마케도니아의 왕이 됨. 코린토스로 전체 그리스 도시국가의 대표들을 소집해 페르시아 원정군의 최고사령관을 비롯해 아버지에게 부여된 전권을 재확인시킴.
335년 봄(20세) 가을(21세)	마케도니아 북방을 위협하던 북방 야만족을 제압. 반기를 든 테베 괴멸.
334년 봄(21세) 5월(21세) 여름~가을(22세)	헬레스폰토스해협을 건너 아시아로 들어감. '그라니코스전투'. 소아시아 서해안 일대를 제압.

333년 봄~가을(22~23세)	소아시아 내륙부를 제압. '고르디우스의 매듭'.
11월(23세)	'이소스전투'. 페르시아 황제 다리우스, 적 앞에서 도망침.
332년 봄~가을(23~24세)	중근동 전역을 제패. 티로스, 가자 공방전. 중상을 입음.
12월(24세)	이집트에 무혈입성.
331년 7월~9월(25세)	페르시아 황제와의 재대결을 위해 유프라테스강과 티그리스강을 건넘.
11월(25세)	'가우가멜라전투'. 다리우스 다시 도망침.
330년 1월~5월(25세)	메소포타미아 지역 전체, 고대 도시 바빌론, 수도 수사, 페르시아 역대 황제들의 묘소가 있는 페르세폴리스를 제패.
여름(26세)	그리스에서는 스파르타가 메갈로폴리스전투에서 패배하며 몰락.
가을(26세)	달아난 다리우스를 추격하고 페르시아제국의 동쪽을 제패하기 위해 출발. 페르시아의 황제 다리우스 부하 장수들에게 살해됨. 필로타스의 처형과 그의 아버지 파르메니온의 자결.
329년 여름(27세)	다리우스를 살해한 지방장관의 우두머리 격인 베소스가 아군에게 배신당해 체포되어 처형당함. 그 뒤에도 알렉산드로스의 동방 원정 속행됨.
328년 가을(28세)	베소스를 배신한 스피타메네스도 알렉산드로스의 추격을 견디지 못하고 살해됨.
겨울(28세)	클레이토스를 살해함.
327년 봄~가을(28~29세)	동방 원정 속행. 헤파이스티온, 알렉산드로스의 명령을 받고 페르시아제국과 인도의 경계에 있는 인더스강 도하를 준비하기 시작함.
326년 5월(29세)	인도의 왕 포로스와의 '히다스페스전투'.
여름(30세)	인더스강을 건너 인도 횡단을 생각한 알렉산드로스였지만 병사들의 종군 거부로 단념함.
겨울(30세)	인더스강을 따라 남하하던 도중 전투에서 빈사 상태에 빠짐.

325년 봄(30세)	완쾌한 알렉산드로스, 군대를 셋으로 나눔.
6월(30세)	크라테로스가 지휘하는 제1군, 서쪽을 향해 출발.
8월(31세)	알렉산드로스가 지휘하는 제2군, 인더스강의 하구를 거쳐 서쪽으로 향함.
10월(31세)	네아르코스가 지휘하는 해군, 해로로 페르시아만으로 향함.
12월(31세)	제1군과 제2군, 호르무즈해협의 이란 쪽에서 합류.
324년 2월(31세)	해군도 합류. 제1군은 육로를 통해 수사로 향함. 다음으로 출발한 제2군은 유프라테스강과 티그리스강이 흘러드는 페르시아만의 기점에서 해군과 합류. 해군은 인도에서 페르시아까지 항로 개척을 완료.
3월(31세)	알렉산드로스, 6년 만에 수사로 귀환. 10년에 걸친 동방 원정이 끝남.
봄(31세)	1만 명의 마케도니아 병사와 1만 명의 페르시아 여자 사이의 합동결혼식 거행. 무엇을 하든 선두에 서는 알렉산드로스는 다리우스가 남긴 장녀와 결혼하고 친구인 헤파이스티온도 차녀와 결혼함.
여름(32세)	병사들의 저항에 대해 알렉산드로스 분노를 폭발시킴. 병사들 반성함. 화해의 대연회. 알렉산드로스, 엑바타나로 거주를 옮기고 페르시아인 병사를 훈련시킴.
가을(32세)	헤파이스티온을 병으로 잃음.
323년 봄(32세)	아라비아반도에서 카르타고에 이르는 '서방 원정' 준비를 시작함.
4월(32세)	서방 원정을 떠나기 위해 군대 전체를 바빌론에 집결시킴. 출전 날짜를 결정함.
5월(32세)	갑자기 알렉산드로스 쓰러짐. 고열과 건강한 상태가 반복됨.
6월 10일(32세)	죽음. 33세를 맞이하기 한 달 전이었음. 부하 장수들, 비현실적이라는 이유로 '서방 원정' 중지를 결정함.

6

헬레니즘 세계

'보다 뛰어난 자에게'

알렉산드로스는 일반적인 의미의 유언을 남기지 않았다. 전에도 감기에 걸리거나 전쟁터에서 상처를 입고 침상에 누운 적이 여러 차례 있었다. 그때마다 곧바로 회복해 업무에 복귀했다. 이번에도 얼마 지나면 완쾌되리라고 생각했을 것이다. 증상은 일진일퇴를 거듭했지만 아직 33세를 한 달 앞둔 나이였기에 충분히 젊었다.

그러나 병사들과 마지막 작별을 끝낸 뒤부터 일어나기는커녕 목소리조차 낼 수 없는 상태가 되었다. 왕의 방에 모인 장수들이 침대에 누워 있는 알렉산드로스에게 물었다.

"이 제국은 누구에게 맡길 생각이신지요?"

고대의 역사가들에 따르면, 알렉산드로스는 고통스러운 숨을 내쉬면서 이렇게 대답했다고 한다.

"보다 뛰어난 자에게."

이 말은 '유언'이 아니었다. 누구에게 맡긴다고 명확하게 밝히지 않았기 때문이다. 현대의 연구자 중에는 빈사 상태에서 '누구에게'라고 분명하게 말할 정도의 체력이 없었을 것이라고 추정하는 사람들이 적지 않다. 하지만 나는 알렉산드로스 스스로 '보다 뛰어난 자'가 누구인지 판단할 수 없었을 거라 생각하지 않는다.

죽음에 이른 그에게 대답을 얻기 원하는 장수들은 알렉산드로스가 마케도니아의 왕위에 오를 때부터 지금까지 13년 동안 늘 젊은 왕을 따른 남자들이었다. 트라키아 출신인 에우메네스와 크레타섬 출신인 네아르코스를 제외한 5명은 연구자들도 '가출 동료' '함께 공부한 동문'이라고 부를 정도로, 아버지와 말다툼 끝에 '나가!'라는 말을 듣고 나가는 알렉산드로스의 뒤를 따라 함께 가출까지 했던 사이이다. 또 레오니다스의 스파르타 교육부터 아리스토텔레스의 수업까지 함께한 동지들이었다.

이 5명과 마케도니아인이 보기에 같은 그리스 민족이지만 외국인 트라키아와 크레타 출신인 2명을 더한 7명이 참된 의미에서 알렉산드로스의 부하 '장수'였다. 7명 모두 알렉산드로스와 10년에 걸친 '동방 원정'을 함께한 '전우'이기도 했다.

알렉산드로스는 이 7명을 충분히 활용했기 때문에 성공할 수 있었다. 그는 이들을 마음대로 부릴 수 있을 정도로 각자의 성격과 능력을 정확하게 파악하고 있었을 것이다. 알렉산드로스가 7명 각각에게 어떤 임무를 맡겼는지 추적하는 것만으로도 각자가 지니고 있는 성격이나 능력을 상상할 수 있다. 7명 전원 장수로서 뛰어난 능력을 지닌 사람들이었다. 군대를 맡겨도 충분히 임무를 수행할 수 있는 통솔력과 책임감도 가진 사람들이었다. 왕에 대한 충성심도 문제될 것이 전혀 없었다.

그렇다고 무조건 예스맨의 무리도 아니었다. 알렉산드로스가 있는 곳은 왕의 궁정이나 군대의 참모본부라기보다는 대학의 탐험 동아리라고 하는 편이 적절해 보였다. 그들은 왕 앞에서도 거침없이 논쟁을 벌였고 온화한 성격으로 알려진 헤파이스티온조차 에우메네스와 사이가 나빠져 알렉산드로스부터 적당히 하라는 질책을 받은 적도 있다. 이렇게 개방된 분위기 속에서 우수한 재능을 가진 사람들이 모인 무리가 알렉산드로스의 '콤파니온'이었다. 그러나 이들은 젊은 왕과 비교했을 때 결정적으로 모자란 무엇인가가 있었다.

'결정적인 무엇인가'는 다른 말로 하면 통찰력이다. 사전을 찾아보면 꿰뚫어보는 힘 또는 간파하는 힘이라고 설명되어 있다. 이탈리아에서는 이런 능력이 부족한 사람을 자기의 코앞만 보는 사람이라고 말한다. 따라서 통찰력이 있는 사람은 앞을 내다볼 수 있는 힘을 가진 사람이 된다. 통찰력은 자기 머리로 생각하는 힘이 없이는 소유할 수 없다. 나는 알렉산드로스가 부하 장수들에게 생각하는 시간을 주지 않은 게 아닐까 하고 생각한 적도 있다.

알렉산드로스는 뭐든 속도를 좋아하는 사람이었기에 생각하는 것도 빠르게 해치웠을 것이다. 그러나 부하 장수들은 왕의 명령을 수행하는 것만으로도 지쳐서 죽은 듯이 잠에 빠졌다가 일어나보면 알렉산드로스는 다시 새로운 것을 생각해 그들에게 구체적이고 적확하게 설명한다. 또 그것을 완수하면 그다음을 생각하는 알렉산드로스로부터 별도의 지령이 내려온다. 10년의 동방 원정 기간 동안 이런 일이 반복되지 않았을까? 결과적으로 코앞만 생각할 시간밖에 주어지지 않았고 그래서 그 너머까지 꿰뚫어볼 수 있는 힘이 퇴화되었을지도 모른다. 두뇌도 육체와 마찬가지로 사용하지 않으면 약화된다.

이런 그들에게 '보다 뛰어난 자에게'라는 말은 곤혹스러움을 안겨주었을 것이다. 처음에는 '누구지?'라고 생각했다가 차츰 '나일지도!'라고 생각하게 된 것이 아닐까. 이제 그들에게 적당히 하라고 질책하는 사람도 사라진 상태였다.

후계자 쟁탈전

이렇게 '디아도코이Diadochoi (후계자)'끼리 다툼이 시작되었다. 알렉산드로스의 죽음 직후부터 시작해 기원전 270년대까지는 실로 반세기에 걸쳐 동료끼리 다툼이 일어났다. 이 모습만 보아도 후계자 가운데 누구 하나 '결정적인 무엇인가'를 가진 사람이 없었다는 사실이 증명된다.

이렇게 오랜 세월 지속된 동료끼리의 다툼을 상세하게 기술하는 것은 이 책을 쓰는 나도 그렇지만 읽는 독자들도 힘이 빠지는 일이다. 역사의 본질에서 빗나갈 우려도 있다. 여기서 역사적 본질이란 알렉산드로스가 남긴 진정한 유산인 헬레니즘 세계가 왜 동료들이 다투는 반세기 동안, 그리고 그 이후에도 존속할 수 있었을까를 가리키는 말이다. 따라서 이 반세기도 표로 만들기로 했다. 표를 보면서 생각해보기 바란다.

후계자 다툼이 반세기나 지속된 첫 번째 요인은 알렉산드로스 가족 내에 적당한 후계자가 없었다는 점이다. 이복형에 해당하는 사람은 정신적으로 불안정했다. 알렉산드로스의 직계 아들은 알렉산드로스가 죽은 뒤에 태어났다. 더군다나 아들의 어머니는 마케도니아인이 보기에 중앙아시아의 야만족이었고, 그 어머니가 낳은 아들이 왕이 되어 명령을 내리는 것에 반감을 느끼는 마케도니아 병사도 적지 않았다. 때문에 후계자 쟁탈전 초기에는 위의 두 사람을 명목상의 왕으로 삼고 배후에서 조종하는 섭정 역할을 누가 맡을 것인지를 두고 다툼이 있었다.

후계자 쟁탈전에는 부왕 필리포스의 세대에 속한 연장자 두 사람까지 가담했기에 상황이 더욱 복잡해졌다. 이들은 얼마 지나지 않아 껍질을 벗고 전면에 나섰다. 그리고 '에피고넨epigonen (추종자)'이라고 불리는 자의 자식에게 계승되면서 후계자 쟁탈전이 반세기 동안 이어졌는데, 이것이 첫 번째 요인이다.

두 번째 요인은 알렉산드로스 밑에 있던 장군 7인 모두 도토리 키 재기처럼 고만고만했다는 점이다. 후계자 쟁탈전이 되풀이되는 사이에 처음에는 7명이었지만 마지막까지 남은 사람은 2명이었다. 7명 가운데 하나는 곧바로 전투 중에 죽었고, 다른 하나는 부하에게 배신을 당해 살해되었으며, 세 번째는 전투에서 패해 감옥 안에서 죽었다. 네

번째도 전투 중에 죽었다. 7명 가운데 네아르코스만 죽은 왕을 따르
듯 일찌감치 후계자 쟁탈전에서 벗어나 은퇴했다.

마지막까지 남은 사람은 셀레우코스와 프톨레마이오스 둘뿐이다.
이 두 사람도 '보다 뛰어난 자'였기에 싸워서 살아남은 사람들이 아니
다. 경쟁자인 다른 다섯 사람과 비교하면 동료들의 다툼에 힘을 쏟은
것은 다르지 않지만, 그래서 이들이 살아남은 건 다른 사람들보다 헛
심을 덜 썼기 때문이다. 이유는 그것뿐이다. 이들은 시리아에서 셀레
우코스 왕조를 세우고 이집트에서는 프톨레마이오스 왕조를 세울 수
있었다.

알렉산드로스의 후계자들 (연도는 모두 기원전)

	이름 (생몰연도)	나이 (알렉산드로스 사망 당시)	알렉산드로스와의 관계
가족	필리포스 3세 (358~318)	36세	이복형. 발작증세를 보임. 알렉산드로스의 어머니 올림피아스의 명령으로 알렉산드로스가 죽고 5년 뒤에 살해됨.
	알렉산드로스 4세 (323~310)	0세	유일한 아들. 알렉산드로스가 죽고 13년 뒤 카산드로스에 의해 할머니 올림피아스, 어머니 록사네와 함께 살해됨.

연장자 세대	안티파트로스 (397~319)	74세	동방 원정 때 알렉산드로스로부터 마케도니아와 그리스의 통치를 부탁받음. 그 임무는 충실하게 수행했지만 올림피아스와의 거듭된 불화로 크라테로스와 교대하며 바빌론으로 감. 알렉산드로스가 죽은 뒤 곧바로 움직였지만 결국은 그로부터 4년 후에 전사함. 후계자 다툼은 아들인 카산드로스에게 넘김.
	안티고노스 (382~301)	59세	동방 원정에 참가했지만 그라니코스전투 직후 알렉산드로스로부터 제패한 소아시아의 통치를 위탁받음. 알렉산드로스가 죽은 뒤 적극적으로 움직였으나 후계자 다툼은 아들인 데메트리오스에게 넘김.
디아도코이 (후계자, 알렉산 드로스의 장군들)	크라테로스 (360~321)	37세	어린 시절의 동료. 자결한 파르메니온을 대신해 기원전 330년부터 알렉산드로스의 2인자가 됨. 베테랑 1만 명을 인솔해 마케도니아로 돌아온 이후 경질된 안티파트로스를 대신해 마케도니아와 그리스 통치를 담당함. 따라서 알렉산드로스의 임종 때 자리하지 못함. 그러나 2년 뒤 과거의 동료들을 적으로 삼아 싸우다가 전사함. 최고의 2인자가 바로 최고 지도자가 되는 건 아니라는 사실을 보여주는 좋은 사례.
	페르디카스 (355~321)	32세	왕가 다음으로 마케도니아 명문 집안 출신. 알렉산드로스가 죽은 뒤 누구보다 적극적으로 사후 대책을 위해 움직였지만 노골적인 야심 때문에 많은 동료들이 등을 돌렸고 알렉산드로스가 죽고 2년 뒤에 배신당해 살해됨.

디아도코이	리시마코스 (361~281)	38세	어린 시절의 동료. 알렉산드로스가 죽고 소아시아의 통치권을 장악했지만 그것에 만족하지 않고 후계자 다툼을 계속하다가 전투 중에 전사함.
	셀레우코스 (358~281)	36세	어린 시절의 동료. 그도 후계자 다툼에 참가했지만 자기 영토 확보를 중시했고 이집트의 알렉산드리아에 대항하기 위해 안티오키아를 세우고 도읍으로 삼음. 이를 통해 시리아에 셀레우코스 왕조를 세운 이후 후계자 다툼을 하던 중에 전사함.
	프톨레마 이오스 (367~283)	44세	어린 시절의 동료. 그도 후계자 다툼에 참가했지만 대망까지는 품지 않았고 이집트에서 프톨레마이오스 왕조의 조상이 됨. 알렉산드로스의 동료 가운데 자연사한 유일한 사람.
	에우메네스 (362~316)	39세	트라키아 출신. 외국인이지만 재능을 인정받아 알렉산드로스에게 중용됨. 과거의 동료들과 후계자 다툼을 벌이다가 포로가 되어 살해됨.
	네아르코스 (356~300)	33세	크레타섬 출신. 알렉산드로스로부터 재능을 인정받아 육군이 주력인 마케도니아에서 해군 장군이 됨. 알렉산드로스가 죽은 뒤 그의 죽음을 따르듯이 후계자 다툼에서 일찌감치 손을 떼고 물러섬. 인도양에서 페르시아만까지 항해 기록을 남김.

에피고넨 (추종자들, 연장자 세대의 자식들)	카산드로스 (350~297)	27세	안티파트로스의 아들. 아버지의 임무를 돕기 위해 마케도니아에 남았기 때문에 동방 원정에는 참가하지 않음. 그사이 마케도니아에 있었던 탓에 알렉산드로스의 패배자 동화와 민족 융합 정책에 반대함. 후계자 다툼에 적극적으로 참여해 마케도니아 왕국을 자기 것으로 만들고자 수단과 방법을 가리지 않았고, 알렉산드로스가 죽고 13년 후 알렉산드로스의 어머니 올림피아스와 아들 알렉산드로스 4세를 살해함. 하지만 야망을 달성하지 못하고 병으로 사망.
	데메트리오스 (337~283)	14세	안티고노스의 아들. 지방장관으로 끝날 듯했던 아버지의 야망을 계승해 알렉산드로스제국의 후계자 계승에 적극적으로 참여함. 전투에서는 뛰어났지만 승리를 활용하는 데 취약했고, 그 외의 일에서도 재능이 풍부했지만 지속성이 약함. 후계자 다툼을 위한 과정에서 체포되어 감옥에서 자살함. 대단한 미남으로 정략결혼을 다섯 번이나 함. 겉모습은 알렉산드로스의 재현이라고까지 전해짐.

그나마 셀레우코스는 장군으로서 뛰어났고 그 때문에 알렉산드로스로부터 중용되었지만, 프톨레마이오스는 장군으로서 평범한 사람이었고 무훈이라고 부를 수 있는 업적도 거의 남기지 않았다. 프톨레마이오스는 알렉산드로스가 죽었을 때 이집트를 담당하는 '지방장관'을 맡고 있었다. 그는 이집트를 자기의 영토로 만들 수 있다면 충분하다고 생각한 현실주의자였고 그것이 그에게 행운을 안겨주었다.

프톨레마이오스는 동료들이 거의 관심을 가지지 않는 사이에 알렉산드로스의 유해를 이집트로 가져가 그곳에 매장하는 정치적인 영악함도 보였다. 참된 의미에서 죽은 왕의 뒤를 계승한 사람이 자신이라는 '정통성'을 손에 넣었다는 점에서 그렇다. 프톨레마이오스는 현실주의자답게 곧바로 자신의 왕국이 된 이집트의 존속을 위해 움직였다. 아들을 2대 왕으로 삼은 뒤 은퇴했고 나중에는 알렉산드로스의 언행록과 같은 것을 써서 남겼다. 이 기록은 실제로 알렉산드로스에게 중용되지 못한 프톨레마이오스가 중용된 것처럼 써놓았기 때문에 상당히 덜어내고 읽어야 한다. 물론 이런 기록을 남긴 사람은 알렉산드로스의 동료 가운데 그가 유일했다.

아무튼 알렉산드로스의 장례는 바빌론에서 성대하게 치러졌다. 그런데 왕이 생전에 제국의 수도로 생각하고 있던 바빌론에 매장하자고 말을 꺼낸 사람이 아무도 없었다는 데 놀랄 수밖에 없다. 프톨레마이오스가 이집트로 유해를 가져가겠다고 말했을 때 아무도 반대하지 않았다. 이는 알렉산드로스가 죽고 곧바로 후계자로 자처한 장군들의 머릿속에서 아시아가 사라졌다는 것을 의미하지 않을까. 만약 그렇다면 왕의 무덤이 바빌론에 있으면 곤란해진다. 후계자 다툼에서 승리한 경우 그 지위에 정통성을 부여할 왕의 무덤을 내팽개친 꼴이 되기 때문이다.

실제로 반세기에 걸쳐 후계자 다툼이 진행되고 있을 때 티그리스강 동쪽에서 조금씩 마케도니아에 맞선 이반이 시작되고 있었다. 먼저 당시 인도라고 불렸던 오늘날의 파키스탄이 떨어져나갔다. 다음으로

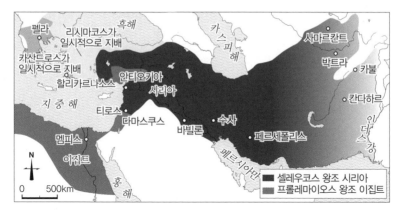

● 셀레우코스 왕조와 프톨레마이오스 왕조로 양분된 알렉산드로스의 제국

오늘날의 '중앙아시아'로 일괄해서 부르는 아프가니스탄과 그 북쪽에 있는 여러 부족들이 등을 돌렸다.

그렇다고 반란을 진압하러 온 옛 알렉산드로스 군대에 이겨 독립을 이룬 건 아니었다. 옛 알렉산드로스 군대가 서방에서 후계자 다툼에 열중하고 있는 틈을 타 조금씩 등을 돌렸다. 이런 경향을 걱정한 사람이 셀레우코스였다. 하지만 혼자서 할 수 있는 일이 없었다. 그도 후계자 다툼을 벌이는 사람이었다. 지중해와 가까운 땅에 안티오키아 Antiokeia를 세우고 수도로 삼은 것을 보면 그의 관심이 지중해, 곧 유럽을 향하고 있음을 보여준다.

알렉산드로스가 죽은 직후부터 시작되어 반세기 가까이 지속된 후계자 다툼 끝에, 알렉산드로스가 정복한 모든 지방이 넷으로 나뉘었다. 시리아, 메소포타미아, 페르시아와 지중해에서 중앙아시아까지 광대한 지역을 지배하게 된 셀레우코스가 수립한 왕국. 이집트의 주인이 된 프톨레마이오스가 세운 프톨레마이오스 왕국. 마케도니아뿐만 아니라 그리스 전체를 지배하는 마케도니아 왕국의 주인이 된 자들은 안티고노스의 피를 이어받은 자손들. 소아시아에 있는 페르가몬 Pergamon을 비롯한 몇 개의 작은 왕국들.

이렇게 알렉산드로스의 제국은 넷으로 분할되었다. 다만 여기서 주목해야 할 점은 '분할'이지 '해체'가 아니었다는 것이다. 분할은 몇 개로 나뉘는 것을 말한다. 해체는 하나로 조직된 전체가 낱낱이 떨어져 나가는 것을 의미한다. 알렉산드로스의 제국은 나눠지기는 했지만 낱낱이 흩어지지는 않았다. 이것이 '헬레니즘 세계'가 되었고, 로마가 본격적으로 나타나기 전까지 200년 동안 지중해의 동쪽을 지배한 '헬레니즘 시대'가 이어졌다.

반세기의 후계자 다툼은 초기에 헬레니즘 세계 형성에 장애가 되지 않았다. '디아도코이'나 '에피고넨' 사이에서 벌어진 전투는 단지 당사자 사이에서 벌어진 전투였기에 동지중해 전역을 전쟁의 소용돌이로 몰고 가지 않았다. 그사이에 알렉산드로스가 살아 있을 때와 같은 대규모 전투가 벌어진 적은 없다. 서로 아군을 바꿔가며 벌인 전투도 소규모였다. 그래서 일반인의 생활에는 거의 영향을 미치지 않았다. 알렉산드로스가 살아 있을 때부터 시작된 '헬레니즘 시대'는 그가 죽은 뒤에도 끊이지 않고 진행된, 전체적으로 보면 평화로운 시대라 할 수 있다. 그렇다면 왜 그런 일이 가능했던 것일까?

알렉산드로스가 남긴 것

첫째, 알렉산드로스의 등장에 따른 정치적 안정을 꼽아야 할 것이다. 알렉산드로스가 등장한 이후 그리스는 민주정치나 과두정치를 둘러싼 정치 항쟁이 자취를 감추었고 지독한 악정이 아니라면 왕정이 좋다는 분위기가 형성되었다.

둘째, 알렉산드로스를 통해 그때까지 국가와 민족을 나누고 있던 장벽이 무너졌다. 세계는 넓었다. 예전부터 진취적인 정신이 풍부했던 그리스인은 넓고 넓은 세계로 쉽게 나갈 수 있게 되었다. 알렉산드로스는 동방 원정 중에 '○○지방의 알렉산드리아'라는 이름이 붙은 도시를 건설했다. 연구자들에 따르면 그 수가 25~70곳에 이른다고 한다.

25곳은 이집트의 알렉산드리아처럼 아무것도 없던 장소에 새롭게 건설한 도시의 수이다. 70곳은 아프가니스탄의 칸다하르처럼 이미 있던 마을을 확장해 만든 도시까지 포함한 수이다. 알렉산드리아는 그저 알렉산드로스 자신의 이름을 날리기 위해 새롭게 세운 도시가 아니다. 제패한 지방을 확보하려면 기지가 필요했기 때문에 건설한 도시이다.

군사기지는 경제적인 기지가 되었다. 아마 알렉산드로스 본인도 그런 종류의 응용 효과를 생각해 곳곳에 '○○지방의 알렉산드리아'를 70곳이나 건설했을 것이다. 각지의 알렉산드리아를 잇는 도로까지 건설하지는 못했다. 하지만 하루나 이틀 정도 가는 거리에 다른 도시가 있다는 걸 알면 오고가는 사람들의 행동도 보다 활발해진다. 게다가 각지의 '알렉산드리아'에는 알렉산드로스가 배치한 병사들이 상주하고 있어 치안도 안전했다. 이처럼 사람과 물자의 활발한 교류는 필연적으로 세계관과 사고방식의 교류로 이어진다.

'헬레니즘 세계'가 분할되어도 해체되지 않은 요인으로는 그리스어가 지중해 세계의 공통어가 되었다는 사실도 큰 비중을 차지한다. 이전까지 그리스에는 아티카 방언이나 마케도니아 방언이 있었지만 표준어라고 할 만한 그리스어가 없었다. 문화와 문명 모두 아테네가 가장 앞섰기에 아티카 방언이 표준어처럼 사용되었다. 알렉산드로스는 아티카 방언을 완벽하게 구사했지만 농민 출신이 많은 병사들에게 말할 때는 마케도니아 방언을 사용했다.

이 그리스어가 알렉산드로스에 의해 표준어가 되었다. 뿐만 아니라 알렉산드로스에 의한 제패를 통해 '코이네Koine'라고 불리는 그리스어가 국제어가 되었다. '코이네'는 지중해 서쪽까지 확산되었기 때문에 고대사회의 공용어가 되었다. 그리스의 상인들은 어디를 가든, 상대가 페르시아인이든 카르타고인이든 로마인이든 대화를 나눌 수 있게 되었다.

알렉산드로스는 이미 생전에 각국 통화의 환산 가치까지 통일해놓았다. 그렇다고 고정시키지는 않았다. 페르시아와 그리스의 통화 환산 가치를 넉넉한 범위 내에서 인정하기로 결정했기 때문에 상한선과 하한선이 정해진 변동환율제였다고 할 수 있다.

이 모든 것이 거대 경제권을 만들고 그 기능을 지속시키는 데 큰 도움이 되었을 것이다. 알렉산드로스가 생각한 거대 경제권의 2대 기지 가운데 하나는 지중해와 면해 있는 이집트의 알렉산드리아였고, 다른 하나는 페르시아만으로 출입하기 쉬운 바빌론이었다. 병으로 쓰러지기 직전까지 알렉산드로스의 머릿속을 메우고 있는 생각은 페르시아항에서 아라비아반도를 돌아 홍해를 북상해 그곳에서 이집트에 이르는 항로를 개척하는 것이었다. 후계자들은 바빌론에 무관심했기 때문에 이 구상에서 조금씩 멀어졌다.

그러나 이집트의 알렉산드리아는 그때까지 에게해의 항구도시 피레우스와 일체화한 아테네를 대신해 지중해 최대의 경제도시가 되었다. 사람들이 자유롭게 교류하고 각 지방의 물산도 널리 유통되고 공용어도 있었다. 여기에 큰 전쟁도 없는 평화로운 사회가 유지되면서 학문과 예술이 자연스럽게 만개했다. 만개의 흔적으로 먼저 연구자들의 거대 거점이 된 이집트 알렉산드리아의 '무세이온Mouseion'을 꼽을 수 있다.

무세이온은 박물관이나 미술관을 의미하는 'museum'의 어원이 된 말로, 의역을 하면 도서관이 된다. 여기에 수집된 1만 권의 서적을 읽기 위해 동쪽에서는 메소포타미아 지방에서, 서쪽에서는 시칠리아의 시라쿠사에 이르는 지역에서 연구자들이 알렉산드리아로 모여들었다. 페르시아인 천문학자부터 유클리드와 같은 그리스의 기하학자, 지중해 서쪽에 있는 시라쿠사 출신 아르키메데스까지 '무세이온'의 연구자 동료였다.

읽으면 생각하게 된다. 생각을 가지면 동료 연구자들과 이야기하게 된다. 이야기를 나누면 논문으로 발표하고 싶어진다. 고대 과학의 최고 전성기가 기원전 3세기부터 100년 동안 지속되었는데, 이는 헬레니즘 시대와 완전히 중첩된다. 해부학이 태어난 것도 이 시기이며, 맥박이 병세를 아는 데 중요하다는 사실이 일반적인 상식이 된 것도 이 시대였다.

철학에서는 아테네로 향하는 유학생이 여전히 많았다. 플라톤이 세운 '아카데미아'와 아리스토텔레스가 세운 '리케이온'이 건재했기 때문이다. 그러나 철학도 아테네에서 헬레니즘 세계로 확대되는 시대의 흐름에 동참했다. 에피쿠로스는 사모스섬 출신 그리스인이었지만, 그와 함께 헬레니즘 시대의 철학을 대표하는 제논은 페니키아인이었다.

예술을 살펴보면 조형미술에만 조명을 비추어봐도 헬레니즘 시대의 작품이 보여주는 완성도에 입이 벌어진다. 이 시대로부터 1,500년 뒤의 사람인 미켈란젤로가 우리가 할 수 있는 게 남아 있단 말인가 하고 한탄했는데, 이에 동감을 표할 수밖에 없다. 그리스 미술도 아르카익Archaic, 즉 클래식의 뒤를 이어 헬리니스틱Hellenistic이라고 불리는 시대가 있을 정도이며, 당시의 작품은 오늘날 각국에 있는 미술관의 보물로 인정받고 있다.

'헬레니즘 세계'의 지배자는 역시 그리스인이었다. 분할된 각 왕국의 왕들도 그리스계로 이어졌다. 그렇지만 그들도 그리스 외의 민족을 배제하지 않았다. 아시아인으로 불린 오리엔트 사람들도 알렉산드로스가 바랐던 충분한 동화와 융합까지는 이르지 못했지만 사회를 안정시킬 정도의 공생은 이루었다.

헬레니즘 시대를 살았던 사람들은 스토아학파의 선구자가 된 제논이 말한 것처럼, "키보다 큰 욕망에서 해방되어 현실과 마주하며 살아가는 용기를 갖는 것"을 받아들인 듯하다. 왜인지 모르지만 이 철학자의 만년과 알렉산드로스의 후계자들이 벌인 다툼의 종언이 겹친다. '알렉산드로스 증후군'도 반세기 동안 이어진 동료들의 다툼을 통과하면서 마침내 해소된 것일까.

매우 뛰어난 왕이 있었던 것도 아닌데 헬레니즘 시대가 이후에도 지속된 이유는 크게 두 가지 요인에서 찾아야 한다.

첫째, 지중해 서쪽의 강대국들이 동쪽까지 손을 뻗을 여유가 없었다는 것. 반세기 동안 지속된 다툼이 끝난 기원전 270년경부터 카르타고의 강대국 지위에는 변함이 없었지만, 로마는 각고의 노력 끝에 이탈리아반도의 제패를 막 끝낸 상태였다. 게다가 6년 뒤에는 곧바로 카르타고를 상대로 한 제1차 포에니전쟁이 발발했다. 제1차 포에니전쟁에서는 이겼지만, 다시 23년 뒤에 명장 한니발이 알프스를 넘어 공격해오면서 제2차 포에니전쟁이 일어났다. 제2차 포에니전쟁에서 승리하면서 로마는 지중해 서쪽의 패자가 되었다. 따라서 그 이전에는 동쪽으로 손을 뻗을 여유가 전혀 없었다.

그리고 4년 뒤부터 로마의 동방 진출이 시작되었다. 먼저 마케도니아와 전쟁을 벌인 것은 제2차 포에니전쟁 중에 마케도니아 왕국이 한니발 쪽에 섰기 때문이다. 이후 로마의 지중해 동쪽 진출은 그대로 '로마의 역사'가 된다.

'헬레니즘 세계'는 로마인이 동쪽으로 진출한 이후에도 몰락하지 않았다. 로마인이 그리스가 이룬 여러 방면의 업적을 존중했기 때문이다. 헬레니즘 사회의 새로운 지배자가 된 로마인은 '아카데미아'나 '리케이온' '무세이온' 등을 수도인 로마로 옮기려 하지 않았다. 대신에 자식을 그곳으로 유학 보냈다.

'코이네'를 패배자의 언어로 간주하고 자신의 언어인 라틴어를 강요하는 일도 하지 않았다. 로마의 엘리트들이 그리스어를 배워 2개 국어를 쓰는 쪽을 선택했다. 황제의 고시告示조차 지중해 세계의 동쪽에서는 라틴어와 그리스어를 병기했다. 카이사르와 클레오파트라가 주고받았던 침대 이야기도 그리스어로 했을 가능성이 높다.

이렇게 그리스는 알렉산드로스를 거쳐 로마로 이어졌다. 이는 '문화와 문명의 계승'이라는 역사에서 매우 보기 드문 행복한 사례가 아닐까 생각한다.

나는 로마 시대의 여행자를 위한 지도를 중세 시대에 모사한 복사본을 갖고 있다. 전체 길이가 7미터에 이르는데 휴대용이기 때문에 양쪽 끝에 달린 봉으로 말도록 되어 있다. 오른쪽 끝, 즉 동쪽은 인더스강으로 그곳에는 로마 시대에 제작되었기 때문에 라틴어로 'HIC ALEXANDER RESPONSUM ACCEPIT'라고 기록되어 있다. 이 말을 직역하면 '알렉산드로스 여기서 신탁을 받았다'가 된다.

병사들이 종군을 거부했기 때문에 그곳까지 갔다가 돌아올 수밖에 없었지만, 그렇다고 그렇게 기록하면 위엄이 손상될 수 있으므로 배려한 것으로 보인다. 로마의 역사가가 기록한 이 신탁은 '알렉산드로스, 이후에도 동쪽으로 가고 싶은가?'였기에 신들조차 병사들과 같은 마음이었다는 사실에 웃음이 나지만, 그것만으로도 로마 사람들에게 충분히 납득이 되었다.

한편 이 지도의 왼쪽 끝, 즉 서쪽의 끝에는 고대에 브리타니아라고 불린 영국이 묘사되어 있다. 로마 시대의 사람들에게 굳이 설명할 필요가 없었을 것이다. 브리타니아의 존재를 알려준 최초의 인물이 로마 군단을 이끌고 도버해협을 건넌 율리우스 카이사르였으니까.

이 지도는 여행자용으로 일반인에게 보급한 것이다. 알렉산드로스가 도달한 인더스강부터 카이사르가 밟은 브리타니아까지가 고대인이 알고 있던 세계였다. 그 상태는 고대가 끝나고 중세에 들어서도 바뀌지 않았다. 르네상스 시대에 접어든 이후에는 변했다. 육로를 통해 중국까지 간 베네치아 출신의 마르코 폴로와 해로를 통해 서쪽으로 향한 제노바 출신의 크리스토포로 콜롬보^{Cristoforo Colombo}, 즉 크리스토퍼 콜럼버스 두 이탈리아인이 세계를 넓혔기 때문이다.

두 사람 이후에도 미지의 땅으로 탐험에 나선 이탈리아인과 스페인인, 포르투갈인이 뒤를 이었다. 역사적으로는 '대항해시대'라고 부른다. 그때까지 1,500년 이상의 세월 동안 서양인은 동쪽은 알렉산드로스가, 서쪽은 카이사르가 밟은 지점까지 세계라고 생각하며 살아왔다.

『플루타르코스 영웅전』은 그리스 쪽 한 사람과 로마 쪽 한 사람을 병행해서 쓴 평전집이다. 거기서 알렉산드로스와 카이사르는 짝이 되어 다루어지고 있다. 따라서 고대인 플루타르코스도 여행자용으로 만들어진 이 지도를 가지고 여행한 사람이 아니었을까 상상해본다.

헬레니즘 시대의 조각

● 밀로의 베누스(루브르미술관 소장)

● 사모트라케의 니케(루브르미술관 소장)

● 라오콘(바티칸미술관 소장)

● 올림피아(로마국립박물관 소장)

17세의 여름: 독자에게

다음은 하기와라 사쿠타로萩原朔太郎의 시이다.

프랑스에 가고 싶다는 생각이 들어도

프랑스는 너무나도 멀고

적어도 새로운 양복을 입고

마음 가는 대로 여행을 떠나보자

그해 여름을 이즈에서 보내고 있던 나는 다음처럼 바꾸어보았다.

지중해에 가고 싶다고 생각해도

지중해는 너무나도 멀고

적어도 이즈의 바다에서 철벅철벅하고……

흉내도 내지 못했다고 생각하며 문학적 감수성의 빈곤함에 절망했지만 17세치고는 꽤 낙관적이었다. 이즈의 바다에서 동지나해를 통해 남지나해로 이어지고, 인도양을 횡단해 홍해로 들어가 그곳을 북상하여 수에즈 운하를 빠져나가면 지중해와 연결된다고, 고대 그리스인이 포도주의 바다라고 불렀던 지중해로 향하는 생각을 멈추지 못했다.

그로부터 9년이 지난 가을에 과거 로마제국의 외항이었던 오스티아Ostia의 해변에서 철벅거려 보았다. 지구를 절반 도는 데 9년이나 걸린 것은 당시 일본 전체가 가난했기 때문이다. 그다음 해 전쟁 이후 부흥을 높이 외쳤던 도쿄 올림픽이 개최되었다.

나는 지중해를 둘러보는 여행을 시작했다. 1달러가 무려 360엔이나 하던 시절이었다. 여행이라고 해도 땅에서는 히치하이크를 하고 바다에서는 요트를 타는 여행이었다. 유럽에 가면 정박 중인 배의 고물에 어디까지 1인이라고 쓴 팻말이 붙어 있다. 적당하다고 생각되는 요트를 찾아가서 얻어 타면 된다. 배를 타고 있는 동안 일을 해야 하지만 자는 것과 먹는 것이 해결되고 뱃삯도 무료였다.

경험이 없던 나도 태워줄 정도로 요트를 타는 건 쉬웠다. 요트는 10미터 정도의 소형으로 아침에 나가서 저녁에 다음 목적지에 도착하는 연안 운행밖에 하지 않았다. 그러나 나름대로 이점이 있었다.

이런 방법으로 지중해를 돌아다니는 사람이 생각하는 요트는 스포츠가 아니라 여행의 '발'이었다. 기항할 때마다 며칠을 머물면서 주변의 경관을 둘러보는 것이 주요 목적이었다. 따라서 1주일 이상 요트를 선착장에 두고 그대로 육지를 돌아다니는 일도 종종 있었다. 아무래도 요트를 조종하는 조수뿐만 아니라 내가 이야기 상대가 될 것이라고 생각했던 모양이다. 그래서 나도 그 일정에 동행했다.

지프를 빌려서 카르타고에 남아 있는 로마 수도의 유적 100미터 아래 수원지까지 간 것도 그때였다. 북아프리카에 남아 있는 로마 시대의 유적을 둘러보고 알렉산드리아에 기항했을 때는 나일강부터 카이로까지 구경했고 피라미드도 보러 갔다. 물론 예루살렘도 빼놓지 않았으며 다마스쿠스에서 시리아사막을 지나 팔미라까지 발을 뻗었다. 전란의 땅으로 변한 오늘날과 달리 1960년대 전반에는 드물게 세계가 안전한 시기였다. 어디를 가도 신체검사 같은 것을 하지 않았고 여권을 보여주기만 하면 되었다.

2년 만에 돌아온 로마에서 일본으로 돌아가 『주오쿠론^{中央公論}』의 편집장이 될 가스야 가즈키^{柏谷一希} 씨를 우연히 만났다. 시간이 충분해 그가 로마에 체류하는 며칠 동안 함께 지냈다. 마지막 날에 가스야 씨가 말했다.

"르네상스의 여자들이라는 제목으로 글을 써주지 않겠습니까?"

지중해 여행도 조금 질리고 있던 때라 제안을 받아들였다. 가스야 씨가 붙여준 담당자는 당시 파리에 있으면서 프랑스의 신문사와 잡지사에서 편집자 연수를 하고 있던 하나와 요시히코^{塙嘉彦}였다. 이 사람과 나는 필요한 사료와 연구서를 함께 원문으로 읽으면서 생각을 나누는 사이가 되었다.

『르네상스의 여인들』의 첫 번째 이야기인 「이자벨라 데스테^{Isabella d'Este}」의 교정 원고를 밤새워 읽고 인쇄소의 현관을 나왔을 때의 일이다. 아침 햇살이 비쳐들기 시작했을 때 하나와 씨가 문득 발을 멈추고 내게 말했다.

"번역 문화를 대표하는 이와나미岩波 출판사와 달리 우리는 국산으로 가죠."

30세를 사이에 두고 3년밖에 차이가 나지 않는 젊은이 둘이서 학자들의 아성인 이와나미 출판사에 대항하자는 것은 아무리 생각해도 제정신이 아니었다. 그래서 우리 두 사람만의 밀약으로 남겼다.

15년 뒤에 그가 백혈병으로 세상을 떠났을 때 우리 두 사람의 이별은 한마디로 족했다.

"계속하겠습니다."

목소리를 낼 수조차 없게 된 하나와 씨는 눈빛으로 대답해주었다.

하나와 요시히코 씨가 세상을 떠난 뒤에도 내 작품을 인정해주는 편집자는 부족하지 않았다. 쓰고 싶은 주제를 이야기하면 "좋습니다. 써 주세요"라고 말했다. 그것이 잡지라면 그 뒤에 붙는 말은 "연재하겠습니다"였고, 단행본 담당자는 "책으로 내겠습니다"라고 말했다.

물론 출판업은 자선사업이 아니다. 이익이 크지는 않지만 영리사업이다. 출판한 뒤 적자가 계속되면 편집자도 "책으로 내겠습니다"라는 말을 할 수 없다. 그때 도움의 손길을 내밀어준 쪽은 책을 사서 읽어주는 독자 여러분이었다. 밀리언셀러와는 인연이 없었지만 출판사의 창고에 반품이 산처럼 쌓이지 않을 정도로 책을 사주는 독자 여러분이 내게는 최고의 지원이었다.

조직에 속했던 적이 한 번도 없기 때문에 작품을 파는 것 외에는 수

입을 얻을 방법이 없었다. 그래도 50년 동안 계속 쓸 수 있었던 것은 내 작품을 사서 읽으면서 내가 계속 일을 할 수 있는 환경을 만들어준 독자가 있었기 때문이다.

『로마인 이야기』 전체를 간행했을 때 독자 여러분에게 이런 감사의 마음을 전하고 싶었다. 도요타 자동차의 도요타 쇼이치로^{豊田章一郎} 씨로부터 "실수요자를 찾아다니는 것이네"라는 말을 듣고 웃었다. 일본 전역은 아니지만 대여섯 군데는 찾아갔다. 그때마다 되풀이해서 말했다.

여러분이 책을 읽는 것은 새로운 지식이나 역사를 읽는 유쾌함을 얻고 싶다는 기대 때문이겠지만, 그것뿐이라면 일방통행이 되고 만다. 저자와 독자의 관계는 일방통행이 아니다. 작품을 사고 읽는다는 행위는 그것을 쓴 저자에게 다음 작품을 쓸 기회를 주는 것과 마찬가지이기 때문이다.

그로부터 11년이 지나려 하고 있다. 지금 나는 실수요자들을 찾아다니며 감사의 인사를 할 체력이 남아 있지 않다. 물론 조사하고 생각해서 그것을 기초로 역사를 재구축한다는 의미인 '역사 에세이'는 이것으로 끝내려고 결정했기 때문에 마지막 말을 남기고 싶다. 이 책의 마지막에 쓰는 이 한 구절로 그것을 대신하려고 한다.

"정말 감사합니다. 저는 여러분이 있어 지금까지 글을 쓸 수 있었습니다."

2017년 가을 로마에서

시오노 나나미

역자 후기

『그리스인 이야기』는 두 차례에 걸친 페르시아전쟁과 알렉산드로스의 원정을 중심으로 고대 그리스의 흥망성쇠를 펼쳐내는 한편, 민주주의의 변용과 그리스의 철학, 문화 등을 세 권 분량으로 솜씨 좋게 버무려 담아낸 책이다.

구체적으로 말하면 페르시아의 침략으로 존망의 위기에 처한 그리스와 그리스를 벗어나 페르시아와 서아시아로 향한 알렉산드로스라는 서로 대립되는 모습을 통해 고대 그리스의 전체 역사를 살핀다. 정치적으로는 민주정치와 과두정치, 또는 민주정치와 우중정치를 대비해 진정한 민주정치의 모습을 보여준다.

소크라테스를 필두로 하는 서양철학, 고대올림픽, 축제, 그 축제를 위한 희비극, 파르테논 신전을 대표로 하는 예술 작품과 예술가까지 다양한 이야기가 곳곳에 산재해 있어 그리스 문화를 이해하는 데도 큰 도움이 된다.

게다가 이야기의 전개가 관광객의 시선처럼 가볍게 훑고 가는, 그래서 고대 그리스의 모습을 그저 흥밋거리로 그린 것이 아니라, 많은 자료를 토대로 구체적으로 묘사하고 있다는 점이 이 책이 지닌 최고의 미덕이다.

다만 글의 장르는 저자가 밝힌 것처럼 역사 에세이이다. 그렇기에 지나치게 그리스 중심으로 서술해 페르시아를 비롯한 주변 세계의 사정을 간과하거나 무시했다고 비판받을 소지가 있다. 하지만 서양 문명을 지탱해온 두 다리 가운데 하나인 헬레니즘을 잉태한 고대 그리스를 다루는 것은 쉽지 않다. 게다가 재미와 공감을 더해 독자들이 쉽게 이해할 수 있게 했다는 점을 그냥 넘겨봐서는 안 된다.

특히 세 번째 책에서는 알렉산드로스라는 한 개인의 인간적 면모와 서아시아의 당시 상황을 옷감을 짜듯 서로 매끄럽게 교차시키며 생생하게 직조해냈다. 그래서인지 글을 읽다보면 우리에게 비교적 낯선 지역인 서아시아를 알렉산드로스라는 뛰어난 가이드를 따라 여행하고 있다는 느낌마저 준다.

어느 해 겨울, 대학에서 그리스철학을 강의하는 여러 선생님들과 함께 철학과 신화를 주제로 이야기하면서 꽤 오랫동안 그리스 본토와 그리스의 식민 도시가 세워진 소아시아 곳곳을 돌아다닐 기회가 있었다.

돌아온 뒤에도, 무너져내렸지만 장엄함을 잃지 않은 신전과 황량

한 산길, 짙은 파란색 바다가 생각나곤 했는데, 특히 『그리스인 이야기』를 번역하면서 당시의 강렬했던 추억을 고스란히 떠올릴 수 있었다.

그리스 여행 때도 그렇고 책을 읽으면서도 그랬지만 한반도와 그리스가 많이 닮았다는 생각을 하게 된다. 근대에 식민지를 경험하고 최근에 경제위기를 겪은 점도 유사하지만, 오랜 세월 사람의 생각과 행동 양식에 큰 영향을 미치는 자연환경이 많이 닮았다. 한반도나 그리스 모두 반도이기에 삼면이 바다로 에워싸여 있고 산도 많다. 그래서 지역이 분리되기 쉽고 자기주장과 당파성이 강해질 가능성이 높다. 『그리스인 이야기』에서 여러 차례 지적한 것처럼 고대올림픽이 열린 것도 이런 상황과 무관하지 않고, 민주주의가 꽃피우고 서양철학이 태동한 까닭도 이러한 자연환경과 관련 있을 것이다.

독서가 단순히 재미를 위한 것일 수도 있겠지만 책을 통해 오늘의 나와 우리를 돌아보며 삶을 개선하고 희망을 얻기 위한 것이라면, 이 책에 담겨 있는 고대 그리스의 모습을 통해 우리의 현재와 미래를 헤아려 볼 수 있지 않을까. 특히 그리스가 어떤 과정을 거쳐 민주정치를 이루고 번영했는지, 아니면 어떻게 몰락했는지를 통해 한국 사회를 반추하고, 영웅적인 삶을 살았던 알렉산드로스를 통해 개인의 삶을 어떻게 일구어갈지 가늠해볼 수 있다.

2018년 7월
이경덕

도판 출처

표지	알렉산드로스 대왕 두상, 카피톨리니 박물관 소장(이탈리아)
p.20 오른쪽	스파르타고고학박물관 소장(스파르타), © Ancient Art Architecture/ Alamy Stock Photo
p.20 왼쪽	나폴리국립고고학박물관 소장(나폴리), © Bridgeman Images
p.37	위와 동일
p.59	하타케야마 모구(畠山モグ) 그림
p.70	위와 동일
p.84	로마 시대의 모각, 바티칸미술관 소장(바티칸), © Granger Historical Picture Archive/ Alamy Stock Photo
p.140	바티칸미술관 소장(바티칸), © DeAgostini Picture Library/ A.Dagli Orti/ Bridgeman Images
p.143	하타케야마 모구(畠山モグ) 그림
p.145	위와 동일
p.152	피츠윌리엄박물관 소장(케임브리지), © Fitzwilliam Museum, University of Cambridge, UK/ Bridgeman Images
p.168	로마 시대의 모각, 바티칸미술관 소장(바티칸), © Erin Babnik/ Alamy Stock Photo
p.202	피츠윌리엄박물관 소장(케임브리지), © Fitzwilliam Museum, University of Cambridge, UK
p.213	대영박물관(런던), © BM Images
p.218	테르모필레, © Stephen Frink Collection/ Alamy Stock Photo

p.222	빈미술사미술관 소장(빈), © www.BibleLandPictures.com/ Alamy Stock Photo
p.230	아크로폴리스박물관 소장(아테네), © DeAgostini/ Getty Images
p.273	하타케야마 모구(畠山モグ) 그림
p.292	나폴리국립고고학박물관 소장(나폴리), © Adam Eastland Art+Architecture / Alamy Stock Photo
p.293	위와 동일
p.315	개인 소장
p.328	에어바흐성 소장(에어바흐), © Betriebsgesellschaft Schloss Erbach GmbH
p.359	하타케야마 모구(畠山モグ) 그림
p.372	이스탄불고고학박물관 소장(이스탄불), © Firdes Sayilan/Shutterstock.com
p.482	J.폴 게티미술관 소장(로스앤젤레스), © J.Paul Getty Trust
p.516	루브르미술관 소장(파리), © Ian G Dagnall/ Alamy Stock Photo
p.517	루브르미술관 소장(파리), © Roman Milert/ Alamy Stock Photo
p.518	바티칸미술관 소장(바티칸), © NICK FIELDING/ Alamy Stock Photo
p.519	로마국립박물관 소장(로마)/ Alamy Stock Photo
지도 제작	綜合精圖硏究所(권두화, p.16, p.31, p.50, p.62, p.75, p.82, p.85, p.94, p.99, p.110, p.119, p.133, p.155, p.184, p.254, p.266, p.283, p.287, p.313, p.334, p.345, p.380, p.393, p.402, p.418, p.435, p.438, p.443, p.446, p.456, p.460, p.485, p.507)

참고 문헌

원자료

Aristofane, *La festa delle donne*, G. Paduano (ed. and trans.), BUR, Milano 1983.

Aristofane, *Le donne al parlamento*, G. Paduano (ed. and trans.), BUR, Milano 1984.

Aristofane, *Lisistrata*, G. Paduano (ed. and trans.), BUR, Milano 1986.

Aristofane, *Gli Acarnesi. Le Nuvole. Le Vespe. Gli Uccelli*, G. Paduano (ed. and trans.), Garzanti, Milano 1988.

Aristofane, *Pluto*, G. Paduano (ed. and trans.), BUR, Milano 1988.

Aristofane, *Le Rane*, G. Paduano (ed. and trans.), BUR, Milano 1998.

Aristofane, *I cavalieri*, G. Paduano (ed. and trans.), BUR, Milano 2013.

Aristofane, *Pace*, U. Albini (ed. and trans.), Garzanti, Milano 2013.

Aristotele, *Topici*, A. Zadro (ed.), Loffredo, Napoli 1974.

Aristotele, *Trattato sul cosmo per Alessandro*, G. Reale (ed.), Loffredo, Napoli 1974.

Aristotele, *Le Categorie*, M. Zanatta (ed. and trans.), 2° edition, BUR, Milano 1987.

Aristotele, *La Costituzione degli Ateniesi*, G. Lozza (ed.), Arnoldo Mondadori Editore, Milano 1991.

Aristotele, *Poetica*, D. Lanza (ed.), BUR, Milano, 1993.

Aristotele, *Retorica*, M. Dorati (ed.), Oscar Mondadori, Milano 1995.

Aristotele, *Opere biologiche*, M. Vegetti - D. Lanza (ed.), 2° edition, UTET, Torino 1996.

Aristotele, *L'anima*, G. Movia (ed.), Bompiani, Milano 2001.

Aristotele, *Politica*, C.A. Viano (ed. and trans.), BUR, Milano 2002.

Aristotele, *Problemi*, M.F. Ferrini (ed.), Bompiani, Milano 2002.

Aristotele, *Fisiognomica*, M.F. Ferrini (ed.), Bompiani, Milano 2007.

Aristotele, *I colori e i suoni*, M.F. Ferrini (ed.), Bompiani, Milano 2008.

Aristotele, *I Dialoghi*, M. Zanatta (ed.), BUR, Milano 2002.

Aristotele, *Le Tre Etiche*, A. Fermani (ed.), Bompiani, Milano 2008.

Aristotele, *Vita, attività e carattere degli animali. Historia animalium. Libri VIII e IX*, A.L. Carbone (ed.), Edizioni Due Punti, 2008.

Aristotele, *Meccanica*, M.F. Ferrini (ed.), Bompiani, Milano 2010.

Aristotele, *Fisica*, R. Radice (ed. and trans.), Bompiani, Milano 2011.

Aristotele, *Le Piante*, M.F. Ferrini (ed.), Bompiani, Milano 2012.

Aristotele, *La Generazione e la Corruzione*, M. Migliori - L. Palpacelli (ed.), Bompiani, Milano 2013.

Aristotele, *Il movimento degli animali*, P. Giuffrida (ed.), Mimesis Edizioni, 2014.

Aristotele, *Organon*, M. Migliori (ed. and trans.), Bompiani, Milano 2016.

Aristotele, *Metafisica*, E. Berti (ed.), Laterza, Bari 2017.

Aristotele, *Sull'Impero. Lettera ad Alessandro*, F. Cicoli - F. Moretti(ed.), Mimesis, 2017.

Arriano, *Anabasi di Alessandro*, D. Ambaglio (trans.), vol. I-II, BUR, Milano 1994.

Demostene, *Filippiche*, G. Cortassa (ed.), II edition, Garzanti, Milano 2007.

Diodoro Siculo, *Biblioteca Storica*, G. Cordiano and M. Zorat (ed.), vol. 1-2-3, BUR, Milano 2004, 2014, 2016.

Diogene Laerzio, *Vite dei Filosofi*, M. Gigante (ed.), vol. 1-2, Biblioteca Universale Laterza, Bari 2010.

Erodoto, *Storie*, F. Càssola (intr.) and A.I. D'Accinni (trad.), vol.I-II-III-IV, BUR, Milano 1989.

Erodoto, *Le Storie. Libri VIII-IX. La vittoria della Grecia*, F. Barberis (ed. and trans.), Garzanti, Milano 2001.

Erodoto, *Le Storie. Libri V-VI-VII. I Persiani contro i Greci*, F. Barberis (ed. and trans.), Garzanti, Milano 2006.

Erodoto, Storie. Volume *Quarto (libri VIII-IX)*, A.I. D'Accinni (trad.), BUR, Milano 2010.

Eschilo, *I Persiani*, M. Centanni (ed.), Feltrinelli, Milano 2014.

Isocrate, *Orazioni*, C. Ghirga and R. Romussi (ed. and trans.), BUR, Milano 1993.

Omero, *Odissea*, G. Tonna (ed. and trans.), Garzanti, Milano 1986.

Omero, *Iliade*, F. Codino (intr.) and G. Tonna (trans.), Garzanti, Milano 1987.

Pausania, *Viaggio in Grecia*, S. Rizzo (ed. and trans.), vol. I-II. BUR, Milano 1991-92.

Platone, *Simposio*, F. Ferrari (ed. and trans.), BUR, Milano 1985.

Platone, *Lettere*, P. Innocenti (ed. and trans.), BUR, Milano 1986.

Platone, *Simposio. Apologia di Socrate. Critone. Fedone*, E. Savino (ed.), Arnoldo Mondadori Editore, Milano 1987.

Platone, *Apologia di Socrate. Critone. Fedone. Il Convito*, E. Savino (intr.) and N. Marziano (trans.), Garzanti, Milano 1988.

Platone, *La Repubblica*, G. Lorza (ed.), Arnoldo Mondadori Editore, Milano 1990.

Platone, *Alcibiade Primo. Alcibiade Secondo*, D. Puliga (ed. and trans.), BUR, Milano 1995.

Platone, *Le Leggi*, F. Ferrari and S. Poli (trans.), BUR, Milano 2005.

Plutarco, *Vite Parallele*, C. Carena (ed. and trans.), vol. I-II, Giulio Einaudi Editore, Torino 1958.

Quinto Curzio Rufo, *Storia di Alessandro Magno*, G. Baraldi (ed. and trans.), vol. I-II, Zanichelli Editore, Bologna 1986.

Senofonte, *Le tavole di Licurgo*, G.F. Gianotti (ed.), II edition, Sellerio Editore, Palermo 1985.

Senofonte, *Anabasi*, I. Calvino (intr.) and F. Ferrari (ed. and trans.), BUR, Milano 1987.

Senofonte, *Memorabili*, A. Santoni (ed. and trans.), BUR, Milano 1989.

Senofonte, *Economico*, F. Roscalla (ed. and trans.), BUR, Milano 1991.

Senofonte, *Elleniche*, M. Ceva (ed.), Arnoldo Mondadori Editore, Milano 2011.

Senofonte, *Anabasi. Elleniche*, D. Musti (intr.) and U. Bultrighini - M. Mari (ed. and trans.), Newton Compton Editori, Roma 2012.

Strabone, *Geografia. II Peloponneso*, A.M. Biraschi (ed. and trans.), vol. VIII, BUR, Milano 1992.

Tucidide, *La guerra del Peloponneso*, E. Savino (ed. and trans.), Garzanti, Milano 2013.

Tucidide, *La guerra del Peloponneso*, M.I. Finley (ed.) and F. Ferrari (trans.), BUR, Milano 2014.

후세 사람들이 기록한 연구 저작

Abbagnano N. - Fornero G., *Filosofi e filosofie nella storia*, I, Paravia, Torino 1986.

Abbott E., *Pericles and the Golden Age of Athens*, G.P. Putnam's Sons, 1898.

Abbott J., *History of Darius the Great: Makers of History*, Cosimo, Inc., 2009.

Albini U., *Riso alla greca: Aristofane o la fabbrica del comico*, Garzanti, 1997.

Anderson J.K., *Military Theory and Practice in the Age of Xenophon*, University of California Press, 1970.

Andrews A., *Greek Society*, Penguin, 1967.

Ashley J.R., *The Macedonian Empire: The Era of Warfare Under Philip II and Alexander the Great, 359-323 B.C.*, McFarland, 2004.

Austin M.M., *The Hellenistic World from Alexander to the Roman Conquest: A Selection of Ancient Sources in Translation*, Cambridge University Press, Cambridge 1981.

Babuder G., *La donna spartana*, Apollonio, Capodistria 1978.

Badian E., "*The Peace of Callias*", The Journal of Hellenic Studies 50 (1987), pp.1-39.

Baltrusch E., *Sparta. Geschichte, Gesellschaft, Kultur*, München 1998.

Barkworth P.R., *The Organization of Xerxes' Army*, in Iranica Antiqua, n.27, 1993.

Bean G.E., *Aegean Turkey: An archaeological Guide*, 3rd edition, E. Benn, London 1972.

Benson E.F., *The Life of Alcibiades: The Idol of Athens*, D. Appleton Co, New York 1929.

Berti M., *Fra tirannide e democrazia: Ipparco figlio di Carmo e il destino dei Pisistratidi ad Atene*, Edizioni dell'Orso, Alessandria 2004.

Bianchi U., *La religione greca*, Torino 1975.

Bieber M., *Alexander the Great in Greek and Roman Art*, Heinemann, Chicago 1964.

Billows R.A., *Marathon: How One Battle Changed Western Civilization*, Duckworth Publishers, 2010.

Blok J.H. - Lardinois A. (eds), *Solon of Athens: New Historical and Philological Approaches*, Leiden, Brill, 2006.

Boardman J., *The Greeks overseas*, 2nd edition, Penguin Books, Harmondsworth 1973.

Boardman J., *Athenian Red Figure Vases. The Archaic Period*, Thames and Hudson, London 1975.

Boardman J., *The Cambridge ancient history, Volume 4*, (II ed.), Cambridge University Press, Cambridge 1988.

Boardman J., *The Cambridge ancient history, Volume 5*, Cambridge University Press, 1988.

Bommelaer J.-F., *Lysandre de Sparte. Histoire et traditions*, De Boccard, Paris 1981.

Bosworth A.B., *Conquest and Empire: The Reign of Alexander the Great*, Cambridge 1988.

Bosworth A.B., *The Legacy of Alexander*, Oxford University Press, Oxford 2005.

Bradford E., *Thermopylae: The Battle for the West*, Da Capo Press, 2004.

Buck R.J., *Boiotia and the Boiotian League, 432-371 B.C.*, University of Alberta, 1994.

Buckley T., *Aspects of Greek History 750-323 BC*, Routledge (UK) 1996.

Bultrighini U., *Maledetta democrazia. Studi su Crizia*, Edizioni dell'Orso, Alessandria 1999.

Burn A.R., *Persia and the Greeks - The Defence of the West, 546-478 B.C.*, II - The Median and Achaemenid Periods, Cambridge University Press, 1985.

Bury J.B. - Cook S.A. - Adcock F.E. (ed.), *The Cambridge Ancient History: The Persian Empire and the West, vol.IV*, Cambridge University Press, London 1969.

Bury J.B. - Cook S.A. - Adcock F.E. (ed.), *The Cambridge Ancient History: Athens 478-401 B.C., vol. V*, Cambridge University Press, London 1969.

Bury J.B. - Cook S.A. - Adcock F.E. (ed.), *The Cambridge Ancient History: Macedon, vol. VI*, Cambridge University Press, London 1969.

Bury J.B. - Cook S.A. - Adcock F.E. (ed.), *The Cambridge Ancient History: The Hellenistic*

Monarchies and the Rise of Rome (I-XIX chapters), vol.VII, Cambridge University Press, London 1969.

Cahill T., *Sailing the Wine - Dark Sea: Why the Greeks Matter,* Doubleday, New York 2003.

Calvo F., *Cercare i'uomo. Socrate, Platone, Aristotele*, Marietti, Genova 1990.

Campanella D., *Nascita, apogeo e caduta di Sparta*, Nuova Cultura, Roma 2007.

Campbell D.B., *Greek and Roman Siege Machinery, 399 BC - AD 363*, Osprey Publishing, Oxford 2003.

Campbell D.B., *Besieged: Siege Warfare in the Ancient World*, Osprey Publishing, Oxford 2006.

Canfora L., *Un mestiere pericoloso. La vita quotidiana dei filosofi greci*, Sellerio, Palermo 2000.

Canfora L., *Critica della retorica democratica*, Laterza, Roma-Bari 2002.

Canfora L., *La guerra civile ateniese*, Rizzoli, 2013.

Canfora L., *La crisi dell'utopia. Aristofane contro Platone*, Collana I Robinson. Letture, Laterza, Roma-Bari 2014.

Cartledge P., *Sparta and Lakonia: a Regional History 1300-362 BC*, II edition, Routledge, London 2001.

Cawkwell G., *Epaminondas and Thebes*, in: *The Classical Quarterly, New Series, vol. 22, n° 2,* november 1972, pp. 254-278.

Cawkwell G., *The Greek Wars: The Failure of Persia*, Oxford University Press, 2005.

Cerchiai L., Jannelli L., Longo F., *Città greche della Magna Grecia e della Sicilia*, Arsenale Editrice, Verona 2004.

Cerri G., *Platone sociologo della comunicazione*, Milano 1991.

Charbonneaux J. - Martin R. - Villard F., *Grèce classique*, Librairie Gallimard, Paris 1969.

Charbonneaux J. - Martin R. - Villard F., *Grèce hellénistique*, Librairie Gallimard, Paris 1970.

Citati P., *Alessandro Magno*, Adelphi, 2004.

Connolly P., *The Greek Armies*, Macdonald, 1977.

Cook J.M., *The Greeks in Ionia and the East*, Thames and Hudson, London 1962.

Cook J.M., *The Persian Empire*, London 1983.

Crosher J., *The Greeks*, Mcdonald Educational Ltd., 1974.

Dahmen K., *The Legend of Alexander the Great on Greek and Roman Coins*, Routledge, London 2007.

Davies J.K., *Athenian Propertied Families 600-300 B. C.*, Oxford University Press, London 1971.

Davis P.K., *Leuctra*, in: *100 Decisive Battles*, Oxford University Press (US), 2001.

De Sanctis G., *Filippo e Alessandro dal regno macedone alia monorchia universale. Lezioni universitarie 1949-1950*, Monica Berti - Virgilio Costa (ed.), Edizioni Tored, Tivoli (Roma) 2011.

Detienne M., *L'invention de la mythologie*, Paris 1981.

Doherty P., *The Death of Alexander the Great*, Carroll & Graf, 2004.

Ducrey P., *Le Traitement des prisonniers de guerre dans la Grèce antique, des origines à la conquête romaine*, Ecole française d'Athènes, Travaux et Mémoires, XVII, E. de Boccard, Paris 1968.

Ehrenberg V., *From Solon to Socrates: Greek History and Civilization During the 6th and 5th Centuries BC*, Hoboken: Taylor & Francis, 2010.

Ellis W.M., *Ptolemy of Egypt*, London 1993.

Engels D.W., *Alexander the Great and the Logistics of the Macedonian Army*, University of California Press, Berkeley 1978.

Erdas D., *Cratero il Macedone. Testimonianze e frammenti*, Edizioni TORED, Tivoli (Rome) 2002.

Fields N., *Ancient Greek Fortifications, 500-300 BC*, Osprey Publishing, Oxford 2007.

Fields N., *Ancient Greek Warship, 500-322 BC*, Osprey New Vanguard 132, Oxford 2007.

Fields N., *Thermopylae 480 BC: Last Stand of the 300*, Osprey Publishing, Oxford 2007.

Fields N., *Syracuse 415-413 BC: Destruction of the Athenian Imperial Fleet*, Osprey Publishing, Oxford 2008.

Fink D.L., *The Battle of Marathon in Scholarship*, McFarland, 2014.

Franco C., *Il regno di Lisimaco: strutture amministrative e rapporti con le città*, Giardini, Pisa 1993.

Frediani A., *Le grandi battaglie di Alessandro Magno. L'inarrestabile marcia del condottiero che non conobbe sconfitte*, Newton Compton, Roma 2012.

Fuller J.F.C., *The Generalship of Alexander the Great*, London 1960.

Ghirshman R., *Iran: Parthians and Sassanians*, Thames and Hudson, 1962.

Glover R., *The Elephant in Ancient War*, ≪The Classical Journal≫, 39, 1944, pp.257-269.

Graham A.J., *Colony and Mother City in Ancient Greece*, Manchester University Press, 1964.

Grainger J.D., *Seleukos Nikator: Constructing a Hellenistic Kingdom,* Routledge, New York 1990.

Green P., *The Year of Salamis, 480-479 BC*, Weidenfeld and Nicolson, London 1970.

Green P., *Alexander the Great and the Hellenistic Age*, Orion, 2007.

Gruen E.S., *The Hellenistic World and the Coming of Rome*, University of California Press, Berkeley 1984.

Hale J.R., *Lords of the Sea: The Epic Story of the Athenian Navy and the Birth of Democracy*, Viking, 2014.

Hammond N.G.L., *Alexander the Great, King, Commander and Statesman*, Park Ridge, N.J., 1980.

Hammond N.G.L., *The Genius of Alexander the Great*, University of North Carolina Press, Chapel Hill 1997.

Hanson V.D., *The Western Way of War: Infantry Battle in Classical Greece*, Hodder & Stoughton, London 1989.

Hanson V.D., *A war like no other: how the Athenians and Spartans fought the Peloponnesian War*, Random House, New York 2005.

Heath T.L., *Greek Mathematics*, Dover, New York 1963.

Heckel W., *The conspiracy against Philotas*, ≪Phoenix≫, XXXI (1977), pp.307-339.

Heftner H., *Alkibiades. Staatsmann und Feldherr*. Wissenschaftliche Buchgesellschaft, Darmstadt 2011.

Hesk J., *Deception and Democracy in Classical Athens*, Cambridge University Press, 2000.

Hirsch S.W., *The Friendship of the Barbarians. Xenophon and the Persian Empire*, Hanover/London 1985.

Hornblower S., *Leuctra to Mantineia and the Revolt of the Satraps*, in: *The Greek world, 479-323 BC*, Taylor & Francis, 2006.

Hornell J., *Water Transport. Origins and Early Evolution*, Cambridge 1968.

Jaeger W., *Paideia. Die Formung des griechischen Menschen*, 3 Bde., Berlin 1934-1947.

Jare G., *L'educazione spartana. Cenni*, Tip. Mondovì, Mantova 1878.

Jones R., Heckel W., *Macedonian Warrior: Alexander's Elite Infantryman*, Osprey Publishing, Oxford 2006.

Jori A., *Medicina e medici nell'antica Grecia. Saggio sul "Perì téchnes" ippocratico*, il Mulino editore, Bologna-Napoli 1996.

Just R., *Women in Athenian Law and Life*, Routledge 1991 (UK).

Kagan D., *The Peace of Nicias and the Sicilian Expedition*, Cornell University Press, Ithaca (NY) 1981.

Kagan D., *Pericles of Athens and the Birth of Democracy*, The Free Press, 1991.

Kagan D., *The Fall of the Athenian Empire*, Cornell University Press, 1991.

Kagan D., *The Peloponnesian War: Athens and Sparta in Savage Conflict 431-404 BC*, Penguin Books, London 2004.

Kerényi K., *Die Religion der Griechen und Römer*, 1963.

Krentz P., *The Thirty at Athens*, Cornell University Press, Ithaca (NY) 1982.

Lami G.F., *Socrate, Platone, Aristotele. Una filosofia della Polis da Politeia a Politika*, Rubbettino, Catanzaro 2005.

Landström B., *Skeppet*, Bokförlaget Forum AB, Stockholm 1961.

Lavelle B.M., *Fame, Money and Power: The Rise of Peisistratos and "Democratic" Tyranny at Athens*, The University of Michigan Press, 2005.

Lear J., *Aristotle: the desire to understand*, Cambridge University Press, 1988.

Levi P., *Atlas of the Greek World*, Phaidon Press, Oxford 1984.

Lewis D.M., *Cleisthenes and Attica*, *Historia*, 12, 1963.

Lippold A., *Pausanias von Sparta und die Perser*, in RhM 108, 1965.

Lombardo G., *Cimone. Ricostruzione della biografia e discussioni storiografiche*, Roma 1934.

Long A.A. - Sedley D.N., *The Hellenistic Philosophers, 2 voll.*, Cambridge University Press, 1987.

Markle M.M., *The Macedonian Sarissa, Spear, and Related Armor*, ≪American Journal of Archaeology≫, LXXXI (1977), pp.323-339.

Michel P. -H., *De Pythagore à Euclide, Contribution à l'histoire des mathématiques préeuclidiennes*, Les Belles Lettres, Paris 1950.

Morrison J.S., Coates J.F., Rankov N.B., *The Athenian Trireme. The History and Reconstruction of an Ancient Greek Warship*, Cambridge University Press, Cambridge 2000.

Mossé C., *La Fin de la démocratie athénienne. Aspects sociaux et politiques du déclin de la cité grecque au IVe siécle av. J.-C.*, Paris 1962.

Mossé C., *Le Procés de Socrate*, Complexe, Bruxelles 1987.

Mossé C., *Le Citoyen dans la Grèce antique*, Nathan, Paris 1993.

Mossé C., *Démosthéne ou les ambiguïtés de la politique*, Ai mand Colin, Paris 1994.

Musti D., *Demokratía. Origini di un'idea*, Laterza, Roma-Bari, 1995.

Nafissi M., *Pausania, il vincitore di Platea*, in Bearzot C. - Landucci F. (ed.), *Contro le leggi immutabili: gli Spartani fra tradizione e innovazione*. Collana: Ricerche e Storia. Editore: Vita e Pensiero Università.

Napoli M., *Civiltà della magna Grecia*, Roma 1969.

Ober J., *Political Dissent in Democratic Athens: Intellectual Critics of Popular Rule*, Princeton University Press, 2001.

Palumbo V., *Le donne di Alessandro Magno*, Sonzogno, Milano 2005.

Parente M.I., *Introduzione a lo stoicismo ellenistico*, Bari, Laterza, 2004.

Parke H.W., *Greek Mercenary Soldiers, from the Earliest Times to the Battle of Ipsus*, Oxford 1933.

Pastoretto P., *La battaglia del fiume Granico*, in Panoplia (1996), n. 25.

Pédech P., *Historiens compagnons d'Alexandre. Callisthéne - Onésicrite - Néarque - Ptolémée - Aristobule*, Paris 1984.

Pedretti C.A., *Gli ipaspisti di Alessandro*, in Panoplia (1994), nn. 17-18.

Podlecki A.J., *Perikles and His Circle*, Routledge (UK) 1997.

Pritchett W.K., *The Greek State at War Volumes I-V*, University of California Press, Berkeley 1971-91.

Proto B., *Alle fonti della storia: la Preistoria, l'Antico Oriente, la Grecia*, I, A.P.E. Mursia, Milano 1988.

Reale G., *Cinismo, Epicureismo e Stoicismo, in Storia della filosofia greca e romana*, vol. 5, Bompiani, Milano 2008.

Rhodes P.J., *A Commentary on the Aristotelian Athenaion Politeia*, Oxford University Press, 1981.

Robinson C.E., *The Days of Alkibiades*, E. Arnold, 1916.

Rolandi S.B., *Dizionario Mitologico: Dei ed Eroi dell'Olimpo*, Giunti Editore S.p.A., 2015.

Roochnik D., *The Tragedy of Reason. Toward a Platonic conception of Logos*, Routledge, New York 1990.

Rougé J., *La marine dans l'Antiquité*, PUF, Paris 1975.

Rusch S.M., *Sparta at War: Strategy, Tactics and Campaigns*, Frontline Books, London 2011.

Sabin P., van Wees H., Whitby M., *The Cambridge History of Greek and Roman Warfare*

I: Greece, the Hellenistic world and the rise of Rome, Cambridge University Press, Cambridge 2007.

Samons L.J. - Fornara C.W., *Athens from Cleisthenes to Pericles*, University of California Press, Berkeley 1991.

Samons L.J., *The Peloponnesian War*, in *What's Wrong with Democracy?*, California, University of California Press, Los Angeles 2004.

Sarri F., *Socrate e la nascita del concetto occidentale di anima*, Vita e Pensiero, 1997.

Schmeja H., *Dareios, Xerxes, Artaxerxes. Drei persische Königsnamen*, in *Griechischer Deutung* (Zu Herodot 6,98,3), Die Sprache 21, 1975.

Sealey R., *The Decline of the Spartan Hegemony*, in: *A History of the Greek City States, Ca. 700-338 B.C.*, University of California Press, 1976.

Sekunda N.V., *The Army of Alexander the Great*, Osprey Publishing, Oxford 1984.

Sekunda N.V., *The Spartan Army*, Osprey Publishing, Oxford 1998.

Sekunda N.V., *Greek Hoplite 480-323 BC*, Osprey Warrior 27, Oxford 2000.

Sekunda N.V., *Marathon 490 BC: the First Persian Invasion of Greece*, Osprey Publishing, Oxford 2002.

Sekunda N.V., *Macedonian Armies after Alexander 323-168 BC*, Osprey Publishing, Oxford 2012.

Seltman C., *Greek Coins*, 3rd edition, London 1960.

Shepherd W., *Salamis 480 BC: The naval campaign that saved Greece*, Osprey Publishing, Oxford 2010.

Shepherd W., *Plataea 479 BC: The Most Glorious Victory Ever Seen*, Osprey Publishing, Oxford 2012.

Shepherd W., *Pylos and Sphacteria 425 BC.*, Osprey Publishing, Oxford 2013.

Shrimpton G.S., *The Theban Supremacy in Fourth-Century Literature*, in *Phoenix*, vol. 25, n°4, Classical Association of Canada, 1971.

Sidnell P., *Warhorse: Cavalry in Ancient Warfare*, Continuum, London 2006.

Smith W., *The Supremacy of Thebes,* in: *A Smaller History of Greece,* Echo Library, 2006.

Spinola G., *Il Museo Pio Clementino,* da ≪Guide Cataloghi Musei Vaticani 3-4≫, vol.I-II, Città del Vaticano, Roma 1996-99.

Squillace G., *Filippo il Macedone,* Laterza, Roma-Bari 2009.

van Steen G., *"Politics and Aristophanes: watchword Caution!",* 2007, in: M. McDonald and J.M. Walton, *The Cambridge Companion to Greek and Roman Theatre,* Cambridge University Press.

Stewart A., *One Hundred Greek Sculptors: Their Careers and Extant Works,* Part III of Stewart's Greek Sculpture, Yale University Press.

Taaffe L.K., *Aristophanes and Women,* Routledge, London and New York 1993.

Talbert R.J.A., *Barrington. Atlas of the Greek and Roman World,* Princeton University Press, New Jersey 2000.

Tarn W.W., *Alexander the Great,* 2 vols, Cambridge 1948.

Tarn W.W., *The Greeks in Bactria and India,* 3rd edition, Cambridge 1966.

Thomas C.G.- Conant C., *Citadel to City-State: The Transformation of Greece, 1200-700 B.C.E.,* Indiana University Press, 2003.

Vegetti M., *L'etica degli antichi,* Roma-Bari 1989.

Vernant J.-P. (ed.), *L'Homme grec,* Paris, Le Seuil, 1993.

Wade-Gery H.T., *The Question of Tribute in 449/8 B.C.,* in: *Hesperia* (American School of Classical Studies at Athens) 14 (3): 212-229, July-September 1945).

Warry J., *Alexander 334-323 BC, Conquest of the Persian Empire,* Osprey Publishing, Oxford 2008.

Wassermann F.M., *Post-Periclean Democracy in Action: The Mytilenean Debate (Thuc. Ill 37-48),* Transactions and Proceedings of the American Philological Association, vol.87, 1956.

Will E., *Korinthiaka, Recherches sur l'histoire et la civilisation de Corinthe,* De Boccard, Paris 1955.

Will E., *Le monde grec et l'Orient*, vol.I, Paris 1972.

Will W., *Athen und Alexander*, München 1983.

Worthington I., *By the Spear. Philip II, Alexander the Great, and the Rise and Fall of the Macedonian Empire*, Oxford University Press, Oxford 2014.

Wuilleumier P., *Tarente, des origines à la conquête romaine*, De Boccard, Paris 1939.

그리스인 이야기 III

펴낸날	초판 1쇄 2018년 8월 3일
	초판 6쇄 2023년 6월 19일

지은이	시오노 나나미
옮긴이	이경덕
펴낸이	심만수
펴낸곳	(주)살림출판사
출판등록	1989년 11월 1일 제9-210호

주소	경기도 파주시 광인사길 30
전화	031-955-1350 팩스 031-624-1356
홈페이지	http://www.sallimbooks.com
이메일	book@sallimbooks.com

ISBN	978-89-522-3944-0 04920
	978-89-522-3615-9 04920 (세트)

※ 값은 뒤표지에 있습니다.
※ 잘못 만들어진 책은 구입하신 서점에서 바꾸어 드립니다.